De Re Rustica

LUCIUS IUNIUS MODERATUS
COLUMELLA

TABLE OF CONTENTS

LIBER I	5
LIBER II	27
LIBER III	55
LIBER IV	83
LIBER V	109
LIBER VI	133
LIBER VII	161
LIBER VIII	181
LIBER IX	203
LIBER X	223
LIBER XI	235
LIBER XII	261

LIBER I

AD P. SILVINUM PRAEFATIO

Saepenumero civitatis nostrae principes audio culpantes modo agrorum infecunditatem, modo caeli per multa iam tempora noxiam frugibus intemperiem, quosdam etiam praedictas querimonias velut ratione certa mitigantes, quod existiment ubertate nimia prioris aevi defatigatum et effetum solum nequire pristina benignitate praebere mortalibus alimenta. Quas ego causas, Publi Silvine, procul a veritate abesse certum habeo, quod neque fas sit existimare rerum naturam, quam primus ille mundi genitor perpetua fecunditate donavit, quasi quodam morbo sterilitate affectam; neque prudentis credere tellurem, quae divinam et aeternam iuventam sortita, communis omnium parens dicta sit, velut hominem consenuisse. Nec post haec reor intemperantia caeli nobis ista, sed nostro potius accidere vitio, qui rem rusticam pessimo cuique servorum, velut carnifici, noxae dedimus, quam maiorum nostrorum optimus quisque et optime tractaverit. Atque ego satis mirari non possum, quid ita dicendi cupidi seligant oratorem, cuius imitentur eloquentiam; mensurarum et numerorum modum rimantes, placitae disciplinae consectentur magistrum; vocis et cantus modulatorem, nec minus corporis gesticulatorem, scrupulosissime requirant saltationis ac musicae rationis studiosi; iam qui aedificare velint, fabros et architectos advocent; qui navigia mari concredere, gubernandi peritos; qui bella moliri, armorum et militiae gnaros; et ne singula persequar, ei studio, quod quis agere velit, consultissimum rectorem adhibeat; denique animi sibi quisque formatorem praeceptoremque virtutis e coetu sapientum arcessat: sola res rustica, quae sine dubitatione proxima et quasi consanguinea sapientiae est, tam discentibus egeat quam magistris. Adhuc enim scholas rhetorum, et, ut dixi, geometrarum musicorumque, vel quod magis mirandum est, contemptissimorum vitiorum officinas, gulosius condiendi cibos et luxuriosius fercula struendi, capitumque et capillorum concinnatores non solum esse audivi, sed et ipse vidi, agricolationis neque doctores qui se profiterentur, neque discipulos cognovi, cum etiam si praedictarum artium professoribus egeret civitas, tamen, sicut apud priscos, florere posset res publica. Nam sine ludicris artibus atque etiam sine causidicis olim satis felices fuere futuraeque sunt urbes; at sine agri cultoribus nec consistere mortales nec ali posse manifestum est. Quo magis prodigii simile est, quod accidit, ut res corporibus nostris vitaeque utilitati maxime conveniens minime usque in hoc tempus consummationem heberet, idque sperneretur genus amplificandi relinquendique patrimonii, quod omni crimine caret. Nam cetera diversa et quasi repugnantia dissident a iustitia. Nisi aequius existimamus cepisse praedam ex militia, quae nobis nihil sine sanguine et cladibus alienis affert. An bellum perosis, maris et negotiationis alea sit optabilior, ut rupto naturae foedere terrestre animal homo, ventorum et maris obiectus irae, se fluctibus audeat credere semperque, ritu volucrum, longinqui litoris peregrinus ignotum pererret orbem? An feneratio probabilior sit, etiam his invisa, quibus succurrere videtur? Sed ne caninum quidem, sicut dixere veteres, studium praestantius locupletissimum quemque adlatrandi et contra innocentes ac pro nocentibus, neglectum a maioribus, a nobis etiam concessum intra moenia et in ipso foro latrocinium? An honestius duxerim mercenarii salutatoris mendacissimum aucupium circumvolitantis limina potentiorum, somnumque regis sui rumoribus augurantis? Neque enim roganti quid agatur intus respondere servi dignantur. An putem fortunatius a catenato repulsum ianitore saepe nocte foribus ingratis adiacere, miserrimoque famulatu per dedecus, fascium decus et imperium, profuso tamen patrimonio, mercari? Nam nec gratuita servitute, sed donis rependitur honor. Quae si et ipsa et eorum similia bonis fugienda sunt, superest, ut dixi, unum genus liberale et ingenuum rei familiaris augendae, quod ex agricolatione contigit.

Cuius praecepta si vel temere ab indoctis, dum tamen agrorum possessoribus, antiquo more administrarentur, minus iacturae paterentur res rusticae. Nam industria dominorum cum ignorantiae detrimentis multa pensaret; nec quorum commodum ageretur, tota vita vellent imprudentes negotii sui conspici; eoque discendi cupidiores agricolationem pernoscerent. Nunc et ipsi praedia nostra colere dedignamur, et nullius momenti ducimus peritissimum quemque villicum facere; vel si nescium, certe vigoris experrecti, quo celerius, quod ignorat, addiscat. Sed sive fundum locuples mercatus est, e turba pedisequorum lecticariorumque defectissimum annis et viribus in agrum relegat; cum istud opus non solum scientiam, sed et viridem aetatem cum robore corporis ad labores sufferendos desideret; sive mediarum facultatum dominus, ex mercenariis aliquem, iam recusantem quotidianum illud tributum [qui vectigalis esse non possit], ignarum rei cui praefuturus est, magistrum fieri iubet. Quae cum animadvertam, saepe mecum retractans ac recogitans quam turpi consensu deserta exoleverit disciplina ruris, vereor ne flagitiosa et quodam modo pudenda aut inhonesta videatur ingenuis. Verum cum pluribus monumentis scriptorum admonear apud antiquos nostros fuisse gloriae curam rusticationis, ex qua Quintius Cincinnatus obsessi consulis et exercitus liberator, ab aratro vocatus ad dictaturam venerit, ac rursus fascibus depositis, quos festinantius victor reddiderat, quam sumpserat imperator, ad eosdem iuvencos et quattuor iugerum avitum herediolum redierit; itemque C. Fabricius et Curius Dentatus, alter Pyrrho finibus Italiae pulso, domitis alter Sabinis, accepta, quae viritim dividebantur, captivi agri septem iugera non minus industrie coluerit quam fortiter armis quaesierat; et ne singulos intempestive nunc persequar, cum tot alios Romani generis intuear memorabiles duces hoc semper duplici studio floruisse, vel defendendi, vel colendi patrios quaesitosve fines, intelligo luxuriae et deliciis nostris pristinum morem virilemque vitam displicuisse. Omnes enim (sicut M. Varro iam temporibus avorum conquestus est) patres familiae falce et aratro relictis intra murum correpsimus, et in circis potius ac theatris, quam in segetibus et vinetis manus movemus, attonitique miramur gestus effeminatorum, quod a natura sexum viris denegatum muliebri motu mentiantur, decipiantque oculos spectantium.

Mox deinde ut apti veniamus ad ganeas, quotidianam cruditatem Laconicis excoquimus, et exsucto sudore sitim quaerimus, noctesque libidinibus et ebrietatibus, dies ludo vel somno consumimus;

ac nosmetipsos ducimus fortunatos, quod nec orientem solem vidimus nec occidentem. Itaque istam vitam socordem persequitur valetudo. Nam sic iuvenum corpora fluxa et resoluta sunt, ut nihil mors mutatura videatur. At mehercules vera illa Romuli proles assiduis venatibus nec minus agrestibus operibus exercitata, firmissimis praevaluit corporibus, ac militiam belli, cum res postulavit, facile sustinuit durata pacis laboribus, semperque rusticam plebem praeposuit urbanae. Ut enim qui in villis intra consepta morarentur, quam qui foris terram molirentur, ignaviores habitos; sic eos, qui sub umbra civitatis intra moenia desides cunctarentur, quam qui rura colerent [administrarentque opera colonorum] segniores visos. Nundinarum etiam conventus manifestum est propterea usurpatos, ut nonis tantummodo diebus urbanae res agerentur, reliquis administrarentur rusticae. Illis enim temporibus, ut ante iam diximus, proceres civitatis in agris morabantur; et cum consilium publicum desiderabatur, et villis arcessebantur in senatum. Ex quo, qui eos evocabant, viatores nominati sunt. Isque mos dum servatus est perseverantissimo colendorum agrorum studio, veteres illi Sabini Quirites atavique Romani, quamquam inter ferrum et ignes hosticisque incursionibus vastatas fruges, largius tamen condidere, quam nos, quibus diuturna permittente pace prolatare licuit rem rusticam. Itaque in hoc Latio et Saturnia terra, ubi dii cultus agrorum progeniem suam docuerant, ibi nunc ad hastam locamus, ut nobis ex transmarinis provinciis advehatur frumentum, ne fame laboremus: et vindemiam condimus ex insulis Cycladibus ac regionibus Baeticis Gallicisque. Nec mirum, cum sit publice concepta et confirmata iam vulgaris existimatio, rem rusticam sordidum opus, et id esse negotium, quod nullius egeat magisterio praeceptoris. At ego, cum aut magnitudinem totius rei, quasi quandam vastitatem corporis, aut partium eius velut singulorum membrorum numerum recenseo, vereor ne supremus ante me dies occupet, quam universam disciplinam ruris possim cognoscere. Nam qui se in hac scientia perfectum volet profiteri, sit oportet rerum naturae sagacissimus, declinationum mundi non ignarus, ut exploratum habeat, quid cuique plagae conveniat, quid repugnet; siderum ortus et occasus memoria repetat, ne imbribus ventisque imminentibus opera inchoet, laboremque frustretur. Caeli et anni praesentis mores intueatur.

Neque enim semper eundem velut ex praescripto habitum gerunt, nec omnibus annis eodem vultu venit aestas aut hiems; nec pluvium semper est ver aut humidus autumnus. Quae pernoscere sine lumine animi et sine exquisitissimis disciplinis non quemquam posse crediderim. Iam ipsa terrae varietas et cuiusque soli habitus, quid nobis neget, quid promittat, paucorum est discernere. Contemplatio vero cunctarum in ea disciplina partium quanto cuique contigit, ut et segetum arationumque perciperet usum, et varias dissimillimasque terrarum species pernosceret? Quarum nonnullae colore, nonnullae qualitate fallunt; atque in aliis regionibus nigra terra, quam pullam vocant, ut in Campania, est laudabilis; in aliis pinguis rubrica melius respondet; quibusdam sicut in Africa Numidiae putres arenae fecunditate vel robustissimum solum vincunt; in Asia Mysiaque densa et glutinosa terra maxime exuberat; atque in his ipsis haberet cognitum, quid <ferret aut> recusaret collis, quid campestris positio, quid cultus, quid silvester ager, quid humidus et graminosus, quid siccus et spurcus; rationem quoque dispiceret in arboribus vineisque, quarum infinita sunt genera, conserendis ac tuendis; et in pecoribus parandis conservandisque: quoniam et hanc adscivimus quasi agriculturae partem, cum separata sit ab agricolatione pastoralis scientia, nec ea tamen simplex. Quippe aliud exigit equinum, atque aliud bubulum armentum, aliud pecus ovillum; et in eo ipso dissimilem rationem postulat Tarentinum atque hirtum, aliud caprinum; et id ipsum aliter curatur mutilum et raripilum, aliter cornutum et setosum, quale est in Cilicia. Porculatoris vero et subulci diversa professio, diversae pastiones; nec eundem glabrae sues densaeque caeli statum, nec eandem educationem cultumve quaerunt. Et ut a pecoribus recedam, quorum in parte avium cohortalium et apium cura posita est; quis tanti studii fuit, ut super ista, quae enumeravimus, tot nosset species insitionum, tot putationum? Tot pomorum olerumque cultus exerceret? Tot generibus ficorum, sicut rosariis impenderet curam? Cum a plerisque etiam maiora negligantur. Quamquam et ista iam non minima vectigalia multis esse coeperunt. Nam prata et salicta, genistaeque et arundines, quamvis tenuem, nihilominus aliquam desiderant industriam. Post hanc tam multarum tamque multiplicium rerum praedicationem non me praeterit, si, quem desideramus agricolam, quemque describimus, exegero a participibus agrestium operum, tardatum iri studia discentium, qui tam variae, tamque vastae scientiae desperatione conterriti, nolent experiri quod se consequi posse diffident. Verumtamen quod in Oratore iam M. Tullius rectissime dixit, par est eos qui generi humano res utilissimas conquirere, et perpensas exploratasque memoriae tradere concupiverint, cuncta tentare. Nec si vel illa praestantis ingenii vis, vel inclitarum artium defecerit instrumentum, confestim debemus ad otium et inertiam devolvi; sed quod sapienter speraverimus, perseveranter consectari. Summum enim culmen affectantes satis honeste vel in secundo fastigio conspiciemur. Nam Latiae Musae non solos adytis suis Accium et Virgilium recepere, sed eorum et proximis et procul a secundis sacras concessere sedes. Nec Brutum aut Caelium Pollionemve cum Messala, et Calvo deterruere ab eloquentiae studio fulmina illa Ciceronis. Nam neque [ille] ipse Cicero territus cesserat tonantibus Demostheni Platonique: nec parens eloquentiae, deus ille Maeonius, vastissimis fluminibus facundiae suae posteritatis studia restinxerat. Ac ne minoris quidem famae opifices per tot iam saecula videmus laborem suum destituisse, qui Protogenem Apellemque cum Parrhasio mirati sunt. Nec pulchritudine Iovis Olympii Minervaeque Phidiacae sequentis aetatis attonitos piguit experiri Bryaxim, Lysippum, Praxitelem, Polyclitum, quid efficere, aut quousque progredi possent. Sed in omni genere scientiae et summis admiratio veneratioque et inferioribus merita laus contigit. Accedit huc, quod ille, quem nos perfectum esse volumus agricolam, si quidem artis consummatae non sit, nec in universa rerum natura sagacitatem Democriti vel Pythagorae fuerit consecutus, et in motibus astrorum ventorumque Metonis providentiam vel Eudoxi, et in pecoris cultu doctrinam Chironis ac Melampodis, et in agrorum solique molitione Triptolemi aut Aristaei prudentiam, multum tamen profecerit, si usu Tremellios Sasernasque et Stolones nostros aequaverit. Potest enim nec subtilissima, nec rursus, quod aiunt, pingui Minerva res agrestis administrari. Nam illud procul vero est, quod plerique crediderunt, facillimam esse nec ullius acuminis rusticationem. De cuius universitate nihil attinet plura nunc disserere, quandoquidem cunctae partes eius destinatis aliquot voluminibus explicandae sunt, quas ordine suo tunc demum persequar, cum praefatus fuero, quae reor ad universam disciplinam maxime pertinere.

I.
Qui studium agricolationi dederit, antiquissima sciat haec sibi advocanda: prudentiam rei, facultatem impendendi, voluntatem agendi. Nam is demum cultissimum rus habebit, ut ait Tremellius, qui et colere sciet et poterit et volet. Neque enim scire aut velle cuiquam satis fuerit sine sumptibus, quos exigunt opera; nec rursus faciendi aut impendendi voluntas <facultasque> profuerit sine arte, quia caput est in omni negotio nosse quid agendum sit, maximeque in agricultura, in qua voluntas facultasque citra scientiam saepe magnam dominis afferunt iacturam, cum imprudenter facta opera frustrantur impensas. Itaque diligens pater familias, cui cordi est ex agri cultu certam sequi rationem rei familiaris augendae, maxime curabit, ut aetatis suae prudentissimos agricolas de quaque re consulat, et commentarios antiquorum sedulo scrutetur, atque aestimet quid eorum quisque senserit, quid praeceperit; an universa, quae maiores prodiderunt, huius temporis culturae respondeant, an aliqua dissonent.

Multos enim iam memorabiles auctores comperi persuasum habere longo aevi situ qualitatem caeli situmque mutari; eorumque consultissimum astrologiae professorem Hipparchum prodidisse tempus fore quo cardines mundi loco moverentur; idque etiam non spernendus auctor rei rusticae Saserna videtur adcredidisse. Nam eo libro, quem de agricultura scriptum reliquit, mutatum caeli situm sic colligit, quod quae regiones antea propter hiemis assiduam violentiam nullam stirpem vitis aut oleae depositam custodire potuerint, nunc mitigato [iam] et intepescente pristino frigore largissimis olivitatibus Liberique vindemiis exuberent. Sed haec sive falsa seu vera ratio est, litteris astrologiae concedatur. Cetera non dissimulanda erunt agrorum cultori praecepta rusticationis, quae cum plurima tradiderint Poeni ex Africa scriptores, multa tamen ab his falso prodita coarguunt nostri coloni. Sicut Tremellius, qui querens id ipsum, tamen excusat, quod Italiae et Africae solum caelumque diversae naturae nequeat eosdem proventus habere.

Quaecumque sunt autem, quae propter disciplina ruris nostrorum temporum cum priscis discrepat, non deterrere debent a lectione discentem. Nam multo plura reperiuntur apud veteres, quae nobis probanda sint, quam quae repudianda. Magna porro et Graecorum turba est de rusticis rebus praecipiens; cuius princeps celeberrimus vates non minimum professioni nostrae contulit Hesiodus Boeotius. Magis deinde eam iuvere fontibus orti sapientiae Democritus Abderites, Socraticus Xenophon, Tarentinus Archytas, Peripatetici magister ac discipulus Aristoteles cum Theophrasto. Siculi quoque non mediocri cura negotium istud prosecuti sunt Hieron et Epicharmus discipulus, Philometor et Attalus. Athenae vero scriptorum frequentiam pepererunt, e queis probatissimi auctores Chaereas, Aristandros, Amphilochus, Euphronius, Chrestus Euphronis, non, ut multi putant, Amphipolites, qui et ipse laudabilis habetur agricola, sed indigena soli Attici. Insulae quoque curam istam celebraverunt, ut testis est Rhodius Epigenes, Chius Agathocles, Evagon et Anaxipolis Thasii. Unius quoque de septem Biantis illius populares Menander et Diodorus in primis sibi vindicaverunt agricolationis prudentiam. Nec his cessere Milesii Bacchius et Mnaseas, Antigonus Cymaeus, Pergamenus Apollonius, Dion Colophonius, Hegesias Maronites. Nam quidem Diophanes Bithynius Uticensem totum Dionysium, Poeni Magonis interpretem, per multa diffusum volumina, sex epitomis circumscripsit. Et alii tamen obscuriores, quorum patrias non accepimus, aliquod stipendium nostro studio contulerunt. Hi sunt Androtion, Aeschrion, Aristomenes, Athenagoras, Crates, Dadis, Dionysius Euphyton, Euphorion. Nec minori fide pro virili parte tributum nobis intulerunt Lysimachus et Cleobulus. Et ut agricolationem Romana tandem civitate donemus, (nam adhuc istis auctoribus Graecae gentis fuit) iam nunc M. Catonem censorium illum memoremus, qui ea Latine loqui primus instituit. Post hunc duos Sasernas, patrem et filium, qui eam diligentius erudierunt; ac deinde Scrofam Tremellium, qui etiam eloquentem reddidit, et M. Terentium, qui expolivit; mox Virgilium, qui carminum quoque potentem fecit. Nec postremo quasi paedagogi eius meminisse dedignemur Iulii Hygini: verumtamen ut Carthaginiensem Magonem rusticationis parentem maxime veneremur. Nam huius octo et viginti memorabilis illa volumina ex senatus consulto in Latinum sermonem conversa sunt. Non minorem tamen laudem meruerunt nostrorum temporum viri, Cornelius Celsus et Iulius Atticus. Quippe Cornelius totum corpus disciplinae quinque libris complexus est. Hic de una specie culturae pertinentis ad vites singularem librum edidit. Cuius velut discipulus duo volumina similium praeceptorum de vineis Iulius Graecinus composita facetius et eruditius posteritati tradenda curavit. Hos igitur, Publi Silvine, prius quam cum agricolatione contrahas, advocato in consilium: nec tamen sic mente dispositus, velut summam totius rei sententiis eorum consecuturus: quippe eiusmodi scriptorum monumenta magis instruunt quam faciunt artificem. Usus et experientia dominantur in artibus: neque est ulla disciplina, in qua non peccando discatur. Nam ubi quid perperam administratum cessit improspere, vitatur quod fefellerat: illuminatque rectam viam docentis magisterium. Quare nostra praecepta non consummare scientiam, sed adiuvare promittunt. Nec statim quisquam compos agricolationis erit his perlectis rationibus, nisi et obire eas voluerit, et per facultates potuerit.

Ideoque haec velut adminicula studiosis promittimus, non profutura per se sola, sed cum aliis. Ac ne ista quidem praesidia, ut diximus, non assiduus labor et experientia villici, non facultates ac voluntas impendendi tantum pollent, quantum vel una praesentia domini: quae nisi frequens operibus intervenerit, ut in exercitu cum abest imperator, cuncta cessant officia. Maximeque reor hoc significantem Poenum Magonem, suorum scriptorum primordium talibus auspicatum sententiis: qui agrum paravit, domum vendat, ne malit urbanum quam rusticum larem colere. Cui magis cordi fuerit urbanum domicilium, rustico praedio non erit opus. Quod ego praeceptum, si posset his temporibus observari, non immutarem. Nunc quoniam plerosque nostrum civilis ambitio saepe evocat ac saepius detinet evocatos, sequitur ut suburbanum praedium commodissimum esse putem, quo vel occupato quotidianus excursus facile post negotia fori contingat. Nam qui longinqua ne dicam transmarina rura mercantur, velut haeredibus patrimonio suo, vel quod gravius est, vivi cedunt servis suis; quoniam quidem et illi tam longa dominorum distantia corrumpuntur, et corrupti post flagitia, quae commiserunt, sub expectatione successorum, rapinis magis quam culturis student.

II.
Censeo igitur in propinquo agrum mercari, quo et frequenter dominus veniat et frequentius se venturum, quam sit venturus, denuntiet. Sub hoc enim metu cum familia villicus erit in officio. Quicquid vero dabitur occasionis, ruri moretur. Quae non sit mora segnis nec umbratilis. Nam diligentem patrem familias decet agri sui particulas omnes et omni tempore anni frequentius circumire, quo prudentius naturam soli sive in frondibus et herbis, sive iam maturis frugibus contempletur: nec ignoret quicquid in eo recte fieri poterit. Nam illud vetus est [et] Catonis, agrum pessime multari, cuius dominus quid in eo faciundum sit non docet, sed audit villicum. Quapropter vel a maioribus traditum possidenti vel empturo fundum praecipua cura sit scire quod maxime regionis genus probetur, ut vel careat inutili, vel mercetur laudabilem. Quod si voto fortuna subscripserit, agrum habebimus salubri caelo, uberi glaeba, parte campestri, parte alia collibus vel ad orientem vel ad meridiem molliter devexis;

terrenisque aliis ac cultis atque aliis silvestribus et asperis, nec procul a mari aut navigabili flumine, quo deportari fructus et per quod merces invehi possint. Campus in prata et arva salictaque et arundineta digestus, aedificio subiaceat. Colles alii vacui arboribus, ut soles segetibus serviant; quae tamen modice siccis ac pinguibus campis melius quam praecipitibus locis proveniunt. Ideoque etiam celsiores agri frumentarii planities habere et quam mollissime devexi ac simillimi debent esse campestri positioni. Alii deinde colles olivetis vinetisque et earum futuris pedamentis vestiantur, ... materiam lapidemque, si necessitas aedificandi coegerit, nec minus pecudibus pascua praebere possint. Tum rivos decurrentes in prata et hortos et salicta, villaeque aquas salientes demittant, nec absint greges armentorum ceterorumque quadrupedum culta et dumeta pascentium. Sed haec positio, quam desideramus, difficilis et rara paucis contingit. Proxima est huic, quae plurima ex his habet;

tolerabilis, quae non paucissima.

III.

Porcius quidem Cato censebat in emendo inspiciendoque agro praecipue duo esse consideranda: salubritatem caeli et ubertatem loci; quorum si alterum deesset, ac nihilo minus quis vellet incolere, mente esse captum, atque eum ad agnatos et gentiles deducendum. Neminem enim sanum debere facere sumptus in cultura sterilis soli; nec rursus pestilenti quamvis feracissimo pinguique agro dominum ad fructus pervenire. Nam ubi sit cum orco ratio ponenda, ibi non modo perceptionem fructuum, sed et vitam colonorum esse dubiam, vel potius mortem quaestu certiorem. Post haec duo principalia subiungebat illa non minus intuenda: viam et aquam et vicinum. Multum conferre agris iter commodum: primum, quod est maximum, ipsam praesentiam domini, qui libentius commeaturus sit, si vexationem viae non reformidet. Deinde ad invehenda et exportanda utensilia; quae res frugibus conditis auget pretium, et minuit impensas rerum invectarum; qui minoris apportentur eo, quo facili<ori> nisu perveniatur. Nec nihil esse etiam parvo vehi, si conductis iumentis iter facias, quod magis expedit quam tueri propria. Servos quoque qui secuturi patrem familias sint, non aegre iter pedibus ingredi. De bonitate aquae ita omnibus clarum est, ut pluribus non sit disserendum. Quis enim dubitet eam maxime probatam haberi, sine qua nemo nostrum vel prosperae vel adversae valetudinis vitam prorogat? De vicini commodo non est quidem certum, quem nonnumquam mors aliaeque nobiscum <diversae> causae mutant.

Et ideo quidam respuunt Catonis sententiam: qui tamen multum videntur errare. Nam quemadmodum sapientis est fortuitos casus magno animo sustinere, ita dementis est ipsum sibi malam facere fortunam; quod facit, qui nequam vicinum suis nummis parat, cum a primis cunabulis, si modo liberis parentibus est oriundus, audisse potuerit Oud'an bous apoloit'ei me geitos kakos eie.

Quod non solum de bove dicitur, sed etiam de omnibus partibus rei nostrae familiaris; adeo quidem, ut multi praetulerint carere penatibus, et propter iniurias vicinorum sedes suas profugerint. Nisi aliter existimamus diversum orbem gentes universas petiisse relicto patrio solo, Achaeos dico et Hiberos, Albanos quoque, nec minus Siculos, et, ut primordia nostra contingam, Pelasgos, Aborigenes, Arcadas, quam quia malos vicinos ferre non potuerant. Ac ne tantum de publicis calamitatibus loquar, privatos quoque memoria tradidit et in regionibus Graeciae et in hac ipsa Hesperia detestabiles fuisse vicinos; nisi si Autolycus ille cuiquam potuit tolerabilis esse conterminus; aut Aventini montis incola Palatinis ullum gaudium finitimis suis Cacus attulit. Malo enim praeteritorum quam praesentium meminisse, ne vicinum meum nominem, qui nec arborem prolixiorem stare nostrae regionis, nec inviolatum seminarium, nec pedamentum adnexum vineae, nec etiam pecudes neglegentius pasci sinit. Iure igitur, quantum mea fert opinio, M. Porcius talem pestem vitare censuit, et in primis futurum agricolam praemonuit ne sua sponte ad eam perveniret. Nos ad cetera praecepta illud adicimus, quod sapiens unus de septem in perpetuum posteritati pronuntiavit, adhibendum modum mensuramque rebus; idque ut non solum aliud acturis, sed et agrum paraturis dictum intellegatur, ne maiorem quam ratio calculorum patiatur, emere velint. Nam huc pertinet praeclari nostri poetae sententia: laudato ingentia rura, exiguum colito. Quod vir eruditissimus, ut mea fert opinio, traditum vetus praeceptum numeris signavit. Quippe acutissimam gentem Poenos dixisse convenit, imbecilliorem agrum quam agricolam esse debere; quoniam cum sit colluctandum cum eo, si fundus praevaleat, allidi dominum. Nec dubium quin minus reddat laxus ager non recte cultus, quam angustus eximie. Ideoque post reges exactos Liciniana illa septena iugera, quae plebi tribunus viritim diviserat, maiores quaestus antiquis rettulere, quam nunc nobis praebent amplissima veterata. Tanta quidem Curius Dentatus, quem paulo ante rettulimus, prospero ductu parta victoria, ob eximiam virtutem deferente populo praemii nomine quinquaginta soli iugera, supra consularem triumphalemque fortunam putavit satis esse; repudiatoque publico munere populari ac plebeia mensura contentus fuit. Mox etiam cum agrorum vastitatem victoriae nostrae et interneciones hostium fecissent, criminosum tamen senatori fuit supra quinquaginta iugera possedisse, suaque lege C. Licinius damnatus est, quod agri modum, quem in magistratu rogatione tribunicia promulgaverat, immodica possidendi libidine transcendisset; nec magis quia superbum videbatur tantum loci detinere, quam quia flagitiosum, quos hostis profugiendo desolasset agros, novo more civem Romanum supra vires patrimonii possidendo deserere. Modus ergo, qui in omnibus rebus, etiam parandis agris adhibeatur. Tantum enim obtinendum est, quanto est opus, ut emisse videamur, quo potiremur, non quo oneraremur ipsi, atque aliis fruendum eriperemus;

more praepotentium, qui possident fines gentium, quos ne circumire equis quidem valent; sed proculcandos pecudibus et vastandos <ac populandos> feris derelinquunt, aut occupatos nexu civium et ergastulis tenent. Modus autem erit sua unicuique voluntas facultasque. Neque enim satis est, ut iam prius dixi, possidere velle, si colere non possis.

IV.

Sequitur deinceps Caesonianum praeceptum, quo fertur usus etiam Cato Marcius, agrum esse revisendum saepius eum, quem velis mercari. Nam prima inspectione neque vitia neque virtutes abditas ostendit, quae mox retractantibus facilius apparent. Inspectionis quoque velut formula nobis a maioribus tradita est agri pinguis ac laeti: de cuius qualitate dicemus suo loco, cum de generibus terrae disseremus. In universum tamen quasi testificandum atque saepius praedicandum habeo, quod primo iam Punico bello dux inclutissimus M. Atilius Regulus dixisse memoratur, fundum sicuti ne fecundissimum quidem soli, cum sit insalubris, ita nec effeti, si vel saluberrimus sit, parandum: quod Atilius aetatis suae agricolis maiore cum auctoritate suadebat peritus usu. Nam Pupiniae pestilentis simul et exilis agri cultorem fuisse eum loquuntur historiae. Quapropter cum sit sapientis non ubique emere, nec aut ubertatis illecebris aut deliciarum concinnitate decipi: sic vere industrii patris familias est, quicquid aut emerit aut acceperit facere fructuosum atque utile: quoniam et gravioris caeli multa remedia priores tradiderunt, quibus mitigetur pestifera lues; et in exili terra cultoris prudentia ac diligentia maciem soli vincere potest. Haec autem consequemur, si verissimo vati velut oraculo crediderimus dicenti ventos et proprium caeli perdiscere morem cura sit ac patrios cultusque habitusque locorum, et qui quaeque ferat regio et quid quaeque recuset; nec contenti tamen auctoritate vel priorum vel praesentium colonorum, nostra praetermiserimus exempla, novaque tentaverimus experimenta. Quod etsi per partes nonnumquam damnosum est, in summa tamen fit compendiosum, quia nullus ager sine profectu colitur, simul ac tentando possessor efficit ut in id formetur, quod maxime praestari possit. Ea res etiam feracissimos agros utiliores reddit. Itaque nusquam experimentorum varietas omittenda est; longeque etiam in pingui solo magis audendum, quoniam nec laborem nec sumptum frustratur effectus. Sed cum refert qualis fundus et quo modo colatur, tum villa qualiter aedificetur et quam utiliter disponatur.

Multos enim deerrasse memoria prodidit, sicut praestantissimos viros L.

Lucullum et Q. Scaevolam, quorum alter maiores, alter minus amplas, quam postulavit modus agri, villas exstruxit, cum utrumque sit contra rem familiarem. Diffusiora enim consepta non solum pluris aedificamus, sed etiam impensis maioribus tuemur; at minora cum sunt, quam postulat fundus, dilabitur fructus. Nam et humidae res et siccae, quas terra progenerat, facile vitiantur, si aut non sunt aut propter angustias incommoda sunt tecta, quibus inferantur. Pro portione enim facultatum, quam optime pater familias debet habitare, ut et libentius rus veniat, et degat in eo iucundius; utique vero, si etiam matrona comitabitur, cuius ut sexus, ita animus est delicatior. Quamobrem amoenitate aliqua demerenda erit, quo patientius moretur cum viro.

Eleganter igitur aedificet agricola; nec sit tamen aedificator; atque areae pedem tantum complectantur, quod ait Cato, quantum ne villa fundum quaerat, neve fundus villam; cuius universum situm qualem oporteat esse, nunc explicabimus. Quod inchoatur aedificium, sicuti salubri regione, ita saluberrima parte regionis debet constitui. Nam circumfusus aer corruptus plurimas affert corporibus nostris causas offensarum. Sicut quaedam loca, quae solstitiis minus concalescunt, sed frigoribus hiemis intolerabiliter horrent, sicut Thebas ferunt Boeotias. Sunt quae tepent hieme, sed aestate saevissime candent, ut affirmant Euboicam Chalcidem. Petatur igitur aer calore et frigore temperatus, qui fere medios obtinet colles, quod neque depressus hieme pruinis torpet, aut torretur aestate vaporibus, neque elatus in summa montium perexiguis ventorum motibus aut pluviis omni tempore anni saevit. Haec igitur est medii collis optima positio, loco tamen ipso paululum intumescente; ne cum a vertice torrens imbribus conceptus adfluxerit, fundamenta convellat.

V.
Sit autem vel intra villam vel extrinsecus inductus fons perennis; lignatio pabulumque vicinum. Si deerit fluens unda, puteali quaeratur in vicino, quae non sit haustus profundi, non amari saporis aut salsi. Haec quoque si deficiet, et spes artior aquae manantis coegerit, vastae cisternae hominibus, piscinaeque pecoribus instruantur, colligendae aquae tandem pluviali, quae salubritati corporis est accommodatissima. Sed ea sic habetur eximia, si fictilibus tubis in contectam cisternam deducatur. Huic proxima fluens aqua e montibus oriunda, si per saxa praeceps devolvitur, ut est in Guarceno Campaniae. Tertia putealis collina, vel quae non infima valle reperitur. Deterrima palustris, quae pigro lapsu repit. Pestilens, quae in palude semper consistit. Hic idem tamen humor, quamvis nocentis naturae, temporibus [tamen] hiemis edomitus imbribus mitescit: ex quo caelestis aqua maxime

salubris intelligitur, quod etiam venenati liquoris eluit perniciem. Sed hanc potui probatissimam diximus. Ceterum ad aestatum temperandos calores et amoenitatem locorum plurimum conferunt salientes rivi, quos, si conditio loci patietur, qualescumque, dummodo dulces, utique perducendos in villam censeo. Sin summotus longius a collibus erit amnis, et loci salubritas editiorque situs ripae permittet superponere villam profluenti, cavendum tamen erit, ut a tergo potius quam prae se flumen habeat, et ut aedificii frons aversa sit ab infestis eius regionis ventis, et amicissimis adversa; cum plerique amnes aestate vaporantis, hieme frigendis nebulis caligent. Quae, nisi vi maiore inspirantium ventorum submoventur, pecudibus hominibusque conferunt pestem. Optime autem salubribus, ut dixi, locis ad orientem vel [ad] meridiem, gravibus ad septentrionem villa convertitur. Eademque semper mare recte conspicit, cum pulsatur ac fluctu respergitur; numquam ex ripa, sed haud paulum submota a litore. Nam praestat a mari longo potius intervallo, quam brevi refugisse; quia media sunt spatia gravioris halitus. Nec paludem quidem vicinam esse oportet aedificiis, nec iunctam militarem viam; quod illa caloribus noxium virus eructat et infestis aculeis armata gignit animalia, quae in nos densissimis examinibus involant; tum etiam nantium serpentiumque pestes, hiberna destituta uligine, coeno et fermentata colluvie vere natas emittit, ex quibus saepe contrahuntur caeci morbi, quorum causas ne medici quidem perspicere queunt; et et anni toto tempore situs atque humor instrumentum rusticum supellectilemque et inconditos conditosque fructus corrumpit: hac autem praetereuntium viatorum populationibus et assiduis devertentium hospitiis infestat rem familiarem. Propter quae censeo eiusmodi vitare incommoda, villamque nec in via nec pestilenti loco, sed procul et editiore situ condere, sic ut frons eius ad orientem aequinoctialem directa sit. Nam eiusmodi positio medium temperatumque libramentum ventorum hiemalium et aestivorum tenet: quantoque fuerit aedificii solum pronius orienti, tanto et aestate liberius capere perflatus et hiemis procellis minus infestari, et matutino regelari ortu poterit, ut concreti rores liquescant: quoniam fere pestilens habetur, quod est remotum ac sinistrum soli et apricis flatibus; quibus si caret, nulla alia vis potest nocturnas pruinas et quocumque rubiginis aut spurcitiae resedit siccare aut detergere. Haec autem cum hominibus afferant perniciem, tum et armentis et virentibus eorumque fructibus. Sed quisquis aedificia volet in declivibus areis exstruere, semper ab inferiore parte auspicetur: quia cum ex depressiore loco fuerint orsa fundamenta, non solum superficiem suam facile sustinebunt, sed et pro fultura et substructione fungentur, adversus ea, quae mox, si forte villam prolatare libuerit, ab superiore parte applicabuntur: quippe ab imo praestructa valenter resistent contra ea, quae postmodum superposita incumbent, at si summa pars clivi fundata propriam molem susceperit, quicquid ab inferiore mox apposueris, fissum erit rimosumque. Nam cum veteri adstruitur recens aedificium, quasi surgenti reluctans oneri cedit;

et quod prius exstructum imminebit cedenti, paulatim degravatum pondere suo praeceps attrahetur. Igitur id structurae vitium, cum primum statim fundamenta iaciuntur, evitandum est.

VI.

Modus autem membrorumque numerus aptetur universo consepto, et dividatur in tres partes, urbanam, rusticam et fructuariam. Urbana rursus in hiberna et aestiva sic digeratur, ut spectent hiemalis temporis cubicula brumalem orientem, coenationes aequinoctialem occidentem.

Rursus aestiva cubicula spectent meridiem aequinoctialem, sed coenationes eiusdem temporis prospectent hibernum orientem. Balnearia occidenti aestivo advertantur, ut sint post meridiem et usque in vesperum illustria. Ambulationes meridiano aequinoctiali subiectae sint, ut hieme plurimum solis et aestate minimum recipiant. At in rustica parte magna et alta culina ponetur, ut et contignatio careat incendii periculo, et in ea commode familiares omni tempore anni morari queant. Optime solutis servis cellae meridiem aequinoctialem spectantes fient; vinctis quam saluberrimum subterraneum ergastulum, plurimis idque angustis illustratum fenestris, atque a terra sic editis, ne manu contingi possint. Pecudibus fient stabula, quae neque frigore neque calore infestentur. Domitis armentis duplicia bubilia sint, hiberna atque aestiva. Ceteris autem pecoribus, quae intra villam esse convenit, ex parte tecta loca, ex parte sub dio parietibus altis circumsaepta, ut illic per hiemem, hic per aestatem sine violentia ferarum conquiescant. Sed omnia stabula sic ordinentur, ne quis humor influere possit: et ut quisque ibi conceptus fuerit, quam celerrime dilabatur, ut nec fundamenta parietum corrumpantur, nec ungulae pecudum. Lata bubilia esse oportebit pedes decem vel minime novem: quae mensura et ad procumbendum pecori et iugario ad circumeundum laxa ministeria praebeat. Non altius edita esse praesepia convenit, quae ut bos aut iumentum sine incommodo stans vesci possit. Villico iuxta ianuam fiat habitatio, ut intrantium exeuntiumque conspectum habeat. Procuratori supra ianuam ob easdem causas: et is tamen villicum observet ex vicino; sitque utrique proximum horreum, quo conferatur omne rusticum instrumentum; et intra id ipsum clausus locus, quo ferramenta condantur. Bubulcis pastoribusque cellae ponantur iuxta sua pecora, ut ad eorum curam sit opportunus excursus. Omnes tamen quam proxime alter ab altero debent habitare, ne villici diversas partes circumeuntis sedulitas distendatur, et ut inter se diligentiae et negligentiae cuiusque testes sint. Pars autem fructuaria dividitur in cellam oleariam, torculariam, cellam vinariam, defrutariam, fenilia paleariaque et apothecas et horrea, ut ex iis quae sunt in plano, custodiam recipiant humidarum rerum tamquam vini aut olei venalium; siccae autem res congerantur tabulatis, ut frumenta, foenum, frondes, paleae ceteraque pabula. Sed granaria, ut dixi, scalis adeantur, et modicis fenestellis aquilonibus inspirentur. Nam ea caeli positio maxime frigida et minime humida est; quae utraque perennitatem conditis frumentis afferunt.

Eadem ratio est <quae> in plano sitae vineariae cellae, quae submota procul esse debet a balineis, furno, sterquilinio reliquisque immunditiis tetrum odorem spirantibus: nec minus a cisternis aquisque salientibus, quibus extrahitur humor, qui vinum corrumpit. Neque me praeterit, sedem frumentis optimam quibusdam videri horreum camara contectum, cuius solum terrenum prius quam consternatur, perfossum et amurca recenti non salsa madefactum, velut Signinum opus pilis condensatur. Tum deinde cum exaruit, simili modo pavimenta testacea, quae pro aqua receperint amurcam mixta calci et arenae, supersternuntur, et magna vi paviculis inculcantur atque expoliuntur, omnesque parietum et soli iuncturae testaceis pulvinis fibulantur. Quoniam fere cum in his partibus aedificia rimas egerunt, cava praebent et latebra subterraneis animalibus. Sed et lacubus distinguuntur granaria, ut separatim quaeque legumina ponantur. Parietes oblinuntur amurca subacto luto, cui pro paleis admista sunt arida oleastri, vel, si ea non sunt, oleae folia. Deinde cum praedictum tectorium inaruit, rursus amurca respergitur, qua siccata frumentum infertur. Ea res ab noxa curculionum et similium animalium commodissime videtur conditas fruges defendere; quae nisi diligenter repositae sint, celeriter ab eis consumuntur. Sed id genus horrei, quod scripsimus, nisi [sit in] sicca positione villae, quamvis granum robustissimum corrumpit situ: qui si nullus adsit, possunt etiam defossa frumenta servari, sicut transmarinis quibusdam provinciis, ubi puteorum in modum, quos appellant siros, exhausta humus, editos a se fructus recipit. Sed nos in nostris regionibus, quae redundant uligine, magis illam positionem pensilis horrei, et hanc curam pavimentorum et parietum probamus. Quoniam, ut rettuli, sic emunita sola et latera horreorum prohibent curculionem. Quod genus exitii cum incidit, multi opinantur arceri posse, si exesae fruges in horreo ventilentur, et quasi refrigerentur. Id autem falsissimum est: neque enim hoc facto expelluntur animalia, sed immiscentur totis acervis; qui si maneant immoti, summis tantum partibus infestantur, quoniam infra mensuram palmi non nascitur curculio; longeque praestat id solum, quod iam vitiatum est, quam totum periculo subicere. Nam cum exiget usus, facile est, eo sublato, quod vitiatum erit, integro inferiore uti. [Sed] haec, etsi extrinsecus, non tamen intempestive videor hoc loco rettulisse. Torcularia praecipue cellaeque oleariae calidae esse debent, quia commodius omnis liquor vapore solvitur, ac frigoribus magis constringitur. Oleum, quod minus provenit, si congelatur, fracescet. Sed ut calore naturali est opus, qui contingit positione caeli et declinatione, ita non est opus ignibus aut flammis, quoniam fumo et fuligine sapor olei corrumpitur. Propter quod torcular debet a meridiana parte illustrari, ne necesse habeamus ignes lucernamque adhibere, cum premitur olea. Cortinale ubi defrutum fiat, nec angustum nec obscurum sit, ut sine incommodo minister, qui sapam decoquet, versari possit. Fumarium quoque, quo materia, si non sit iampridem caesa, festinato siccetur, in parte rusticae villae fieri potest iunctum rusticis balneis. Nam eas quoque refert esse, in quibus familia, sed tantum feriis, lavetur. Neque enim corporis robori convenit frequens usus earum. Apothecae recte superponentur his locis, unde plerumque fumus exoritur; quoniam vina celerius vetustescunt, quae fumi quodam tenore praecoquem maturitatem trahunt. Propter quod et aliud tabulatum esse debebit, quo amoveantur, ne rursus nimia suffumatione medicata sint. Quod ad villae pertinet situm partiumque eius dispositionem, satis dictum est. Circa villam deinceps haec esse oportebit: furnum et pistrinum quantum futurus numerus colonorum postulaverit;

piscinas minimum duas: alteram, quae anseribus ac pecoribus serviat, alteram, in qua lupinum, vimina et virgas atque alia, quae sunt usibus nostris apta, maceremus. Sterquilinia quoque duo sint: unum, quod nova purgamenta recipiat, et in annum conservet; alterum, ex quo vetera vehantur. Sed utrumque more piscinarum devexum leni clivo; et exstructum pavitumque solum habeant, ne humorem transmittant. Plurimum enim refert, non adsiccato succo fimum vires continere, et assiduo macerari liquore, ut si qua interiecta sint stramentis aut paleis spinarum vel graminum semina, intereant, nec in agrum exportata segetes herbidas reddant.

Ideoque periti rustici, quicquid ovilibus stabulisque conversum progesserunt, superpositis virgeis cratibus tegunt, nec arescere ventis sinunt, aut solis incursu patiuntur exuri. Area, si competit, ita constituenda est, ut vel a domino vel certe a procuratore despici possit.

Eaque optima est silice constrata, quod et celeriter frumenta deteruntur, non cedente solo pulsibus ungularum tribularumque, et eadem ventilata mundiora sunt, lapillisque carent et glaebulis, quas per trituram fere terrena remittit area. Huic autem nubilarium applicari debet, maximeque in Italia, propter inconstantiam caeli, quo collata semitrita frumenta protegantur, si subitaneus imber incesserit. Nam in transmarinis quibusdam regionibus, ubi aestas pluvia caret, supervacuum est. Pomaria quoque et hortos oportet saepto circumdari, et esse in propinquo, atque in ea parte, quo possit omnis stercorata colluvies cortis balineorumque et oleis expressa amurcae sanies influere. Nam eiusmodi quoque laetatur alimentis et olus et arbor.

VII.
His omnibus ita vel acceptis vel compositis, praecipua cura domini requiritur, cum in ceteris rebus, tum maxime in hominibus. Atque hi vel coloni vel servi sunt, soluti aut vincti.

Comiter agat cum colonis, facilemque se praebeat. Avarius opus exigat quam pensiones, quoniam et minus id offendit, et tamen in universum magis prodest. Nam ubi sedulo colitur ager, plerumque compendium, numquam (nisi si caeli maior vis aut praedonis accessit) detrimentum affert, eoque remissionem colonus petere non audet. Sed nec dominus in unaquaque re, cum colonum obligaverit, tenax esse iuris debet, sicut in diebus pecuniarum, ut lignis et ceteris parvis accessionibus exigendis, quarum cura maiorem molestiam quam impensam rusticis licet. Nec sane est vindicandum nobis quidquid licet. Nam summum ius antiqui summam putabant crucem. Nec rusus in totum remittendum, quoniam vel optima nomina non appellando fieri mala fenerator Alphius dixisse verissime fertur. Sed et ipse nostra memoria veterem consularem virumque opulentissimum L. Volusium asservantem audivi, [patris familias] felicissimum fundum esse, qui colonos indigenas haberet, et tamquam in paterna possessione natos iam inde a cunabulis longa familiaritate retineret. Ita certe mea fert opinio, rem malam esse frequentem locationem fundi;

peiorem tamen urbanum colonum, qui per familiam mavult agrum quae per se colere. Saserna dicebat ab eiusmodi homine fere pro mercede litem reddi. Propter quod operam dandam esse, ut et rusticos et eosdem assiduos colonos retineamus, cum aut nobismetipsis non licuerit, aut per domesticos colere non expedierit; quod tamen non evenit, nisi in his regionibus, quae gravitate caeli solique sterilitate vastantur. Ceterum cum mediocris adest et salubritas et terrae bonitas, numquam non ex agro plus sua cuique cura reddidit quam coloni; nonnumquam etiam villici, nisi si maxima vel neglegentia servi vel rapacitas intervenit. Quae utraque peccata plerumque vitio domini vel committi vel foveri nihil dubium est; cum liceat aut cavere, ne talis praeficiatur negotio, aut iam praepositus ut submoveatur curare. In longinquis tamen fundis, in quos non est facilis excursus patris familias, cum omne genus agri tolerabilius sit sub liberis colonis quam sub villicis servis habere, tum praecipue frumentarium, quem et minime (sicut vineas aut arbustum) colonus evertere potest, et maxime vexant servi, qui boves elocant, eosdemque et cetera pecora male pascunt, nec industrie terram vertunt, longeque plus imputant seminis iacti quam quod severint; sed nec quod terrae mandaverint sic adiuvant, ut recte proveniat, idque cum in aream contulerunt, per trituram cotidie minuunt vel fraude vel negligentia. Nam et ipsi diripiunt, et ab aliis furibus non custodiunt. Sed nec conditum cum fide rationibus inferunt. Ita fit ut et actor et familia peccent, et ager saepius infametur.

Quare talis generis praedium, si, ut dixi, domini praesentia cariturum est, censeo locandum.

VIII.

Proxima est cura de servis, cui quemque officio praeponere conveniat, quosque et qualibus operibus destinare. Igitur praemoneo ne villicum ex eo genere servorum, qui corpore placuerunt, instituamus; ne ex eo quidem ordine, qui urbanas ac delicatas artes exercuerit. Socors et somniculosum genus id mancipiorum, otiis, campo, circo, theatris, aleae, popinae, lupanaribus consuetum, numquam non easdem ineptias somniat, quas cum in agriculturam transtulit, non tantum in ipso servo, quantum in universa re detrimenti dominus capit. Eligendus est rusticis operibus ab infante duratus et inspectus experimentis. Si tamen is non erit, de iis praeficiatur, qui servitutem laboriosam toleraverunt. Iamque is transcenderit aetatem primae iuventae, necdum senectutis attigerit. Illa, ne [et] auctoritatem detrahat ad imperium, cum maiores dedignentur parere adulescentulo; haec, ne laboriosissimo succumbat operi. Mediae igitur sit aetatis et firmi corporis, peritus rerum rusticarum, aut certe maximae curae, quo celerius addiscat. Nam non est nostri negotii alterum imperare et alterum docere. Neque enim recte opus exigere valet, qui, quid aut qualiter faciendum sit, ab subiecto discit. Potest etiam illitteratus, dummodo tenacissimae sit memoriae, rem satis commode administrare. Eiusmodi villicum Cornelius Celsus ait saepius nummos domino quam librum afferre, quia nescius litterarum vel ipse minus possit rationes confingere, vel per alium propter conscientiam fraudis timeat. Sed qualicumque villico contubernalis mulier assignanda est, quae contineat eum, et in quibusdam rebus tamen adiuvet.

Eidemque actori praecipiendum est, ne convictum cum domestico, multoque minus cum extero habeat. Nonnumquam tamen eum, quem assidue sedulum et fortem in operibus administrandis cognoverit, honoris causa mensae suae die festo dignetur adhibere. Sacrificia nisi ex praecepto domini ne fecerit. Aruspices sagasque, quae utraque genera vana superstitione rudis animos ad impensas ac deinceps ad flagitia compellunt, ne admiserit; neque urbem neque ullas nundinas noverit, nisi emendae vendendaeve pertinentis ad se rei causa. Villicus enim, quod ait Cato, ambulator esse non debet nec egredi terminos, nisi ut addiscat aliquam culturam; et hoc si ita in vicino est, ut cito remeare possit. Semitas novosque limites in agro fieri ne patiatur; neve hospitem nisi amicum familiaremque domini necessarium receperit. Ut ab his arcendus, ita exhortandus est ad instrumenti ferramentorumque curam; ut duplicia, quam numerus servorum exigit, refecta et reposita custodiat, ne quid a vicino petendum sit; quia plus in operis servorum <avocandis> quam in pretio rerum eiusmodi consumitur. Cultam vestitamque familiam magis utiliter quam delicate habeat, munitamque diligenter a vento, frigore pluviaque; quae cuncta prohibentur pellibus manicatis, centonibus confectis vel sagis cucullis. Id si fiat, nullus dies tam intolerabilis est, quo non sub divo moliri aliquid possit. Nec tantum operis agrestis sit artifex, sed et animi, quantum servile patitur ingenium, virtutibus instructus, ut neque remisse neque crudeliter imperet; semperque aliquos ex melioribus foveat, parcat tamen etiam minus bonis; ita ut potius timeant eius severitatem, quam crudelitatem detestentur. Id contingere poterit, si maluerit custodire subiectos, ne peccent, quam negligentia sua committere, ut puniat delinquentes. Nulla est autem maior vel nequissimi hominis custodia, quam operis exactio, ut iusta reddantur, ut villicus semper se repraesentet. Sic enim et magistri singulorum officiorum sedulo munia sua exsequentur, et ceteri post defatigationem operis quieti ac somno potius quam deliciis operam dabunt. Iam illa vetera, sed optimi moris, quae nunc exoleverunt, utinam possint obtineri: ne conservo ministro quoquam nisi in re domini utatur; ne cibum nisi in conspectu familiae capiat; neve alium, quam qui ceteris praebetur. Sic enim curabit, ut et panis diligenter confiat, et reliqua salubriter apparentur. Ne extra fines nisi a se missum progredi sinat: sed nec ipse mittat, nisi magna necessitate cogente. Neve negotietur sibi, pecuniamve domini aut animalibus aut rebus aliis promercalibus occupet. Haec enim negotiatio curam villici avocat, nec umquam patitur eum cum rationibus domini paria facere; sed ubi numeratio exigetur, rem pro nummis ostendit. In universum tamen hoc maxime obtinendum ab eo est, ne quid se putet scire quod nesciat, quaeratque semper addiscere quod ignorat. Nam cum multum prodest perite quid facere, tum plus obest perperam fecisse. Unum enim ac solum dominatur in rusticatione, quicquid exigit ratio culturae, semel facere; quippe cum emendatur vel imprudentia vel negligentia, iam res ipsa decoxit, nec tantum postmodum exuberat, ut et se amissam restituat et quaestum temporum praeteritorum resarciat. In ceteris servis haec fere praecepta servanda sunt, quae me custodisse non paenitet, ut rusticos, qui modo non incommode se gessissent, saepius quam urbanos familiariusque alloquerer; et cum hac comitate domini levari perpetuum laborem eorum intelligerem, nonnumquam etiam iocarer, et plus ipsis iocari permitterem. Iam illud saepe facio, ut quasi cum peritioribus de aliquibus operibus novis deliberem, et per hoc cognoscam cuiusque ingenium, quale quamque sit prudens. Tum etiam libentius eos id opus aggredi video, de quo secum deliberatum et consilium ipsorum susceptum putant. Nam illa sollemnia sunt omnibus circumspectis, ut ergastuli mancipia recognoscant; ut explorent an diligenter vincta sint; an ipsae sedes custodiae satis tutae munitaeque sint; num villicus aut alligaverit quempiam domino nesciente, aut revinxerit. Nam utrumque maxime servare debet, ut et quem pater familias tali poena multaverit, villicus nisi eiusdem permissu compedibus non eximat; et quem ipse sua sponte vinxerit, ante quam sciat dominus, non resolvat;

tantoque curiosior inquisitio patris familias debet esse pro tali genere servorum, ne aut in vestiariis aut in ceteris praebitis iniuriose tractentur, quanto et pluribus subiecti, ut villicis, ut operum magistris, ut ergastulariis, magis obnoxii perpetiendis iniuriis, et rursus saevitia atque avaritia laesi magis timendi sunt. Itaque diligens dominus, cum et ab ipsis, tum et ab solutis, quibus maior est fides, quaerat an ex sua constitutione iusta percipiant. Atque ipse panis potionisque bonitatem gustu suo exploret; vestem, manicas, pedumque tegmina recognoscat. Saepe etiam querendi potestatem faciat de iis, qui aut crudeliter eos aut fraudulenter infestent. Nos quidem aliquando iuste dolentes tam vindicamus, quam animadvertimus in eos, qui seditionibus familiam concitant, qui calumniantur magistros suos; ac rursus praemio prosequimur eos, qui strenue atque industrie se gerunt. Feminis quoque fecundioribus, quarum in sobole certus numerus honorari debet, otium nonnumquam et libertatem dedimus, cum plures natos educassent. Nam cui tres erant filii, vacatio, cui plures libertas quoque contingebat. Haec et iustitia et cura patris familias multum confert augendo patrimonio. Sed et illa meminerit, cum e civitate remeaverit, deos penates adorare; deinde si tempestivum erit, confestim, si minus, postero die fines oculis perlustrare, et omnes parte agri revisere atque aestimare, numquid absentia sua de disciplina et custodia remiserit; num aliqua vitis, num arbor, num fruges absint; tum etiam pecus et familiam recenseat, fundique instrumentum et supellectilem; quae cuncta si per plures annos facere instituerit, bene moratam disciplinam, cum senectus advenerit, obtinebit. Nec erit ulla eius aetas annis ita confecta, ut spernatur a servis.

IX.
Dicendum etiam est, quibus operibus quemque habitum corporis aut animi contribuendum putemus. Magistros operibus oportet praeponere sedulos ac frugalissimos. Ea res utraque plus quam corporis statura roburque confert huic negotio; quoniam id ministerium custodiae diligentis et artis officium est. Bubulco quamvis necessaria, non tamen satis est indoles mentis, nisi

eum vastitas vocis et habitus metuendum pecudibus efficit. Sed temperet vires clementia; quoniam terribilior debet esse quam saevior, ut et obsequantur eius imperiis, et diutius perennent boves non confecti vexatione simul operum verberumque. Sed quae sint magistrorum munia, quaeque bubulcorum, suo loco repetam. Nunc admonuisse satis est, nihil in his, in illis plurimum referre vires et proceritatem. Nam longissimum quemque aratorem, sicut dixi, faciemus, et propter id, quod paulo ante rettuli et quod in re rustica nullo minus opere fatigatur prolixior, quia in arando stivae paene rectus innititur. Mediastinus qualiscumque status potest esse, dummodo perpetiendo labori sit idoneus. Vineae non sic altos quemadmodum latos et lacertosos viros exigunt. Nam his habitus fossuris et putationibus ceterisque earum culturis magis aptus. Minus in hoc officio, quam in ceteris, agricolatio frugalitatem requirit, quia et in turba et sub monitore vinitor opus facere debet. Ac plerumque velocior animus est improborum [hominum], quem desiderat huius operis conditio. Non solum enim fortem, sed et acuminis strenui ministrum postulat. Ideoque vineta plurimum per alligatos excoluntur. Nihil tamen eiusdem agilitatis homo frugi non melius quam nequam faciet. Hoc interposui, ne quis existimet, in ea me opinione versari, qua malim per noxios quam per innocentes rura colere. Sed et illud censeo, ne confundantur opera familiae, sic ut omnes omnia exsequantur. Nam id minime conducit agricolae, seu quia cum enisus est, non suo sed communi officio proficit, ideoque labori multum se subtrahit; nec tamen viritim malefactum deprehenditur, quod fit a multis.

Propter quod separandi sunt aratores a vinitoribus <et vinitores ab aratoribus>, iique a mediastinis. Classes etiam non maiores quam denum hominum faciundae, quas decurias appellaverunt antiqui et maxime probaverunt, quod is numeri modus in opere commodissime custodiretur, nec praeeuntis monitoris diligentiam multitudo confunderet. Itaque si latior est ager, in regiones diducendae sunt eae classes, dividundumque ita opus, ut neque singuli binive sint, quoniam dispersi non facile custodiuntur; nec tamen supra decem, ne rursus ubi nimia turba sit, id opus ad se pertinere singuli non existiment. Haec ordinatio non solum concitat aemulationem, sed et deprehendit ignavos. Nam cum certamine opus excitetur, tu in cessantes animadversio iusta et sine querela videtur adhiberi. Sed nimirum dum quae maxime providenda sunt agricolae futuro praecipimus, de salubritate, de via, de vicino, de aqua, situ villae, fundi modo, colonorum et servorum generibus, officiorum operumque distributione, tempestive per haec ad ipsum iam terrae cultum pervenimus, de quo pluribus libro insequente mox disserimus.

LIBER II

I.
Quaeris ex me, Publi Silvine, quod ego sine cunctatione non recuso docere, cur priore libro veterem opinionem fere omnium, qui de cultu agrorum locuti sunt, a principio confestim reppulerim, falsamque sententiam repudiaverim censentium longo aevi situ longique iam temporis exercitatione fatigatam et effetam humum consenuisse. Nec te ignoro cum et aliorum illustrium scriptorum tum praecipue Tremelii auctoritatem revereri, qui cum plurima rusticarum rerum praecepta simul eleganter et scite memoriae prodiderit, videlicet illectus nimio favore priscorum de simili materia disserentium falso credidit parentem omnium terram, sicut muliebrem sexum aetate anili iam confectam, progenerandis esse fetibus inhabilem. Quod ipse quoque confiterer, si in totum nullae fruges provenirent. Nam et hominis tum demum declaratur sterile senium, non cum desinit mulier trigeminos aut geminos parere, sed cum omnino nullum conceptum edere valet. Itaque transactis iuventae temporibus, etiamsi longa vita superest, partus tamen annis denegatus non restituitur. At e contrario seu sponte seu quolibet casu destituta humus, cum est repetita cultu, magno fenore cessationis colono respondet. Non ergo est exiguarum frugum causa terrae vetustas, si modo cum semel invasit senectus, regressum non habet, nec reviviscere aut repubescere potest; sed ne lassitudo quidem soli minuit agricolae fructum. Neque enim prudentis est adduci tamquam in hominibus nimiae corporis exercitationi, aut oneris alicuius ponderi, sic cultibus et agitationibus agrorum fatigationem succedere. Quid ergo est, inquis, quod asseverat Tremellius, intacta et silvestria loca, cum primum coeperint exuberare, mox deinde non ita respondere labori colonorum? Videt sine dubio quid eveniat, sed cur id accidat, non pervidet. Neque enim idcirco rudis et modo ex silvestri habitu in arvum transducta fecundior haberi terra debet, quod sit requietior et iunior, sed quod multorum annorum frondibus

et herbis, quas suapte natura progenerabat, velut saginata largioribus pabulis, facilius edendis educandisque frugibus sufficit. At cum perruptae rastris et aratris radices herbarum, ferroque succisa nemora frondibus suis desierunt alere matrem, quaeque temporibus autumni frutetis et arboribus delapsa folia superiaciebantur, mox conversa vomeribus et inferiori solo, quod plerumque est exilius, permixta atque absumpta sunt, sequitur ut destituta pristinis alimentis macrescat humus. Non igitur fatigatione, quemadmodum plurimi crediderunt, nec senio, sed nostra scilicet inertia minus benigne nobis arva respondent. Licet enim maiorem fructum percipere, si frequenti et tempestiva et modica stercoratione terra refoveatur. De cuius cultu dicturos nos priore volumine polliciti iam nunc disseremus.

II.
Callidissimi rusticarum rerum, Silvine, genera terreni tria esse dixerunt, campestre, collinum, montanum. Campum non aequissima situm planitie nec perlibrata, sed exigue prona; collem clementer et molliter assurgentem; montem non sublimem et asperum, sed nemorosum et herbidum maxime probaverunt. His autem generibus singulis senae species contribuuntur, soli pinguis vel macri, soluti vel spissi, humidi vel sicci; quae qualitates inter se mixtae vicibus et alternatae plurimas efficiunt agrorum varietates: eas enumerare non est artificis agricolae. Neque enim artis officium est, per species, quae sunt innumerabiles, evagari, sed ingredi per genera, quae possunt cogitatione mentis et ambitu verborum facile copulari. Recurrendum est igitur ad qualitatum inter se dissidentium quasi quasdam coniunctiones, quas Graeci syzygias enentioteton, nos discordantium comparationes tolerabiliter dixerimus. Atque etiam significandum est ex omnibus, quae terra progeneret, plura campo magis quam colle, plura pingui solo quam macro laetari. De siccaneis et riguis non comperimus, utra numero vincant, quoniam utrimque paene infinita sunt, quae siccis quaeque humidis locis gaudent; sed ex his nihil non melius resoluta humo quam densa provenit. Quod noster quoque Virgilius, cum et alias fecundi arvi laudes rettulisset, et cui putre solum; namque hoc imitamur arando. Neque enim aliud est colere, quam resolvere et fermentare terram. Ideoque maximos quaestus ager praebet idem pinguis ac putris, quia cum plurimum reddat, minimum poscit; et quod postulat, exiguo labore atque impensa conficitur. Praestantissimum igitur tale solum iure dicatur. Proximum deinde huic pinguiter densum, quod impensum coloni laboremque magno fetu remuneratur. Tertia est ratio loci rigui, quia sine impensa fructum reddere potest. Hanc primam Cato esse dicebat, qui maxime reditum pratorum ceteris anteponebat; sed nos de agitatione terrae nunc loquimur,

non de situ. Nullum deterius habetur genus, quam quod est siccum pariter et densum et macrum; quia cum difficulter tractetur, tum ne tractatum quidem gratiam refert; nec relictum pratis vel pascuis abunde sufficit. Itaque hic ager sive exercetur seu cessat, colono est penitendus, ac tamquam pestilens refugiendus. Nam ille mortem facit, hic teterrimam comitem mortis famem; si tamen Graecis Camenis habemus fidem clamitantibus "limoi oiktiston thaneein". Sed nunc potius uberioris soli meminerimus, cuius demonstranda est duplex tractatio, culti et silvestris. De silvestri regione in arvorum formam redigenda prius dicemus, quoniam est antiquius facere agrum quam colere. Incultum igitur locum consideremus, siccus an humidus; nemorosus arboribus an lapidibus confragosus; iuncone sit an gramine vestitus ac filictis aliisve fruteis impeditus. Si humidus erit, abundantia uliginis ante siccetur fossis. Earum duo genera cognovimus, caecarum et patentium. Spissis atque cretosis regionibus apertae relinquuntur; at ubi solutior humus est, aliquae fiunt patentes, quaedam etiam obcaecantur, ita ut in patentes ora hiantia caecarum competant; sed patentes latius apertas summa parte declivesque et ad solum coarctatas, imbricibus supinis similes facere conveniet. Nam quarum recta sunt latera, celeriter aquis vitiantur et superioris soli lapsibus replentur. Opertae rursus obcaecari debebunt, solcis in altitudinem tripedaneam depressis: qui cum parte dimidia lapides minutos vel nudam glaream receperint, aequentur superiecta terra, quae fuerat effossa. Vel si nec lapis erit nec glarea, sarmentis connexus velut funis informabitur in eam crassitudinem, quam solum fossae possit anguste quasi accommodatam coarctatamque capere. Tum per imum contendetur, ut super calcatis cupressinis vel pineis, aut, si eae non erunt, aliis frondibus terra contegantur; in principio atque exitu fossae more ponticulorum binis saxis tantummodo pilarum vice constitutis, et singulis superpositis, ut eiusmodi constructio ripam sustineat, ne praecludatur humoris illapsus atque exitus. Nemorosi frutetosique tractus duplex cura est, vel exstirpandis radicitus arboribus et removendis; vel, si rarae sint, tantum succidendis incendendisque et inarandis. At saxosum facile est expedire lectione lapidum, quorum si magna est abundantia, velut quibusdam substructionibus partes agri sunt occupandae, ut reliquae emundentur; vel in altitudinem sulco depresso lapides obruendi. Quod tamen ita faciendum erit, si suadebit operarum vilitas. Iunci et graminis pernicies repastinatio est; filicis, frequens exstirpatio. Quae vel aratro fieri potest, quoniam intra biennium saepius convulsa moritur; celerius etiam, si eodem tempore stercores, et lupino vel faba conseras, ut cum aliquo reditu medearis agri vitio. Namque constat filicem sationibus et stercoratione facilius interimi. Verum et si subinde nascentem falce decidas, quod vel puerile opus est, intra praedictum tempus vivacitas eius absumitur. Sed iam expediendi rudis agri rationem sequitur cultorum novalium cura, de qua mox quid censeam profitebor, si quae ante discenda sunt, arvorum studiosis praecepero. Plurimos antiquorum, qui de rusticis rebus scripserunt, memoria repeto quasi confessa nec dubia signa pinguis ac frumentorum fertilis agri prodidisse, dulcedinem soli propriam herbarum et arborum proventum, nigrum colorem vel cinereum. Nihil de ceteris ambigo; de colore satis admirari non possum, cum alios tum etiam Cornelium Celsum, non solum agricolationis, sed universae naturae prudentem virum, sic et sententia et visu deerrasse, ut oculis eius tot paludes, tot etiam campi salinarum non occurrerent, quibus fere contribuuntur praedicti colores. Nullum enim temere videmus locum, qui modo pigrum contineat humorem, non eundem vel nigri vel cinerei coloris, nisi forte in eo fallor ipse, quod non putem aut in solo limosae paludis et uliginis amarae, aut in maritimis areis salinarum gigni posse laeta frumenta. Sed manifestior hic antiquorum error, quam ut pluribus argumentis convincendus sit. Non ergo color, tamquam certus auctor, testis est bonitatis arvorum. Et ideo frumentarius ager, id est pinguis, magis aliis qualitatibus aestimandus est. Nam ut fortissimae pecudes diversos ac paene innumerabiles, sic etiam robustissimae terrae plurimos et varios colores sortitae sunt. Itaque considerandum erit, ut solum quod excolere destinamus, pingue sit. Per se tamen id parum est, si dulcedine caret; quod utrumque satis expedita nobis ratione contingit discere. Nam perexigua conspergitur aqua glaeba, manuque subigitur ac si glutinosa est, quamvis levissimo tactu pressa inhaerescit, et picis in morem ad digitos lentescit habendo, ut ait Virgilius, eademque illisa humor dissipatur; quae res admonet nos inesse tali materiae naturalem succum et pinguitudinem. Sed si velis scrobibus egestam humum recondere et recalcare, cum aliquo quasi fermento abundaverit, certum erit esse eam pinguem; cum defuerit, exilem; cum aequaverit, mediocrem. Quamquam ista quae nunc rettuli, non tam vera possunt videri, quam si sit pullula terra, quae melius proventu frugum approbatur. Sapore quoque dignoscemus, si ex ea parte agri, quae maxime displicebit, effossae glebae, et in fictili vase madefactae dulci aqua permisceatur, ac more faeculenti vini diligenter colatae gustu explorentur. Nam qualem traditam ab eis rettulerit humor saporem, talem esse dicemus eius soli.. Sed citra hoc experimentum multa sunt, quae et dulcem terram et frumentis habilem significent, ut iuncus, ut calamus, ut gramen, ut trifolium, ebulum, rubi, pruni silvestres, et alia complura, quae etiam indagatoribus aquarum nota, non sini dulcibus terrae venis educantur. Nec contentos esse nos oportet prima specie summi soli, sed diligenter exploranda est inferioris materiae qualitas, terrena necne sit. Frumentis autem sat erit, si aeque bona suberit bipedanea humus: arboribus altitudo quattuor pedum abunde est. Haec cum ita exploraverimus, agrum sationibus faciundis expediemus. Is autem non minimum exuberat, si curiose et scite subigitur. Quare antiquissimum est formam huius operis conscribere, quam velut sectam legemque in proscindendis agris sequantur agricolae. Igitur in opere boves arcte iunctos habere convenit, quo speciosius ingrediantur sublimes et elatis capitibus, ac minus colla eorum labefactentur, iugumque melius aptum cervicibus insidat. Hoc enim genus iuncturae maxime probatum est. Nam illud, quod in quibusdam provinciis usurpatur, ut cornibus illigetur iugum, fere repudiatum est ab omnibus, qui praecepta rusticis conscripserunt; neque immerito. Plus enim queunt pecudes collo et pectore conari, quam cornibus. Atque hoc modo tota mole corporis totoque pondere nituntur; at illo, retractis et resupinis capitibus excruciantur, aegreque terrae summam partem levi admodum vomere sauciant. Et ideo minoribus aratris moliuntur, qui non valent alte perfossa novalium terga rescindere; quod cum fit, omnibus virentibus plurimum confert. Nam penitus arvis sulcatis maiore incremento segetum arborumque foetus grandescunt. Et in hoc igitur a Celso dissentio, qui reformidans impensam, quae scilicet largior est in amplioribus armentis, censet exiguis vomeribus et dentalibus terram subigere, quo minoris formae bubus administrari id possit; ignorans, plus esse reditus in ubertate frugum, quam impendii, si maiora mercemur armenta, praesertim in Italia, ubi arbustis atque oleis consitus ager altius resolvi ac subigi desiderat, ut et summae radices vitium olearumque vomeribus rescindantur; quae si maneant, frugibus obsint; et inferiores penitus subacto solo facilius capiant humoris alimentum. Potest tamen illa Celsi ratio Numidiae et Aegypto convenire, ubi plerumque arboribus viduum solum frumentis seminatur. Atque eiusmodi terram pinguibus arenis putrem veluti cinerem solutam quamvis levissimo dente moveri satis est. Bubulcum autem per proscissum ingredi oportet, alternisque versibus obliquum tenere aratrum, et alternis recto plenoque sulcare; sed ita necubi crudum solum et immotum relinquat, quod agricolae scamnum vocant. Boves cum ad arborem venerint, fortiter retinere ac retardare, ne in radicem maiore nisu vomis impactus colla commoveat, neve aut cornu bos ad stipitem vehementius offendat, aut extremo iugo truncum delibet ramumque deplantet. Voce potius quam verberibus terreat, ultimaque sint opus recusantibus remedia plagae. Numquam stimulo lacessat iuvencum, quod retrectantem calcitrosumque eum reddit. Nonnumquam tamen admoneat flagello. Sed nec in media parte versurae consistat, detque requiem in summa, ut spe cessandi totum spatium bos agilius enitatur. Sulcum autem ducere longiorem, quam pedum centumviginti, contrarium pecori est; quoniam plus aequo fatigatur, ubi hunc modum excessit. Cum ventum erit ad versuram, in priorem partem iugum propellat, et boves inhibeat, ut colla eorum refrigescant, quae celeriter conflagrant, nisi assidue refrigerentur, et ex eo tumor ac deinde ulcera invadunt. Nec minus dolabra quam vomere bubulcus utatur; et praefractas stipes summasque radices, quibus ager arbusto consitus implicatur, omnes refodiat ac persequatur.

III.
Boves cum ab opere disiunxerit, substrictos confricet, manibusque comprimat dorsum, et pellem revellat, nec patiatur corpori adhaerere, quia et genus morbi maxime est armentis noxium. Colla subigat, merumque faucibus, si aestuaverint, infundat. Satis autem est singulis binos sextarios praebere: sed ante ad praesepia boves religari non expedit, quam sudare atque anhelare desierint. Cum deinde tempestive potuerint vesci, non multum nec universum cibum, sed partibus et paulatim praebere convenit. Quem cum absumpserint, ad aquam duci oportet, sibiloque allectari, quo libentius bibant; tum demum reductos largiori pabulo satiari. Hactenus de officio bubulci dixisse abunde est. Sequitur ut tempora quoque subigendi arvi praecipiamus.

IV.
Pingues campi, qui diutius continent aquam, proscindendi sunt anni tempore iam incalescente, cum omnis herbas ediderint, neque adhuc earum semina maturuerint; sed tam frequentibus densisque sulcis arandi sunt, ut vix dignoscatur in utram partem vomer actus sit; quoniam sic omnes radices herbarum perruptae necantur. Sed et compluribus iterationibus sic resolvatur vervactum in pulverem, ut vel nullam vel exiguam desideret occationem, cum seminaverimus. Nam veterea Romani dixerunt male subactum agrum, qui satis frugibus occandus sit. Eum porro an recte aretur, frequenter explorare debet agricola. Nec tantum visu, qui fallitur nonnumquam, superfusa terra latentibus scamnis, verum etiam tactu, qui minus decipitur, cum solidi rigoris admota pertica transversis sulcis inseritur. Ea si aequaliter ac sine offensione penetravit, manifestum est totum solum deinceps esse motum; sin autem subeunti durior aliqua pars obstitit, crudum vervactum esse demonstrat. Hoc cum saepius bubulci fieri vident, non committunt scamna facere. Igitur uliginosi campi proscindi debent post Idus mensis Aprilis. Quo tempore cum arati fuerint viginti diebus interpositis circa solstitium, quod est nonum vel octavum Kalend. Iulias, iteratos esse oportebit, ac deinde circa Septembris Kalendas tertiatos: quoniam in id tempus ab aestivo solstitio convenit inter peritos rei rusticae non esse arandum, nisi si magnis, ut fit nonnumquam, ac subitaneis imbribus quasi hibernis pluviis terra permaduerit. Quod cum accidit, nihil prohibet, quo minus mense Iulio vervacta subigantur. Sed quandoque arabitur, observabimus, ne lutosus ager tractetur, neve exiguis nimbis semimadidus, quam terram rustici variam cariosamque appellant. Ea est cum post longas siccitates levis pluvia superiorem partem glaebarum madefecit, inferiorem non attigit. Nam quae limosa versantur arva, toto

anno desinunt posse tractari, nec sunt habilia sementi aut occasioni aut sarritioni. At rursus, quae varia subacta sunt, continuo triennio sterilitate afficiuntur. Medium igitur temperamentum maxime sequamur in arandis agris, ut neque succo careant, nec abundent uligine. Quippe nimius humor, ut dixi, limosos lutososque reddit. At qui siccitatibus aruerunt, expediri probe non possunt. Nam vel respuitur duritia soli dens aratri, vel si qua parte penetravit, non minute diffundit humum, sed vastos caespites convellit; quibus obiacentibus impeditum arvum minus recte potest iterari; quia ponderibus glaebarum sicut aliquibus obstantibus fundamentis, vomis a sulco repellitur: quo evenit, ut in iteratione quoque scamna fiant, et boves iniquitate operis pessime multentur. Accedit huc, quod omnis humus, quamvis laetissima, tamen inferiorem partem ieiuniorem habet, eamque attrahunt excitatae maiores glaebae. Quo evenit, ut infecundior materia mixta pinguiori segetem minus uberem reddat, tum etiam ratio rustici aggravatur exiguo profectu operis. Iusta enim fieri nequeunt, cum induruit ager. Itaque siccitatibus censeo quod iam proscissum est iterare, pluviamque opperiri, quae, madefacta terra, facilem nobis culturam praebeat. Sed iugerum talis agri quattuor operis expeditur. Nam commode proscinditur duabus, una iteratur, tertiatur dodrante, in liram satum redigitur, quadrante operae. Liras autem rustici vocant easdem porcas, cum sic aratum est, ut inter duos latius distantes sulcos medius cumulus siccam sedem frumentis praebeat. Colles pinguis soli peracta satione trimestri mense Martio, si vero tepor caeli siccitasque regionis suadebit, Februario statim proscindendi sunt. Deinde ab Aprili medio usque in solstitium iterandi tertiandique Septembri circa aequinoctium. Ac totidem operis, quot uliginosi campi, excolitur iugerum. Sed tali agro in arando maxime est observandum, semper ut transversus mons sulcetur. Nam hac ratione difficultas acclivitatis infringitur, laborque pecudum et hominum commodissime sic minuitur. Paulum tamen quotiescumque iterabitur, modo in elatiora, modo in depressiora clivi obliquum agi sulcum oportebit, ut in utramque partem rescindamus, nec eodem vestigio terram moliamur. Exilis ager planus, qui aquis abundat, primum aretur ultima parte mensis Augusti, subinde Septembri sit iteratus, paratusque sementi circa aequinoctium. Expeditior autem labor eiusmodi solo est, eo quod pauciores impenduntur operae: nam tres uni iugero sufficiunt. Item graciles clivi non sunt aestate arandi, sed circa Septembres Kalendas; quoniam si ante hoc tempus proscinditur, effoeta et sine succo humus aestivo sole peruritur, nullasque virium reliquias habet. Itaque optime inter Kalendas et Idus Septembris aratur, ac subinde iteratur, ut primis pluviis aequinoctialibus conseri possit; neque in lira, sed sub sulco talis ager seminandus est.

V.

Prius tamen quam exilem terram iteremus, stercorare conveniet: nam eo quasi pabulo gliscit. Ia campo rarius, in colle spissius acervi stercoris instar quinque modiorum disponentur, atque in plano pedes intervalli quoquo versus octo, in clivo duobus minus relinqui sat erit. Sed id nobis decrescente luna fieri placet: nam ea res herbis liberat segetes. Iugerum autem desiderat, quod spissius stercoratur, vehes quattuor et viginti; quod rarius, duodeviginti. Disiectum deinde protinus fimum inarari et obrui convenit, ne solis halitu vires amittat, et ut permixta humus praedicto alimento pinguescat. Itaque cum in agro disponentur acervi stercoris, non debet maior modus eorum dissipari, quam quem bubulci eodem die possint obruere.

VI.

Quoniam sementi terram docuimus praeparare, nunc seminum genera persequemur. Prima et utilissima sunt hominibus frumenta, triticum et semen adoreum. Tritici genera complura cognovimus. Verum ex his maxime serendum est, quod robus dicitur, quoniam et pondere et nitore praestat. Secunda conditio est habenda siliginis, cuius species in pane praecipua pondere deficitur. Tertium erit trimestre, cuius usus agricolis gratissimus. Nam ubi propter aquas aliamve causam matura satio est omissa, praesidium ab hoc petitur. Id genus est seliginis. Reliquae tritici species, nisi si quos multiplex varietas frugum et inanis delectat gloria, supervacuae sunt. Adorei autem plerumque videmus in usu genera quattuor. Far, quod appellatur Clusinum, candoris nitidi. Far, quod vocatur vennunculum, rutilum, atque alterum candidum, sed utrumque maioris ponderis quam Clusinum. Semen trimestre, quod dicitur halicastrum, idque pondere et bonitate est praecipuum. Sed haec genera tritici et adorei, propterea custodienda sunt agricolis, quod raro quisquam ager ita situs est, ut uno semine contenti esse possimus, interveniente parte aliqua vel uliginosa vel arida. Triticum autem sicco loco melius coalescit. Adoreum minus infestatur humore.

VII.

Leguminum genera cum sint complura, maxime grata et in usu hominum videntur faba, lenticula, phaselus, cicer, cannabis, milium, panicum, sesama, lupinum, linum etiam, et ordeum, quia ex eo ptisana est. Item pabulorum optima sunt medica et foenum Graecum, nec minus vicia. Proxime deinde cicera et ervum et farrago, quae est ex ordeo. Sed de his prius disseremus, quae nostra causa seminantur, memores antiquissimi praecepti, quo monemur ut locis frigidis ocissime, tepidis celerius, calidis novissime seramus. Nunc autem proinde ac si temperatae regioni praecepta dabimus.

VIII.

Placet nostro poetae adoreum atque etiam triticum non ante seminare, quam occiderint Vergiliae. Quod ipsum numeris sic edisserit:

> At si triticeam in messem robustaque farra
> exercebis humum, solisque instabis aristis,
> ante tibi Eoae Atlantides abscondantur.

Absconduntur autem altero et trigesimo die post autumnale aequinoctium, quod fere conficitur nono Kaled. Octobris; propter quod intellegi debet tritici satio dierum sex et quadraginta ab occasu Vergiliarum, qui fit ante diem IX Kalend. Novembr. ad brumae tempora. Sic enim servant prudentes agricolae, ut quindecim diebus prius quam conficiatur bruma, totidemque post eam confectam neque arent, neque vitem aut arborem putent. Nos quoque non abnuimus in agro temperato et minime humido sementem sic fieri debere. Ceterum locis uliginosis atque exilibus aut frigidis aut etiam opacis plerumque cirta Kalendas Octobris seminare convenire, dum sicca tellure licet, dum nubila pendent, ut prius convalescant radices frumentorum quam hibernis imbribus aut gelicidiis pruinisve infestentur. Sed quamvis tempestive sementis confecta erit, cavebitur tamen ut patentes liras crebrosque sulcos aquarios, quos nonnulli elices vocant, faciamus, et omnem humorem in colliquias, atque inde extra segetes derivemus. Nec ignoro quosdam veteres auctores praecepisse ne seminarentur agri nisi cum terra pluviis permaduisset. Quod ego, si tempestive competat, magis conducere agricolae non dubito. Sed si, quod evenit nonnumquam, seri sunt imbres, quamvis sitienti solo recte semen committitur: idque etiam in quibusdam provinciis, ubi status talis caeli est, usurpatur. Nam quod sicco solo ingestum et inoccatum est, pereinde ac si repositum in horreo non corrumpitur, atque ubi venit imber, multorum dierum sementis uno die surgit. Tremellius quidem asseverat, prius quam impluerit, ab avibus aut formicis sata non infestari, dum aestivis serenitatibus ager aret. Idque etiam saepius nos experti verum adhuc esse non comperimus. Magis apte tamen in eiusmodi agris adoreum quam triticum seritur; quoniam folliculum, quo continetur, firmum et durabilem adversus longioris temporis humorem habet.

IX.

Iugerum agri pinguis plerumque modios tritici quattuor, mediocris quinque postulat: adorei modios novem, si est laetum solum; si mediocre, decem desiderat. Nam quamvis de mensura minus auctoribus convenit, hanc tamen videri commodissimam docuit noster usus; quem si quis sequi recusat, utatur praeceptis eorum qui bene uberem campum in singula iugera tritici quinque et adorei octo modiis obserere praecipiunt, atque hac portione mediocribus agris semina praebenda censent. Nobis ne istam quidem, quam praediximus, mensuram semper placet servari, quod eam variat aut loci aut temporis aut caeli conditio. Loci, cum vel in campis vel collibus frumentum seritur, atque his vel pinguibus vel mediocribus vel macris. Temporis, cum autumno aut etiam ingruente hieme frumenta iacimus. Nam prima sementis rarius serere permittit, novissima spissius postulat. Caeli, cum aut pluvium aut siccum est. Nam illud idem quod prima sementis, hoc quod ultima desiderat. Omne autem frumentum maxime campo patente et ad solem prono apricoque et soluto laetatur. Collis enim quamvis granum robustioris aliquanto, minus tamen tritici reddit. Densa cretosaque et uliginosa humus siliginem et far adoreum non incommode alit. Ordeum nisi solutum et siccum locum non patitur. Atque illa vicibus annorum requietum agitatumque alternis et quam laetissimum volunt arvum. Hoc nullam mediocritatem postulat: nam vel pinguissima vel macerrima humo iacitur. Illa post continuos imbres, si necessitas exigat, quamvis adhuc limoso et madente solo sparseris, iniuriam sustinet. Hoc si lutoso commiseris, emoritur.. Siliginis autem vel tritici, si mediocriter cretosus uliginosusve ager est, etiam paulo plus, quam, ut prius iam dixi, quinque modiis ad sationem opus est. At si siccus et resolutus locus, idemque vel pinguis, vel exilis est, quattuor; quoniam e contrario macer tantumdem seminis poscit. Nam nisi rare conseritur, vanam minutam spicam facit. At ubi ex uno semine pluribus culmis fruticavit, etiam ex rara segete densam facit. Inter cetera quoque non ignorare debemus, quinta parte seminis amplius occupari agrum consitum arbusto, quam vacuum et apertum. Atque adhuc de satione autumnali loquimur: hanc enim potissimam ducimus. Sed est et altera, cum cogit necessitas: trimestrem vocant agricolae. Ea locis praegelidis ac nivosis, ubi aestas est humida et sine vaporibus, recte committitur. Ceteris admodum raro respondet. Quam tamen ipsam celeriter et utique ante aequinoctium vernum conveniet peragere. Si vero locorum et caeli conditio patietur, quanto maturius severimus, <tanto> commodius proveniet. Neque enim est ullum, sicut multi crediderunt, natura trimestre semen: quippe idem iactum autumno melius respondet. Sunt nihilo minus quaedam aliis potiora, quae sustinent veris tepores, ut siligo et ordeum Galaticum et halicastrum, granumque fabae Marsicae. Nam cetera robusta frumenta semper ante hiemem seri debent in regionibus temperatis. Solet autem salsam nonnumquam et amaram uliginem vomere terra, quae quamvis matura iam sata manante noxio humore corrumpit, et locis calentibus sine ulla stirpe seminum areas reddit. Ea glabreta signis adhibitis notari convenit, ut suo tempore vitiis eiusmodi medeamur. Nam ubi vel uligo, vel aliqua pestis segetem enecat, ibi columbinum stercus, vel si id non est, folia cupressi convenit spargi et inarari. Sed antiquissimum est, omnem inde humorem facto sulco deducere: aliter vana erunt praedicta remedia. Nonnulli pelle hyaenae satoriam trimodiam vestiunt, atque ita ex ea, cum paulum immorata sunt semina, iaciunt, non dubitantes proventura, quae sic sata sint. Quaedam etiam subterraneae pestes adultas segetes radicibus subsectis enecant. Id ne fiat, remedio est aquae mixtus succus herbae, quam rustici sedum appellant; nam hoc medicamine una nocte semina macerata iaciuntur. Quidam cucumeris anguini humorem expressum, et eiusdem tritam radicem diluunt aqua, similique ratione madefacta semina terrae mandant. Alii hac eadem aqua vel amurca insulsa, cum coepit infestari seges, perfundunt sulcos, et ita noxia animalia submovent. Illud deinceps praecipiendum habeo, ut demissis segetibus iam in area futuro semini consulamus. Nam quod ait Celsus, ubi mediocris est fructus, optimam quamque spicam legere oportet, separatimque ex ea semen reponere; cum rursus amplior messis provenerit, quicquid exteretur, capisterio expurgandum erit, et semper quod propter magnitudinem ac pondus in imo subsederit, ad semen reservandum. Nam id plurimum prodest, quia quamvis celerius locis humidis, tamen etiam siccis frumenta degenerant, nisi cura talis adhibeatur. Neque enim dubium est, ex robusto semine posse fieri non robustum. Quod vero protinus ex levi natum sit, numquam robur accipere manifestum est. Ideoque Virgilius cum et alia tum et hoc de seminibus praeclare sic disseruit:

Vidi lecta diu, et multo spectata labore

degenerare tamen, ni vis humana quotannis
maxima quaeque manu legeret. Sic omnia fatis
in peius ruere, ac retro sublapsa referri.

Granum autem rutilum si, cum diffissum est, eundem colorem interiorem habet, integrum esse non dubitamus. Quod extrinsecus albidum, intus etiam conspicitur candidum, leve ac vanum intellegi debet. Nec nos tamquam optabilis agricolis fallat siligo. Nam hoc tritici vitium est, et quamvis candore praestet, pondere tamen vincitur. Verum in humido statu caeli recte provenit; et ideo locis manantibus magis apta est. Nec tamen ea longe nobis aut magna difficultate requirenda est. Nam omne triticum solo uliginoso post tertiam sationem convertitur in siliginem. Proximus est his frumentis usus ordei, quod rustici hexastichum, quidam etiam cantherinum appellant; quoniam et omnia animalia, quae ruri sunt, melius quam triticum, et homines salubrius quam malum triticum pascit. Nec aliud in egenis rebus magis inopiam defendit. Seritur soluta siccaque terra, et vel praevalida vel exili, quia constat arva segetibus eius macescere; propter quod pinguissimo agro, cuius nimis viribus noceri non possit, aut macro, cui nihil aliud, committitur. Altero sulco seminari debet post aequinoctium, media fere sementi, si laeto solo; si gracili, maturius. Iugerum quinque modii occupabunt. Idque ubi paulum maturuerit, festinantius quam ullum aliud frumentum demetendum erit. Nam et fragili culmo, et nulla vestitum palea granum eius celeriter decidit, iisdemque de causis facilius teritur, quam cetera. Sed cum eius messem sustuleris, optimum est novalia pati anno cessare; si minus, stercore saturare, et omne virus, quod adhuc inest terrae, propulsare. Alterum quoque genus ordei est, quod alii distichum, Galaticum nonnulli vocant, ponderis et candoris eximii, adeo ut tritico mixtum egregia cibaria familiae praebeat. Seritur quam pinguissimis, sed frigidis locis circa Martium mensem. Melius tamen respondet, si clementia hiemis permittit, cum seminatur circa Idus Ianuarias. Iugerum sex modios postulat. Inter frumenta etiam panicum et milium ponenda sunt, quamvis iam leguminibus ea contribuerim. Nam multis regionibus cibariis eorum coloni sustinentur. Levem solutamque humum desiderant. Nec in sabuloso solo, sed in arena quoque proveniunt, modo humido caelo vel riguo solo. Nam siccum cretosumque reformidant. Ante ver seri non possunt, quoniam teporibus maxime laetantur, ultima tamen parte Martii mensis commodissimae terrae committuntur. Nec impensa gravi rationem cultoris onerant; quippe sextariis fere quattuor iugerum implent. Frequentem tamen exigunt sarritionem et runcationem, ut herbis liberentur. Ea cum spicas ediderunt, prius quam semina hient aestibus, manu carpuntur, et suspensa in sole cum assicata fuerint, reconduntur, atque ita reposita perennant diutius quam cetera. Panis ex milio conficitur, qui antequam refrigescat, sine fastidio potest assumi. Panicum pinsitum et evolutum furfure, sed et milium quoque pultem quavis in copia maxime cum lacte non fastidientem praebet.

X.

Quoniam de frumentis abunde praecepimus, de leguminibus deinceps disseramus. Lupini prima ratio est, quod et minimum operarum absumit, et vilissime emitur, et maxime ex iis quae seruntur, iuvat agrum. Nam vineis <iam> emaciatis, et arvis optimum stercus praebet, ac vel effoeto solo provenit, vel repositum in granario patitur aevum. Boves per hiemem coctum maceratumque probe alit. Famem quoque, si sterilitas annorum incessit hominibus, commode propulsat. Spargitur statim ex area. Atque id solum omnium leguminum non desiderat requiem in horreo, sive Septembri mense ante aequinoctium, seu protinus a Kalendis Octobribus crudis novalibus ingeras. Et qualitercumque obruas, sustinet coloni neglegentiam. Teporem tamen autumni desiderat, ut celeriter confirmetur. Nam si non ante hiemem convaluerit, frigoribus affligitur. Reliquum quod semini superest, in tabulatum, quo fumus pervenit, optime reponis. Quoniam si humor invasit, vermes gignit; qui simul atque oscilla lupinorum adederunt, reliqua pars enasci non potest. Id, ut dixi, exilem amat terram, et rubricam praecipue. Nam cretam reformidat limosoque non exit agro. Iugerum decem modii occupant. Ab hoc recte phaselus terrae mandabitur, vel in veretro, vel melius pingui et restibili agro. Nec amplius quattuor modiis iugerum obseretur.. Similis quoque ratio est pisi, quod tamen facilem et solutam terram desiderat tepidumque locum et caelum frequentis humoris. Eadem mensura iugerum vel modio minus quam phaselum licet obserere primo tempore sementis ab aequinoctio autumnali. Fabae pinguissimus locus vel stercoratus destinatur, et si veteretum erit in valle situm, quod a superiore parte succum accipit; prius autem iaciemus semina, deinde proscindemus terram, proscissamque in liram revocabimus occabimusque, quo altius largiore humo contegatur. Nam id plurimum refert, ut radices enatorum seminum penitus demersae sint. Sin autem proximae messis occupandum erit restibile, desectis stramentis quattuor et viginti vehes stercoris in iugerum disponemus dissipabimusque. Et similiter cum semen crudo solo ingesserimus, inarabimus, imporcatumque occabimus; quamvis sint, qui negent locis frigidis oportere occari fabam, quia exstantes glaebae a gelicidiis adhuc eam teneram vindicent, et aliquem teporem frigore laboranti praebeant. Sunt etiam qui putent in arvis hanc eandem vice stercoris fungi. Quod sic ego interpretor, ut existimem, non sationibus eius pinguescere humum, sed minus hanc quam cetera semina vim terrae consumere. Nam certum habeo, frumentis utiliorem agrum esse, qui nihil, quam qui istam siliquam proximo anno tulerit. Iugerum agri, ut Tremellio, quattuor, ut nobis videtur, fabae sex occupant modii, si solum pingue sit; si mediocre, paulo amplius. Eaque nec macrum nec nebulosum locum patitur. Densa tamen humo saepe commode respondet. Media sementi pars seri, et pars ultima debet, quae septimontialis satio dicitur. Tempestiva frequentius, nonnumquam tamen sera melior est. Post brumam parum recte seritur, pessime vere; quamvis sit etiam trimestris faba, quae mense Februario seratur, quinta parte amplius quam matura. Sed exiguas paleas, nec multam siliquam facit. Veteres itaque rusticos plerumque dicentes audio, malle se maturae fabalia quam fructum trimestris. Sed quocumque tempore anni seretur, opera danda erit, ut quantum destinaverimus in sationem, tantum quintadecima luna, si tamen ea non transcurret eo die solis radios, quod Graeci apokrousin vocant, si minus, quartadecima utique adhuc lunae crescente lumine spargatur, etiam si confestim totum semen operiri non poterit. Nihil enim nocebitur ei nocturnis roribus aliisve ex causis, dum a pecore et avibus vindicetur. Priscis autem rusticis nec minus Virgilio prius amurca vel nitro macerari eam et ita seri placuit, laetior ut fetus siliquis fallacibus esset, et quamvis igni exiguo properata maderent. Nos quoque sic medicatam comperimus, cum ad maturitatem perducta sit, minus a curculione infestari. Sed et illud, quod deinceps dicturi sumus, experti praecipimus. Silente luna fabam vellito ante lucem. Deinde cum in area exaruerit, confestim, prius quam luna incrementum capiat, excussam refrigeratamque in granarium conferto. Sic condita a curculionibus erit innoxia. Maximeque ex leguminibus ea et sine iumentis teri et sine vento purgari expeditissime sic poterit. Modicus fasciculorum numerus resolutus in extrema parte areae collocetur, quem per longissimum eius mediumque spatium tres vel quattuor homines promoveant pedibus, et baculis furcillisve contundant; deinde cum ad lateram partem areae pervenerint, in acervum culmos regerant. Nam semina excussa in area iacebunt, superque ea paulatim eodem modo reliqui fasciculi excutientur. Ac durissimae quidem acus reiectae separataeque erunt a cudentibus: minutae vero, quae de siliquis cum faba resederint, alitere secernentur. Nam cum acervus paleis granisque mixtus in unum fuerit congestus, paulatim ex eo ventilabris per longius spatium iactetur. Quo facto palea, quae levior est, citra decidet; faba, quae longius emittitur, pura eo perveniet, quo ventilator eam iaculabitur. Lentim modo a dimidiata luna usque in duodecimam solo tenui et resoluto vel pingui et sicco maxime loco seri convenit; nam in flore facile luxuria et humore corrumpitur. Quae ut celeriter prodeat et ingrandescat, antequam seratur fimo arido permisceri debet, et cum ita quatriduo aut quinque diebus requieverit, spargi. Sationes eius duas servamus, alteram maturam per mediam sementim, seriorem alteram mense Februario. Iugerum agri paulo plus quam modius occupat. Ea ne curculionibus absumatur (nam etiam dum est in siliqua exestur) curandum erit, ut cum extrita sit, in aquam demittatur, et ab inani, quae protinus innatat, separetur solida; tum in sole siccetur, et radice silphii trita cum aceto aspergatur, defriceturque <oleo>, atque ita rursus in sole siccata et mox refrigerata recondatur, si maior est modus, in horreo, si minor, in vasis oleariis salsamentariisque. Quae repleta cum confestim gypsata sunt, quandoque in usus prompserimus, integram lentem reperiemus. Potest tamen etiam citra istam medicationem cineri mixta commode servari. Lini semen, nisi si magnus est eius in ea regione, quam colis, proventus, et pretium proritat, serendum non est. Agris enim praecipue noxius est. Itaque pinguissimum locum et modice humidum poscit. Seritur a Kalendis Octobribus in ortum Aquilae, qui est VII Idus Decembr. Iugerum agri octo modiis obseritur. Nonnullis placet macro solo et quam spississimum semen eius committi, quo tenuius linum proveniat. Idem etiam si laeto solo seratur mense Februario, modios in iugerum iaci oportere, dicunt. Sesama, quae rigantur, maturius; quae carent humore, ab aequinoctio autumnali serenda sunt in Idus Octobr. Putre solum, quod Campani pullum vocant, plerumque desiderant. Non deterius tamen etiam pinguibus harenis vel congesticia humo proveniunt; tantumque seminis, quantum milium panicumque, interdum etiam duobus sextariis amplius in iugerum spargitur. Sed hoc idem semen Ciliciae Syriaeque regionibus ipse vidi mense Iunio Iulioque conseri, et per autumnum cum permaturuerit, tolli. Cicercula quae piso est similis, mense Ianuario et Februario seri debet laeto loco, caelo humido. Quibusdam tamen Italiae locis ante Kalend. Novembr. seritur. Tres modii iugerum implent. Nec ullum legumen minus agro nocet. Sed raro respondet, quoniam nec siccitates nec austros in flore sustinet; quae utraque incommoda fere eo tempore anni sunt, quo deflorescit. Cicer quod arietinum vocatur, itemque alterius generis, quod Punicum, seri mense Martio toto potest caelo humido, loco quam laetissimo. Nam etiam id terram laedit; atque ideo improbatur a callidioribus agricolis. Quod tamen si seri debeat, pridie macerandum erit, ut celerius enascatur. Iugero modii tres abunde sunt. Cannabis solum pingue stercoratumque et riguum vel planum atque humidum et alte subactum deposcit. In quadratum pedem seruntur grana sex eius seminis Arcturo exoriente, quod est ultimo mense Februario circa sextum aut quintum Kalend. Mart. Nec tamen usque in aequinoctium vernum, si sit pluvius caeli status, improbe seretur. Ab his leguminibus ratio est habenda naporum raporumque: nam utraque rusticos implent. Magis tamen utilia rapa sunt, quia et maiore incremento proveniunt, et non hominem solum, verum etiam boves pascunt, praecipue in Gallia, ubi hiberna cibaria praedictis pecudibus id olus praebet. Solum putre et solutum res utraque desiderat, nec densa nascitur humo. Sed rapa campis et locis humidis laetantur; napus devexam amat et siccam tenuique propiorem terram. Itaque glareosis sabulosisque arvis melior exit, locique proprietas utriusque semen commutat. Namque in alio solo rapa biennio sata convertuntur in napum, in alio napus raporum accipit speciem. Riguis locis utrumque recte ab solstitio seritur; sicci, ultima parte mensis Augusti vel prima Septembris. Subactum solum pluribus iterationibus aratri vel rastri largoque stercore satiatum postulant. Nam id plurimum refert, non solum quod melius ea proveniunt, sed quod etiam post fructum eorum sic tractatum solum segetes opimas facit. Iugerum agri non amplius quattuor sextariis raporum seminis obserendum est; quarta parte amplius napi spargendum, quia non in ventrem latescit, sed tenuem radicem deorsum agit. Atque haec hominum causa serenda censemus, illa deinde pecudum (XI) pabulorum genera complura, sicut Medicam, et viciam, farraginem quoque ordeaceam, et avenam, foenum Graecum, nec minus ervum, et ciceram. Nam cetera neque enumerare ac minus serere dignamur; excepta tamen cytiso, de qua dicemus in iis libris, quos de generibus surculorum conscripsimus. Sed ex iis, quae placent, eximia est herba Medica. Quod cum semel seritur, decem annis durat; quod per annum deinde recte quater, interdum etiam sexies demetitur; quod agrum stercorat; quod omne emaciatum armentum ex ea pinguescit; quod aegrotanti pecori remedium est; quod iugerum eius toto anno tribus equis abunde sufficit. Seritur, ut deinceps praecipiemus. Locum, in quo Medicam proximo veresaturus es, proscindito circa Kalendas Octobris, et eum toto hieme putrescere sinito. Deinde Kalendis Februariis diligenter iterato, et lapides omnes elegito, glaebasque offringito. Postea circa Martium mensem tertiato et occato. Cum sic terram subegeris, in morem horti areas latas pedum denum, longas pedum quinquagenum facito, ut per semitas aqua ministrari possit, aditusque utraque parte runcantibus pateat. Deinde vetus stercus inicito, atque ita mense ultimo Aprile serito tantum, quantum ut singuli cyathi seminis locum occupent decem pedum longum et quinque latum. Quod ubi feceris, ligneis rastris (id enim multum confert), statim iacta semina obruantur: nam celerrime sole aduruntur. Post sationem ferro tangi locus non debet. Atque, ut dixi, ligneis rastris sarriendus et identidem runcandus est, ne laterius generis herba invalidam Medicam perimat. Tardius messem primam eius facere oportebit, cum iam seminum aliquam partem eiecerit. Postea quam voles teneram, cum prosiluerit, deseces licet, et iumentis praebeas; sed inter initia parcius, dum consuescant, ne novitas pabuli noceat. Inflat enim, et multum creat sanguinem. Cum secueris autem, saepius eam rigato. Paucos deinde post dies, ut coeperit fruticare, omnes alterius generis herbas eruncato. Sic culta sexies in anno demeti poterit, et permanebit annis decem. Viciae autem duae sationem sunt. Prima, qua pabuli causa circa aequinoctium autumnale serimus septem modios eius in unum iugerum. Secunda, qua sex modios mense Ianuario vel etiam serius iacimus semini progenerando. Utraque satio potest cruda terra fieri, sed melius proscissa: idque genus praecipue non amat rores, cum seritur. Itaque post secundam diei horam vel tertiam spargendum est, cum iam omnis humor sole ventove detersus est, neque amplius proici debet, quam quod eodem die possit operiri. Nam si nox incessit, quantulocumque humore prius, quam obruatur, corrumpitur. Observandum erit, ne ante quintam et vigesimam lunam terrae mandetur. Aliter satae fere limacem nocere comperimus. Farraginem in restibili stercoratissimo loco et altero sulco serere convenit. Ea fit optima, cum cantherini ordei decem modiis iugerum obseritur circa aequinoctium autumnale, sed impendentibus pluviis, ut consita rigataque imbribus celeriter prodeat, et confirmetur ante hiemis violentiam. Nam frigoribus cum alia pabula defecerunt, ea bubus ceterisque pecudibus optime desecta praebetur, et si depascere saepius voles usque in mensem Maium sufficit. Quod si etiam semen voles ex ea percipere, a Kalend. Martiis pecora depellenda, et ab omni noxa defendenda est, ut sit idonea frugibus. Similis ratio avenae est. Caeditur in foenum vel pabulum, dum adhuc viret, quae autumno sata; partim semini custoditur. Foenum Graecum, quod siliquam vocant rustici, duo tempora sationum habet: quorum alterum est Septembris mensis, cum pabuli causa seritur, iisdem diebus quibus vicia circa aequinoctium; alterum autem mensis Ianuarii ultimi, vel primi Februarii, cum in messem seminatur. Sed hac satione iugerum sex modiis, illa septem occupamus; utraque cruda terra non incommode fit; daturque opera, ut spisse aretur, nec tamen alte. Nam si plus quattuor digitis adobrutum est semen eius, non facile prodit. Propter quod nonnulli prius quam serant, minimis aratris proscindunt, atque ita iaciunt semina, et sarculis adobruunt. Ervum autem laetatur loco macro nec humido, quia luxuria plerumque corrumpitur. Potest <et> autumno seri, nec minus post brumam, Ianuarii parte novissima, vel toto Februario, dum ante Kalendas Martias; quem mensem universum negant agricolae huic legumini convenire, quod eo tempore satum pecori sit noxium et praecipue bubus, quos pabulo suo cerebrosos reddat. Quinque modiis iugerum obseritur. Cicera bubus ervi loco fresa datur in Hispania Baetica; quae cum suspensa mola divisa est, paulum aqua maceratur, dum lentescat, atque ita mixta paleis subtritis pecori praebetur. Sed ervi duodecim librae satisfaciunt uni iugo, cicerae sexdecim. Eadem hominibus non inutilis neque iniucunda est. Sapore certe nihilo differt a cicercula, colore tantum discernitur: nam est obsoletior, et nigro propior. Seritur primo vel altero sulco, mense Martio, ita ut postulat soli laetitia; quod eadem quattuor modiis, nonnumquam et tribus, interdum etiam duobus ac semodio iugerum occupat.

XI.
Quoniam quando quidque serendum sit persecuti sumus, nunc quemadmodum quotque operis singula eorum quae rettulimus colenda sint, demonstrabimus. Peracta sementi, sequens cura est sarritionis; de qua non convenit inter auctores. Quidam negant eam quicquam proficere, quod frumenti radices sarculo detegantur, aliquae etiam succidantur, ac, si frigora incesserint post sarritionem, gelu frumenta enecentur; satius autem ea esse tempestive runcari et purgari. Pluribus tamen sarriri placet; sed neque eodem modo, neque iisdem temporibus usquequaque fieri. Nam in agris siccis et apricis, simul ac primum sarritionem pati queant segetes, debere eas permota terra adobrui, ut fruticare possint; quod ipsum ante hiemem fieri oportere, deinde post hiemem iterari. In locis autem frigidis et palustribus plerumque transacta hieme sarriri, nec adobrui, sed plana sarritione terram permoveri. Multis tamen nos regionibus aptam esse hiemalem sarritionem comperimus, dumtaxat et siccitas caeli et tepores permittunt. Sed nec istud ubique fieri censemus; verum incolarum consuetudine uti. Sunt enim regionum propria munera, sicut Aegypti et Africae, quibus agricola post sementem ante messem segetem non attingit; quoniam caeli conditio et terrae bonitas ea est, ut vix ulla herba exeat, nisi ex semine iacto, sive quia rari sunt imbres, seu quia qualitas humi sic se cultoribus praebet. In iis

autem locis, ubi desideratur sarritio, non ante sunt attingendae segetes, etiam si caeli status permittit, quam cum sata sulcos contexerint. Triticumque et adoreum, cum quattuor fibras habere coeperint, ordeum cum quinque, faba et cetera legumina cum quattuor digitis a terra exstiterint, recte sarrientur, excepto tamen lupino, cuius semini contraria est sarritio, quoniam unam radicem habet, quae sive ferro succisa est seu vulnerata, totus frutex emoritur. Quod etiam si non fieret, supervacuus tamen esset cultus, cum sola haec res adeo non infestetur herbis, ut ipsa herbas perimat. Atque aliae segetes vel humidae moveri possunt, melius tamen siccae sarriuntur, quoniam sic tractatae non infestantur rubigine. Hordeum vero nisi siccissimum tangi non debet. Fabam multi ne sarriendam quidem putant, quod et manibus, cum maturuerit, ducta secernatur a cetera runcatione, et internatae herbae foeno reserventur. Cuius opinionis etiam Cornelius Celsus est, qui inter ceteras dotes eius leguminis hanc quoque enumerat, quod sublata faba foenum ex eodem loco secari posse dicat. Sed mihi videtur pessimi agricolae committere ut satis herba proveniat. Frugibus enim plurimum detrahitur, si relinquitur runcatio. Neque <enim> est rustici prudentis magis pabulis studere pecudum, quam cibis hominum; cum praesertim liceat illa quoque cultu pratorum consequi; adeoque fabam sarriendam censeo, ut existimem debere etiam ter sarriri. Nam sic cultam comperimus non solum multiplicare fructum, sed et exiguam portionem in valvulis habere, fresaeque [eius et expurgatae] modium paene tam plenum esse, quam integrae, cum vix minuatur mensura detractis putaminibus. Atque in totum, sicut ante iam diximus, hiberna sarritio plurimum iuvat diebus serenis ac siccis post brumam confectam mense Ianuario, si gelicidia non sint. Ea porro sic debet fieri, ne radices satorum laedantur, et ut potius adobruantur, cumulisque exaggerentur, ut latius se frutex humi diffundat. Id prima sarritione fecisse proderit, secunda oberit; quia cum pullulare desiit frumentum, putrescit, si adobrutum est. Nihil itaque amplius in iteratione, quam remolliri terra debet aequaliter; eamque transacto aequinoctio verno statim peragi oportet intra dies viginti, ante quam seges in articulum eat, quoniam serius sarrita corrumpitur insequentibus aestivis siccitatibus et caloribus. Subiungenda deinde est sarritioni runcatio, curandumque ne florentem segetem tangamus; sed aut antea, aut mox cum defloruerit. Omne autem frumentum et hordeum, quicquid denique non duplici semine est, spicam a tertio ad quartum nodum emittit, et cum totam edidit, octo diebus deflorescit, ac deinde grandescit diebus quadraginta, quibus post florem ad maturitatem devenit. Rursus quae duplici semine sunt, ut faba, pisum, lenticula, diebus XL florent, simulque grandescunt.

XII.

Et ut iam percenseamus, quot operis in aream perducantur ea, quae terrae credidimus: tritici modii quattuor vel quinque bubulcorum operas occupant quattuor, occatoris unam, sarritoris duas primum, et unam cum iterum sarriuntur, runcatoris unam, messoris unam et dimidiam; in totum summam operarum decem et dimidiam. Siliginis modii quinque totidem operas desiderant. Seminis modii novem vel decem totidem operas quot tritici modii quinque postulant. Hordei modii quinque bubulci operas tres exigunt, occatoriam unam, sarritoriam unam et dimidiam, messoriam unam, summam operarum sex et dimidiam. Fabae modii quattuor vel sex in vereteo duas operas bubulcorum detinent, at in restibili unam. Occantur sesquiopera, sarriuntur sesquiopera, iterum sarriuntur una opera, et tertio una, metuntur una. Summa fit operarum octo vel septem. Viciae modii sex vel septem in vereteo bubulcorum duas operas volunt, in restibili unam; item, occantur una opera, metuntur una. Summa fit operarum quattuor vel trium. Ervi modii quinque totidem operis conseruntur, occantur una; item singulis sarriuntur, runcantur, metuntur; quae cuncta sex operas occupant. Siliquae modii sex vel septem totidem operis obruuntur, metuntur una. Phaseoli modii quattuor obruuntur totidem operis, occantur una, metuntur una. Cicerae vel cicerculae modii quattuor operas bubulcorum tres postulant, occantur opera una, runcantur una, velluntur una. Summa fit sex operarum. Lentis sesquimodius totidem operas desiderat, occatur una, sarritur duabus, runcatur una, vellitur una. Summa fit operarum octo. Lupini modii decem obruuntur una, obbantur una, metuntur una. Milii sextarii quattuor, totidemque panici bubulcorum operas occupant quattuor, occantur operis tribus, sarriuntur tribus; quot operis carpantur, incertum est. Ciceris modii tres operis totidem seminantur, occantur duabus, sarriuntur una, runcantur una, velluntur tribus. Summa fit undecim operarum. Lini decem modii vel octo quattuor iugis conseruntur, occantur operis tribus, runcantur una, velluntur tribus. Summa fit undecim operarum. Sesami sextarii sex tribus iugis a proscissione coluntur, occantur operis tribus, sarriuntur quattuor, et sarriuntur iterum duabus, runcantur una, velluntur duabus. Summa fit operarum quindecim. Cannabis seritur, ut supra docuimus: sed incertum est, quantam impensam curamque desideret. At Medica obruitur non aratro, sed, ut dixi, ligneis rastellis. Iugerum agri eius occant duo, sarrit unus, metit unus. Hac consummatione operarum colligitur posse agrum ducentorum iugerum subigi duobus iugis boum totidemque bubulcis et sex mediastinis; si tamen vacet arboribus. At si sit arbustum, eundem modum Saserna tribus hominibus adiectis asseverat probe satis excoli. Quae nos ratio docet, sufficere posse iugum boum tritici centum viginti quinque modiis, totidemque leguminum, ut sit in asse autumnalis satio modiorum ducentorum quinquaginta; et post hanc nihilo minus conserat trimestrium modios quinque et septuaginta. Hoc deinde sic probatur. Semina, quae quarto sulco seruntur in iugeribus viginti quinque, desiderant bubulcorum operas CXV. Nam proscinditur is agri modus quamvis durissimi quinquaginta operis, iteratur quinque et viginti, tertiatur et consereitur XL. Legumina occupant operas LX, id est menses duos. Pluviales quoque et feriarum computantur, quibus non aratur, dies quinque et XL. Item peracta sementi, quibus requiescunt, dies XXX. Sic in asse fiunt octo menses et dies X. Supersunt tamen de anno tres reliqui menses et dies V et XX, quos absumamus aut in satione trimestrium, aut in vecturis foeni et pabulorum et stercoris aliorumque utensilium.

XIII.
Sed ex iis, quae rettuli, seminibus, idem Saserna putat aliis stercorari et iuvari agros, aliis rursus peruri et emaciari. Stercorari lupino, faba, vicia, ervilia, lente, cicercula, piso. De lupino nihil dubito, atque etiam de pabulari vicia, si tamen eam viridem desecatam confestim aratrum subsequatur, et quod falx reliquerit, priusquam inarescat, vomis rescindat atque obruat; id enim cedit pro stercore. Nam si radices eius desecato pabulo relictae inaruerint, succum omnem solo auferent, vimque terrae absument, quod etiam in faba ceterisque leguminibus, quibus terra gliscere videtur verisimile est accidere; ut nisi protinus sublata messe eorum proscindatur, nihil iis segetibus, quae deinceps in eo loco seminari debent, profuturum sit. Ac de iis quoque leguminibus, quae velluntur, Tremellius obesse maxime ait solo virus ciceris et lini: alterum quia sit salsae, alterum quia <sit> fervidae naturae; quod etiam Virgilius significat dicendo:

> urit enim lini campum seges, urit avenae,
> urunt Lethaeo perfusa papavera somno.

Neque enim dubium, quin et iis seminibus infestetur ager, sicut etiam milio et panico. Sed omni solo, quod praedictorum leguminum segetibus fatiscit, una praesens medicina est, ut stercore adiuves, et absumptas vires hoc velut pabulo refoveas. Nec tantum propter semina, quae sulcis aratri committuntur, verum etiam propter arbores ac virgulta, quae maiorem in modum laetantur eiusmodi alimento. Quare si est, ut videtur, agricolis utilissimum, diligentius de eo dicendum existimo, cum priscis auctoribus quamvis non omissa res, levi tamen admodum cura sit prodita.

XIV.
Tria igitur stercoris genera sunt praecipue, quod ex avibus, quod ex hominibus, quod ex pecudibus confit. Avium primum habetur, quod ex columbariis egeritur. Deinde quod gallinae ceteraeque volucres edunt:

exceptis tamen palustribus ac nantibus, ut anatis et anseris; nam id noxium quoque est. Maxime tamen columbinum probamus, quod modice sparsum terram fermentare comperimus. Secundum deinde, quod homines faciunt, si et aliis villae purgamentis immisceatur, quoniam ferventioris naturae est, et idcirco terram perurit. Aptior est tamen surculis hominis urina, quam sex mensibus passus veterascere si vitibus aut pomorum arboribus adhibeas, nullo alio magis fructus exuberat; nec solum ea res maiorem facit proventum, sed etiam saporem et odorem vini pomorumque reddit meliorem. Potest et vetus amurca, quae salem non habet, permixta huic commode frugiferas arbores et praecipue oleas rigare. Nam per se quoque adhibita multum iuvat. Sed usus utriusque maxime per hiemem est, et adhuc vere ante aestivos vapores, dum etiam vites et arbores oblaqueatae sunt. Tertium locum obtinet pecudum stercus, atque in eo quoque discrimen est: nam optimum existimatur, quod asinus facit; quoniam id animal lentissime mandit, ideoque facilius concoquit, et bene confectum atque idoneum protinus arvo fimum reddit. Post haec quae diximus, ovillum, et ab hoc caprinum est, mox ceterorum iumentorum armentorumque. Deterrimum ex omnibus suillum habetur. Quin etiam satis profuit cineris usus et favillae. Frutex vero lupini succisus optimi stercoris vim praebet. Nec ignoro, quoddam esse ruris genus, in quo neque pecora, neque aves haberi possint; attamen inertis est rustici eo quoque loco defici stercore. Licet enim quamlibet frondem, licet e vepribus et e viis compitisque congesta colligere; licet filicem sine iniuria vicini etiam cum officio decidere, et permiscere cum purgamentis cortis; licet depressa fossa, qualem stercori reponendo primo volumine fieri praecepimus, cinerem caenumque cloacarum et culmos ceteraque quae everruntur, in unum congerere. Sed eodem medio loco robustam materiam defigere convenit. Namque ea res serpentem noxiam latere in stercore prohibet. Haec ubi viduus pecudibus ager. Nam ubi greges quadrupedum versantur, quaedam cotidie, ut culina et caprile, quaedam pluviis diebus, ut bubilia et ovilia debent emundari. Ac si tantum frumentarius ager est, nihil refert genera stercoris separari; sin autem surculo et segetibus atque etiam pratis fundus est dispositus, generatim quodque reponendum est, sicut caprarum et avium. Reliqua deinde in praedictum locum concavum congerenda, et assiduo humore satianda sunt, ut herbarum semina culmis ceterisque rebus immixta putrescant. Aestivis deinde mensibus non aliter ac si repastines, totum sterquilinium rastris permisceri oportet, quo facilius putrescat et sit arvis idoneum. Parum autem diligentes existimo esse agricolas apud quos minores singulae pecudes tricenis diebus minus quam singulas itemque maiores denas vehes stercoris efficiunt, totidemque singuli homines, qui non solum ea purgamenta, quae ipsi corporibus edunt, sed et quae colluvies cortis et aedificii cotidie gignit, contrahere et congerere possunt. Illud quoque praecipiendum habeo, stercus omne quod tempestive repositum anno requieverit, segetibus esse maxime utile; nam et vires adhuc solidas habet, et herbas non creat; quanto autem vetustius sit, minus prodesse, quoniam minus valeat.Itaque pratis quam recentissimum debere inici, quod plus herbarum progeneret; idque mense Februario luna crescente fieri oportere. Nam ea quoque res aliquantum foeni fructum adiuvat. De cetero usus stercoris qualis in quaque re debeat esse, tum dicemus, cum singula persequemur.

XV.
Interim qui frumentis arva praeparare volet, si autumno sementem facturus est, mense Septembri; si vere, qualibet hiemis parte modicos acervos luna decrescente disponat, ita ut plani loci iugerum duodeviginti, clivosi quattuor et viginti vehes stercoris teneant; et, ut paulo prius dixi, non antea dissipet cumulos, quam erit araturus. Si tamen aliqua causa tempestivam stercorationem facere prohibuerit, secunda ratio est, ante quam seras more seminantis ex aviariis pulverem stercoris per segetem spargere. Si et is non erit, caprinum manu iacere, atque ita terram sarculis permiscere. ea res laetas segetes reddit. Nec ignorare colonos oportet, sicuti refrigescere agrum, qui non stercoretur, ita peruri, si nimium stercoretur; magisque conducere agricolae, frequenter id potius, quam immodice facere. Nec dubium quin aquosus ager maiorem eius copiam, siccus minorem desideret. Alter, quod assiduis humoribus rigens hoc adhibito regelatur; alter, quod per se tepens siccitatibus, hoc assumpto largiore, torretur; propter quod nec deesse ei talem materiam nec superesse oportet. Si tamen nullum genus stercoris suppetet, ei multum proderit fecisse, quod M. Columellam patruum meum doctissimum et diligentissimum agricolam saepenumero usurpasse memoria repeto, ut sabulosis locis cretam ingereret, cretosis ac nimium densis sabulum, atque ita non solum segetes laetas excitaret, verum etiam pulcherrimas vineas efficeret. Nam idem negabat stercus vitibus ingerendum, quod saporem vini corrumperet; melioremque censebat esse materiam vindemiis exuberandis, congesticiam vel de vepribus vel denique aliam quamlibet arcessitam et advectam humum. Iam vero et ego reor, si deficiatur omnibus rebus agricola, lupini certe expeditissimum praesidium non deesse; quod cum exili solo circa Idus Septembris sparserit et inaraverit, vim optimae stercorationis exhibebit. Succidi autem lupinum sabulosis locis oportet, cum secundum florem, rubricosis, cum tertium egerit. Illic dum tenerum est convertitur, ut celeriter ipsum putrescat, permisceaturque gracili solo; hic iam robustius, quod solidiores glaebas diutius sustineat et suspendat, ut eae solibus aestivis vaporatae resolvantur.

XVI.
Atque haec arator exsequi poterit, si non solum, quae rettuli, genera pabulorum providerit, verum etiam copiam foeni, quo melius armenta tueatur, sine quibus terram commode moliri difficile est; et ideo necessarius ei cultus est etiam prati, cui veteres Romani primas in agricolatione tribuerunt. Nomen quoque indiderunt ab eo, quod protinus esset paratum, nec magnum laborem desideraret. M. quidem Porcius et illa commemoravit, quod nec tempestatibus affligeretur, ut aliae partes ruris, minimique sumptus egens, per omnes annos praeberet reditum, neque eum simplicem, cum etiam in pabulo non minus redderet, quam in foeno. Eius igitur animadvertimus duo genera, quorum alterum est siccaneum, alterum riguum. Laeto pinguique campo non desideratur influens rivus, meliusque habetur foenum, quod suapte natura succoso gignitur solo, quam quod irrigatum aquis elicitur, quae tamen sunt necessariae, si macies terrae postulat. Nam et in densa et resoluta humo quamvis exili pratum fieri potest, cum facultas irrigandi datur. Ac nec campus concavae positionis esse neque collis praeruptae debet; ille, ne collectam diutius contineat aquam; hic, ne statim praecipitem fundat. Potest tamen mediocriter acclivis, si aut pinguis est aut riguus ager, pratum fieri. At planities maxime talis probatur, quae exigue prona non patitur diutius imbres aut influentes rivos immorari, sed ut quis eam supervenit humor, lente prorepit. Itaque si palus in aliqua parte subsidens restagnat, sulcis derivanda est. Quippe aquarum abundantia atque penuria graminibus aeque est exitio.

XVII.
Cultus autem pratorum magis curae quam laboris est. Primum, ne stirpes aut spinas validioris incrementi herbas inesse patiamur; atque alias ante hiemem, et per autumnum exstirpemus, ut rubos, virgulta, iuncos; alias per ver evellamus, ut intuba ac solstitiales spinas; ac neque suem velimus impasci, quoniam rostro suffodiat et cespites excitet; neque pecora maiora, nisi cum siccissimum solum est, quia udo demergunt ungulas, et atterunt sciduntque radices herbarum. Tum deinde macriora et pendula loca mense Februario luna crescente fimo iuvanda sunt. Omnesque lapides et siqua obiacent falcibus noxia, colligi debent, ac longius exportari, submittique pro natura locorum aut temporius aut serius. Sunt etiam quaedam prata situ vetustatis obducta, quibus mederi solent agricolae veteri eraso musco seminibusque de tabulato superiectis, vel ingesto stercore. Quorum neutrum tantum prodest, quantum si cinerem saepius ingeras. Ea res muscum enecat. Attamen pigriora sunt ista remedia, cum sit efficacissimum de integro locum exarare. Sed hoc, si prata accepimus, facere debemus. Sin

autem nova fuerint instituenda, vel antiqua renovanda, (nam multa sunt, ut dixi, quae negligentia exolescant, et fiant sterilia) ea expedit interdum etiam frumenti causa exarare, quia talis ager post longam desidiam laetas segetes affert. Igitur eum locum, quem prato destinaverimus, aestate proscissum subactumque saepius per autumnum rapis vel napo vel etiam faba conseremus; insequente deinde anno, frumento; tertio diligenter arabimus, omnesque validiores herbas et rubos et arbores, quae interveniunt radicibus, exstirpabimus, nisi si fructus arbusti id facere nos prohibuerit. Deinde viciam permixtam seminibus foeni seremus. Tum glaebas sarculis resolvemus, et inducta crate coaequabimus, grumosque, quos ad versuram plerumque tractae faciunt crates, dissipabimus ita, <ut> necubi ferramentum foenisecis possit offendere. Sed eam viciam non convenit ante desecare, quam permaturuerit, et aliqua semina subiacenti solo iecerit. Tum foenisecas oportet inducere et desectam herbam religare et exportare; deinde locum rigare, si fuerit facultas aquae; si tamen terra densior est. Nam in resoluta humo non expedit inducere maiorem vim rivorum, prius quam conspissatum et herbis colligatum sit solum: quoniam impetus aquarum proluit terram, nudatisque radicibus gramina non patitur coalescere. Propter quod ne pecora quidem oportet teneris adhuc et subsidentibus pratis immittere, sed quotiens herba prosiluerit, falcibus desecare. Nam pecudes, ut ante iam dixi, molli solo infigunt ungulas, atque interruptas non sinunt herbarum radices serpere et condensari. Altero tamen anno minora pecora post foenisicia permittemus admitti, si modo siccitas et conditio loci patietur. Tertio deinde cum pratum solidius ac durius erit, poterit etiam maiores recipere pecudes. Sed in totum curandum est, ut secundum Favonii exortum mense Februario circa Idus immixtis seminibus foeni macriora loca et utique celsiora stercorentur. Nam editior clivus praebet etiam subiectis alimentum, cum superveniens imber aut manu rivus perductus succum stercoris in inferiorem partem secum trahit. Atque ideo fere prudentes agricolae etiam in aratis collem magis, quam vallem stercorant, quoniam, ut dixi, pluviae semper omnem pinguiorem materiam in ima deducunt.

XVIII.

Foenum autem demetitur optime ante quam inarescat; nam et largius percipitur, et iucundiorem cibum pecudibus praebet. Est autem modus in siccando, ut neque peraridum neque rursus viride colligatur; alterum, quod omnem succum si amisit, stramenti vicem obtinet, alterum <quod> si nimium retinuerit, in tabulato putrescit; ac saepe cum concaluit, ignem creat et incendium. Nonnumquam etiam cum foenum caedimus, imber oppressit; quod si permaduit, inutile est udum movere; meliusque patiemur superiorem partem sole siccari. Tunc demum convertemus, et utrimque siccatum coartabimus in strigam, atque ita manipulos vinciemus. Nec omnino cunctabimur, quo minus sub tectum congerantur, vel si non competit ut in villam foenum portetur, at in manipulos colligatum certe quicquid ad eum modum quo debet siccatum erit, in metas exstrui conveniet, easque ipsas in angustissimos vertices exacui. Sic enim commodissime foenum defenditur a pluviis, quae etiam si non sint, non alienum tamen est praedictas metas facere; ut si quis humor herbis inest, exsudet atque excoquatur in acervis. Propter quod prudentes agricolae quamvis iam illatum tecto non ante componunt, quam per paucos dies aliquos temere congestum in se concoqui et defervescere patiantur. Sed iam foenisicia sequitur cura messis, quam ut recte possimus percipere, prius instrumenta praeparanda sunt, quibus fruges coguntur.

XIX.
Area quoque si terrena erit, ut sit ad trituram satis habilis, primum radatur, deinde confodiatur, permixtisque paleis cum amurca, quae salem non accepit, extergatur. Nam ea res a populatione murium formicarumque frumenta defendit. Tum aequata paviculis vel molari lapide condensetur, et rursus superiectis paleis inculcetur, atque ita solibus siccanda relinquatur. Suunt tamen, qui prati obiacentem favonio partem triturae destinant, areamque demessa faba et iniecta expoliunt; nam dum a pecudibus legumina proculcantur, herbae etiam ungulis atteruntur, atque ita glabrescit et fit idonea trituris area.

XX.
Sed cum matura fuerit seges, ante quam torreatur vaporibus aestivi sideris, qui sunt vastissimi per ortum Caniculae, celeriter demetatur. Nam dispendiosa est cunctatio, primum, quod avibus praedam ceterisque animalibus praebet; deinde quod grana et ipsae spicae culmis arentibus et aristis celeriter decidunt. Si vero procellae ventorum aut turbines incesserint, maior pars ad terram defluit; propter quae recrastinari non debet, sed aequaliter flaventibus iam satis, ante quam ex toto grana indurescant, cum rubicundum colorem traxerunt, messis facienda est, ut potius ia area et in acervo, quam in agro grandescant frumenta. Constat enim, si tempestive decisa sint, postea capere incrementum. Sunt autem metendi genera complura. Multi falcibus veruculatis atque iis vel rostratis vel denticulatis medium culmum secant; multi mergis, alii pectinibus spicam ipsam legunt, idque in rara segete facillimum in densa difficillimum est. Quod si falcibus

seges cum parte culmi demessa sit, protinus in acervum vel in nubilarium congeritur, et subinde opportunis solibus torrefacta proteritur. Sin autem spicae tantummodo recisae suunt, possunt in horreum conferri et deinde per hiemem vel baculis excuti vel exteri pecudibus. At si competit, ut in area teratur frumentum, nihil dubium est, quin equis melius quam bubus ea res conficiatur; et si pauca iuga sunt, adicere tribulam et traham possis; quae res utraque culmos facillime comminuit. Ipsae autem spicae melius fustibus cuduntur, vannisque expurgantur. At ubi paleis immixta sunt frumenta, vento separentur. Ad eam rem Favonius habetur eximius, qui lenis aequalisque aestivis mensibus perflat; quem tamen opperiri lenti est agricolae, quia saepe dum esxpectatur, saeva nos hiems deprehendit. Itaque in area detrita frumenta sic sunt aggeranda, ut omni flatu possint excerni. At si compluribus diebus undique silebit aura, vannis expurgentur, ne post nimiam ventorum segnitiem vasta tempestas irritum faciat totius anni laborem. Pura deinde frumenta, si in annos reconduntur, repurgari debent. Nam quanto sunt expolitiora, minus a curculionibus exeduntur. Sin protinus usui destinantur, nihil attinet repoliri, satisque est in umbra refrigerari, et ita granario inferri. Leguminum quoque non alia cura est, quam reliquorum frumentorum; nam ea quoque vel statim absumuntur, vel reconduntur. Atque hoc supremum est aratoris emolumentum percipiendorum seminum, quae terrae crediderat.

XXI.
Sed cum tam otii quam negotii rationem reddere maiores nostri censuerint, nos quoque monendos esse agricolas existimamus, quae feriis facere, quaeque non facere debeant. Sunt enim, ut ait poeta, quae

> ... festis ... exercere diebus
> fas et iura sinunt: rivos deducere nulla
> religio vetuit, segeti praetendere saepem,
> insidias avibus moliri, incendere vepres,
> balantumque gregem fluvio mersare salubri.

Quamquam pontifices negant segetem feriis sepiri debere. Vetant quoque lanarum causa lavari oves, nisi propter medicinam. Virgilius qui liceat feriis flumine adluere gregem praecepit, et idcirco adiecit, fluvio mersare salubri.

Sunt enim vitia, quorum causa pecus utile sit lavare.
Feriis autem ritus maiorum etiam illa permittit, far pinsere, faces incidere, candelas sebare, vineam conductam colere; piscinas, lacus, fossas veteres tergere et purgare, prata sicilire, stercora aequare, foenum in tabulata

componere, fructus oliveti conductos cogere, mala, pira, ficos pandere, caseum facere, arbores serendi causa collo vel mulo clitellario afferre; sed iuncto advehere non permittitur, nec apportata serere, neque terram aperire, neque arborem collucare; sed ne sementem quidem administrare, nisi prius catulo feceris; nec foenum secare aut vincire aut vehere; ac ne vindemiam quidem cogi per religiones pontificum feriis licet; nec oves tondere, nisi si catulo feceris. Defrutum quoque facere et defrutare vinum licet. Uvas itemque olivas conditui legere licet. Pellibus oves vestiri non licet. In horto quicquid olerum causa facias, omne licet. Feriis publicis hominem mortuum sepelire non licet. M. Porcius Cato mulis, equis, asinis nullas esse ferias dixit. Idemque boves permittit coniungere lignorum et frumentorum advehendorum causa. Nos apud pontifices legimus, feriis tantum denicalibus mulos iungere non licere, ceteris licere. Hoc loco certum habeo quosdam, cum solemnia festorum percensuerim, desideraturos lustrationum ceterorumque sacrificiorum, quae pro frugibus fiunt, morem priscis usurpatum. Nec ego abnuo docendi curam; sed differo in eum librum, quem componere in animo est, cum agricolationis totam disciplinam perscripsero. Finem interim praesentis disputationis faciam, dicturus exordio sequente, quae de vineis arbustisque prodidere veteres auctores, quaeque ipse mox comperi.

LIBER III

I.
Hactenus arvorum cultus, ut ait praestantissimus poeta. Nihil enim prohibet nos, P. Silvine, de iisdem rebus dicturos celeberrimi carminis auspicari principio. Sequitur arborum cura, quae pars rei rusticae vel maxima est. Earum species diversae et multiformes sunt, quippe varii generis (sicut autcor idem refert) nullis hominum cogentibus ipsae sponte sua veniunt.

Sed quae non ope humana gignuntur, silvestres ac ferae sui cuiusque ingenii poma vel semina gerunt; at quibus labor adhibetur, magis aptae sunt frugibus. De eo igitur prius genere dicendum est, quod nobis alimenta praebet. Idque tripartito dividitur. Nam ex surculo vel arbor procedit, ut olea, vel frutex, ut palma campestris, vel tertium quiddam, quod nec arborem nec fruticem proprie dixerimus, ut est vitis. Hanc nos ceteris stirpibus iure praeponimus, non tantum fructus dulcedine, sed etiam facilitate, per quam omni paene regione et omni declinatione mundi, nisi tamen glaciali vel praefervida, curae mortalium respondet, tamque felix campis, quam collibus provenit, et in densa non minus quam in resoluta, saepe etiam gracili, atque pingui et macra, siccaque et uliginosa. Tum sola maxime utcumque patitur intemperiem caeli vel sub axe frigido vel aestuoso procellosoque. Refert tamen, cuius generis aut quo habitu vitem pro regionis statu colere censeas. Neque enim omni caelo solove cultus idem, neque est unum stirpis eius genus; quodque praecipuum est ex omnibus, non facile dictu est, cum suum cuique regioni magis aut minus aptum esse doceat usus. Exploratum tamen habebit prudens agricola genus vitis habile campo, quod nebulas pruinamque sine noxa perfert; colli, quod siccitatem ventosque patitur. Pingui et uberi dabit agro gracilem vitem, nec natura nimis fecundam; macro feracem, terrae densae vehementem, multaque materia frondentem; resoluto et laeto solo rari sarmenti, humido loco sciet non recte mandari fructus teneri et amplioris acini, sed callosi et angusti frequentisque vinacei; sicco recte contribui diversae <quoque> naturae semina. Sed et post haec non ignorabit dominus loci, plus posse qualitatem caeli frigidam vel calidam, sicccam vel roscidam, grandinosam ventosamque vel placidam, serenam vel nebulosam; frigidaeque aut nebulosae duorum generum vites aptabit, seu praecoques, quarum maturitas frugum praecurrit hiemem; seu firmi durique acini, quarum inter caligines uvae deflorescunt, et mox gelicidiis ac pruinis, ut aliarum caloribus, mitescunt. Ventoso quoque et tumultuoso statu caeli fidenter easdem tenaces ac duri acini committet. Rursus calido teneriores uberioresque concredet. Sicco destinabit eas, quae pluviis aut continuis roribus putrescunt; roscido, quae siccitatibus laborant; grandinoso quae foliis duris latisque sunt, quo melius protegant fructum. Nam placida et serena regio nullam non recipit: commodissime tamen eam, cuius vel uvas vel acini celeriter decidunt. At si voto est eligendus vineis locus et status caeli, sicut censet verissime Celsus, optimum est solum nec densum nimis nec resolutum, soluto tamen propius; nec exile nec laetissimum, proximum tamen uberi; nec campestre nec praeceps, simile tamen edito campo; nec siccum nec uliginosum, modice tamen roscidum, quod fontibus non in summo, non in profundo terrae scaturiat; sed ut vicinum radicibus humorem subministret; eumque nec amarum nec salsum, ne saporem vini corrumpat, et incrementa virentium veluti quadam scabra rubigine coerceat; si modo credimus Virgilio dicenti:

> salsa autem tellus et quae perhibetur amara,
> frugibus infelix: ea nec mansuescit arando,
> nec Baccho genus aut pomis sua nomina servat.

II.
Vitis autem vel ad escam vel ad defusionem deponitur. Ad escam non expedit instituere vineta, nisi cum tam suburbanus est ager, ut ratio postulet inconditum fructum mercantibus velut pomum vendere. Quae cum talis est conditio, maxime praecoques et duracinae, tum denique purpureae et bumasti, dactylique et Rhodiae, Libycae quoque et cerauniae, nec solum quae iucunditate saporis, verum etiam quae specie commendari possint, conseri debent, ut stephanitae, ut tripedaneae, ut unciariae, ut cydonitae. Item quarum uvae temporibus hiemis durabiles vasis conduntur, ut venunculae, ut nuper in hos usus exploratae Numisianae. At ubi vino consulimus, vitis eligitur, quae et in fructu valet et in materia; quod alterum ad reditus coloni, alterum ad diuturnitatem stirpis plurimum confert. Sed ea tum praecipua est, si nec nimis celeriter frondet, et primo quoque tempore deflorescit, nec nimis tarde mitescit; quin etiam pruinas et caliginem et

carbunculum facile propulsat, eademque nec imbribus putrescit, nec siccitatibus abolescit. Talis nobis eligitur vel mediocriter fecunda, si modo is locus habetur, in quo gustus nobilis pretiosusque fluit. Nam si sordidus aut vilis est, feracissimam quamque serere conducit, ut multiplicatione frugum reditus augeatur. Fere autem omni statu locorum campestria largius vinum, sed iucundius afferunt collina; quae tamen ipsa modico statu caeli magis exuberant Aquiloni prona; sed sunt generosiora sub Austro. Nec dubium quin sit ea nonnullarum vitium natura, ut pro locorum situ bonitate vini modo vincant, modo superentur. Solae traduntur Amineae excepto caeli statu nimis frigido ubicumque sint, etiam si degenerent, sibi comparatae, magis aut minus probi gustus vina praebere, et ceteras omnes sapore praecedere. Eae cum sint unius nominis, non unam speciem gerunt. Duas germanas cognovimus, quarum minor ocius et melius deflorescit, habilis arbori nec non iugo; illic pinguem terram, hic mediocrem desiderat, longeque praecedit maiorem, quia et imbres et ventos fortius patitur. Nam maior celeriter in flore corrumpitur, et magis in iugis, quam in arboribus. Ideoque non est vineis apta, vix etiam arbusto, nisi praepingui et uvida terra; nam nec mediocri valet, multoque minus in exili. Prolixarum frequentia materiarum foliorumque et uvarum et acinorum magnitudine dignoscitur, internodiis quoque rarior. Largis fructibus a minore superatur, gustu non vincitur. Et hae quidem utraeque Amineae. Verum et aliae duae geminae ab eo quod duplices uvas exigunt, cognomen trahunt, austerioris vini, sed aeque perennis. Earum minor vulgo notissima, quippe Campaniae celeberrimos Vesuvii colles Surrentinosque vestit, hilaris inter aestivos Favonii flatus Austris affligitur. Ceteris itaque partibus Italiae non tam vineis quam arbusto est idonea, cum praedictis regionibus commodissime iugum sustineat. Materiam fructumque, nisi quod duplicem, non absimili minori germanae gerit, sicut maior gemina maiori germanae; quae tamen [minor] hoc melior est, quod fecundior etiam mediocri solo; nam illam nisi praepingui non respondere iam dictum est. Lanatam quoque Amineam quidam maxime probant, quae hoc vocabulum non ideo usurpat, quod sola ex omnibus Amineis, verum quod praecipue canescit lanugine; sane boni vini, sed lenioris quam superiores, crebram quoque materiam fundit; atque ideo propter pampini densitatem saepe parum recte deflorescit, eademque maturo fructu celeriter putrescit. Super hunc numerum, quem rettulimus, singularis habetur Aminea maiori geminae non dissimilis prima specie pampini et trunci, sed vini sapore aliquanto inferior, quamvis generosissimis sit proxima, praeferenda etiam propriis virtutibus; nam et feracior est et flore melius exuitur, spissasque et albidas uvas ac tumidioris acini gerit, gracili arvo non desciscit, atque ideo inter uberrimas vites numeratur. Nomentanae vini nobilitate subsequuntur Amineas, fecunditate vero etiam praeveniunt; quippe cum se frequenter impleant, et id, quod ediderunt, optime tueantur. Sed earum quoque feracior est minor, cuius et folium parcius scinditur, et materia non ita rubet ut maioris, a quo calore rubellianae nuncupantur; eaedemque faeciniae, quod plus quam ceterae faecis afferunt. Id tamen incommodum repensant uvarum multitudine, quas et in iugo et in arbore melius exhibent. Ventos et imbres valenter sufferunt, et celeriter deflorescunt, et ideo citius mitescunt, omnis incommodi patientes praeter caloris. Nam quia minuti acini et durae cutis uvas habent, aestibus contrahuntur. Pingui arvo maxime gaudent, quod ubertatem aliquam natura <gracilibus et> exilibus uvis praebere valet. Frigidum ac roscidum solum et caelum commodissime sustinent eugeniae, dum sunt in Albano colle. Nam mutato loco vix nomini suo respondent. Nec minus Allobrogicae, quarum vini iucunditas cum regione mutantur. Magnis etiam dotibus tres apianae commendantur, omnes feraces iugoque et arboribus satis idoneae; generosior tamen una, quae nudis foliis est. Nam duae lanatae quamvis frondibus et palmitum pari facie fluxurae qualitate sunt dispariles, cum tardius altera recipiat cariem vetustatis. Pingui solo feracissimae, mediocri quoque fecundae, praecoquis fructus; ideoque frigidis locis aptissimae, vini dulcis, sed capiti nervisque [vernisque] non aptae. Nisi mature lectae pluviis ventisque et apibus afferunt praedam, quarum vocabulo propter hanc populationem cognominantur. Atque hae pretiosi gustus celeberrimae. Possunt tamen etiam secundae notae vites proventu et ubertate commendari, qualis est Biturica, qualis basilica, quarum minorem cocolubem vocant Hispani, longe omnium primis utraeque proximae. Nam et vetustatem vinum earum patitur, et ad bonitatem aliquam per annos venit. Iam vero ipsae fecunditate praestant omnibus, quas ante rettuli, tum etiam patientia; quippe turbines imbresque <fortissime> sustinent, et commode fluunt, nec deficiunt macro solo. Frigora melius quam humores sustinent, humores commodius quam siccitates, nec caloribus tamen contristantur. Visula deinde ab his et minor argitis terrae mediocritate laetantur. Nam in pingui nimiis viribus luxuriant; in macra tenues et vacuae fructu veniunt; amiciores iugo quam arboribus, sed argitis etiam in sublimibus fertilis vastis materiis et uvis exuberat. Humillimis tabulatis aptior visula brevem materiam, durum et latum folium exigit, cuius amplitudine fructus suos optime adversus grandinem tuetur; qui tamen nisi primo quoque tempore maturi legantur, ad terram decidunt; humoribus etiam prius, quam defluant, putrescunt. Sunt et helvolae, quas nonnulli varias appellant, neque purpureae neque nigrae, ab helvo (nisi fallor) colore vocitatae. Melior est nigrior abundantia vini, sed haec sapore pretiosior. Color acinorum in neutra conspicitur aequalis. Utraque candidi musti alterna vice annorum plus aut minus afferunt, melius arborem, sed et iugum commode vestiunt; mediocri quoque solo fecundae, sicut pretiae minor et maior. Sed eae generositate vini magis commendantur, et frequentibus materiis frondent, et cito maturescunt. Albuelis utilior, ut ait Celsus, in colle quam in campo; in arbore, quam in iugo; in summa arbore quam in ima;

ferax et materiae frequentis et uvae. Nam quae Graeculae vites sunt, ut Mareoticae, Thasiae, psithiae, sophortiae, sicut habent probabilem gustum, ita nostris regionibus et raritate uvarum et acinorum exiguitate minus fluunt. Inerticula tamen nigra, quam quidam Graeci amethyston appellant, potest in secunda quasi tribu esse, quod et boni vini est et innoxia, unde etiam nomen traxit, quod iners habetur in tentandis nervis, quamvis gustu non sit hebes. Tertium gradum facit earum Celsus, quae fecunditate sola commendantur; ut tres Helvenaciae, quarum duae maiores nequaquam minori bonitate et abundantia musti pares habentur; earum altera, quam Galliarum incolae emarcum vocant, mediocris vini; et altera, quam longam appellant, eandemque avaram, sordidi vini, nec tam largi quam ex numero uvarum prima specie promittit. Minima et optima e tribus facillime folio dignoscitur; nam rotundissimum omnium id gerit, atque est laudabilis, quod siccitates maxime perfert, quod frigora sustinet, dum tamen sine imbribus sit, quod nonnullis locis etiam vinum eius in vetustatem diffunditur, quod praecipue sola macerrimum quoque solum fertilitate sua commendat. Ut spionia dapsilis musto et amplitudine magis uvarum, quam numero fertilis, ut oleaginia, ut Murgentina, eademque Pompeiana, ut Numisiana, ut venucula eademque scirpula, atque sticula, ut nigra Fregellana, ut merica, ut Rhaetica, ut omnium quas cognovimus copiosissima arcelaca maior, a multis argitis falso existimata. Nam has nuper mihi cognitas, pergulanam dico et irtiolam fereolamque, non facile asseverem, quo gradu habendae sint; quod etsi satis fecundas scio, nondum tamen de bonitate vini, quod afferunt, iudicare potui. Unam etiam praecoquem vitem nobis ante hoc tempus incognitam Graeca consuetudine dracontion vocitari comperimus, quae fecunditate iucunditateve arcelacae basilicaeque et Bituricae comparari possit, generositate vini Amineae. Multa praeterea sunt genera vitium, quarum nec numerum nec appellationes cum certa fice referre possumus.

Neque enim ut ait poeta numero comprendere refert:

quem qui scire velit, Libyci velit aequoris idem
discere quam multae Zephyro versentur harenae.

Quippe universae regiones regionumque paene singulae partes habent propria vitium genera, quae consuetudine sua nominant; quaedam etiam stirpes cum locis vocabula mutaverunt; quaedam propter mutationem locorum, sicut supra diximus, etiam qualitate sua decesserunt, ita ut dignosci non possint. Ideoque in hac ipsa Italia, ne dicam in tam diffuso terrarum orbe, vicinae etiam nationes nominibus earum discrepant, variantque vocabula. Quare prudentis magistri est eiusmodi nomenclationis aucupio, quo potiri nequeant, studiosos non demorari; sed illud in potum praecipere, quod et Celsus ait et ante eum M. Cato, nullum genus vitium conserendum esse nisi fama, nullum diutius conservandum nisi experimento probatum;

atque ubi multa invitabunt regionis commoda, ut nobilem vitem conseremus, generosam requiremus, inquit Iulius Graecinus; ubi nihil erit aut non multum, quod proritet, feracitatem potius sequemur, quae non eadem portione vincitur pretio, qua vincit abundantia. Sed de hac sententia, quamquam et ipse paulo ante idem censuerim, quid tamen arcanius iudicem, suo loco mox dicam. Propositum est enim docere, qua ratione vineae pariter feraces et pretiosae fluxurae possint constitui.

III.

Nunc prius quam se satione vitium disseram, non alienum puto, velut quoddam fundamentum iacere disputationi futurae, ut ante perpensum et exploratum habeamus, an locupletet patrem familias vinearum cultus. Est enim paene adhuc supervacuum de his conserendis praecipere, dum quod prius est, nondum concedatur, an omnino sint habendae; idque adeo plurimi dubitent, ut multi refugiant et reformident talem positionem ruris, atque optabiliorem pratorum possessionem pascuorumque vel silvae caeduae iudicent. Nam de arbusto etiam inter auctores non exigua pugna fuit, abnuente Saserna genus id ruris, Tremellio maxime probante. Sed et hanc sententiam suo loco aestimabimus. Interim studiosi agricolationis hoc primum docendi sunt, uberrimum esse reditum vinearum. Atque ut omittam veterem illam felicitatem arvorum, quibus et ante iam M. Cato, et mox Terentius Varro prodidit, singula iugera vinearum sexcenas urnas vini praebuisse; id enim maxime asseverat in primo libro rerum rusticarum Varro; nec una regione provenire solitum, verum et in Faventino agro et in Gallico, qui nunc Piceno contribuitur; his certe temporibus Nomentana regio celeberrima fama est illustris, et praecipue quam possidet Seneca, vir excellentis ingenii atque doctrinae, cuius in praediis vinearum iugera singula culleos octonos reddidisse plerumque compertum est. Nam illa videntur prodigialiter in nostris Ceretanis accidisse, ut aliqua vitis apud te excederet uvarum numerum duorum milium, et apud me octogenae stirpes insitae intra biennium septenos culleos peraequarent, ut primae vineae centenas amphoras iugeratim praeberent, cum prata et pascua et silvae, si centenos sestertios in singula iugera efficiant, optime domino consulere videantur. Nam frumenta maiore quidem parte Italiae quando cum quarto responderint, vix meminisse possumus. Cur ergo res infamis est? Non quidem suo sed hominum inquit vitio Graecinus. Primum, quod in explorandis seminibus nemo adhibet diligentiam, et ideo pessimi generis plerique vineta conserunt; deinde sata non ita nutriunt, ut ante convalescant ac prosiliant, quam retorrescant; sed et si forte adoleverint, negligenter colunt. Iam illud a principio nihil referre censent, quem locum conserant; immo etiam seligunt deterrimam partem agrorum, tamquam sola sit huic stirpi maxime terra idonea, quae nihil aliud ferre possit. Sed ne ponendi quidem rationem aut perspiciunt, aut perspectam exsequuntur; tum etiam dotem, id est instrumentum, raro vineis praeparant; cum ea res, si omissa sit, plurimas operas nec minus arcam patris familias semper exhauriat. Fructum vero plerique quam uberrimum praesentem consectantur, nec provident futuro tempori, sed quasi plane in diem vivant, sic imperant vitibus, et eas ita multis palmitibus onerant, ut posteritati non consulant. Haec omnia vel certe plurima ex his cum commiserint, quidvis malunt quam suam culpam confiteri; querunturque non respondere sibi vineta, quae vel peer avaritiam vel inscitiam vel per negligentiam perdiderunt. At si qui cum scientia sociaverint diligentiam, non, ut ego existimo, quadragenas vel certe tricenas, sed ut Graecinus, minimum computans licet, inquit, amphoras vicenas percipient ex singulis iugeribus: omnis istos, qui foenum suum et olera amplexantur, incremento patrimonii facile superabunt. Nec in hoc errat; quippe ut diligens ratiocinator calculo posito videt, id genus agricolationis maxime rei familiari conducere. Nam un amplissimas impensas vineae poscant, non tamen excedunt septem iugera unius operam vinitoris, quem vulgus quidem parvi aeris, vel de lapide noxium posse comparari putat; sed ego plurimorum opinioni dissentiens pretiosum vinitorem in primis esse censeo; isque licet sit emptus<sex, vel potius> sestertiis octo milibus, cum ipsum solum septem iugerum totidem milibus nummorum partum, vinesque cum sua dote, id est cum pedamentis et viminibus binis milibus in singula iugera positas duco; fit tum in assem consummatum pretium sestertiorum XXIX milium. Huc accedunt semisses usurarum sestertia tria milia, et quadringenti octoginta nummi biennii temporis, quo velut infantia vinearum cessat a fructu. Fit in assem summa sortis et usurarum XXXII milium quadringentorum LXXX nummorum. Quod quasi nomen si ut fenerator cum debitore ita rusticus cum vineis suis fecerit, eius summae ut in perpetuum praedictam usuram semissium dominus constituat, percipere debet in annos singulos mille nongentos quinquaginta sestertios nummos; qua computatione vincit tamen reditus VII iugerum, secundum opinionem Graecini, usuram triginta duorum milium quadringentorum octoginta nummorum. Quippe ut deterrimi generis sint vineae, tamen si cultae, singulos utique culleos vini singula earum iugera peraequabunt; utque trecentis nummis quadragenae urnae veneant, quod minimum pretium est annonae; consummant tamen septem cullei sestertia duo milia et centum nummos: ea porro summa excedit usuram semissium. Atque hic calculus quem posuimus, Graecini rationem continet. Sed nos exstirpanda vineta censemus, quorum singula iugera minus quam ternos culleos praebent. At adhuc tamen sic computavimus, quasi nullae sint viviradices, quae de pastinato eximantur; cum sola ea res omnem impensam terreni pretio suo liberet; si modo non provincialis sed Italicus ager est. Neque id cuiquam dubium esse debet, cum et nostra, et

Iulii Attici rationem dispunxerit. Nos [iam] enim vicena milia malleolorum per vineae iugerum inter ordines pangimus. Ille minus quattuor milibus deponit; cuius ut vincat ratio, nullus tamen vel iniquissimus locus non maiorem quaestum reddet, quam acceperit impensam; siquidem, ut cultoris negligentia sed milia seminum intereant, reliqua tamen decem milia tribus milibus nummorum libenter et cum lucro redemptorum erunt. Quae summa tertia parte superat duo milia sestertiorum, quanti constare iugerum vinearum praediximus. Quamquam nostra cura in tantum iam processit, ut non inviti sestertiis sexcentis nummis singula milia viviradicis a me rustici mercentur. Sed vix istud alius praestiterit. Nam nec quisquam nobis facile crediderit, tantam in agellis nostris esse abundantiam vini, quantam tu, Silvine, novisti. Mediocre itaque vulgatumque pretium viviradicis posui, quo celerius nullo dissentiente perduci possent in nostram sententiam, qui propter ignorantiam genus hoc agricolationis reformidant. Sive ergo pastinationis reditus, seu futurarum spes vindemiarum cohortari nos debet ad positionem vinearum. Quas quoniam docuimus rationis esse conserere, nunc institutionis earum praecepta dabimus.

IV.

Cui vineta facere cordi est, praecipue caveat, ne alienae potius curae quam suae credere velit, neve mercetur viviradicem. Sed genus surculi probatissimum domi conserat, faciatque vitiarium, ex quo possit agrum vineis vestire. Nam quae peregrina ex diversa regione semina transferuntur, minus sunt familiaria nostro solo, quam vernacula; eoque velut alienigena reformidant mutatam caeli locique positionem. Sed nec certam generositatis fidem pollicentur, cum sit incertum, an is, qui conseruerit ea, diligenter exploratum probatumque genus surculi posuerit. Quamobrem biennii spatium longum esse minime existimandum est, intra quod utique tempestivitas seminum respondet; cum semper, ut dixi, plurimum rettulerit exquisiti generis stirpem deposuisse. Post haec deinde meminerit accurate locum vineis eligere; de quo cum iudicaverit, maximam diligentiam sciat adhibendam pastinationi; quam cum peregerit, non minore cura vitem conserat; et cum posuerit, summa sedulitate culturae serviat; id enim quasi caput et columen est impensarum; quoniam in eo consistit, melius an sequius terrae mandaverit pater familias pecuniam, quam in otio tractare. Igitur unumquodque eorum quae proposui, sua iam persequar ordine.

V.

Vitiarium neque ieiuna terra, neque uliginosa faciendum est; succosa tamen ac mediocri potius quam pingui. Tametsi fere omnes auctores huic rei laetissimum locum destinaverunt. Quod ego minime reor esse pro agricola. Nam depositae stirpes valido solo, quamvis celeriter comprehendant atque prosiliant, tamen cum sunt viviradices factae, si in peius transferantur, retorrescunt nec adolescere queunt. Prudentis autem coloni est ex deteriori terra potius in meliorem, quam ex meliore in deteriorem transferre. Propter quod mediocritas in electione loci maxime probatur, quoniam in confinio boni malique posita est. Sive enim postmodum necessitas postulaverit tempestiva semina ieiuno solo committere, non magnam sentient differentiam, cum ex mediocri terra in exilem translata sunt; sive laetior ager conserendus est, longe celerius in ubertatem coalescunt. Rursus tenuissimo solo vitiarium facere minime rationis est, quoniam malleolorum pars melior deperit, et quae superest, tarde fit idonea translationi. Ergo mediocris et modice siccus ager vitiario est aptissimus, isque bipalio prius subigi debet, quae est altitudo pastinationis, cum in duos pedes et semissem convertitur humus, ac deinde tripedaneis relictis spatiis, quae per semina excolantur, in singulis ordinibus, qui ducenos quadragenos pedes obtinent, octogeni malleoli pangendi sunt. Is numerus consummat per totum iugerum seminum milia tria et ducenta. Verum hanc curam praevenit inquisitio et electio malleolorum. Nam ut saepe iam rettuli, quasi fundamentum est praedictae rei probatissimum genus stirpis deponere.

VI.

Sed electio dupliciter facienda est: non enim solum fecundam esse matrem satis est, ex qua semina petuntur, sed adhibenda ratio est subtilior, ut ex his partibus trunci sumantur, quae et genitales sunt et maxime fertiles. Vitis autem fecunda, cuius progeniem studemus submittere, non tantum debet eo aestimari, quod uvas complures exigit. Potest enim trunci vastitate id accidere et frequentia palmitum; nec tamen eam feracem dixerim, cuius singulae uvae in singulis sarmentis conspiciuntur, sed si per unumquemque pampinum maior numerus uvarum dependet; si ex singulis gemmis compluribus materiis cum fructu germinat; si denique etiam e duro virgam cum aliquibus racemis citat; si etiam nepotum fructu gravida est: ea sine dubitatione ferax destinari debet legendo malleolo. Malleolus autem novellus est palmes, innatus prioris anni flagello, cognominatusque ad similitudine, quod in ea parte, qua deciditur ex vetere sarmento, prominens utrimque mallei speciem praebet. Hunc ex fecundissima stirpe legendum censemus omni tempore, quo vineae putantur. Ac super terram gemmis tribus vel quattuor exstantibus diligenter obruendum loco modice humido non uliginoso; dum tamen antiquissimum sit considerare ne vitis, ex qua is sumitur, ancipitem floris habeat eventum, ne difficulter acinus ingrandescat, ne aut praecoquis aut serae maturitatis fructum afferat. Nam illa volucribus, haec etiam tempestatibus hiemis infestatur. Tale porro genus non una comprobatur vindemia. Potest enim vel anni proventu vel aliis de causis etiam naturaliter infecunda vitis semel exuberare. Sed ubi plurium velut emeritis annorum stipendiis fides surculo consistit, nihil dubitandum est de fecunditate. Nec tamen ultra quadriennium talis extenditur inquisitio: id enim tempus fere virentium generositatem declarat, quo sol in eandem partem signiferi per eosdem numeros redit, per quos cursus sui principium ceperat. Quem circuitum meatus dierum integrorum mille quadringentorum sexaginta unius apokatastasin vocant studiosi rerum caelestium.

VII.
Sed certum habeo, P. Silvine, iamdudum te tacitum requirere, cuius generis sit ista fecunda vitis, quam nos tam acurate describimus, anne de iis aliqua significetur, quae vulgo nunc habentur feracissimae. Plurimi namque Bituricam, multi spioniam, quidam basilicam, nonnulli arcelacam laudibus efferunt. Nos quoque haec genera non fraudamus testimonio nostro: sunt etiam largissimi vini; sed proposuimus docere vineas eiusmodi conserere, quae nec minus uberes fructus praedictis generibus afferant, et sint pretiosi saporis, velut Aminei, vel certe non procul ab eo gustu. Cui nostrae sententiae scio paene omnium agricolarum diversam esse opinionem, quae de Amineis inveterata longo iam tempore convaluit, tamquam natali et ingenita sterilitate laborantibus: quo magis nobis ex alto repetita compluribus exemplis firmanda ratio est, quae desidia nec minus imprudentia colonorum damnata, et velut ignorantiae tenebris obcaecata luce veritatis caruit. Quare non intempestivum est nos ad ea praeverti, quae videntur hunc publicum errorem corrigere posse.

VIII.
Igitur si rerum naturam, P. Silvine, velut acrioribus mentis oculis intueri velimus, reperiemus parem legem fecunditatis eam dixisse virentibus atque hominibus ceterisque animalibus: nec sic aliis nationibus regionibusve proprias tribuisse dotes, ut aliis in totum similia munera denegaret. Quibusdam gentibus numerosam progenerandi sobolem dedit, ut Aegyptiis et Afris, quibus gemini partus familiares ac paene solemnes sunt; sed et Italici generis esse voluit eximiae fecunditatis Albanas Curiatiae familiae trigeminorum matres. Germaniam decoravit altissimorum hominum exercitibus; sed et alias gentes non in totum fraudavit praecipuae staturae

viris. Nam et M. Tullius Cicero testis est Romanum fuisse civem Naevium Pollionem pede longiorem quam quemquam longissimum; et nuper ipsi videre potuimus in apparatu pompae Circensium ludorum Iudeae gentis hominem proceriorem celsissimo Germano. Transeo ad pecudes. Armentis sublimibus insignis Mevania est, Liguria parvis; sed et Mevaniae bos humilis et Liguriae nonnumquam taurus eminentis staturae conspicitur. India perhibetur molibus ferarum mirabilis: pares tamen in hac terra vestitate beluas progenerari quis neget, cum intra moenia nostra natos animadvertamus elephantos? Sed ad genera frugum redeo. Mysiam Libyamque largis aiunt abundare frumentis; nec tamen Apulos Campanosque agros opimis defici segetibus. Tmolon et Corycon florere croco; Iudaeam et Arabiam pretiosis odoribus illustrem haberi: sed nec nostram civitatem praedictis egere stirpibus, quippe compluribus locis urbis iam casiam frondentem conspicimus, iam tuream plantam,, folrentesque hortos myrrha et croco. His tamen exemplis nimirum admonemur, curae mortalium obsequentissimam esse Italiam, quae paene totius orbis fruges adhibito studio colonorum ferre didicerit. Quo minus dubitemus de eo fructu, qui velut indigena peculiarisque et vernaculus est huius soli. Neque enim dubium est Massici Surrentinique et Albani atque Caecubi agri vites omnium, quas terra sustinet, in nobilitate vini principes esse.

IX.

Fecunditas ab his forsitan desideretur; sed et haec adiuvari potest cultoris industria. Nam si, ut paulo ante rettuli, benignissima rerum omnium parens natura quasque gentis atque terras ita muneribus propriis ditavit, ut tamen ceteras non in universum similibus dotibus fraudaret, cur eam dubitemus etiam in vitibus praedictam legem servasse? Ut quamvis earum genus aliquod praecipue fecundum esse voluerit, tamquam Bituricum aut basilicum, non tamen sic Amineum sterile reddiderit, ut ex multis milibus eius ne paucissimae quidem vites fecundae, tamquam in Italicis hominibus Albanae illae sorores, reperiri possint. Id autem cum sit verisimile, tumetiam verum esse nos docuit experimentum, cum et in Ardeatino agro, quem multis temporibus ipsi ante possedimus, et in Carseolano itemque in Albano generis Aminei vites huiusmodi notae habuerimus, numero quidem perpaucas, verum ita fertiles, ut in iugo singulae ternas urnas praeberent, in pergulis autem singulae denas amphoras peraequarent. Nec incredibilis debet in Amineis haec fecunditas videri. Nam quemadmodum Terentius Varro et ante eum M. Cato possent affirmare, sexcentenas urnas priscis cultoribus singula vinearum iugera fudisse, si fecunditas Amineis defuisset, quas plerumque solas antiqui noverant? Nisi si putamus ea quae nuper ac modo plane longinquis regionibus arcessita notitiae nostrae sunt tradita,

Biturici generis aut basilici vineta eos coluisse, cum vetustissimas quasque vineas adhuc existimemus Amineas. Si quis ergo tales, quales paulo ante possedisse me rettuli, Amineas pluribus vindemiis exploratas notet, ut ex his malleolos feracissimos eligat, possit is pariter generosas vineas et uberes efficere. Nihil enim dubium est, quin ipsa natura sobolem matri similem esse voluerit. Unde etiam pastor ille in Bucolicis ait sic canibus catulos similes, sic matribus haedos noram.

Unde sacrorum certaminum studiosi pernicissimarum quadrigarum semina diligenti observatione custodiunt, et spem futurarum victoriarum concipiunt propagata sobole generosi armenti. Nos quoque pari ratione velut olympionicarum equarum, ita feracissimarum Aminearum seminibus electis largae vindemiae spem capiamus. Neque est quod temporis tarditas quemquam deterreat: nam quicquid morae est, in exploratione surculi absumitur. Ceterum cum fecunditas vitis comprobata est, celerrime insitionibus ad maximum numerum perducitur. Eius rei testimonium tu praecipue, Publi Silvine, perhibere nobis potes, cum pulchre memineris, a me duo iugera vinearum intra tempus biennii ex una praecoque vite, quam in Ceretano tuo possides, insitione facta consummata. Quemnam igitur existimas vitium numerum intra tantumdem temporis interseri posse duorum iugerum malleolis, cum sint ipsa duo iugera unius vitis progenies? Quare si, ut dixi, laborem et curam velimus adhibere, facile praedicta ratione tam feraces Aminei generis vineas constituemus, quam Biturici aut basilici: tantum rettulerit, ut in transferendis seminibus similem statum caeli locique et ipsius vitis habitum observemus; quoniam plerumque degenerat surculus, si aut situs agri aut aeris qualitas repugnat, aut etiam si ex arbore in iugum defertur. Itaque de frigidis in frigida, de calidis in similia, de vineis in vineas transferemus. Magis tamen ex frigido statu stirps Aminea potest calidum sustinere, quam ex calido frigidum. Quoniam cum omne vitis genus, tum maxime praedictum naturaliter laetatur tepore potius quam frigore. Sed et qualitas soli plurimum iuvat, ut ex macro aut mediocri transducatur in melius. Nam quod assuetum est pingui, nullo modo maciem terrae patitur, nisi saepius stercores. Atque haec de cura eligendi malleoli generatim praecepimus. Nunc illud proprie specialiter, ut non solum ex fecundissima vite, sed etiam e vitis parte feracissima semina eligantur.

X.
Feracissima autem semina sunt, non ut veteres auctores tradiderunt, extrema pars eius, quod caput vitis appellant, id est productissimum flagellum: nam in eo quoque falluntur agricolae. Sed erroris est causa prima species, et numerus uvarum, qui plerumque conspicitur in productissimo

sarmento. Quae res nos decipere non debet. Id enim accidit non palmitis ingenita fertilitate, sed loci opportunitate, quia reliquas trunci partes humor omnis et alimentum, quod a solo ministratur, transcurrit, dum ad ultimum perveniat. Naturali enim spiritu omne alimentum virentis, quasi quaedam anima, per medullam trunci veluti per siphonem quem diabeten vocant mechanici, trahitur in summum: quo cum pervenerit, ici consistit atque consumitur. Unde etiam materiae vehementissimae reperiuntur aut in capite vitis aut in crure vicino radicibus. Sed et hae steriles, quae e duro citantur, ac duplici ex causa robustae sunt: quod a fetu vacant, quodque ex proximo terrae integro atque illibato succo aluntur: et illae fertiles ac firmae, quia e tenero prorepunt, et quicquid, ut supra dixi, ad eas alimenti pervenit, individuum est. Meidae sunt macerrimae, quia transcurrit hinc parte aliqua interceptus, illinc ad se tractus humor. Non debet igitur ultimum flagellum quasi fecundum observari, etiam si plurimum afferat, siquidem loci ubertate in fructum cogitur: sed id sarmentum quod media vite situm, nec importuna quidem parte deficit, ac numeroso fetu benignitatem sua ostendit. Hic surculus translatus rarius degenerat, quoniam ex deteriore statu meliorem sortitur. Sive enim pastinato deponitur, sive trunco inseritur, largioribus satiatur alimentis, quam prius, cum esset in egeno. Itaque custodiemus, ut ex praedictis locis, quos humeros rustici vocant, semina legamus, ea tamen, quae attulisse fructum antea animadverterimus. Nam si fetu vacua sint, quamvis laudabilem partem vitis nihil censemus ad feracitatem conferre malleolo. Quare vitiosissima est eorum agricolarum opinio, qui minimum referre credunt, quot uvas sarmentum habuerit, dum ex vite fertili lagatur et non ex duro trunco enatum, quod pampinarium vocant. Haec autem opinio, quae orta est ex inscitia seminum eligendorum, primum parum fecundas vineas, deinde etiam nimis steriles reddit. Quis enim omnino iam per tam longam seriem annorum agricola malleolum legentibus praecepit ea, quae paulo ante rettulimus. Immo quis non imprudentissimum quemque, et eum qui nihil aliud operis facere valeat, huic negotio delegat? Itaque ex hac consuetudine veniunt imprudentissimi ad rem maxime necessariam; deinde etiam infirmissimus et inutilissimus quisque, ut dixi, qui nullum alium laborem ferre queat, huic officio applicatur. Is porro etiam si quam scientiam eligendi malleoli habet, eam propter infirmitatem dissimulat, ac superponit, et ut numerum, quem villicus imperavit, explere possit, nihil curiose, nihil religiose administrat: unumque est ei propositum, peragere laboris sui pensum; cum tamen, ut et sciat, et quod scit exsequatur, hoc solum praeceptum a magistris acceperit, ne pampinariam virgam deplantet, cetera omnia ut seminibus contribuat. Nos autem primum rationem secuti, nunc etiam longi temporis experimentum, non aliud semen eligimus, nec frugiferum esse ducimus, nisi quod in parte genitali fructum attulerit. Nam illud quidem, quod loco sterili laetum robustumque sine fetu processit, fallacem fecunditatis imaginem praefert, nec ullam generandi vim possidet.

Id procul dubio verum esse ratio nos admonet, si modo ut in corporibus nostris propria sunt officia cuiusque membri, sic et frugiferarum stirpium partibus propria munia. Videmus hominibus inspiratam velut aurigam rectricemque membrorum animam, sensusque iniectos ad ea discernenda, quac tactu quaeque naribus auribusque et oculis indagantur; pedes ad gressum compositos, brachia ad complexum; ac ne per omnes vices ministeriorum vagetur insolenter oratio, nihil aures agere valent, quod est oculorum, nihil oculi, quod aurium; nec generandi quidem data est facultas manibus aut plantis; sed quod hominibus ignotum voluit esse genitor universi, ventre protexit, ut divina praedita ratione rerum aeternus opifex, quasi quibusdam secretis corporis in arcano atque operto sacra illa spiritus elementa cum terrenis primordiis misceret, atque hanc animantis machinae speciem effingeret. Hac lege pecudes ac virgulta progenuit, hac vitium genera figuravit, quibus eadem ipsa mater ac parens primum radices velut fundamenta quaedam iecit, ut iis quasi pedibus insisterent: truncum deinde superposuit velut quandam staturam corporis et habitus; mox ramis diffudit quasi brachiis; tum caules et pampinos elicuit velut palmas. Eorumque alios fructu donavit, alios fronde sola vestivit ad protegendos tutandosque partus. Ex his igitur, ut supra diximus, si non ipsa membra genitalia conceptu atque fetu gravida, sed tamquam tegmina et umbracula eorum, quae fructibus vidua sunt, legerimus, umbrae scilicet, non vindemiae laboraverimus. Quid ergo est? Cur quamvis non sit e duro pampinus, sed e tenero natus, si tamen orbus est, etiam in futurum quasi sterilis damnatur nobis? Modo enim disputatio nostra colligebat unicuique corporis parti proprium esse attributum officium, quod scilicet ei convenit; ut malleolo quoque, qui opportuno loco natus est, fecunditatis vis adsit, etiam si interim cesset a partu. Nec ego abnuerim hoc me instituisse argumentari. Sed et illud maxime profiteor, palmitem quamvis frugifera parte enatum, si fructum non attulerit, ne vim quidem fecunditatis habere. Nec hoc illi sententiae repugnat. Nam et homines quosdam non posse generare, quamvis omnium membrorum numero constante, manifestum est; ne sit incredibile, si genitali loco virga nata fructu careat, carituram quoque esse fetu. Itaque ut ad consuetudinem agricolarum revertar, eiusmodi surculos, qui nihil attulerint, spadones appellant; quod non facerent, nisi eos suspicarentur inhabiles frugibus. Quae et ipsa appellatio rationem mihi subiecit non eligendi malleolos quamvis probabili parte vitis enatos, si fructum non tulissent. Quamquam et hos ipsos sciam non in totum sterilitate affectos. Nam confiteor pampinarios quoque, cum e duro prorepserint, tempore anni sequentis acquirere fecunditatem, et ideo in resecem submitti, ut progenerare possit. Verum eiusmodi partum comperimus non tam ipsius resecis quam materni esse muneris. Nam quia inhaeret stirpi suae, quae est natura ferax, mixtus adhuc parentis alimentis, et fecundi partus seminibus ac velut altricis uberibus eductus, paulatim fructum ferre condiscit. At quae citra naturae quandam pubertatem immatura atque intempestiva planta direpta trunco vel terrae vel etiam stirpi recisae inseeritur, quasi puerilis aetas ne ad coitum quidem nedum ad conceptum habilis vim generandi vel in totum perdit, vel certe minuit. Quare magnopere censeo in eligendis seminibus adhibere curam, ut e fructuosa parte vitis palmites legamus eos, qui futuram fecunditatem iam dato fructu promittunt. Nec tamen contenti simus uvis, maximeque probemus eos, qui numerosissimis fetibus conspiciuntur. At non opilionem laudabimus ex ea matre sobolem propagantem, quae geminos enixa sit; et caprarium submittentem fetus earum pecudum, quae trigemino partu commendantur? Videlicet quia sperat parentum fecunditati prolem responsuram. Et nos sequemur in vitibus hanc ipsam rationem, tanto quidem magis, quod compertum habemus naturali quadam malignitate desciscere interdum quamvis diligenter probata semina; idque nobis poeta velut surdis veritatis inculcet dicendo:

> vidi lecta diu, et multo spectata labore
> degenerare tamen, ni vis humana quotannis
> maxima quaeque manu legeret. Sic omnia fatis
> in peius ruere, ac retro sublapsa referri.

Quod non tantum de seminibus leguminum, sed <in> tota agricolationis ratione dictum esse intelligendum est; si modo longi temporis observatione comperimus, quod certe comperimus, eum malleolum, qui quattuor uvas tulerit, deputatum et in terram depositum, a fecunditate materna sic degenerare, ut interdum singulis, nonnumquam etiam binis uvis minus minus afferat. In quantum autem censemus defecturos eos, qui binos aut fere singulos fetus in matre tulerint, cum etiam feracissimi translationem saepe reformident? Itaque huius rationis demonstratorem magis esse me quam inventorem, libenter profiteor; ne quis existimet fraudari maiores nostros laude merita. Nam id ipsum sensisse eos non dubium est, quamvis nullo alio sit scripto proditum, exceptis quos rettulimus numeros Virgilii, sic tamen ut de seminibus leguminum praecipiatur. Cur enim aut e duro natam virgam, aut etiam ex fecundo malleolo, quem ipsi probassent, decisam sagittam repudiabant, si nihil interesse ducebant, ex quo loco semina legerentur? Num quia vim fecunditatis certis quasi membris inesse non dubitabant, idcirco pampinarium et sagittam velut inutiles ad deponendum prodentissime damnaverunt? Quod si ita est, nihil dubium est, multo magis ab his improbatum esse etiam illum palmitem, qui frugifero loco natus fructum non attulisset. Nam si sagittam, id est superiorem partem malleoli, vituperandam censebant, cum esset eadem pars surculi frugiferi, quanto magis vel ex optima vitis parte natum flagellum, si est sterile, improbatum ab his ratio ipsa declarat? Nisi tamen, quod est absurdum, crediderunt id translatum et abscissum a sua stirpe, destitutumque materno alimento, frugiferum, quod in ipsa matre nequam fuisset. Atque haec [et] forsitan pluribus dicta sunt, quam exigebat ratio veritatis: minus tamen multis, quam postulabat prave detorta et inveterata opinio rusticorum.

XI.
Nunc ad reliquum ordinem propositae disputationis redeo. Sequitur hanc eligendi malleoli curam pastinationis officium: si tamen ante de qualitate soli constiterit. Nam eam quoque plurimum et bonitati et largitati frugum conferre nihil dubium est. Ac prius quam ipsum solum perspiciamus, illud antiquissimum censemus, rudem potius eligendum agrum, si sit facultas, quam ubi fuerit seges aut arbustum. Nam de vinetis, quae longo situ exoleverunt, inter omnes auctores constitit pessima esse si reserere velimus, quod et inferius solum pluribus radicibus sit impeditum ac velut irretitum,et adhuc non amiserit virus et cariem illam vetustatis, quibus hebetata quasi aliquibus venenis humus torpeat. Quam ob causam silvestris ager praecipue est eligendus, qui etiam si frutetis aut arboribus obsessus est, facile extricatur, quod suapte natura quaecumque gignuntur, non penitus nec in profundum radices agunt, sed per summum terrae dispergunt atque deducunt, quibus ferro recisis atque exstirpatis, purum quod superest inferioris soli, rastris licet effodere, et in fermentum congerere atque componere; si tamen rudis terra non sit, proximum est vacuum arboribus arvum. Si nec hoc est, rarissimum arbustum vel olivetum. Melius tamen vetus olivetum quod non fuerit maritum, vineis destinatur. Ultima est, ut dixi, conditio restibilis vineae. Nam si necessitas facere cogit, prius quicquid est residuae vitis exstirpari debet; deinde totum solum sicco fimo, aut si id non sit, alterius generis quam recentissimo stercorari, atque ita converti, et diligentissime refossae omnes radices in summum regere atque comburi; tunc rursus vel stercore vetusto, quia non gignit herbas, vel de vepribus egesta humo pastinatum large contegi.. At ubi pura novalia et ab arboribus sunt libera, considerandum est ante quam pastinemus, surcularis necne sit terra; idque facillime exploratur per stirpes, quae sua sponte proveniunt. Neque enim est ullum tam viduum solum virgultis, ut non aliquos surculos progeneret, tamquam piros silvestres et prunos, vel rubos certe. Nam haec quamvis genera spinarum sint, solent tamen fortia et laeta et gravida fructu consurgere. Igitur si non retorrida nec scabra, sed levia et nitida, et prolixa fecundaque viderimus, eam intelligemus esse terram surcularem. Sed hoc in totum; ad illud, quod vineis praecipue est idoneum, proprie considerandum, ut prius rettuli, si facilis est humus et modice resoluta, quam diximus pullam vocitari; nec quia sola ea, sed quia sit habilis maxime vinetis. Quis enim vel mediocris agricola nesciat etiam durissimum tophum vel carbunculum, simul atque sunt confracti et in summo regesti, tempestatibus et gelu nec minus aestivis putrescere caloribus ac resolvi; eosque pulcherrime radices

vitium per aestatem refrigerare, succumque retinere? Quae res alendo surculo sunt accommodatissimae. Simili quoque de causa probari solutam glaream calculosumque agrum et mobilem lapidem, si tamen haec pingui glebae permixta sunt. Nam eadem ieiuna maxime culpantur. Est autem, ut mea quoque fert opinio, vineis amicus etiam silex, cui superpositum est modicum terrenum, quia frigidus et tenax humoris per ortum caniculae non patitur sitire radices. Hyginus quidem secutus Tremellium praecipue montium ima, quae a verticibus defluentem humum receperint, vel etiam valles, quae fluminum alluvie et inundationis concreverint, aptas esse vineis asseverat, me non dissentiente. Cretosa humus utilis habetur viti: nam per se ipsa creta, qua utuntur figuli, quamque nonnulli argillam vocant, inimicissima est; nec minus ieiunus sabulo, et quicquid, ut ait Iulius Atticus, retorridum surculum facit, id autem solum vel uliginosum est, vel salsum; amarum etiam, vel siticulosum, et peraridum. Nigrum tamen et rutilum sabulonem, qui sit vividae terrae permixtus, probaverunt antiqui. Nam carbunculosum agrum, nisi stercore adiuves, macras vineas efficere dixerunt. Gravis est rubrica, ut idem Atticus ait, et ad comprehendendum radicibus iniqua. Sed alit eadem vitem, cum tenuit; verum est in opere difficilior, quod neque humentem fodere possis, quod sit glutinosissima, nec nimium siccam, quia ultra modum praedura.

XII.

Sed ne nunc per infinitas terreni species evagemur, non intempestive commemorabimus Iulii Graecini conscriptam velut formulam, ad quam posita est limitatio terrae vinealis. Idem enim Graecinus sic ait: esse aliquam terram calidam vel frigidam, humidam vel siccam, raram vel densam, levem aut gravem, pinguem aut macram; sed neque nimium calidum solum posse tolerare vitem, quia inurat; neque praegelidum, quoniam velut stupentes et congelatas radices nimio frigore moveri non sinat; quae tum demum se promunt, cum modico tepore evocantur. Humorem terrae iusto maiorem putrefacere deposita semina; rursus nimiam siccitatem destituere plantas naturali alimento, aut in totum necare, aut scabras et retorridas facere; perdensam humum caelestis aquas non sorbere, nec facile perflari, facillime perrumpi, et praebere rimas, quibus sol ad radices stirpium penetret; eandemque velut conclausa et coarctata semina comprimere atque strangulare; raram supra modum velut per infundibulum transmittere imbres, et sole ac vento penitus siccari atque exolescere; gravem terram vix ulla cultura vinci; levem vix ulla sustineri; pinguissimam et laetissimam luxuria, macram et tenuem ieiunio laborare. Opus est, inquit, inter has tam diversas inaequalitates magno temperamento, quod in corporibus quoque nostris desideratur, quorum bona valetudo calidi et frigidi, humidi et aridi, densi et rari certo et quasi examinato modo continetur. Nec tamen hoc temperamentum in terra, quae vineis destinetur, pari momento libratum esse debere ait, sed in alteram partem propensius, ut calidior terra sit quam frigidior, siccior quam humidior, rarior quam densior, et si qua sunt his similia, ad quae contemplationem suam dirigat, qui vineas instituet. Quae cuncta, sicut ego reor, magis prosunt, cum suffragatur etiam status caeli; cuius quam regionem spectare debeant vineae, vetus est dissensio, Saserna maxime probante solis ortum, mox deinde meridiem, tum occasum; Tremellio Scrofa praecipuam positionem meridianam censente; Virgilio de industria occasum sic repudiante:

neve tibi ad solem vergant vineta cadentem;

Democrito et Magone laudantibus caeli plagam septentrionalem, quia existiment ei subiectas feracissimas fieri vineas, quae tamen bonitate vini superentur. Nobis in universum praecipere optimum visum est, ut in locis frigidis meridiano vineta subiciantur; tepidis orienti advertantur, si tamen non infestabuntur Austris Eurisque velut orae maritimae in Baetica. Sin autem regiones praedictis ventis fuerint obnoxiae, melius Aquiloni vel Favonio committentur. Nam ferventibus provinciis, ut Aegypto et Numidia, uni septentrioni rectius opponentur. Quibus omnibus diligenter exploratis, tum demum pastinationem suscipiemus.

XIII.

Eius autem ratio cum Italici generis futuris agricolis tum etiam provincialibus tradenda est, quoniam in longinquis et remotis fere regionibus istud genus vertendi et subigendi agri minime usurpatur, sed aut scrobibus aut sulcis plerumque vineae conseruntur. <Scrobibus vineta sic ponuntur>. Quibus vitem mos est scrobibus deponere, fere per tres longitudinis, perque duos pedes in altitudinem cavato solo, quantum latitudo ferramenti patitur, malleolos utrimque iuxta latera fossarum consternunt; et adversis scrobium frontibus curvatos erigunt; duabusque gemmis supra terram eminere passi reposita humo cetera coaequant; quae faciunt in eadem linea intermissis totidem pedum scammis, dum peragant ordinem. Tum deinde relicto spatio, prout cuique mos est vineas colendi vel aratro vel bidente, sequentem ordinem instituunt. Et si fossore tantum terra versetur, minimum est quinque pedum interordinium, septem maximum; sin bubus et aratro, minimum est septem pedum, satis amplum decem. Nonnulli tamen omnem vitem per denos pedes in quincuncem disponunt, ut more novalium terra transversis adversisque sulcis proscindatur. Id genus vineti non conducit agricolae, nisi ubi laetissimo solo vitis amplo incremento consurgit. At qui pastinationis impensam reformidant, sed aliqua tamen parte pastinationem imitari student, paribus alternis spatiis omissis senum pedum latitudinis sulcos dirigunt, fodiuntque ex exaltant in tres pedes, ac per latera fossarum vitem vel malleolum disponunt. Avarius quidam dupondio et dodrante altum culcum, latum pedum quinque faciunt; deinde ter tanto amplius spatium crudum relinquunt, atque ita sequentem sulcum infodiunt. Quod cum per definitum vinetis locum fecerunt, in lateribus solcorum viviradices vel decisos quam recentissimos palmites novellos erigunt, consitis compluribus inter ordinaria semina malleolis quos, postea quam convaluerint, crudo solo, quod emissum est, transversis scrobibus propagent atque ordinent vineam paribus intervallis. Sed eae, quas rettulimus, vinearum sationes, pro natura et benignitate cuiusque regionis aut usurpandae aut repudiandae sunt nobis. Nunc pastinandi agri propositum est rationem tradere. Ac primum omnium ut sive arbustum sive silvestrem locum vineis destinaverimus, omnis frutex atque arbor erui et submoveri debet, ne postea fossorem moretur, neve iam pastinatum solum iacentibus molibus imprimatur, et exportantium ramos atque truncos ingressu proculcetur. Neque enim parum refert suspensissimum esse pastinatum, et, si fieri possit, vestigio quoque inviolatum; ut mota aequaliter humus novelli seminis radicibus, quamcumque in partem prorepserit, molliter cedat, nec incrementa duritia sua reverberet, sed tenero velut <in> nutritio sinu recipiat, et caelestes admittat imbres, eosque alendis seminibus dispenset, ac suis omnibus partibus ad educandam prolem novam conspiret. Campestris locus alte duos pedes et semissem infodiendus est; acclivis regio treis, praeruptior vero collis vel in quattuor pedes vertendus, quia cum a superiore parte in inferiorem detrahitur humus, vix iustum pastinationi praebet regestum; nisi multo editiorem ripam, quam in plano feceris. Rursus depressis vallibus minus alte duobus pedibus deponi vineam non placet. Nam praestat non conserere, quam in summa terra suspendere; nisi si statim uligo palustris obvia, sicut in agro Ravennate, plus quam sesquipedem prohibeat infodere. Primum autem praedicti operis exordium est, non ut huius temporis plerique faciunt agricolae, sulcum paulatim exaltare, et ita secundo vel tertio gradu pervenire ad destinatam pastinationis altitudinem, sed protinus aequaliter linea posita rectis lateribus perpetuam fossam educere, et post tergum motam humum componere atque in tantum deprimere, donec altitudinis mensuram datam ceperit. Tum per omne spatium gradus aequaliter movenda linea est, obtinendumque ut eadem latitudo in imo reddatur, quae coepta est in summo. Opus est autem perito ac vigilante exactore, qui ripam erigi iubeat, sulcumque vacuari, ac totum spatium crudi soli cum emota iam terra committi, sicut praecepi superiore libro, cum arandi rationem traderem, monendo, necubi scamna omittantur, et quod est durum summis glaebis obtegantur. Sed huic operi exigendo quasi quandam machinam commenti maiores nostri regulam fabricaverunt, in cuius latere virgula prominens ad eam altitudinem, qua deprimi sulcum oportet, contingit summa ripae partem. Id genus mensurae ciconiam vocant rustici. Sed ea quoque fraudem recipit, quoniam plurimum interest, utrum eam pronam an rectam ponas. Nos itaque huic machinae quasdam partes adiecimus, quae contendentium litem disputationemque dirimerent. Nam duas regulas eius latitudinis, qua pastinator sulcum facturus est, in speciem Graecae litterae X decussavimus, atque ita mediae parti, qua regulae committuntur, antiquam illam ciconiam infiximus, ut tamquam suppositae basi ad perpendiculum normata insisteret, deinde transversae, quae est in latere, virgulae fabrilem libellam superposuimus. Sic compositum organum cum in sulcum demissum est, litem domini et conductoris sine iniuria diducit. Nam stella, quam diximus Graecae litterae faciem obtineret, pariter imae fossae solum metitur atque perlibrat, quia sive pronum seu resupinum est, positione machinae deprehenditur. Quippe praedictae virgulae superposita libella alterutrum ostendit, nec patitur exactorem operis decipi. Sic permensum et perlibratum opus in similitudinem vervacti semper procedit; tantumque spatii linea promota occupatur, quantum effossus sulcus longitudinis ac latitudinis obtinet. Atque id genus praeparandi soli probatissimum est.

XIV.
Sequitur opus vineae conserendae, quae vel vere vel autumno tempestive deponitur. Vere melius, si aut pluvius aut frigidus status caeli est, aut ager pinguis <aut campestis> et uliginosa planities; rursus autumno, si sicca, si calida est aeris qualitas; si exilis atque aridus campus, si macer praeruptusve collis; vernaeque positionis dies fere quadraginta sunt ab idibus Februariis usque in aequinoctium; rursus autumnalis ab Idibus Octob. in Kal. Decembres. Sationis autem duo genera, malleoli vel viviradicis, quod utrumque ab agricolis usurpatur, et in provinciis magis malleoli. Neque enim seminariis student, nec usum habent faciendae viviradicis. Hanc sationem cultores Italiae plerique iure improbaverunt, quoniam plurimis dotibus praestat viviradix. Nam minus interit, cum et calorem et frigus ceterasque tempestates propter firmitatem facilius sustineat; deinde adolescit maturius. Ex quo evenit ut celerius quoque sit tempestiva edendis fructibus; tum etiam nihil dubium est, saepius translatum * * potest tamen malleolus protinus in vicem viviradicis conseri soluta et facili terra. Ceterum densa et gravis utique vitem desiderat.

XV.
Seritur ergo [in] emundata inoccataque et aequata pastinatione, macro

solo quinis pedibus inter ordines omissis, mediocri senis. In pingui vero septenum pedum spatia danda sunt, quo largiora vacent intervalla, per quae frequentes prolixaeque materiae diffundantur. Haec in quincuncem vinearum metatio expeditissima ratione conficitur. Quippe linea per totidem pedes, quot destinaveris interordiniorum spatiis, purpura vel quolibet alio conspicuo colore insuitur. Eaque sic denotata per repastinatum intenditur, et iuxta purpuram calamus defigitur. Atque ita paribus spatiis ordines diriguntur. Quod deinde cum est factum, fossor insequitur, scrobemque alternis omissis in ordinem spatiis a calamo ad proximum calamum non minus altum quam duos pedes et semissem planis locis refodit; acclivibus in dupondium et dodrantem, praecipitibus etiam in tres pedes. In hanc mensuram scrobibus depressis viviradices ita deponuntur, ut a media scrobe singulae in diversum sternantur, et contrariis frontibus fossarum ad calamos erigantur. Satoris autem officium est primum quam recentissimam et, si fieri possit, eodem momento, quo serere velit, de seminario transferre plantam, diligenter exemptam et integram; deinde eam velut veteranam vitem totam exputare, et ad unam materiam firmissimam redigere, nodosque et cicatrices allevare; si quae etiam radices, quod maxime cavendum est ne fiat in eximendo, laboraverint, eas amputare; sic deinde curvatam deponere, ne duarum vitium radices implicentur. Id enim vitare facile est per imum solum iuxta diversa fossarum dispositis paucis lapidibus, qui singuli non excedant quinquelibrale pondus. Hi videntur, ut Mago prodit, et aquas hiemis et vapores aestatis propulsare radicibus; quem secutus Virgilius tutari semina et muniri sic praecipit:

aut lapidem bibulum aut squalentes infode conchas;
et paulo post:

Iamque reperti,
qui saxo super atque ingentis pondere testae
urgerent: hoc effusos munimen ad imbres,
hoc, ubi hiulca siti findit canis aestifer arva.

Idemque Poenus auctor probat vinacea permixta stercori depositis seminibus in scrobe admovere, quod illa provocent et eliciant novas radiculas; hoc per hiemem frigentem et humidam scrobibus inferre calorem tempestivum, ac per aestatem virentibus alimentum et humorem praebere. Si vero solum, cui vitis committitur, videtur exile, longius arcessitam pinguem humum scrobibus inferre censet: quod an expediat, regionis annona operarumque ratio nos docebit.

XVI.

Exigue humidum pastinatum sationi convenit; melius tamen vel arido quam lutoso semen committitur; idque cum supra summam scrobem compluribus internodiis productum est, quod de cacumine superest, duabus gemmis tantum supra terram relictis amputatur, et ingesta humo scribibus completis coaequato; deinceps pastinato malleolus ordinariis vitibus interserendus est: eumque sat erit medio spatio, quod vacat inter vites, per unam lineam depangerre. Sic enim melius et ipse convalescet, et ordinariis seminibus modice vacuum solum ad culturam praebebitur. In eadem deinde linea, in qua viviradix obtinebit ordinem suum praesidii causa, quorum ex numero propagari possint in locum demortuae vitis, quinque malleoli pangendi sunt per spatium pedale; isque pes ita medio interordinio sumitur, ut ab utraque vite paribus intervallis distent. Tali consitioni Iulius Atticus abunde putat esse malleolorum sexdecim milia. Nos tamen plus quattuor milibus conserimus, quia neglegentia cultorum magna pars deperit, et interitu seminum cetera, quae virent, rarescunt.

XVII.

De positione surculi non minima disputatio fuit inter auctores. Quidam totum flagellum, sicut erat matri detractum, crediderunt sationi convenire; idque per gemmas quinas vel etiam senas partiti, complures taleolas terrae mandaverunt. Quod ego minime probo, magisque assentior his auctoribus, qui negaverunt esse idoneam frugibus superiorem partem materiae, solamque eam, quae est iuncta cum vetere sarmento probaverunt, ceterum omnem sagittam repudiaverunt. Sagittam rustici vocant novissimam partem surculi, sive quia longius recessit a matre et quasi emicuit atque prosiluit; sive quia cacumine attenuata praedicti teli speciem gerit. Hanc ergo prudentissimi agricolae negaverunt conseri debere; nec tamen sententiae suae rationem prodiderunt; videlicet quia ipsis in re rustica multum callentibus prompta erat et ante oculos paene exposita. Omnis enim fecundus pampinus intra quintam aut sextam gemmam fructu exuberat, reliqua parte quamvis longissima vel cessat, vel perexiguos ostendit racemos, quam ob causam sterilitas cacuminis iure ab antiquis incusata est. Malleolus autem sic ab iisdem pangebatur, ut novello sarmento pars aliqua veteris haereret. Sed hanc positionem damnavit usus. Nam quicquid ex vetere materia relictum erat, depressum atque obrutum celeriter humore putrescebat, proximasque radices teneras et vixdum prorepentes vitio suo enecabat; quod cum acciderat, superior pars seminis retorrescebat. Mox Iulius Atticus et Cornelius Celsus, aetatis nostrae celeberrimi auctores, patrem atque filius Sasernam secuti, quicquid residui fuit ex vetere palma per ipsam commissuram, qua nascitur materia nova, resecuerunt, atque ita cum suo capitulo sarmentum depresserunt.

XVIII.

Sed Iulius Atticus praetorto capite et recurvato, ne pastinum effugiat, praedictum semen demersit. Pastinum autem vocant agricolae ferramentum bifurcum, quo semina panguntur. Unde etiam repastinari dictae sunt vineae veteres, quae refodiebantur. Haec enim propria appellatio restibilis vineti erat; nunc antiquitatis imprudens consuetudo quicquid emoti soli vineis praeparatur, repastinatum vocat. Sed <redeamus> ad propositum. Vitiosa est, ut mea fert opinio, Iulii Attici satio, quae contortis capitibus malleolum recipit; eiusque rei vitandae non una ratio est, primum quod nulla stirps ante quam deponatur vexatur et infracta melius provenit quam quae integra et inviolata sine iniuria deposita est; deinde quicquid recurvum et sursum versus spectans demersum est, cum tempestivum eximitur, in modum hami repugnat obluctanti fossori, et velut uncus infixus solo, ante quam extrahatur, praerumpitur. Nam fragilis est ea parte materia, qua torta et recurvata, cum deponeretur, ceperat vitium. Propter quod praefracta maiorem partem radicum amittit. Sed ut incommoda ista praeteream, certe illud, quod est inimicissimum, dissimulare nequeo; nam paulo ante, cum de summa parte sarmenti disputarem, quam sagittam dixeram vocitari, colligebam fere intra quintam vel sextam gemmam, quae sint proximae veteri sarmento, fructum edi. Hanc ergo fecundam partem consumit, qui contorquet malleolum; quoniam et ea pars, quae duplicatur, tres gemmas vel quattuor obtinet, et reliqui duo vel tres fructuarii oculi penitus in terram deprimuntur, mersique non materiam sed radices creant. Ita evenit ut quod in sagitta non serenda vitaverimus, id sequamur in eiusmodi malleolo, quem necesse est facere longiorem, si volumus detortum depangere. Nec dubium, quin gemmae cacumini proximae, quae sunt infecundae, in eo relinquantur, ex quibus pampini pullulant vel steriles vel certe minus feraces, quos rustici vocant racemarios. Quid, quod plurimum interest, ut malleolus, qui deponitur, ea parte qua est a matre decisus coalescat, et celeriter cicatricem ducat? Nam si id factum non est, velut per fistulam ita per apertam vitis medullam nimius humor trahitur, idemque truncum cavat: unde formicis aliisque animalibus, quae putrefaciunt crura vitium, latebrae praebentur. Hoc autem evenit retortis seminibus. Cum enim per exemptionem imae partes eorum praefractae sunt, apertae medullae deponuntur atque irrepentibus aquis praedictisque animalibus celeriter senescunt. Quare pangendi optima est ratio recti malleoli, cuius imum caput, cum consertum est bifurco pastini, angustis faucibus ferramenti facile continetur ac deprimitur: idque sarmentum sic depressum citius coalescit. Nam et racides e capite, qua recisumest, emittit, eaeque cum accreverunt, cicatricem obducunt, et alioquin plaga ipsa deorsum spectans non tantum recipit humorem, quantum illa, quae reflexa et resupina more infundibuli per medullam transmittit quicquid aquarum caelestium superfluxit.

XIX.
Longitudo, quae debeat esse malleoli, parum certa est, quoniam sive crebras gemmas habet, brevior faciendus est; seu raras, longior. Attamen nec maior pede nec dodrante minor esse debet: hic ne per summa terrae sitiat aestatibus; ille ne depressus altius cum adoleverit, exemptionem difficilem praebeat. Sed haec in plano. Nam in clivosis, ubi terra decurrit, potest palmipedalis deponi. Vallis et uliginosi campi situs patitur etiam trigemmem, qui est paulo minor dodrante, longior utique semipede. Isque non ab eo trigemmis dictus est, quod omnino trium oculorum est, sed quod his exceptis, quibus est frequens in ipso capite, tres deinceps articulos totidemque gemmas habet. Super cetera illud quoque sive malleolum sive viviradicem serentem praemoneo, ne semina exarescant, immodicum ventum solemque vitare, qui uterque non incommode arcetur obiectu vestis aut cuiuslibet densi tegminis. Verumtamen praestat eligere sationi silentis vel certe placidi spiritus diem. Nam sol umbraculis facile depellitur. Sed illud etiam, quod nondum tradidimus, ante quam disputationi clausulam imponamus, dicendum est: uniusne an plurium generum vites habendae sint, eaeque separatae ac distinctae specialiter, an confusae et mixtae catervatim. Prius disseremus de eo, quod primum proposuimus.

XX.
Prudentis igitur agricolae est vitem, quam praecipue probaverit, nulla interveniente alterius notae stirpe conserere. Sed et providentis est, diversa quoque genera deponere. Neque enim umquam sic mitis ac temperatus est annus, ut nullo incommodo vexet aliquod vitis genus. Sive enim siccus est, id, quod humore proficit, contristatur; seu pluvius, quod siccitatibus gaudet; seu frigidus et pruinosus, quod non est patiens uredinis; seu fervens, quod vaporem non sustinet. Ac ne nunc mille tempestatum iniurias persequar, semper est aliquid, quod vineas offendat. Igitur si unum genus severimus, cum id acciderit, quod ei noxium est, tota vindemia privabimur. Neque enim ullum erit subsidium, cui diversarum notarum stirpes non fuerint. Quod si varii generis vineta fecerimus, aliquid ex iis inviolatum erit, quod fructum perferat. Nec tamen ea causa nos debet compellere ad multas vitium varietates; sed quod iudicaverimus eximium genus, id qyantae possumus multitudinis efficiamus; deinde quod proximum a primo; tum quod est tertiae notae vel quartae quoque; eatenus velut athletarum quodam

contenti simus tetradio. Satis est enim per quattuor vel summum quinque genera vindemiae fortunam opperiri. De altero, quod mox proposueram, nihil dubito quin per species digerendae vites disponendaeque sint in proprios hortos, semitis ac decumanis distinguendae; non quod aut ipse potuerim a meis familiaribus hoc obtinere, aut ante me quisquam eorum, qui quam maxime id probaverit, effecerit. Est enim oomnium rusticorum operum difficillimum, quia et summam diligentiam legendis desiderat seminibus, et in his discernendis maxima plerumque felicitate et prudentia opus est; sed interdum (quod ait divinus auctor Plato) rei nos pulchritudo trahit vel ea consectandi, quae propter infirmitatem commortalis naturae consequi nequeamus. Istud tamen, si aetas suppetat, et scientia facultasque cum voluntate congruant, non aegerrime perficiemus; quamvis non minimo aetatis spatio perseverandum sit, ut magnus numerus per aliquot annos discernatur. Neque enim omne tempus permittit eius rei iudicium. Nam vites, quae propter similitudinem coloris aut trunci flagellorumque dignosci nequeunt, maturo fructu foliisque declarantur. Quam tamen diligentiam nisi per ipsum patrem familias exhiberi posse non affirmaverim. Nam credidisse villico vel etiam vinitori, socordis est, cum, quod longe sit facilius, adhuc perpaucissimis agricolis contigerit, ut nigri vini stirpe careant, quamvis color uvae possit vel ab imprudentissimo deprehendi.

XXI.

Illa tamen una mihi ratio suppetit, celerrime quod proposuimus efficiendi, si sint veteranae vineae, ut separatos surculos cuiusque generis per singulos hortos inseramus: sic paucis annis multa nos milia malleolorum ex insitis percepturos, atque ita discreta semina per regiones consituros nihil dubito. Eius porro faciendae rei nos utilitas multis de causis compellere potest: et ut a levioribus incipiam, primum, quod in omni ratione vitae non solum agricolationis, sed cuiusque disciplinae prudentem delectant impensius ea, quae propriis generibus distinguuntur, quam quae passim velut abiecta et quodam acervo confusa sunt. Deinde quod vel alienissimus rusticae vitae, si in agrum tempestive <consitum> veniat, summa cum voluptate naturae benignitatem miretur, cum istinc Bituricae fructibus opimae, hinc pares iis heluolae respondeant; illinc arcelacae, rursus illinc spioniae basilicaeve conveniant, quibus alma tellus annua vice velut aeterno quodam puerperio laeta mortalibus distenta musto demittit ubera. Inter quae patre favente Libero fetis palmitibus vel generis albi vel flaventis ac rutili vel purpureo nitore micantis, undique versicoloribus pomis gravidus collucet autumnus. Sed haec quamvis plurimum delectent, utilitas tamen vincit voluptatem. Nam et pater familias libentius ad spectandum rei suae, quanto est ea luculentior, descendit; et, quod de sacro numine poeta dicit:

et quocumque deus circum caput egit honestum,

verum quocumque domini praesentis oculi frequenter accessere, in ea parte maiorem in modum fructus exuberat. Sed omitto illud, quod indescriptis etiam vitibus contingere potest: illa quae sunt maxime spectanda, persequar. Diversae notae stirpes nec pariter deflorescunt, nec ad maturitatem simul perveniunt. Quam ob causam, qui separata generibus vineta non habet, patiatur alterum incommodum necesse est, ut aut serum fructum cum praecoque elevet, quae res mox acorem facit, aut, si maturitatem serotini exspectet, amittat vindemiam praecoquem, quae plerumque populationibus volucrum pluviisque aut ventis lacessita dilabitur. Si vero interiectionibus capere cuiusque generis fructum aveat, primum necesse est, ut negligentiae vindemiatorum aliam subeat; neque enim singulis totidem antistites dare potest, qui observent, quique praecipiant, ne acerbae uvae <cum maturis> demetantur; deinde etiam quarum vitium maturitas competit, cum diversae notae sint, melioris gustus ab deteriore corrumpitur, confususque in unum multarum sapor vetustatis impatiens fit. Atque ideo necessitas cogit agricolam musti annonam experiri; cum plurimum pretio accedat, si venditio vel in annum vel in aestatem certe differri possit. Iam illa generum separatio summam commoditatem habet, quod vinitor suam cuique facilius putationem reddet, cum scit cuius notae sit hortus, quem deputat; idque in vineis consemineis observari difficile est, quia maior pars putationis per id tempus administratur, quo vitis neque folium notabile gerit. At multum interest, pluresne an pauciores materias pro natura cuiusque stirpis vinitor summittat, prolixisne flagellis incitet, an angusta putatione vitem coerceat. Quin etiam quam caeli partem spectet genus quodque vineti plurimum refert. Neque enim omne calido statu, nec rursusfrigido laetatur; sed est proprietas in surculis, ut alii meridiano axe convalescant, quia rigore vitiantur; alii Septentrionem desiderent, quia contristantur aestu; quidam temperamento laetentur Orientis vel Occidentis. Has differentias servat pro situ et positione locorum, qui genera per hortos separat. Illam quoque non exiguam sequitur utilitatem, quod et laborem vindemiae minorem patitur et sumptum. Nam ut quaeque maturescere incipiunt, tempestive leguntur, et quae nondum maturitatem ceperunt uvae, sine dispendio differuntur. Nec pariter vietus atque tempestivus fructus praecipitat vindemiam, cogitque pluries operas quantocumque pretio conducere. Iam et illud magnae dotis est, posse gustum cuiusque generis non mixtum sed vere merum condere, ac separatim reponere, sive est ille Bituricus, seu basilicus, seu spionicus. Quae genera cum sic diffusa sunt, quia nihil intervenit diversae naturae, quod repugnet perpetuitati, nobilitantur. Neque enim post annos quindecim vel paulo plures deprehendi potest ignobilitas in gustu, quoniam fere omne vinum eam qualitatem sortitum est, ut vetustate acquirat bonitatem. Quare, ut dicere instituimus, utilissima est generum dispositio; quam si tamen obtinere non possis, secunda est ratio, ut diversae notae non alias conseras vites, quam quae saporem consimilem, fructumque maturitatis eiusdem praebeant. Potes iam, si te cura pomorum tangit, ultimis ordinibus in ea vineti fine, qua subiacet septentrionibus, ne cum increverint obumbrent, cacumina ficorum pirorumve et malorum depangere, quae vel inseras interposito biennii spatio, vel si generosa sint, adulta transferas. Hactenus de positione vinearum. Superest pars antiquissima, ut praecipiamus etiam cultus earum, de quibus sequenti volumine pluribus disseremus.

LIBER IV

I.
Cum de vineis conserendis librum a me scriptum, Publi Silvine, compluribus agricolationis studiosis relegisses, quosdam repertos esse ais, qui cetera quidem nostra praecepta laudassent, unum tamen atque alterum reprehendissent: quippe seminibus vineaticis nimium me profundos censuisse fieri scribes adiecto dodrante super altitudinem bipedaneam, quam Celsus et Atticus prodiderant; singulasque viviradices singulis adminiculis parum prudenter contribuisse, cum permiserint iidem illi auctores minore sumptu geminis materiis unius seminis diductis duo continua per ordinem vestire pedamenta; quae utraque reprehensio avaram magis habet aestimationem, quam veram. Etenim (ut quod prius proposui, prius refellam) si contenti bipedanea scrobe futuri sumus, quid ita censemus altius pastinare tam humili mensura vitem posituri? Dicet aliquis, ut sit inferior tenera subiacens terra, quae non arceat, nec duritie sua repellat novas irrepentes radiculas. Istud quidem contingere potest etiam , si ager bipalio moveatur, et deprimatur scrobis in regesto, quod est fermentatum, plus dupondio semisse. Nam semper in plano refusius egesta humus tumidior est, quam gradus soli crudi. Nec sane positio seminum praealtum sibi cubile substerni desiderat; verum abunde est semipedaneam consitis resolutam vitibus terram subicere, quae velut hospitali atque etiam materno sinu recipiat incrementa virentium. Exemplum eius rei capiamus in arbusto, ubi cum scrobes defodimus, admodum exiguum pulveris viviradici subicimus. Verior igitur causa est depressius paastinandi, quoniam iugata vineta melius consurgunt altioribus demissa scrobibus. Nam bipedanei vix etiam provincialibus agricolis approbari possunt, apud quos humili statu vitis plerumque iuxta terram coercetur, cum quae iugo destinantur, altiore fundamento stabilienda sit, si modo, quando scandit excelsius, plus alimenti terraeque desiderat. Et ideo in maritandis arboribus nemo minorem

tripedanea scrobem vitibus comparat. Ceterum illa parum prosunt agricolarum studio praecipua commoda humilis positionis, quod et celeriter adolescant semina, quae non fatigentur multo soli pressa pondere, fiantque uberiora quae leviter suspensa sint. Nam utraque ista Iulii Attici ratio convincitur exemplo arbustivae positionis, quae scilicet multo validiorem fertilioremque stirpem reddit; quod non facerent, si laborarent altius demersa semina. Quid, quod repastinata humus, dum est recens soluta laxataque, velut fermento quodam intumescit? Cum deinde non longissimam cepit vetustatem, condensata subsidit ac velut innatantes radices vitium summo solo destituit? Hoc autem minus accidit nostrae sationi, in qua maiore mensura vitis demittitur. Nam quod in profundo semina frigore laborare dicuntur, non quoque non diffitemur. Sed non est dupondii et dodrantis latitudo, quae istud efficere possit, cum praesertim, quod paulo ante rettulimus, depressior arbustivae vitis satio tamen effugiat praedictum incommodum.

II.

Alterum illud, quod minori impensa duos palos unius seminis flagellis censent maritari, falsissimum est. Sive enim caput ipsum demortuum est, duo viduantur statumina, et mox viviradices totidem substituendae sunt, quae numero suo rationem cultoris onerant; sive vivit, et ut saepe evenit, vel nigri est generis vel parum fertilis, non in uno, sed in pluribus pedamentis fructus claudicat. Quamquam etiam generosae stirpis vitem sic in duos palos divisam rerum rusticarum prudentiores existimant minus fertilem fore, quia cratem factura sit. Et idcirco veteres vineas mergis propagare potius, quam totas sternere, idem ipse Atticus praecipit; quoniam mergi mox facile radicantur, ita ut quaeque vitis suis radicibus tamquam propriis fundamentis innitatur. Haec autem, quae toto est prostrata corpore, cum inferius solum quasi cancellavit atque irretivit, cratem facit, et pluribus radicibus inter se connexis angitur, nec aliter quam si multis palmitibus gravata deficit. Quare per omnia praetulerim duobus potius seminibus depositis, quam unico periclitari, nec id velut compendium consectari, quod in utramque partem longe maius afferre possit dispendium. Sed iam prioris libri disputatio repetit a nobis promissum sequentis exordium.

III.

In omni genere impensarum, sicut ait Graecinus, plerique nova opera fortius auspicantur, quam tuentur perfecta. Quidam, inquit, ab inchoato domos exstruunt, nec peraedificatis cultum adhibent. Nonnulli strenue fabricant navigia, nec consummata perinde instruunt armamentis ministrisque. Quosdam emacitas in armentis, quosdam exercet in comparandis mancipiis: de tuendis nulla cura tangit. Multi etiam beneficia quae in amicos contulerunt, levitate destruunt. Ac ne ista, Silvine, miremur, liberos suos nonnulli nuptiis votisque quaesitos avare nutriunt, nec disciplinis aut ceteris corporis excolunt instrumentis. Quid iis colligitur? Scilicet plerumque simili genere peccari etiam ab agricolis, qui pulcherrime positas vineas, antequam pubescant, variis ex causis destituunt: alii sumptum annuum refugientes, et hunc primum reditum certissimum existimantes, impendere nihil, quasi plane fuerit necesse vineas facere, quas mox avaritia desererent. Nonnulli magna potius quam culta vineat possidere pulchrum esse ducunt. Cognovi iam pplurimos, qui persuasum haberent agrum bonis ac malis rationibus colendum. At ego, cum omne genus ruris, nisi diligenti cura sciteque exerceatur, fructuosum esse non posse iudicem, tum vel maxime vineas. Res enim est tenera, infirma, iniuriae maxime impatiens, quae plerumque nimia laboret ubertate; consumitur enim, si modum non adhibeas, fecunditate sua. Cum tamen aliquatenus se confirmavit, et veluti iuvenile robur accepit, neglegentiam sustinet. Novella vero, dum adolescit, nisi omnia iusta perceperit, ad ultimam redigitur maciem, et sic intabescit, ut nullis deinceps impensis recreari possit. Igitur summa cura ponenda sunt quasi fundamenta, et ut membra infantium a primo statim die consitionis formanda; quod nisi fecerimus, omnis impensa in cassum recidat, nec praetermissa cuiusque rei tempestivitas revocari queat. Experto mihi crede, Silvine, bene positam vineam bonique generis et bono cultore numquam non cum magno fenere gratiam reddidisse. Idque non solum ratione, sed etiam exemplo nobis idem Graecinus declarat eo libro, quem de vineis scripsit, cum refert ex patre suo saepe se audire solitum, Paridium quendam Veterensem vicinum suum duas filias et vineis consitum habuisse fundum; cuius partem tertiam nubenti maiori filiae dedisse in dotem, ac nihilo minus aeque magnos fructus ex duabus partibus eiusdem fundi percipere solitum. Minorem deinde filiam nuptum collocasse in dimidia parte reliqui agri, nec sic ex pristino reditu detraxisse. Quod quid convincit? Melius scilicet postea cultam esse tertiam illam fundi partem, quam antea universam.

IV.

Et nos igitur, Publi Silvine, magno animo vineas ponamus, ac maiore studio colamus. Quarum consitionis sola illa commodissima ratio est, quam priore tradidimus exordio, ut facta in pastinato scrobe, vitis a media fere parte sulci prosternatur, et ad frontem eius ab imo usque recta materies exigatur, calamoque applicetur. Id enim praecipue observandum est, ne similis sit alveo scrobis, sed ut expressis angulis velut ad perpendiculum frontes eius dirigantur. Nam vitis supina, et velut recumbens in alveo deposita, postea cum ablaqueatur, vulneribus obnoxia est. Nam dum exaltare fortius orbem ablaqueationis fossor studet, obliquam vitem plerumque sauciat, et nonnumquam praecidit. Meminerimus ergo usque ab imo scrobis solo rectum adminiculo sarmentum applicare, et ita in summum perducere. Tum cetera, ut priore libro praecepimus. Ac deinde duabus gemmis super exstantibus terram coaequare. Deinde malleolo inter ordines posito crebris fossionibus pastinatum resolvere atque in pulverem redigere. Sic enim optime et viviradices et reliqua semina, quae deposuerimus, convalescent, simul ac tenera humus nullis herbis irrepentibus humorem stirpibus praebuerit: nec duritia soli novellas adhuc plantas velut arto vinculo compresserit.

V.

Numerus autem vertendi soli bidentibus, ut verum fatear, definiendus non est, cum quanto crebrior sit, plus fossionem conveniat. Sed quoniam impensarum ratio modum postulat, satis plerisque visum est ex Kalendis Martiis usque in Octobres trigesimo quoque die novella vineta confodere, omnesque herbas et praecipue gramina exstirpare, quae nisi manu eliguntur, et in summum reiciuntur, quantulacumque parte adobruta sunt, reviviscunt, et vitium semina ita perurunt, ut scabra atque retorrida efficiant.

VI.

Ea porro sive malleolos seu viviradices deposuimus, optimum est ab initio sic formare, ut frequenti pampinatione supervacua detrahamus, nec patiamur plus quam in unam meteriam vires et omne alimentum conferre. Primo tamen bini pampini submittuntur, ut sit alter subsidio, si alter forte deciderit. Cum deinde paulum induruere virgae, tum deteriores singulae detrahuntur. Ac ne quae relictae sunt procellis ventorum decutiantur, molli et laxo vinculo adsurgentes subsequi conveniet, dum claviculis suis quasi quibusdam manibus adminicula comprehendant. Hoc si operarum penuria facere prohibet in malleolo, quem et ipsum pampinare censemus, at certe in ordinariis vitibus utique obtinendum est, ne pluribus flagellis emacientur, nisi si propaginibus futuris prospiciemus; sed ut singulis materiis serviant, quarum incrementa elicere debemus, applicato longiore adminiculo, per quod prorepant in tantum, ut sequentis anni iugum exsuperent, et in fructum curvari possint. Ad quam mensuram cum increverint, cacumina infringenda sunt, ut potius crassitudine convalescant, quam supervacua longitudine attenuentur. Idem tamen sarmentum, quod in materiam submittimus, ab imo usque in tres pedes et semissem pampinabimus, et omnes eius intra id spatium nepotes enatos saepius decerpemus. Quicquid deinde supra germinaverit, intactum relinqui oportebit. Magis enim convenit proximo autumno falce deputari superiorem partem, quam aestivo tempore pampinari, quoniam ex eo loco, unde nepotem ademeris, confestim alterum fundit: quo enato, nullus relinquitur oculus in ipsa materia, qui sequenti anno cum fructu germinet.

VII.

Omnis autem pampinationis ea est tempestivitas, dum adeo teneri palmites sunt, ut levi tactu digiti decutiantur. Nam si vehementius induruerint, atu maiore nisu convellendi sunt, aut falce deputandi; quod utrumque vitandum est. Alterum, quia lacerat matrem, si revellere coneris; alterum, quia sauciat, quod in viridi et adhuc stirpe immatura fieri noxium est. Neque enim eatenus plaga consistit, qua vestigium fecit acies; sed aestivis caloribus falce vulnus penitus impressum latius inarescit ita, ut non minimam partem de ipso matris corpore enecet. Atque ideo si iam caulibus duris falcem adhiberi necesse est, [ii] paulum ab ipsa matre recedendum est, et velut reseces relinquendi sunt, qui caloris excipiant iniuriam, eatenus qua nascuntur a latere palmites. Ultra enim non serpit vaporis violentia. In malleolo similis est ratio pampinandi, et in longitudinem eliciendi materiam, si eo velimus anniculo uti, quod ego saepe feci. Sed si propositum est utique recidere, ut bimo potius utamur, cum ad unum pampinum iam redegeris, et is ipse excesserit pedalem longitudinem, decacuminare conveniet, ut in cervicem potius confirmetur et sit robustior. Atque haec positorum seminum prima cultura est.

VIII.

Sequens deinde tempus, ut prodidit Celsus et Atticus, quos iure maxime nostra aetas probavit, post Idus Octobris ampliorem curam deposict. Nam prius quam frigora invadunt, vitis ablaqueanda est. Quod opus adapertas ostendit aestivas radiculas, easque prudens agricola ferro decidit. Nam si passus est convalescere, inferiores decidunt, atque evenit ut vinea summa parte terreni radices agat, quae et frigore infestentur et caloribus maiorem in modum aestuent, ac vehementer sitire matrem in ortu caniculae cogant. Quare quicquid intra sesquipedem natum est, cum ablaqueaveris, recidendum est. Sed huius non eadem ratio est amputandi, quae traditur in superiore parte vitis. Nam minime adlevanda plaga est, minimeque applicandum ferramentum ipsi matri; quoniam si iuxta truncum radicem praecideris, aut ex cicatrice plures enascentur, aut hiemalis, quae ex pluviis consistit in lacusculis ablaqueationis aqua, brumae congelationis nova vulnera peruret, et ad medullam penetrabit. Quod ne fiat, recedere ab ipso codice instar unius digiti spatio conveniet, atque ita radiculas praecidere; quae sic ademptae non amplius pullulant, et a cetera noxa truncum defendunt. Hoc opere consummato, si est hiems in ea regione placida, patens vitis relinquenda est: sin violentior id facere nos prohibet, ante Idus Decembris praedicti lacusculi coaequandi sunt. Si vero etiam praegelida frigora regionis eiius suspecta erunt, aliquid fimi, vel, quod est commodius, columbini stercoris, aut in hunc usum praeparatae veteris urinae senos sestarior, antequam vitem obruas, radicibus superfundes. Sed ablaqueare omnibus autumnis oportebit primo quinquennio, dum vitis convalescat; ubi vero truncus adoleverit, fere triennio intermittendus est eius operis labor. Nam et minus ferro crura vitiuim laeduntur, nec tam celeriter radiculae inveterato iam codice enascuntur.

IX.
Ablaqueationem deinde sequitur talis putatio, ut ex praecepto veterum auctorum vitis ad unam virgulam revocetur, duabus gemmis iuxta terram relictis. Quae putatio non debet secundum articulum fieri, ne reformidet oculus, sed medio fere internodio ea plaga obliqua falce fit, ne, si transversa fuerit cicatrix, caelestem superincidentem aquam contineat. Sed nec ad eam parte, qua est gemma, verum ad posteriorem declinetur, ut in terram potius devexa, quam in germen delacrumet. Namque depluens humor caecat oculum, nec patitur frondescere.

X.
Putandi autem duo sunt tempora: melius autem, ut ait Mago, vernum, antequam surculus progerminet, quoniam humoris plenus facilem plagam et levem et aequalem accipit, nec falci repugnat. Hunc autem secuti sunt Celsus et Atticus. Nobis neque angusta putatione coercenda semina videntur, nisi si admodum invalida sunt, neque utique verno recidenda. Sed primo quidem anno, quo sunt posita, frequentibus fossionibus omnibus mensibus dum frondent ac pampinationibus adiuvanda sunt, ut robur accipiant, nec plus quam uni materiae serviant. Quam ut educaverint, autumno vel vere, si magis competit, adradenda, et nepotibus, quos pampinator in superiore parte omiserat, liberanda censemus, atque ita in iugum imponenda. Ea enim levis et recta sine cicatrice vinea est, quae se

primi anni flagello supra iugum extulit, quod tamen apud paucos agricolas et raro contingit. Ideoque praedicti auctores primitias vitis resecare censuerunt. Sed nec utique verna omnibus regionibus melior putatio est. Nam ubi caelum frigidum est, ea sine dubio eligenda est. Ubi vero aprica loca sunt mollesque hiemes, optima et maxime naturalis est autumnalis, quo tempore divina quadam lege et aeterna fructum cum fronde stirpes deponunt.

XI.

Hoc facere, sive viviradicem sive malleolum conseveris, censeo. Nam illam veterem opinionem damnavit usus, non esse ferro tangendos anniculos malleolos, quoniam reformident. Quod frustra Virgilius et Saserna Stolonesque et Catones timuerunt: qui non solum in eo errabant, quod primi anni capillamenta seminum intacta patiebantur, sed et post biennium, cum viviradix recidenda erat, omnem superficiem amputabant solo tenus iuxta ipsum articulum, ut e duro pullularet. Nos autem magister artium docuit usus, primi anni malleolorum formare incrementa, nec pati vitem supervacuis frondibus luxuriantem silvescere; nec rursus in tantum coercere, quantum antiqui preaecipiebant, ut totam superficiem amputemus. Nam id quidem rationi maxime contrarium est, primum quod cum ad terram decideris, semina, velut intolerabili affecta vulnere, pleraque intereunt, nonnulla etiam, quae pertinaciter vixerunt, minus fecundas materias afferunt; siquidem e duro quae pullulant omnium confessione pampinaria saepissime fructu carent. Madia igitur ratio sequenda est, ut neque solo tenus malleolum recidamus, nec rursus in longiorem materiam provocemus; sed adnodato superioris anni pollice, supra ipsam commissuram veteris sarmenti unam vel duas gemmas relinquemus, ex quibus germinet.

XII.

Putationem sequitur iam pedandae vineae cura; verum hic annus nondum vehementem palum aut ridicam desiderat; notatum est a me plerumque teneram vineam melius adminiculo modico quam vehementi palo adquiescere. Itaque aut veteres, ne novae radicem agant, arundines singulis viticulis applicabimus binas, aut si regionis conditio permittit, de vepribus hastilia, quibus adnectantur sengulae transversae perticae in unam partem ordinis: quod genus iugi canterium vocant rustici; plurimum id refert esse, quod paulum infra curvationem vitis prorepens pampinus statim apprehendat, et in transversa potius se fundat, quam in edita, ventosque facilius sustineat subnixus canterio. Idque iugum intra quartum pedem convenit allevari, dum se vinea corroboret.

XIII.

Impedationem deinde sequitur alligator. Cuius officium est ut rectam vitem producat in iugum. Quae sive iuxta palum est posita, ut quibusdam placuit auctoribus, observare debebit, qui adnectit, ne in alliganda materia flexum pali, si forte curvus est, sequendum putet - nam ea res uncam vitem facit - sive ut Attico et nonnullis aliis agricolis visum est, inter vitem et palum spatium relinquitur, quod nec mihi displicet, recta arundo adiungenda stirpi est, et ita per crebra retinacula in iugum perducenda. Vinculi genus quale sit, quo religantur semina, plurimum refert. Nam dum novella vinea est, quam mollissimo nectenda est, quia si viminibus salicis aut ulmi ligaveris, increscens vitis se ipsa praecidit. Optima est ergo genista, vel paludibus desectus iuncus, aut ulva. Non pessime tamen in umbra siccata faciunt in hunc usum arundinum quoque folia.

XIV.

Sed et malleolorum similis cura agenda est, ut ad unam aut duas gemmas deputati autumno vel vere, prius quam germinent, iugentur. Iis, ut dixi, canterius propius a terra, quam vitibus ordinariis submittendus est; neque enim editior esse debet pedali altitudine, ut sit quem teneri adhuc pampini capreolis illigent suis, ne ventis explantentur. Insequitur deinde fossor, qui crebris bidentibus aequaliter et minutim soli terga comminuat. Hanc planam fossuram maxime nos probamus. Nam illa, quam in Hispania hibernam appellant, cum terra vitibus detrahitur, et in media spatia interordiniorum confertur, supervacua nobis videtur, quia iam praecessit autumnalis ablaqueatio, quae nudavit summas, et ad inferiores radiculas hibernos transimist imbres. Numerus autem fossionis aut idem esse debet qui primi anni, aut una minus. Nam utique frequenter solum exercendum est, dum id incremento suo vites inumbrent, nec patiantur herbam subcrescere. Pampinationis eadem debet esse ratio huius anni atque prioris. Adhuc enim compescenda quasi pueritia seminum est, nec plus quam in unum flagellum est submittenda; tanto quidem magis quod tenera eius aetas non sustinet et fetu et materiis onerari.

XV.

Sed cum annicula mensiumque sex ad vindemiam perducta est, sublato fructu protinus frequentanda est, et praesidiarii malleoli propagandi sunt, qui in hunc usum fuerant depositi; vel, si ne hi quidem sunt, ex ordinaria vite in alterumi palum mergus est attrahendus. Nam plurimum interest adhuc mova consitione pedamen omne vestiri, nec mox vineam tum subseri, cum fructus capiendus est. Mergi genus est, ubi supra terram iuxta suum adminiculum vitis curvatur, atque ex alto scrobe submersa perducitur ad vacantem palum: tum ex arcu vehementer citat materiam, quae protinus applicata suo pedamento ad iugum evocatur. Sequente deinde anno insecatur superior pars curvaturae usque ad medullam, ne totas vires matris propagatum flagellum in se trahat, et ut paulatim condiscat suis radicibus ali. Bima deinde praeciditur proxime palmam, quae ex arcu submissa est. Et id quod a matre abscissum recessit, confestim alte circumfoditur, et scrobiculo facto ad imum solum praeciditur adobruiturque, ut et radices deorsum agat, nec ex propinquo neglegenter in summa terra resectum progerminet. Tempus autem non aliud magis idoneum est hunc mergum amputandi, quam ab Idibus Octob. in Idus Novemb. ut hibernis mensibus suas radices confirmet. Nam si vere id fecerimus, quo gemmare palmites incipiunt, matris alimentis subito destitutus languescit.

XVI.

Eadem ratio est in transferendo malleolo. Nam in secundo autumno, si caeli et loci qualitas patitur, commodissime post Idus Octobris exemptus conseritur; sin autem aliqua terrae vel aeris repugnat iniuria, tempestivitas eius in proximum ver differtur. Neque diutius in vineis relinquendus est, ne soli vires absumat et ordinaria semina infestet; quae quanto celerius liberata sunt consortio viviradicum, tanto facilius convalescunt. At in seminario licet trimam atque etiam quadrimam vitem resectam vel anguste putatam custodire, quoniam non consulitur vindemiae. Cum mensem trigesimum excessit posita vinea, id est tertio autumno, vehementioribus statuminibus statim impedanda est, idque non ut libet aut fortuito faciendum. Nam sive prope truncum defigitur palus, pedali tamen spatio recedendum est, ne aut premat radicem aut vulneret, et ut fossor tamen ab omni parte semina circumfodiat; isque palus sic ponendus est, ut frigorum et Aquilonum excipiat violentiam vitemque protegat; sive medio interordinio pangetur, vel defodiendus est, vel prius paxillo perforato solo, altius adigendus, quo facilius et iugum et fructum sustineat. Nam quanto propius truncum ridica statuitur, etiam leviter defixa stabilior est: quoniam contingens vitem mutua vice sustinetur et sustinet. Statuminibus deinde firmiora iuga sunt alliganda, eaque vel saligneis perticis vel compluribus quasi fasciculis arundinum connectuntur, ut rigorem habeant, nec pandentur onere fructuum. Nam binae iam materiae singulis seminibus submittendae erunt: nisi si tamen gracilitas vitis alicuius angustiorem putationem desiderabit, cuius unus palmes atque idem paucorum oculorum erit relinquendus.

XVII.
Perticae iugum firmius faciunt, minusque operosum. Arundines pluribus operis iugantur, quoniam et pluribus locis nectuntur. Eaeque inter se conversis cacuminibus vinciendae sunt, ut aequalis crassitudo totius iugi sit. Nam si cacumina in unum competunt, imbecillitas eius partis gravata pondere iam maturum fructum prosternit et canibus ferisque reddit obnoxium. At cum iugum in fascem pluribus arundinibus alterna cacuminum vice ordinatum est, fere quinquennii praebet usum. Neque enim est alia ratio putationis aut ceterae culturae, quam quae primi biennii. Nam et autumnalis adlaqueatio sedulo facienda, nec minus vacantibus palis propagines applicandae. Hoc enim opus numquam intermittendum est, quin omnibus instauretur annis. Neque enim ea quae seruuntur a nobis immortalia esse possunt. Attamen aeternitati eorum sic consulimus, ut demortuis seminibus alia substituamus; nec ad occidionem universum genus perduci patimur complurium annorum neglegentia. Quin etiam crebrae fossiones dandae, quamvis una possit detrahi culturae prioris anni. Pampinationes quoque saepe adhibendae. Neque enim satis est semel aut iterum tota aestate viti detrahere frondem supervacuam. Praecipue autem decutienda sunt omnia, quae infra trunci caput egerminaverint. Item si oculi singuli sub iugo binos pampinos emiserint, quamvis largos fructus ostendant, detrahendi sunt singuli palmites, quo laetior quae superest materia consurgat et reliquum melius educet fructum. Post quadragesimum et alterum mensem percepta vindemia sic instituenda est putatio, ut submissis pluribus flagellis vitis in stellam dividatur. Sed putatoris officium est pedali fere spatio citra iugum vitem compescere, ut e capite, quicquid teneri est, per brachia emissum provocetur, et per iugum inflexum praecipitetur ad eam mensuram, quae terram non possit contingere. Sed modus pro viribus trunci servandus est, ne plures palmites submittantur quam quibus vitis sufficere queat. fere autem praedicta aetas laeto solo truncoque tres materias, raro quattuor desiderat, quae per totidem partes ab alligatore dividi debent. Nihil enim refert iugum in stellam decussari atque diduci, nisi et palmites adiungentur. Quam tamen formam non omnes agricolae probaverunt: nam multi simplici ordine fuere contenti. Verum stabilior est vinea et oneri sarmentorum et fructui ferendo, quae ex utraque parte iugo devincta pari libramento velut ancoris quibusdam distinetur. Tum etiam per plura brachia materias diffundit, et facilius eas explicat undique subnixa, quam quae in simplici canterio frequentibus palmitibus

stipatur. Potest tamen, si vel parum late disposita vinea vel parum fructuosa caelumque non turbidum nec procellosum habeat, uno iugo contenta esse. Nam ubi magna vis et incursus est pluviarum procellarumque, ubi frequentibus aquis vitis labefactatur, ubi praecipitibus clivis velut pendens plurima praesidia desiderat: ibi quasi quadrato circumfirmanda est agmine. Calidis vero et siccioribus locis in omnem partem iugum porrigendum est, ut prorepentes undique pampini iungantur, et condensati camerae more, terram sitientem obumbrent. Contra pluviis et frigidis et pruinosis regionibus simplices ordines instituendi: nam et sic facilius insolatur humus, et fructus percoquitur, perflatumque salubriorem habet: fossores quoque liberius et aptius iactant bidentes, meliusque perspicitur a custodibus fructus, et commodius legitur a vindemiatore.

XVIII.
Sed quoquo vineta placuerit ordinare, centenae stirpes per singulos hortos semitis distinguantur; vel, ut quibusdam placet, in semiiugera omnis modus dirimatur. Quae distinctio praeter illud commodum, quod plus solis et venti vitibus praebet, tum etiam oculos et vestigia domini, res agro saluberrimas, facilius admittit, certamque aestimationem in exigendis operibus praebet. Neque enim falli possumus per paria intervalla iugeribus divisis. Quin etiam ipsa hortulorum descriptio quanto est minoribus modulis concisa, fatigationem veluti minuit, exstimulatque eos qui opera moliuntur, et ad festinandum invitat. Nam fere vastitas instantis laboris animos debilitat. Non nihil etiam prodest vires et proventum cuiusque partis vinearum nosse, ut aestimemus, quae magis aut minus colenda sint. Vindemiatoribus quoque hae semitae et iugum pedamentaque sarcientibus opportunam laxitatem praebent, per quam vel frctus vel statumina portentur.

XIX.
De positione iugi, quatenus a terra levandum sit, hoc dixisse abunde est: humillimam esse quattuor pedum, delsissimam septem. Quae tamen in novellis seminibus vitanda est. Neque enim haec prima constitutio vinearum esse debet, sed per annorum longam seriem ad hanc altitudinem vitis perducenda est. Ceterum quanto humidius est solum et caelum, placidioresque venti, tanto est altius attollendum iugum. Nam laetitia vitium patitur celsis evocari, fructusque submotus a terra minus putrescit; et hoc uno modo perflatur ventis, qui nebulam et rorem pestiferum celeriter adsiccant, multumque ad deflirescendum et ad bonitatem vini conferunt.

Rursus exilis terra et acclivis torrensque aestu, vel quae vehementibus procellis obnoxia est, humilius iugum poscit. At si cuncta competunt voto, iusta est altitudo vineae pedum quinque; nec tamen dubium, quin vites tanto melioris saporis praebeant mustum, quanto in editiora iuga consurgunt.

XX.

Pedatam vienam iugatamque sequitur alligatoris cura, cui antiquissimum esse debet, ut supra dixi, rectam conservare stirpem, nec flexum ridicae persequi, ne pravitas statuminum ad similitudinem sui vitem configuret. Id non solum ad speciem plurimum refert, sed ad ubertatem et firmitatem perpetuitatemque. Nam rectus truncus similem sui medullam gerit, per quam velut quodam itinere sine flexu atque impedimento facilius terrae matris alimenta meant, et ad summum perveniunt. At quae curvae sunt et distortae, non aequaliter alliduntur inhibentibus nodis, et ipso flexu cursum terreni humoris veluti salebris retardante. Quare cum ad summum palum recta vitis extenta est, capistro constringitur, ne fetu gravata subsidat curveturque. Tum ex eo loco quod proximum iugo ligatum est, brachia disponuntur in diversas partes, palmaeque superpositae deorsum versus curvantur vinculo. Itaque id quod iugo dependet, fructu impletur; rursusque curvatura iuxta vinculum materiam exprimit. uidam eam partem, quam nos praecipitamus, supra iugum porrigunt, et crebris viminibus innexis continent; quos ego minime probandos puto. Nam dependentibus palmitibus neque pluviae neque pruinae grandinesve tantum nocent, quantum religatis et quasi tempestatibus oppositis. Iidem tamen palmites prius quam fructus mitescant, variantibus adhuc et acerbis uvis, religari debent, quo minus roribus queant putrescere, aut ventis ferisve vastentur. Iuxta decumanum atque semitas palmites intrinsecus flectendi sunt, ne praetereuntium incursu laedantur. Et hac quidem ratione tempestiva vitis perducitur ad iugum. Nam quae vel infirma vel brevis est, ad duas gemmas recidenda est, quo vehementiorem fundat materiam, quae protinus emicet in iugum.

XXI.

Quinquennis vineae non alia est putatio, quam ut figuretur, quemadmodum institui dicere supra, neve supervagetur; sed ut caput trunci pedali fere spatio sit inferius iugo, quaternisque brachiis, quae duramenta quidam vocant, dividatur in totidem partes. haec brachia sat erit interim singulis palmitibus in fructum submitti, donec vineae iusti sint roboris. Cum aliquot deinde annis, quasi iuvenilem aetatem ceperint, quot palmites relinqui debeant, incertum est. Nam loci laetitia plures, exilitas pauciores desiderat. Siquidem luxuriosa vitis nisi fructu compescitur, male deflorescit, et in materiam frondemque effunditur; infirma rursus, cum onerata est, affligitur. Itaque pingui terra singulis brachiis licebit bina iniungere flagella, nec tamen numerosius onerare, quam ut na vitis octo serviat palmitibus; nisi si admodum nimia ubertas plures postulabit. Illa enim pergulae magis, quam vineae figuram obtinet, quae supra hunc modum materiis distenditur. Nec debemus committere, ut brachia pleniora trunco sint, verum assidue, cum modo e lateribus eorum flagella licuerit submittere, amputanda erunt superiora duramenta, ne iuguum excedant; sed novellis palmis semper vitis renovetur. Quae si satis excreverint, iugo superponantur; sin aliqua earum vel praefracta, vel parum procera fuerit locumque idoneum obtinebit, unde vitis anno sequenti renovari debeat, in pollicem tondeatur, quem quidam custodem, alii resecem, nonnulli praesidiarium appellant, id est, sarmentum gemmarum duarum vel trium, ex quo cum processere frugiferae materiae, quicquid est supra vetusti brachii amputatur, et ita ex novello palmite vitis pullulascit. Atque haec ratio bene institutarum vinearum in perpetuum custodienda erit.

XXII.

Si vero aliter formatas acceperimus vineas, et multorum annorum neglegentia supervenerint iugum, considerandum erit, cuius longitudinis sint duramina, quae excedunt praedictam mensuram. Nam si duorum pedum aut paulo amplius fuerint, poterit adhuc universa vinea sub iugum mitti, si tamen palus trunco est applicitus. Is enim a vite submovetur, et in medio spatio duorum ordinum ad lineam pangitur; transversa deinde vitis ad statumen perducitur atque ita iugo subicitur. At si duramenta eius longius excesserint, ut in quartum aut etiam in quintum statumen prorepsserint, maiore sumptu restituetur. Mergis namque, qui nobis maxime placent, propagata celerrime provenit. Hoc tamen si vetus et exesa est superficies trunci; at si robusta et integra, minorem operam desiderat. Quippe hiberno tempore ablaqueata fimo satiatur, angusteque deputatur, et intere quartum ac tertium pedem a terra viridissima parte corticis acuto mucrone ferramenti vulneratur. Frequentibus deinde fossuris terra permiscetur, ut incitari vitis possit, et ab ea maxime parte, quae vulnerata est, pampinum fundere. Plerumque autem germen de cicatrice procedit, quod sive pongius prosiluerit, in flagellum submittitur, sive brevius, in pollicem, sive admodum exiguum, in furunculum: is ex quolibet vel minimo capillamento fieri potest. Nam ubi unius aut alterius folii pampinus prorepsit e duro, dummodo ad maturitatem perveniat, sequente vere si non annodatus neque adrasus est, vehementem fundit materiam: quae cum convaluit et quasi brachium fecit, licet tunc supervagatam partem duramenti recidere, et ita reliquam iugo subicere. Multi sequentes compendium temporis, tales vineas supra quartum pedem detruncant, nihil reformidantes eiusmodi resectionem: quoniam fere plurimarum stirpium natura sic se commodat, ut iuxta cicatricem novellis frondibus repullescant. Sed haec quidem ratio minime nobis placet, siquidem vastior plaga nisi habeat superpositam valentem materiam, qua possit inolescere, solis halitu torretur; mox deinde roribus et imbribus putrescit. Attamen cum est utique vinea recidenda, prius ablaqueare, deinde paulum infra terram convenit amputare, ut superiecta humus vim solis arceat, et e radicibus novellos prorumpentes caules transmittat, qui possint vel sua maritare statumina, vel siqua sunt vidua in propinquo, propaginibus vestire. Haec autem ita fieri debebunt, si vineae altius positae nec in summo labantes radices habebunt, et si boni generis erunt. Namque aliter incassum dependitur opera, quoniam degeneres etiam renovatae pristinum servabunt ingenium; at quae summa parte terrae, vix adhaerebunt, et deficient ante quam convalescant. Altera ergo vinea fructuosis potius surculis inserenda erit, altera funditus exstirpanda et reserenda, si modo soli bonitas suadebit. Cuius cum vitio consenuit, nullo modo restituendam censemus. Loci porro vitia sunt, quae fere ad internecionem vineta perducunt, macies et sterilitas terrae, salsa vel amara uligo, praeceps et praerupta positio, nimium opaca et soli aversa vallis, arenosus etiam tofus, vel plus iusto ieiunus sabulo, nec minus terreno carens ac nuda glarea, et siqua est proprietas similis, quae vitem non alit. Ceterum si vacat his et horum similibus incommodis, potest ea ratione fieri restibilis vinea, quam priore libor praecepimus. Illa rursus mali generis vineta, quae quamvis robusta sint, propter sterilitatem fructu carent, ut diximus, emendantur insitione facta, da qua suo loco disseremus, cum ad eam disputationem pervenerimus.

XXIII.
Nunc quoniam parum videmur de putatione vinearum locuti, maxime necessariam partem propositi operis diligentius persequemur. Placet ergo, si mitis ac temperata permittit in ea regione, quam colimus, caeli clementia, facta vindemia secundum Idus Octobris auspicari putationem: cum tamen aequinoctiales pluviae praecesserint, et sarmenta iustam maturitatem ceperint. Nam siccitas seriorem putationem facit. Sin autem caeli status frigidus et pruinosus hiemis violentiam denuntiat, in Idus Febr. han curam differemus. Atque id licebit facere, si erit exiguus possessionis modus: nam ubi ruris vastitas electionem nobis temporis negat, valentissimam quamque partem vineti frigoribus, macerrimam vere vel autumno, quin etiam per

brumam meridiano axi oppositas vites, aquiloni, per ver et autumnum deputari conveniet. Nec dubium quin sit horum virgultorum natura talis, ut quanto maturius detonsa sint, plus materiae, quanto serius, plus fructus efferant.

XXIV.
Quandoque igitur vinitor hoc opus obibit, tria praecipue custodiat. Primum, ut quam maxime fructui consulat. Deinde, ut in annum sequentem quam laetissimas iam hinc eligat materias; tum etiam, ut quam longissimam perennitatem stirpi acquirat. Nam quicquid ex his omittitur, magnum affert domino dispendium. Vitis autem cum sit per quattuor divisa partes, totidem caeli regiones aspicit. Quae declinationes cum contrarias inter se qualitates habeant, variam quoque postulant ordinationem pro conditione suae positionis in partibus vitium. Igitur ea brachia, quae septentrionibus obiecta sunt, paucissimas plagas accipere debent, et magis si putabuntur ingruentibus frigoribus, quibus cicatrices inuruntur. Itaque una tantummodo materia iugo proxima, et unus infra eam custos erit submittendus, qui vitem mox in annum renovet. At e contrario per meridiem plures palmites submittantur, qui laborantem matrem fervoribus aestivis opacent, nec patiantur ante maturitatem fructum inarescere. Orientis atque occidentis haud sane magnaa est in putatione differentia, quoniam solem pari horarum numero sub utroque axe vitis accipit. Modus itaque materiarum is erit, quem dictabit humi atque ipsius stirpis laetitia. Haec in universum: illa per partes custodienda sunt. Nam ut ab ima vite quasi a quibusdam fundamentis incipiam, semper circa crus dolabella dimovenda est. Et si soboles, quam rustici suffraginem vocant, radicibus adhaeret, diligenter explantanda ferroque allevanda est, ut hibernas aquas respuat. Nam praestat ex vulnere sobolem repullescentem vellere, quam nodosam et scabram plagam relinquere. Hoc enim modo celeriter cicatricem ducit, illo cavatur atque putrescit. Percuratis deinde quasi pedibus crura ipsa truncique circumspiciendi sunt, ne aut pampinarius palmes internatus aut verucae similis furunculus relinquatur: nisi si iugo superiecta vitis desiderabit ab inferiore parte revocari. Si vero trunci pars secta solis afflatu peraruit, aut aquis noxiisve animalibus, quae per medullas irrepunt, cavata vitis est, dolabella conveniet expurgare quicquid emortuum est: deinde falce eradi vivo tenus, ut a viridi cortice ducat cicatricem. Neque est difficile mox allevatas plagas terra, quam prius amurca madefeceris, linere. Nam et teredinem formicamque prohibet, solem etiam et pluviam arcet eiusmodi litura, propter quae celerius coalescit, et fructum viridem conservat. Cortex quoque per summa trunci dependens, corpore tenus deliberandus est, quod et melius vitis quasi sordibus liberata convalescit, et

minus vino caedis affert. Iam vero muscus, qui more compedis crura vitium devincta comprimit, situque et veterno macerat, ferro destringendus et eradendus est. Atque haec in ima parte vitis. Nec minus ea, quae in capite servanda sint, deinceps praecipiantur. Plagae, quas in duro vitis accipit, obliquae rotundaeque fieri debent. Nam citius coalescunt, et quamdiu cicatricem non obduxerunt, commodius aquam fundunt; transversae plus humoris et recipiunt et continent. Eam culpam maxime vinitor fugito. Sarmenta lata, vetera, male nata, contorta, deorsum spectantia recidito; novella et fructuaria submittito. Brachia tenera et viridia servato; arida et vetera falce amputato. Ungues custodum annotinos resecato. In quattuor ferme pedes supra terram vitem elatam totidem brachiis componito, quorum singula spectent decussati iugi partes. Tum singulis vel unum flagellum, si macrior vitis erit, vel duo, si pinguior, brachio cuique submittito, eaque iugo superposita praecipitato. Sed meminisse oportebit, ne in eadem linea unoque latere brachii esse duas materias pluresve patiamur. Namque id maxime vitem infestat, ubi non omnis pars brachii pari vice laborat, neque aequa portione succum proli suae dispensat, sed ab uno latere exsugitur. Quo fit ut ea vena, cuius omnis humor absumitur, velut icta fulgure arescat. Vocatur etiam focaneus palmes, qui solet in bifurco medius prorepere, et idcirco cum praedicto vocabulo rustici appellant, quod inter duo brachia, qua se dividit vitis, enatus velut fauces obsidet, atque utriusque duramenti trahens alimenta praeripit. Hunc ergo tamquam aemulum diligenter iidem amputant, et adnodant, priusquam corroboretur.Si tamen ita praevaluit, ut alterutrum brachium afflixerit, id quod imbecillius est, tollitur, et ipse focaneus submittitur. Reciso enim brachio, aequaliter utrique parti vires mater subministrat. Igitur caput vitis pede infra iugum constituito, unde se pandant quattuor, ut dixi, brachia, in quibus quotannis vitis renovetur, amputatis veteribus et submissis novis palmis, quarum delectus scite faciendus est. Nam ubi magna materiarum facultas est, putator custodire debet, ne aut proximas duro, id est a trunco et capite vitis relinquat, aut rursus extremas. Nam illae minimum vindemiae conferunt, quoniam exiguum fructum praebent, similes scilicet pampinariis; hae vitem exhauriunt, quia nimio fetu onerant, et usque in alterum ac tertium palum, quod vitiosum esse diximus, se extendunt. Quare media in brachio commodissime palmae submittentur, quae nec spem vindemiae destituant, nec emacient stirpem suam. Nonnulli fructus avidius eliciunt, extrema et media flagella submittendo, nec minus proximum duro sarmentum in custodem resecando; quod faciendum, nisi permittentibus soli et trunci viribus, minime censeo. Nam ita se induunt uvis, ut nequeant maturitatem capere, si benignitas terrae atque ipsius trunci laetitia non adsit. Subsidiarius idemque custos in pollicem resecari non debet, cum palmae, ex quibus proximi fructus sperantur, idoneo loco sitae sunt. Nam ubi ligaveris eas, et ini terram spectantes deflexeris, infra vinculum materias exprimes. At si longius quam ritus agricolarum permittit a capite vitis emicuerit, et brachiis in aliena iugorum compluvia perrepserit, custodem validum et quam maximum iuxta truncum duorum articulorum vel trium relinquemus, ex quo quasi pollice proximo anno citata materia formentur in brachium: ut sic recisa vitis ac renovata intra iugum contineatur. Sed in submittendo custode haec maxime sunt observanda. Primum ne resupina caelum, sed prona potius plaga terram spectet: sic enim et gelicidiis ipsa se protegit, et ab sole obumbratur. Deinde ne sagittae, sed nec ungulae quidem similis fiat resectio: nam illa celerius et latius emoritur, haec tardius et angustius reformidat. Quodque etiam usurpari vitiosissime animadveerto, maxime vitandum est. Nam dum serviunt decori, quo sit brevior custos et similis pollici, iuxta articulum sarmentum recidunt. Id autem plurimum officit, quoniam secundum plagam posita gemma pruinis et frigore, tum deinde aestu laborat. Optimum est igitur medio fere internodio subsidiarium tondere palmitem, devexamque resectionem facere post gemmam, ne, ut iam antea diximus, superlacrimet et gemmantem caecet oculum. Si resecis facultas non erit, circumspiciendus est furunculus, qui, quamvis angustissime praecisus in modum verrucae, proximo vere materiam exigat, quam vel ini brachium vel in fructuarium remittamus. Si neque is reperiatur, saucianda ferro est atque exulceranda vitis in ea parte, qua pampinum studemus elicere. Iam vero ipsos palmites, quos vindemiae praeparamus, claviculis ac nepotibus liberandos magnopere censeo. Sed in iis recidendis alia condicio est, atque alia in iis, quae procedunt e trunco. Nam quicquid est, quod e duro prominet, vehementius applicata falce adnodatur et eraditur, quo celerius obducat cicatricem. Rursus quicquid e tenero processit, sicut nepos, parcius detondetur, quoniam fere coniunctam gerit ab latere gemmam, cui consulendum est, ne falce destringatur. Pressius enim si adnodes applicato ferro, aut tota tollitur, aut convulneratur. Propter quod palmes, quem mox in germinationem citaverit, imbecillis ac minus fructuosus erit, tum etiam magis obnoxius ventis, scilicet qui infirmus de cicatrice prorepserit. Ipsius autem materiae, quam submittemus, longitudini modum difficile est imponere. Plerique tamen in tantum provocant, ut curvata et praecipitata per iugum nequeat terram contingere. Nos subtilius dispicienda illa censemus: primum vitis habitum; nam si robusta est, ampliores materias sustinet; deinde soli quoque pinguitudinem; quae nisi adest, quamvis validissimam vitem celeriter necabimus procerioribus emaciatam flagellis. Sed longipalmites non mensura, verum gemmarum numero aestimantur. Nam ubi maiora sunt spatia inter articulos, licet eousque materiam producere, dum paene terram contingat; nihilo minus enim paucis frondescet pampinis. At ubi spissa internodia frequentesque oculi sunt, quamvis breve sarmentum multis palmitibus virescit, et numeroso fetu exuberat. Quare modus talis generis necessario maxime est adhibendus, ne procerioribus fructuariis oneretur, et ut consideret vinitor, proximi anni magna necne fuerit vindemia; nam post largos fructus parcendum est vitibus; et ideo anguste potandum; post exiguos imperandum. Super cetera illud etiam censemus, ut duris tenuissimisque et acutissimis ferramentis totum istud opus exsequamur. Obtusa enim et hebes et mollis falx putatorem moratur, eoque minus operis efficit, et plus laboris affert vinitori. Nam sive curvatur acies, quod accidit molli, sive tardius penetrat, quod evenit in retuso et crasso ferramento, maiore nisu est opus. Tum etiam plagae asperae atque inaequales vites lacerant. Neque enim uno, sed saepius repetito ictu res transigitur. Quo plerumque fit, ut quod praecidi debeat, praefringatur, et sic vitis laniata scabrataque putrescat humoribus, nec plagae consanentur. Quare magnopere monendus putator est, ut prolixet aciem ferramenti, et quantum possit novaculae similem reddat. Nec ignoret in quaqua re qua parte falcis utendum sit. Nam plurimos per hanc inscitiam vastare vineta comperi.

XXV.
Est autem sic disposita vinitoriae falcis figura, ut capulo pars proxima, quae rectam gerit aciem, culter ob similitudinem nominetur; quae flectitur, sinus; quae ab flexu procurrit, scalprum; quae deinde adunca est, rostrum appellatur; cui superposita semiformis lunae species securis dicitur. Eiusque velut apex pronus imminens mucro vocatur. Harum partium quaeque suis muneribus fungitur, si modo vinitor gnarus est iis utendi. Nam cum in adversum pressa manu desecare quid debet, cultro utitur; cum retrahere, sinu; cum allevare, scalpro; cum incavare, rostro; cum ictu caedere, securi; cum in angusto aliquid expurgare, mucrone. Maior autem pars operis in vinea ductim potius quam caesim facienda est. Nam ea plaga quae sic efficitur, uno vestigio allevatur. Prius enim putator applicat ferrum, atque ita quae destinavit praecidit. Qui caesim vitem petit, si frustratus est, quod saepe evenit, pluribus ictibus stirpem vilnerat. Tutior igitur et utilior putatio est quae, ut rettuli, ductu falcis, non ictu conficitur.

XXVI.
Hac peracta, sequitur, ut ante iam diximus, adminiculandae iugandaeque vineae cura, cui stabiliendae melior est ridica palo, neque ea quaelibet: nam est praecipua cuneis fissa olea, quercus et suber, ac si qua sunt similia robora; tertium obtinet locum pedamen teres, idque maxime probatur ex iunipero, tum ex lauru et cupressu. Recte etiam faciunt ad eam rem silvestres pinus, atque etiam sambuci probabiles usu staturninis. Haec eorumque similia pedamenta post putationem retractanda sunt, partesque

eorum putres dedolandae acuendaeque; atque alia convertenda, quae proceritatem habent; alia submovenda, quae vel cariosa vel iusto breviora sunt, eorumque in vicem idonea reponenda, iacentia statuenda, declinata corrigenda. Iugo, si non erit opus novo, saturae recentia vincula inserantur: si restituendum videbitur, ante quam vitis palo applicetur, perticis vel arundinibus connectatur, ac tum demum, sicut in novella praecipimus, vitem iuxta caput, infraque brachia colligemus cum ridica; idque facere non oportebit omnibus annis eodem loco, ne vinculum incidat et truncum strangulet. Brachia deinde sub stella quadripartito locabimus, tenerosque palmites super iugum ligabimus nihil repugnantes naturae, sed ut quisquis obsequetur, leviter curvabitur, ne deflexus frangatur, neve iam tumentes gemmae detergeantur. Atque ubi duae materiae per unam partem iugi mittentur, media pertica interveniat, diremptaeque palmae per iugorum compluvia decurrant, et velut mersae cacuminibus in terram despiciant. Id ut scite fiat, meminerit alligator, ne torqueat sarmentum, sed tantum inflexum devinciat, et ut omnis materia, quae nondum potest praecipitari, iugo superponatur, ut potius innixa perticae, quam e vinculo dependeat. Saepe enim notavi per imprudentiam rusticos subicere iugo palmam, et ita colligare, ut solo vimine suspendant. Quae vinea cum accipit pampini et uvarum pondus, infringitur.

XXVII.

Sic deinde ordinata vineta festinabimus emundare, sarmentisque et calamentis liberare. Quae sicco tamen solo legenda sunt, ne lutosa humus inculcata maiorem fossori laborem praebeat, qui protinus adhuc silentibus vineis inducendus est. Nam si palmis incientibus progemmantibusque fossorem immiseris, magnam partem vindemiae decusserit. Igitur ante quam germinent, per divortium veris atque hiemis quam altissime fodiendae vineae sunt, quo laetius atque hilarius pullulent, eaeque ubi se frondibus et uvis vestierint, teneris caulibus nec dum adultis modus adhibendus est. Idemque vinitor, qui ante ferro, nunc manu decutiet, umbrasque compescet, ac supervacuos pampinos deturbabit. Nam id plurimum refert non inscite facere, siquidem vel magis pampinatio, quam putatio vitibus consulit. Nam illa quamvis multum iuvat, sauciat tamen et resecat: haec clementius sine vulnere medetur; et anni sequentis expeditiorem putationem facit. Tum etiam vitem minus cicatricosam reddit. Quoniam id ex quo viride et tenerum decerptum est, celeriter consanescit. Super haec materiae, quae fructum habent, melius convalescunt, et uvae commodius insolatae percoquuntur. Quare prudentis est, ac maxime callentis vinitoris aestimare ac dispicere, quibus locis in annum debeat materias submittere; nec orbos tantum detrahere palmites, verum etiam frugiferos, si supra modum se numerus eorum profunderit, siquidem evenit, ut quidam oculi trigeminis palmis egerminent, quibus binos detrahere oportet, quo commodius singulos alumnos educent. Est enim sapientis rustici reputare num maiore fructu vitis se induerit, quam ut perferre eum possit. Itaque non solum frondem supervacuum debet decerpere, quod semper faciendum est, verum interdum partem aliquam fetus decutere, ut ubere suo gravatam vitem levet. Idque faciet variis de causis pampinator industrius, etiam si non erit maior fructus, quam ut maturescere queat. Si autem continuis superioribus annis dapsili proventu fatigata vitis fuerit, requiescere ac refici par erit, et sic futurae materiae consulendum. Nam cacumina flagellorum confringere luxuriae comprimendae causa, vel dura parte trunci sitos pampinos submovere, nisi ad renovandam vitem unus atque alter servandus est, tum e capite quicquid inter brachia viret explantare, atque eos, qui per ipsa duramenta steriles nequiquam matrem opacant, palmites detergere, cuiuslibet vel pueri est officium.

XXVIII.

Tempus autem pampinationis ante quam florem vitis ostendat, maxime est eligendum; sed et postea licet eandem repetere. Medium igitur eorum dierum spatium, quo acini formantur, vinearum nobis aditum negat. Quippe florentem fructum movere non expedit; pubescentem vero et quasi adolescentem convenit religare, foliisque omnibus nudare, tum et crebris fossionibus implere: nam fit uberior pluverationibus. Nec infitior plerosque ante me rusticarum rerum magistros tribus fossuris contentos fuisse. Ex quibus Graecinus, qui sic refert: potest videri satis esse constitutam vineam vineam ter fodere. Celsus quoque et Atticus consentiunt, tres esse motus in vite seu potius in omni surculo naturales: unum, quo germinet; alterum, quo floreat; tertium, quo maturescat. Hos ergo motus censent fossionibus concitari. Non enim natura quod vult satis efficit, nisi eam labore cum studio iuveris. Atque haec colendarum vinearum cura finitur vindemia.

XXIX.

Redeo nunc ad eam partem disputationis, qua sum professus vitium inserendarum tuendarumque insitionum praecepta. Tempus inserendi Iulius Atticus tradidit ex Calend. Novembr. in Calendas Iunias, quoad posse custodiri surculum sine germine affirmat. Eoque debemus intellegere nullam partem anni excipi, si sit sarmenti silentis facultas. Id porro in aliis stirpium generibus, quae firmioris et succosioris libri sunt, posse fieri sane concesserim. In vitibus nimis temere tot mensium rusticis insitionem permissam dissimulare non est fidei meae; non quod ignorem brumae temporibus aliquando insitam vitem comprehendere. Sed non quid in uno vel altero experimento casu fiat, verum quid certa ratione plerumque proveniat, discentibus praecipere debemus. Etenim si exiguo numero periclitandum sit, in quo maior cura temeritati medetur, possum aliquatenus connivere. Cum vero vastitas operis etiam diligentissimi agricolae curam distendit, omnem scrupulum submovere debemus. Est enim contrarium, quod Atticus praecipit. Nam idem per brumam negat recte putari vineam. Quae res quamvis minus laedat vitem, merito tamen fieri prohibetur, quod frigoribus omnis surculus rigore torpet; nec propter gelicidia corticem movet, ut cicatricem consanet. Atqui idem Atticus non prohibet eodem ipso tempore inserere; quod tamen totius obtruncatione vitis et cum eiusdem resectionis fissura praecipit fieri. Verior itaque ratio est inserendi tepentibus iam diebus post hiemem, cum et gemma se et cortex naturaliter novet, nec frigus ingruit, quod possit aut surculum insitum aut fissurae plagam inurere. Permiserim tamen festinantibus autumno vitem inserere, quia non dissimilis est eius aeris qualitas vernae. Sed quocumque quis tempore destinaverit inserere, non aliam sciat esse curam surculis explorandis, quam quae tradita est priore libro, cum de malleolis eligendis praecepimus. Quos ubi generosos et fecundos et quam maturissimos viti detraxit, diem quoque tepidum silentemque a ventis eligat. Tum consideret surculum teretem solidique corporis, nec fungosae medullae, crebris etiam gemmis et brevibus internodiis; nam plurimum interest non esse longum sarmentum, quod inseratur; et rursus plures oculos, quibus egerminet, inesse. Itaque si sunt longa internodia, necesse est ad unam vel summum duas gemmas recidere surculum, <ne proceriorem faciamus quam> ut tempestates <et> ventos et imbres immobilis pati possit. Inseritur autem vitis vel recisa vel integra perforata terebra. Sed illa frequentior et paene omnibus agricolis cognita insitio; haec rarior et paucis usurpata. De ea igitur prius disseram, quae magis in consuetudine est. Reciditur vitis plerumque supra terram, nonnumquam tamen et infra, quo loco magis solida est atque enodis. Cum supra terram insita est, surculus adobruitur cacumine tenus; at cum editior a terra est, fissura diligenter subacto luto linitur, atque superposito musco ligatur, quod et calores et pluvias arceat. Temperatur ita surculus, ut calamo non absimilis coagmentet fissuram, sub qua nodus in vite desideratur, qui quasi alliget eam fissuram, nec rimam patiatur ultra procedere. Is nodus etiam si quattuor digitis a refectione abfuerit, illigari tamen eum prius quam vitis findatur conveniet, ne, cum scalpro factum fuerit iter surculo, plus iusto plaga hiet. Calamus adradi non amplius tribus digitis debet; [allevari] atque is ab ea parte, qua raditur, ut sit levis. Eaque rasura ita deducitur, ut medullam contingat uno latere, atque altero paulo ultra corticem destringatur, figureturque in speciem cunei, sic ut ab ima parte acutus surculus, latere altero sit tenuior atque altero plenior; perque tenuiorem partem insertus eo latere arctetur quo est plenior, et utrimque contingat fissuram. Nam nisi cortex cortici sic applicetur, ut nullo loco transluceat, nequit coalescere. Vinculi genus ad insitionem non unum est; alii viminibus obstringunt; nonnulli circumdant libro fissuram; plurimi ligant iunco, quod est aptissimum. Nam vimen, cum inaruit, penetrat et insecat corticem. Propter quod molliora vincula magis probamus, quae cum circumvenere truncum, adactis arundineis cuneolis arctantur. Sed antiquissimum est, et ante haec ablaqueari vitem, radicesque summas vel soboles amputari; et post haec adobrui truncum. Isque cum comprehendit, aliam rursus exigit curam. Nam saepius pampinandus est, cum germinat, frequentiusque detrahendae sunt soboles, quae a lateribus radicibusque prorepunt. Tum quod ex insito profundit subligandum, ne vento surculus [motus] labefactetur, aut explantetur tener pampinus. Qui cum excrevit, nepotibus orbandus est, nisi si propter penuriam et calvitium loci submittitur in propagines. Autumnus deinde falcem maturis palmitibus admovet. Sed putationis custoditur ea ratio, ut ubi nulla desideratur propago, unus surculus evocetur in iugum, alter ita recidatur, ut adaequetur plaga trunco, sic tamen, ne quid radatur e duro. Pampinandum non aliter est, quam in novella viviradice; putandum vero sic, ut usque in quartum annum parcius imperetur, dum plaga trunci ducat cicatricem. Atque haec per fissuram insitarum est ordinatio. In illa autem, quae fit per terebrationem, primum ex vicino fructuosissimam oportet considerare vitem, ex qua velut traducem inhaerentem matri palmitem attrahas, et per foramen transmittas. Haec enim tutior et certior est insitio, quoniam, etsi proximo vere non comprehendit, sequente certe, cum increvit, coniungi cogitur, et mox a matre reciditur, atque ipsa superficies insitae vitis usque ad receptum surculum obtruncatur. Huius traducis si non est facultas, tum detractum viti quam recentissimum eligitur sarmentum, et leviter circumrasum, ut cortex tantum detrahatur, aptatur foramini, atque ita luto circumlinitur resecta vitis, ut totus truncus alienigenis surculis serviat. Quod quidem non fit in traduce, qui a materno sustinetur ubere, dum inolescat. Sed aliud est ferramentum, quo priores vitem perforabant, aliud quod ipse usu nunc magis aptum comperi. Nam antiqua terebra, quam solam veteres agricolae noverant, scobem faciebat, perurebatque eam partem, quam perforaverat. Deusta porro raro revirescebat, vel cum priore coalescebat, <in eaque> nec insitus surculus comprehendebat. Tum etiam scobis numquam sic eximebatur, ut non inhaereret foramini. Ea porro interventu suo prohibebat corpus surculi corpori vitis applicari. Nos terebram, quam Gallicam dicimus, ad hanc insitionem commenti longe habiliorem utilioremque comperimus: nam sic excavat truncum, ne foramen inurat, quippe non scobem, sed ramenta facit, quibus exemptis plaga levis relinquitur, quae facilius omni parte sedentem surculum contingat, nulla interveniente lanugine, quam excitabat antiqua terebra. [Igitur secundum vernum aequinoctium perfectam vitium insitionem habeto, locisque aridis et siccis nigram vitem inserito, humidis albam.] Neque est ulla eius propagandi necessitas, si modo tam mediocris est crassitudo trunci, ut incrementum insiti plagam possit contingere; [et] nisi tamen vacuus locus demortui capitis vitem reposcit. Quod cum ita est, alter ex duobus surculis mergitur, alter eductus ad iugum in fructum submittitur. Neque inutile est ex ea vite, quam merseris, enascentes in arcu propaginis pampinos educare, quos possis mox, si ita competet, vel propagare vel ad fructum relinquere.

XXX.

Quoniam constituendis colendisque vineis, quae videbantur utiliter praecipi posse, disseruimus, pedaminum iugorumque et viminum prospiciendorum tradenda ratio est. Haec enim quasi quaedam dotes vineis ante praeparantur. Quibus si deficitur agricola, causam faciendi vineta non habet, cum omnia, quae sunt necessaria, extra fundum quaerenda sint; nec emptionis tantum (sicut ait Atticus) pretium onerat vitis rationem, sed est etiam comparatio molestissima. Convehenda sunt enim tempore iniquissimo hiberno. Quare salices viminales atque arundineta vulgaresque silvae, vel consulto sitae [e] castaneis, prius facienda sunt. Salicum viminalium (ut Atticus putat) singula iugera sufficere possunt quinis et vigenis iugeribus ligandae vineae; arundineti singula iugera vigenis iugandis; castaneti iugerum totidem palandis, quot arundineti iugandis. Salicem vel riguus ager vel uliginosus optime, nec incommode tamen alit planus et pinguis. Atque is debet converti bipalio; ita enim praecipiunt veteres, in duos pedes et semissem pastinare salicto destinatum solum. Nec refert cuius generis vimen seras, dum sit lentissimum. Putant tamen tria esse genera praecipue salicis, Graecae, Gallicae, Sabinae, quam plurimi vocant Amerinam. Graeca flavi coloris est; Gallica obsoleti purpurei et tenuissimi; Amerina salix gracilem virgam et rutilam gerit. Atque hae vel cacuminibus vel taleis deponuntur. Perticae cacuminum modicae plenitudinis, quae tamen dipondiarii orbiculi crassitudinem non excedat, optime panguntur eousque dum ad solidum demittantur. Taleae sesquipedales terreno immersae paululum obruuntur. Riguus locus spatia laxiora desiderat, eaque senum pedum per quincuncem recte faciunt; siccaneus spissiora, sic ut sit facilis accessus colentibus ea. Quinum pedum interordinia esse abunde est, ut tamen in ipsa linea consitionis alterna vacuis intermissis bipedaneis spatiis consistant semina. Satio est eorum priusquam germinent, dum silent virgae, quas arboribus detrahi siccas convenit. Nam roscidas si recideris, parum prospere proveniunt. Ideo pluvii dies in exputanda salice vitantur. Fodienda sunt primo triennio salicta crebrius, ut novella vineta. Cum deinde convaluerint, tribus fossuris contenta sunt; aliter culta celeriter deficiunt.

Nam quamvis adhibeatur cura, plurimae salices interimunt. Quarum in locum ex propinquo mergi propagari debent, curvatis et defossis cacuminibus, quibus restituatur quicquid intercidit. Anniculus deinde mergus decidatur a stirpe, ut suis radicibus tamquam vitis ali possit.

XXXI.

Perarida loca, quae genus id virgultorum nonrecipiunt, genistam postulant. Eius cum sit satis firmum, tum etiam lentissimum est vinculum. Seritur autem semine, quod cum est natum, vel defertur bima viviradix, vel relicta cum id tempus excessit, omnibus annis more segetis iuxta terram demeti potest; cetera vincula, qualia sunt ex rubo, maiorem operam, sed in egeno tamen necessariam exigunt. Perticalis fere salix eundem agrum, quem viminalis, desiderat; melior tamen riguo provenit; atque ea taleis conseritur, et cum germinavit, ad unam perticam submittitur, crebroque foditur, atque exherbatur, nec minus quam vinea pampinatur, ut in longitudinem [ramorum] potius quam in latitudinem evocetur. Sic culta quarto demum anno caeditur. Nam quae vinculis praeparatur, potest annicula praecidi ad semissem supra duos pedes, ut e trunco fruticet, et in brachia velut humilis vinea disponatur; si tamen siccior fuerit ager, bima potius resecabitur.

XXXII.

Arundo minus alte pastinato, melius tamen bipalio seritur. Ea cum sit vivacissima, nec recuset ullum locum, prosperius resoluto, quam denso; humido, quam sicco; vallibus, quam clivis; fluminum ripis et limitibus ac vepretis commodius quam mediis agris deponitur. Seritur bulbus radicis, [seritur] et talea calami, nec minus toto prosternitur corpore. Bulbus tripedaneis intervacantibus spatiis obrutus anno celerius maturam perticam praebet; talea et tota arundo serius praeddicto tempore evenit. Sed sive recisa in dupondium et semissem talea, sive totae arundines prostratae deponantur, exstent earum cacumina oportet; quod si obruta sunt, totae putrescunt. Sed cultus arundineti primo triennio non alius est, quam ceteris. Cum deinde consenuit, repastinandum est. Ea est autem senectus, cum vel exhaurit situ et inertia plurium annorum, vel ita densatum est, ut gracilis et cannae similis arundo prodeat. Sed illud de integro refodi debet; hoc potest intercidi et disrarari, quod opus rustici stipationem vocant; quae tamen resectio arundineti caeca est, quia non apparet in terra quid aut tollendum sit aut relinquendum; tolerabilius tamen arundo castratur ante quam caeditur; quatenus calami velut indices demonstrant, quid eruendum sit. Tempus repastinandi et conserendi est prius quam oculi arundinum egerminent. Caeditur deinde post brumam: nam usque in id tempus incrementum capit. Ac tum compescitur, cum obriguit hiberno frigore. Fodiendum quoties et vineta. Sed [et] macies eius cinere vel alio stercore iuvanda est, propter quod caesum plerique incendunt arundinetum.

XXXIII.

Castanea roboribus proxima est, et ideo stabiliendis vineis habilis. Tum in repastinato nux posita celeriter emicat, et post quinquennium caesa more salicti recreatur, neque in palum formata fere usque in alteram caesionem perennat. Ea pullam terram et resolutam desiderat; sabulonem humidum vel refractum tofum non respuit; opaco et septentrionali clivo laetatur; spissum solum et rubricosum reformidat. Seritur ab Novembri mense per totam hiemem sicca terra et repastinata in altitudinem dupondii et semissis. Nuces in ordinem semipedalibus; ordinem autem quinum pedum spatiis dirimuntur. In altitudinem dodrantis castanea depressis sulcis committitur. Qui ubi nucibus sunt consiti, priusquam complanentur, breves arundines ab latere castanearum panguntur, ut per hos sationis indices tutius fodi et runcari possint. Simul atque semina stilaverint, etiam bima transferri queunt, intervelluntur, ac bini pedes arbusculis vacui relinquuntur, ne densitas plantas emaciet. Spissius autem semen propter varios casus deponitur. Nam interdum prius quam enascatur, aut siccitatibus nux inarescit, aut aquarum abundantia putrescit, interdum subterraneis animalibus sicuti muribus et talpis infestatur. Propter quae saepe novella castaneta calvescunt; atque ubi frequentanda sunt, melius ex vicino, si competit, mergi more pertica declinata propagatur, quam exempta reseritur. Haec enim velut immota sua sede vehementer germinat. At quae radicibus exempta et deposita est, biennio reformidat. Propter quod compertum est commodius nucibus quam viviradicibus eiusmodi silvas institui. Spatia huiusce sationis, quae supra scripta sunt, capita castanearum recipiunt MMDCCCLXXX, cuius summae, sicut ait Atticus, ex facili iugera singula praebebunt statuminum duodena milia. Etenim taleae propius stirpem recisae quadrifidas plerumque, ac deinde secundae taleae eiusdem arboris bifidas ridicas subministrant; quod genus fissilis adminiculi manet diutius quam teres palus. Cultus idem est [fossionis positionisque] qui vineae. Supputari debet bima, quin etiam trima; nam bis ferro repetenda est veris principio, ut incitetur eius proceritas. Potest etiam quercus simili ratione seri; verum biennio tardius quam castanea deciditur. Propter quod ratio postulat tempus potius lucrari, nisi si dumosi glareosique montes, atque ea genera terrae, quae supra diximus, glandem magis quam castaneam postulabunt. Haec de vineis Italicis vinearumque instrumentis, quantum reor, non inutiliter et abunde disserui, mox agricolarum provincialium vineaticos nec minus nostratis et Gallici arbusti cultus traditurus.

LIBER V

I.
Superioribus libris, quos ad te de constituendis colendisque vineis, Silvine, scripseram, nonnulla defuisse dixisti, quae agrestium operum studiosi desiderarent; neque ego infitior aliqua me praeteriisse, quamvis inquirentem sedulo, quae nostri saeculi cultores quaeque veteres litterarum monumentis prodiderunt; sed cum sim professus rusticae rei praecepta, nisi fallor, asseveraveram, quae vastitas eius scientiae contineret, non cuncta me dicturum, sed plurima. Nam illud in unius hominis prudentiam cadere non poterat. [2] Neque enim est ulla disciplina aut ars, quae singulari consummata sit ingenio. Quapropter ut in magna silva boni venatoris est indagantem feras quam plurimas capere, nec cuiquam culpae fuit non omnes cepisse; ita nobis abunde est, tam diffusae materiae, quam suscepimus, maximam partem tradidisse, quippe cum ea velut omissa desiderentur, quae non sunt propria nostrae professionis; ut proxime, cum de commetiendis agris rationem M. Trebellius noster requireret a me, vicinum adeo atque coniunctum esse censebat demonstranti, quemadmodum agrum pastinemus, praecipere etiam pastinatum quemadmodum metiri debeamus. [3] Quod ego non agricolae sed mensoris officium esse dicebam; cum praesertim ne architecti quidem, quibus necesse est mansurarum nosse rationem, dignentur consummatorum aedificiorum, quae ipsi disposuerint, modum comprehendere, sed aliud existiment professioni suae convenire, aliud eorum, qui iam exstructa metiuntur, et imposito calculo perfecti operis rationem computant. Quo magis veniam tribuendam esse nostrae disciplinae censeo, si eatenus progreditur, ut dicat, qua quidque ratione faciendum, non quantum id sit quod effecerit. [4] Verum quoniam familiariter a nobis tu quoque, Silvine, praecepta mensurarum desideras, obsequar voluntati tuae, cum eo, ne dubites id opus geometrarum magis esse quam rusticorum, desque veniam, si quid in eo

fuerit erratum, cuius scientiam mihi non vindico. Sed ut ad rem redeam, modus omnis areae pedali mensura comprehenditur, qui digitorum est XVI. Pes multiplicatus in passus et actus et climata et iugera et stadia centuriasque, mox etiam in maiora spatia procedit. Passus pedes habet V. [5] Actus minimus (ut ait M. Varro) latitudinis pedes quattuor, longitudinis habet pedes CXX. Clima quoquo versus pedum est LX. Actus quadratus undique finitur pedibus CXX. Hoc duplicatum facit iugerum, et ab eo, quod erat iunctum, nomen iugeri usurpavit. Sed hunc actum provinciae Baeticae rustici acnuam vocant; [6] iidemque triginta pedum latitudinem et CLXXX longitudinem porcam dicunt. At Galli candetum appellant in areis urbanis spatium centum pedum, in agrestibus autem pedum CL. [Quod aratores candetum nominant] semiiugerum quoque arepennem vocant. Ergo, ut dixi, duo actus iugerum efficiunt longitudine pedum CCXL, latitudine pedum CXX. Quae utraeque summae in se multiplicatae quadratorum faciunt pedum viginti octo milia et octingentos. Stadium deinde habet passus CXXV, id est pedes DCXXV, quae mensura octies multiplicata efficit mille passus; sic veniunt quinque milia pedum. [7] Centuriam nunc dicimus (ut idem Varro ait) ducentorum iugerum modum. Olim autem ab centum iugeribus vocabatur centuria, sed mox duplicata nomen retinuit; sicuti tribus dictae primum a partibus populi tripartito divisi, quae tamen nunc multiplicatae pristinum nomen possident. [8] Haec non aliena, nec procul a ratiocinio, quod tradituri sumus, breviter praefari oportuit. Nunc veniamus ad propositum. Iugeri partes non omnes posuimus, sed eas, quae cadunt in aestimationem facti operis. Nam minores persequi supervacuum fuit, pro quibus nulla merces dependitur. Igitur, ut diximus, iugerum habet quadratorum pedum viginti octo milia et octingentos; qui pedes efficiunt scripula CCLXXXVIII. [9] Ut autem a minima parte, id est ab dimidio scripulo incipiam, pars quingentesima septuagesima sexta pedes efficit quinquaginta; id est iugeri dimidium scripulum. Pars ducentesima octogesima octava pedes centum; hoc est scripulum. Pars CXLIIII pedes CC, hoc est, scripula duo. Pars septuagesima et secunda pedes CCCC, hoc est sextula, in qua sunt scripula quattuor. Pars quadragesima octava pedes DC, hoc est sicilicus, in quo sunt scripula sex. [10] Pars vigesima quarta pedes mille ducentos, hoc est semiuncia, in qua scripula XII. Pars duodecima duo milia et quadringentos, hoc est uncia, ini qua sunt scripula XXIIII. Pars sexta pedes quattuor milia et octingentos, hoc est sextans, in quo sunt scripula XLVIII. Pars quarta pedes septem milia et ducentos, hoc est quadrans, in quo sunt scripula LXXII. Pars tertia pedes novem milia et sescentos, hoc est triens, in quo sunt scripula XCVI. [11] Pars tertia et una duodecima pedes duodecim milia, hoc est quincunx, in quo sunt scripula CXX. Pars dimidia pedes quattuordecim milia et quadringentos, hoc est semis, in quo sunt scripula CXLIIII. Pars dimidia et una duodecima, pedes sexdecim milia et octingentos, hoc est septunx, in quo sunt scripula CLVIII.

Partes duae tertiae pedes decem novem milia et ducentos, hoc est bes, in quo sunt scripula CXCII. Partes tres quartae pedes unum et viginti milia et sescentos, hoc est dodrans, in quo sunt scripula CCXVI. [12] Pars dimidia et tertia pedes viginti quattuor milia, hoc est dextans, in quo sunt scripula CCXL. Partes duae tertiae et una quarta pedes viginti sex milia et quadringentos, hoc est deunx, in quo sunt scripula CCLXIIII. Iugerum pedes viginti octo milia et octingentos, hoc est as, in quo sunt scripula CCLXXXVIII. [13] Iugeri autem modus si semper quadraret, et in agendis mensuris in longitudinem haberet pedes CCXL, in latitudinem pedes CXX, expeditissimum esset eius ratiocinium. Sed quoniam diversae agrorum formae veniunt in disputationem, cuiusque generis species subiciemus, quibus quasi formulis utemur.

II.

Omnis ager aut quadratus, aut longus, aut cuneatus, aut triquetrus, aut rotundus, aut etiam semicirculi, vel arcus, nonnumquam etiam plurimum angulorum formam exhibet. Quadrati mensura facillima est. Nam cum sit undique pedum totidem, multiplicantur in se duo latera, et quae summa ex multiplicatione effecta est, eam dicemus esse quadratorum pedum. Tamquam est locus quoquo versus C pedum: ducimus centies centenos, fiunt decem milia. [2] Dicemus igitur eum locum habere decem milia pedum quadratorum, quae efficiunt iugeri trientem et sextulam, pro qua portione operis effecti numerationem facere oportebit. [3] At si longior fuerit quam latior, ut exempli causa iugeri forma pedes habeat longitudinis CCXL, latitudinis pedes CXX, ita ut paulo ante dixi; latitudinis pedes cum longitudinis pedibus sic multiplicabis. Centies vicies duceni quadrageni fiunt viginti octo milia et octingenti. Dicemus iugerum agri tot pedes quadratos habere. [4] Similiterque fiet de omnibus agris, quorum longitudo maior sit latitudine. Sin autem cuneatus ager fuerit, ut puta longus pedes centum, latus ex una parte pedes XX, et ex altera pedes X; tunc duas latitudines componemus, fiet utraque summa pedes XXX. Huius pars dimidia est quindecim, quam cum longitudine multiplicando efficiemus pedes mille et quingentos. Hos igitur in eo cuneo quadratos pedes esse dicemus, quae pars erit iugeri semuncia et scripula tria. [5] At si tribus paribus lateribus triquetrum metiri debueris, hanc formam sequeris. Esto ager triangulus pedum quoquo versus trecentorum. Hunc numerum in se multiplicato, fiunt pedum nonaginta milia. Huius summae partem tertiam sumito, id est triginta milia. Item sumito decumam, id est novem milia. Utramque summam componito. Fiunt pedes triginta novem milia. Dicemus hanc summam pedum quadratorum esse in eo triquetro, quae mensura efficit iugerum et trientem et sicilicum. Sed si triangulus disparibus fuerit lateribus ager, tamquam in subiecta forma, quae habet rectum angulum, aliter ratiocinium ordinabitur. [6] Esto unius lateris linea, quae facit angulum rectum, pedum quinquaginta, et alterius pedum centum. Has duas summas in se multiplicato, quinquagies centeni fiunt quinque milia. Horum pars dimidia duo milia quingeni, quae pars iugeri unciam et scripulum efficit. Si rotundus ager erit, ut circuli speciem habeat, sic pedes sumito. Esto area rotunda, cuius diametros habeat pedes LXX. [7] Hoc in se multiplicato, septuagies septuageni fiunt quattuor milia et nongenti. Hanc summam undecies multiplicato, fiunt pedes quinquaginta tria milia nongenti. Huius summae quartam decimam subduco, scilicet pedes tria milia octingenti et quinquaginta. Hos esse quadratos in eo circulo dico, quae summa efficit iugeri sescunciam, scripula duo et dimidium. [8] Si semicirculus fuerit ager, cuius basis habeat pedes CXL, curvaturae autem latitudo pedes LXX, oportebit multiplicare latitudinem cum basi. Septuagies centeni quadrageni fiunt novem milia et octingenti. Haec undecies multiplicata fiunt centum septem milia et octingenti. Huius summae quarta decima est septem milia et septingenti. Hos pedes esse dicemus in semicirculo, qui efficiunt iugeri quadrantem scripula quinque. [9] Si autem minus quam semicirculus erit, arcum sic metiemur. Esto arcus, cuius basis habeat pedes XVI, latitudo autem pedes IIII. Latitudinem cum basi pono. Fit utrumque pedes XX. Hoc duco quater. Fiunt LXXX. Horum pars dimidia est XL. Item sedecim pedum, qui sunt basis, pars dimidia VIII. Hi VIII in se multiplicati, fiunt LXIIII. Quartam decimam partem duco, ea efficit pedes IIII paulo amplius. Hoc adicies ad quadraginta. Fit utraque summa pedes XLIIII. Hos in arcu quadratos esse dico, qui faciunt iugeri dimidiam scripulum, quinta et vicesima parte minus. [10] Si fuerit sex angulorum, in quadratos pedes sic redigitur. Esto hexagonum quoquo versus lineis pedum XXX. Latus unum in se multiplico. Tricies triceni fiunt DCCCC. Huius summae tertiam partem statuo CCC. Eiusdem partem decimam XC. Fiunt CCCXC. Hoc sexies ducendum est, quoniam sex latera sunt, quae consummata efficiunt duo milia trecenteni et quadraginta. Tot igitur pedes quadratos esse dicemus. Itaque erit iugeri uncia dimidio scripulo et decima parte scripuli minus.

III.

[1] His igitur velut primordiis talis ratiocinii perceptis non difficiliter mensuras inibimus agrorum, quorum nunc omnes persequi species et longum et arduum est. Duas etiam nunc formulas praepositis adiciam, quibus frequenter utuntur agricolae in disponendis seminibus. Esto ager longus pedes mille ducentos, latus pedes CXX. In eo vites disponendae sunt ita, ut quini pedes inter ordines relinquantur. Quaero quot seminibus opus

sit, cum quinum pedum spatia inter semina desiderantur. [2] Duco quintam partem longitudinis, fiunt CCXL. Et quintam partem latitudinis, hoc est XXIIII. His utrisque summis semper singulos asses adicio, qui efficiunt extremos ordines, quos vocant angulares. Fit ergo altera summa ducentorum quadraginta unius, altera viginti quinque. Has summas sic multiplicato. Quinquies et vicies duceni quadrageni singuli fiunt sex milia et viginti quinque. [3] Totidem dices opus esse seminibus. Similiter inter senos pedes si voles ponere, duces sextam partem longitudinis mille ducentorum, fiunt CC. Et sextam latitudinis CXX, id est XX. His summis singulos asses adicies quos dixi angulares esse. Fiunt CCI, et XXI. Has summas inter se multiplicabis, vicies et semel ducentos et unum, atque ita efficies quattuor milia ducentos et viginti unum. [4] Totidem seminibus opus esse dices. Similiter si inter septenos pedes ponere voles, septimam partem longitudinis et latitudinis duces, et adicies asses angulares, eodem modo eodemque ordine consummabis numerum seminum. [5] Denique quotcumque pedum spatia facienda censueris, totam partem longitudinis et latitudinis duces, et praedictos asses adicies. Haec cum ita sint, sequitur ut iugerum agri, qui habet pedes CCXL longitudinis, et latitudinis pedes CXX, recipiat inter pedes ternos (hoc enim spatium minimum esse placet vitibus ponendis) per longitudinem semina LXXXI, per latitudinem inter quinos pedes semina duo milia et viginti quinque. [6] Vel si quoquo versus inter quaternos pedes vinea erit disposita, longitudinis ordo habebit semina LXI, latitudinis XXXI, qui numeri efficiunt in iugero vites mille octingentas et nonaginta unam. Vel si in longitudinem per quaternos pedes fuerit disposita, ordo longitudinis habebit semina LXI, latitudinis XXV. [7] Quod si inter quinos pedes consitio fuerit, per longitudinem ordinis habebit semina XLIX, et rursus per latitudinem semina XXV. Qui numeri duo inter se multiplicati efficiunt mille ducentum et viginti quinque. At si per senos pedes eundem vitibus locum placuerit ordinare, nihil dubium est quin longitudini dandae sint XLI vites, latitudini autem viginti una. Quae inter se multiplicatae efficiunt numerum DCCCLXI. [8] Sin autem inter septenos pedes vinea fuerit constituenda, ordo per longitudinem recipiet capita triginta quinque, per latitudinem XVIII. Qui numeri inter se multiplicati efficiunt DCXXX. Totidem dicemus semina praeparanda. At si inter octonos pedes vinea conseretur, ordo per longitudinem recipiet semina XXXI, per latitudinem autem XVI. Qui numeri inter se multiplicati efficiunt CCCCXCVI. [9] At si inter novenos pedes, ordo in longitudinem recipiet semina viginti septem, et in latitudinem quattuordecim. Hi numeri inter se multiplicati faciunt CCCLXXVIII. At si inter denos pedes, ordo longitudinis recipiet semina XXV, latitudinis XIII. Hi numeri inter se multiplicati faciunt CCCXXV. Et ne in infinitum procedat disputatio nostra, eadem portione, ut cuique placuerint laxiora spatia, semina faciemus. Ac de mensuris agrorum numerisque seminum dixisse abunde sit. Nunc ad ordinem redeo.

IV.

Vinearum provincialium plura genera esse comperi. Sed ex iis, quas ipse cognovi, maxime probantur velut arbusculae brevi crure sine adminiculo per se stantes; deinde quae pedaminibus adnixae singulis iugis imponuntur; eas rustici canteriatas appellant. Mox quae defixis arundinibus circummunitae per statumina calamorum materiis ligatis in orbiculos gyrosque flectuntur; eas nonnulli characatas vocant. [2] Ultima est conditio stratarum vitium, quae ab enata stirpe confestim velut proiectae per humum porriguntur. Omnium autem stationis fere eadem est conditio. Nam vel scrobe vel sulco semina deponuntur. Quoniam pastinationis expertus sunt exterarum gentium agricolae; quae tamen ipsa paene supervacua est iis locis, quibus solum putre et per se resolutum est;

   namque hoc imitamur arando,
ut ait Virgilius, id est etiam pastinando. [3] Itaque Campania, cum vicinum ex nobis capere possit exemplum, non utitur hac molitione terrae, quia facilitas eius soli minorem operam desiderat. Sicubi autem densior ager provincialis rustici maiorem poscit impensam, quod nos pastinando efficimus, ille sulco facto consequitur, ut laxius subacto solo deponat semina.

V.

Sed ut singula earum quae proposui vinearum genera persequar, praedictum ordinem repetam. Vitis quae sine adminiculo suis viribus consistit, solutiore terra, scrobe, densiore, sulco ponenda est. [Sed et] scrobes et sulci plurimum prosunt, si in locis temperatis, in quibus aestas non est praefervida, ante annum fiant, quam vineta conserantur. Soli tamen ante bonitas exploranda est. Nam si ieiuno atque exili agro semina deponentur, sub ipsum tempus sationis scrobis aut sulcus faciendus est. [2] Si ante annum fiant, quam vinea conseratur, scrobis in longitudinem altitudinemque defossus tripedaneus abunde est; latitudine tamen bipedanea; vel si quaterna pedum spatia inter ordines relicturi sumus, commodius habetur eandem quoquo versus dare mensuram scrobibus, non amplius tamen quam in tres pedes altitudinis depressis. Ceterum quattuor angulis semina applicabuntur subiecta minuta terra, et ita scrobes adobruentur. [3] Sed de spatiis ordinum eatenus praecipiendum habemus, ut intelligant agricolae, sive aratro vineas culturi sint, laxiora interordinia relinquenda, sive bidentibus, angustiora; sed neque spatiosiora quam decem pedum, neque contractiora quam quattuor. Multi tamen ordines ita disponunt, ut per rectam lineam binos pedes, aut [ut] plurimum ternos inter semina relinquant; transversa rursus laxiora spatia faciant, per quae vel fossor vel arator incedat. [4] Sationis autem cura non alia debet esse, quam quae tradita est a me tertio volumine. Unum tamen huic consitioni Mago Carthaginiensis adicit, semina ita deponantur, ne protinus totus scrobis terra compleatur, sed dimidia fere pars eius sequente biennio paulatim adaequetur. Sic enim putat vitem cogi deorsum agere radices. Hoc ego siccis locis fieri utiliter non negaverim; sed ubi aut uliginosa regio est, aut caeli status imbrifer, minime faciundum censeo. Nam consistens in semiplenis scrobibus nimius humor, antequam convalescant, semina necat. [5] Quare utilius existimo repleri quidem scrobes stirpe deposita, sed cum semina comprehenderint, statim post aequinoctium autumnale debere diligenter atque alte ablaqueari, et recisis radiculis, si quas in summo solo citaverint, post paucos dies adobrui. Sic enim utrumque incommodum vitabitur, ut nec radices in superiorem partem evocentur, neque immodicis pluviis parum valida vexentur semina. [6] Ubi vero iam corroborata fuerint, nihil dubium est, quin caelestibus aquis plurimum iuventur. Itaque locis, quibus clementia hiemis permittit, adapertas vites relinquere et tota hieme ablaqueatas habere eas conveniet. De qualitate autem seminum inter auctores non convenit. Alii malleolo protinus conseri vineam melius existimant, alii viviradice; de qua re quid sentiam, iam superioribus voluminibus professus sum. [7] Et nunc tamen hoc adicio, esse quosdam agros in quibus non aeque bene translata semina quam immota respondeant, sed istud rarissime accidere. Notandum item diligenter, explorandum esse

Quid quaeque ferat regio, quid quaeque recuset.
Depositam ergo stirpem, id est malleolum vel viviradicem, formare sic convenit, ut vitis sine pedamine consistat. Hoc autem protinus effici non potest. [8] Nam nisi adminiculum tenerae [viti] atque infirmae contribueris, prorepens pampinus terrae se applicabit. Itaque posito semini arundo adnectitur, quae velut infantiam eius tueatur atque educet, producatque in tantam staturam, quantam permittit agricola. Ea porro non debet esse sublimis; nam usque in sesquipedem coercenda est. [9] Cum deinde robur accipit, et iam sine adiumento consistere valet, aut capitis aut brachiorum incrementis adolescit. Nam duae species huius quoque culturae sunt. Alii capitatas vineas, alii brachiatas magis probant. Quibus cordi est in brachia vitem componere, convenit a summa parte, qua decisa novella vitis est, quidquid iuxta cicatricem citaverit, conservari, et in quattuor brachia pedalis mensurae dividere, ita ut omnem partem caeli singula aspiciant. [10] Sed haec brachia non statim primo anno tam procera submittuntur, ne oneretur exilitas vitis; sed compluribus putationibus in praedictam mensuram educuntur. Deinde ex brachis quasi quaedam cornua prominentia relinqui oportet, atque ita totam vitem omni parte in orbem diffundi. [11]

Putationibus autem ratio eadem est, quae in iugatis vitibus; uno tamen differt, quod pro materiis longioribus pollices quaternum aut quinum gemmarum relinquuntur; pro custodibus autem bigemmes reseces fiunt. In ea deinde vinea quam capitatam diximus, iuxta ipsam matrem usque ad corpus sarmentum detrahitur, una aut altera tantummodo gemma relicta, quae ipsi trunco adhaeret. [12] Hoc autem riguis aut pinguissimis locis fieri tuto potest,cum vires terrae et fructum et materias valent praebere. Maxime autem aratris excolunt, qui sic formatas vineas habent, et eam rationem sequuntur detrahendi vitibus brachia, quod ipsa capita sine ulla exstantia neque aratro neque bubus obnoxia sunt. Nam in brachiatis plerumque fit, ut aut crure aut cornibus boum ramuli vitium defringantur; saepe etiam stiva, dum sedulus arator vomere perstringere ordinem, et quam proximam partem vitium excolere studet. [13] Atque haec quidem cultura vel brachiatis vel capitatis [vitibus,] antequam gemment, adhibetur. Cum deinde gemmaverint, fossor insequitur, ac bidentibus eas partes subigit, quas bubulcus non potuit pertingere. Mox ubi materias vitis exigit, insequitur pampinator, et supervacuos deterget, fructuososque palmites submittit, qui cum induruerunt, velut in coronam religantur. Hoc duabus ex causis fit: una, ne libero excursu in luxuria properent omniaque alimenta pampini absumant; altera, ut religata vitis rursus aditum bubulco fossorique in excolenda se praebeat. [14] Pampinandi autem modus is erit, ut opacis locis humidisque et frigidis aestate vitis nudetur, foliaque palmitibus detrahantur, ut maturitatem fructus capere possit, et ne situ putrescat; locis autem siccis calidisque et apricis e contrario palmitibus uvae contegantur; et si parum pampinosa vitis est, advectis frondibus et interdum stramentis fructus muniatur. [15] M. Quidem Columella patruus meus, vir illustribus disciplinis eruditus ac diligentissimus agricola Baeticae provinciae, sub ortu caniculae palmeis tegetibus vineas adumbrabat, quoniam plerumque dicti sideris tempore quaedam partes eius regionis sic infestantur Euro, quem incolae Vulturnum appellant, ut nisi teguminibus vites opacentur, velut halitu flammeo fructus uratur. Atque haec capitatae brachiataeque vitis cultura est. Nam illa, quae uni iugo superponitur, aut quae materiis submissis arundinum statuminibus per orbem connectitur, fere eandem curam exigit, quam iugata. [16] Nonnullos tamen in vineis characatis animadverti, et maxime elvenaci generis, prolixos palmites quasi propagines summo solo adobruere, deinde rursus ad arundines erigere, et in fructum submittere, quos nostri agricolae mergos, Galli candosoccos vocant, eosque adobruunt simplici ex causa, quod existiment plus alimenti terram praebere fructuariis flagellis. Itaque post vindemiam velut inutilia sarmenta decidunt, et a stirpe submovent. Nos autem praecipimus easdem virgas, cum a matre fuerint praecisae, sicubi demortuis vitibus ordines vacent, aut si novellam quis vineam instituere velit, pro viviradice ponere. Quoniam quidem partes sarmentorum, quae fuerant obrutae, satis multas habent radices, quae depositae scrobibus confestim comprehendant. [17] Superest reliqua illa cultura prostratae vineae, quae nisi violentissimo caeli statu suscipi non debet. Nam et difficilem laborem colonis exhibet, nec umquam generosi saporis vinum praebet. Atque ubi regionis condicio solam eam culturam recipit, bipedaneis scrobibus malleolus deponitur, qui cum egerminavit, ad unam materiam revocatur; eaque primo anno compescitur in duas gemmas; sequente deinde, cum palmites profudit, unus submittitur, ceteri decutiuntur. At ille qui submissus est, cum fructum edidit, in eam longitudinem deputatur, uti iacens non excedat interordinii spatium. [18] Nec magna est putationis differentia cubantis et stantis rectae vineae, nisi quod iacenti viti breviores materiae submitti debent, reseces quoque angustius in modum furunculorum relinqui. Sed post putationem, quam utique autumno in eiusmodi vinea fieri oportet, vitis tota deflectitur in alterum interordinium; atque ita pars ea quae fuerat occupata, vel foditur vel aratur, et cum exculta est, eandem vitem recipit, ut altera quoque pars excoli possit. [19] De pampinatione talis vineae parum inter auctores convenit. Alii negant esse nudandam vitem, quo melius contra iniuriam ventorum ferarumque fructum abscondant; aliis placet parcius pampinari, ut et vitis non in totum supervacuis frondibus oneretur, et tamen fructum vestire aut protegere possit; quae ratio mihi quoque commodior videtur.

VI.

Sed iam de vineis satis diximus. Nunc de arboribus praecipiendum est. Qui volet frequens et dispositum arbustum paribus spatiis fructuosumque habere, operam dabit, ne emortuis arboribus rarescat, ac primam quamque senio aut tempestate afflictam submoveat, et in vicem novellam subolem substituat. Id autem facile consequi poterit, si ulmorum seminarium paratum habuerit; quod quomodo et qualis generis faciendum sit, non pigebit deinceps praecipere. [2] Ulmorum duo esse genera convenit, Gallicum et vernaculum; illud Atinia, hoc nostras dicitur. Atiniam ulmum Tremellius Scrofa non ferre sameram, quod est semen eius arboris, falso est opinatus. Nam rariorem sine dubio creat, et idcirco plerisque et sterilis videtur, seminibus inter frondem, quam prima germinatione edit, latentibus. Itaque nemo iam serit ex samera, sed ex sobolibus. [3] Est autem ulmus longe laetior et procerior, quam nostras, frondemque iucundiorem bubus praebet; qua cum assidue pecus paveris, et postea generis alterius frondem dare institueris, fastidium bubus affert. [4] Itaque si fieri poterit, totum agrum genere uno Atiniae ulmi conseremus; si minus, dabimus operam ut in ordinibus disponendis pari numero vernaculas et Atinias alternemus. Ita semper mista fronde utemur, et quasi hoc condimento illectae pecudes fortius iusta cibariorum conficient. Sed vitem maxime populus videtur alere, deinde ulmus, post etiam fraxinus. [5] Populus, quia raram neque idoneam frondem pecori praebet, a plerisque repudiata est. Fraxinus, quia capris et ovibus gratissima est, nec inutilis bubus, locis asperis et montosis, quibus munus laetatur ulmus, recte seritur. Ulmus, quod et vitem commodissime patitur et iucundissimum pabulum bubus affert, variisque generibus soli provenit, a plerisque praefertur. Itaque cui arbustum novum instituere cordi est, seminaria ulmorum vel fraxinorum parentur ea ratione, quam deinceps subscripsimus. Nam populi melius cacuminibus in arbusto protinus deponuntur. [6] Igitur pingui solo et modice humido bipalio terram pastinabimus, ac diligenter occatam et resolutam verno tempore in areas componemus. Sameram deinde, quae iam rubicundi coloris erit, et compluribus diebus insolata iacuerit, ut aliquem tamen succum et lentorem habeat, iniciemus areis, et eas totas seminibus spisse contegemus, atque ita cribro putrem terram duos alte digitos incernemus, et modice rigabimus, stramentisque areas cooperiemus, ne prodeuntia cacumina seminum ab avibus praerodantur. [7] Ubi deinde prorepserint plantae, stramenta colligemus, et manibus herbas carpemus; idque leviter et curiose faciendum est, ne adhuc tenerae brevesque radiculae ulmorum convellantur. Atque ipsas quidem areas ita anguste compositas habebimus, ut qui runcaturi sunt, medias partes earum facile manu contingant; nam si latiores fuerint, ipsa semina proculcata noxam capient. [8] Aestate deinde prius quam sol oriatur, aut ad vesperum, seminaria conspergi saepius quam rigari debent; et cum ternum pedum plantae fuerint, in aliud seminarium transferri, ac ne radices altius agant (quae res postmodum in eximendo magnum laborem affert, cum plantas in aliud seminarium transferre volumus) oportebit non maximos scrobiculos sesquipede inter se distantes fodere; deinde radices in nodum, si breves, vel in orbem coronae similem, si longiores erunt, inflecti, et oblitas fimo bubulo scrobiculis deponi, ac diligenter circumcalcari. [9] Possunt etiam collectae cum stirpibus plantae eadem ratione disponi; quod in Atinia ulmo fieri necesse est, quae non seritur e samera. Sed haec ulmus autumni tempore melius quam vere disponitur; paulatimque ramuli eius manu detorquentur, quoniam primo biennio ferri reformidat ictum. Tertio demum anno acuta falce abraditur, atque ubi translationi iam idonea est, ex eo tempore autumni, quo terra imbribus permaduerit, usque in vernum tempus, ante quam radix ulmi in eximendo delibretur, recte seritur. [10] Igitur in resoluta terra ternum pedum quoquo versus faciendi scrobes. At in densa, sulci eiusdem altitudinis et latitudinis, qui arbores recipiant, praeparandi. Sed deinde in solo roscido et nebuloso conserendae sunt ulmi, ut earum rami ad orientem et [in] occidentem dirigantur, quo plus solis mediae arbores, quibus vitis applicata et religata innititur, accipiant. [11] Quod si etiam frumentis consulemus, uberi solo inter quadraginta pedes, exili, ubi nihil seritur, inter viginti, arbores disponantur. Cum deinde adolescere incipient, falce formandae, et tabulata instituenda sunt. Hoc etiam nomine usurpant agricolae ramos truncosque prominentes, eosque vel propius ferro compescunt, vel longius promittunt, ut vites laxius diffundantur; hoc in solo pingui melius, illud in gracili. [12] Tabulata inter se ne minus ternis pedibus absint, atque ita formentur, ne superior ramus in eadem linea sit, qua inferior. Nam demissum ex eo palmitem germinantem inferior atteret, et fructum decutiet. Sed quamcumque arborem severis, eam biennio proximo putare non oportet. Post deinde si ulmus exiguum incrementum recipit, verno tempore, antequam librum demittat, decacuminanda est iuxta ramulum, qui videbitur esse nitidissimus, ita tamen, uti supra eum trunco stirpem dodrantalem relinquas ad quam ductus et applicatus ramus alligetur, et correctus cacumen arbori praebeat. [13] Deinde stirpem post annum praecidi et allevari oportet. Quod si nullum ramulum arbor idoneum habuerit, sat erit novem pedes a terra relinqui, et superiorem partem detruncari, ut novae virgae, quas emiserit, ab iniuria pecoris tutae sint. Sed si fieri poterit, uno ictu arborem praecidi; si minus, serra desecari et plagam falce allevari oportebit, eamque plagam luto paleato contegi, ne sole aut pluviis infestetur. [14] Post annum aut biennium, cum enati ramuli recte convaluerint, supervacuos deputari, idoneos in ordinem submitti conveniet. Quae ulmus a positione bene provenerit, eius summae virgae falce debent enodari. At si robusti ramuli erunt, ita ferro amputentur, ut exiguum stirpem prominentem trunco relinquas. Cum deinde arbor convaluerit, quicquid falce contingi poterit, exputandum est, allevandumque eatenus, ne plaga corpori matris applicetur. [15] Ulmum autem novellam formare sic conveniet. Loco pingui octo pedes a terra sine ramo relinquendi, vel in arvo gracili septem pedes; supra quod spatium deinde per circuitum in tres partes arbor dividenda est, ac tribus lateribus singuli ramuli submittendi primo tabulato assignentur. [16] Mox de ternis pedibus superpositis alii rami submittendi sunt, ita ne iisdem lineis, quibus in inferiore positi sint. Eademque ratione usque in cacumen ordinanda erit arbor, atque in frondatione cavendum, ne aut prolixiores pollices fiant, qui ex amputatis virgis relinquuntur, aut rursus ita alleventur, ut ipse truncus laedatur, aut delibretur; nam parum gaudet ulmus, quae in corpus nudatur. Vitandumque ne de duabus plagis una fiat, cum talem cicatricem non facile cortex comprehendat. [17] Arboris autem perpetua cultura est, non solum diligenter eandem disponere, sed etiam truncum circumfodere, et quicquid frondis enatum fuerit, alternis annis aut ferro amputare aut astringere, ne nimia umbra viti noceat. Cum deinde arbor vetustatem fuerit adepta, propter terram vulnerabitur ita, ut excavetur usque in medullam, deturque exitus humori, quem ex superiore parte conceperit. Vitem quoque, antequam ex toto arbor praevalescat, conserere convenit. [18] At si teneram ulmum maritaveris, onus iam non sufferet; si vetustae vitem applicueris, coniugem necabit. Ita suppares esse aetate et viribus arbores vitesque convenit. Sed arboris maritandae causa scrobis viviradici fieri debet latus pedum duorum, altus levi terra totidem pedum; gravi, dupondio et dodrante; longus pedum sex aut minimum quinque. Absit autem hic ab arbore ne minus sesquipedali spatio. Nam si radicibus ulmi iunxeris, male vitis comprehendet, et cum tenuerit, incremento arboris opprimetur. [19] Hunc scrobem, si res permittit, autumno facito, ut pluviis et gelicidiis maceretur. Circa vernum deinde aequinoctium binae vites, quo celerius ulmum vestiant, pedem inter se distantes scrobibus deponendae; cavendumque ne aut septentrionalibus ventis aut rorulentae sed siccae serantur. [20] Hanc observationem non solum in vitium positione, sed in ulmorum ceterarumque arborum praecipio; et uti cum de seminario eximuntur, rubrica notetur una pars, quae nos admoneat, ne aliter arbores constituamus, quam quemadmodum in seminario steterint. Plurimum enim refert, ut eam partem caeli spectent, cui ab tenero consueverunt. Melius autem locis apricis, ubi caeli status neque praegelidus neque nimium pluvius est, autumni tempore et arbores et vites post aequinoctium deponuntur. [21] Sed eae ita conserendae sunt, ut summam terram, quae aratro subacta sit, semipedem alte substernamus, radicesque omnes explicemus, et depositas stercorata, ut ego existimo, si minus, certe subacta operiamus, et circumcalcemus ipsum seminis codicem. Vites in ultimo scrobe deponi oportet, materiasque earum per scrobem porrigi, deinde ad arborem erigi; atque ab iniuria pecoris caveis emuniri. [22] Locis autem praefervidis semina septentrionali parte arbori applicanda sunt; locis frigidis a meridie, temperato statu caeli, aut ab oriente aut ab occidente, ne toto die solem vel umbram patiantur. Proxima deinde putatione melius existimat Celsus ferro abstineri, ipsosque coles in modum coronae contortos arbori circumdari, ut flexura materias profundat, quarum validissimam sequente anno caput vitis faciamus. [23] Me autem longus docuit usus, multo utilius esse primo quoque tempore falcem vitibus admovere, nec supervacuis sarmentis pati silvescere. Sed eam quoque, quae primo submittetur, materiam ferro coercendam censeo usque in alteram vel tertiam gemmam, quo robustiores palmites agat: qui cum primum tabulatum apprehenderint, proxima putatione disponentur omnibusque annis aliquis in superius tabulatum excitabitur, relicta semper una materia, quae applicata trunco cacumen arboris spectet. [24] Iamque viti constitutae certa lex ab agricolis imponitur; plerique ima tabulata materiis frequentant, uberiorem fructum et magis facilem cultum sequentes. At qui bonitati vini student, in summas arbores vitem promovent; ut quaeque materia sedebit, ita in celsissimum quemque ramum extendunt sic, ut summa vitis summam arborem sequatur, id est, ut duo palmites extremi trunco arboris applicentur, qui cacumen eius spectent, et prout quisque ramus convaluit, vitem accipiat. [25] Plenioribus ramis plures palmites alius ab alio separati imponantur, gracilioribus pauciores; vitisque novella tribus toris ad arborem religetur, uno, qui est in crure arboris a terra quattuor pedibus distans; altero, qui summa parte vitem capit; tertio, qui mediam vitem complectitur. Torum imum imponi non oportet, quoniam vires vitis adimit. Interdum tamen necessarius habetur, cum aut arbor sine ramis truncata est, aut vitis praevalens in luxuriam evagatur. [26] Cetera putationis ratio talis est, ut veteres palmites, quibus proximi anni fructus pependit, omnes recidantur; novi, circumcisis undique capreolis et nepotibus, qui ex his nati sunt, amputatis, submittantur; et si laeta vitis est, ultimi potius palmites per cacumina ramorum praecipitentur; si gracilis, trunco proximi, si mediocris, medii. Quoniam ultimus palmes plurimum fructum affert, proximus minimum vitem exhaurit atque attenuat. [27] Maxime autem prodest vitibus, omnibus annis resolvi. Nam et commodius enodantur, et refrigerantur, cum alio loco alligatae sunt, minusque laeduntur, ac melius convalescunt. Atque ipsos palmites ita tabulatis superponi convenit, ut a tertia gemma vel quarta religati dependeant, eosque non constringi, ne sarmentum vimine praecidatur. [28] Quod si ita longe tabulatum est, uti materia parum commode in id perduci possit, palmitem ipsum viti alligatum supra tertiam gemmam religabimus. Hoc ideo fieri praecipimus, quia quae pars palmitis praecipitata est, ea fructu induitur; at quae vinculo adnexa sursum tendit, ea materias sequenti anno praebet. [29] Sed ipsorum palmitum duo genera sunt: alterum, quod ex duro provenit, quod quia primo anno plerumque frondem sine fructu affert, pampinarium vocant; alterum, quod ex anniculo palmite procreatur; quod quia protinus creat, fructuarium appellant. Cuius ut semper habeamus copiam [in vinea] palmitum partes ad tres gemmas religandae sunt, ut quicquid intra vinculum est, materias exigat. [30] Cum deinde annis et robore vitis convaluit, traduces in proximam quamque arborem mittendae, easque post biennium amputare [simul] atque alias teneriores transmittere convenit. Nam vetustate vitem fatigant. Nonnumquam etiam cum arborem totam vitis comprehendere nequit, ex usu fuit partem aliquam eius deflexam terrae immergere et rursus ad eandem arborem duas vel tres propagines excitare, quo pluribus vitibus circumventa celerius vestiatur. [31] Viti novellae pampinarium immitti non oportet, nisi necessario loco natus est, ut viduum ramum maritet. Veteribus vitibus loco nati palmites pampinarii utiles sunt, et plerique ad tertiam gemmam resecti optime submittuntur. Nam insequenti anno materia fundunt. [32] Quisquis autem pampinus loco natus in exputando vel alligando fractus est, modo ut aliquam gemma habuerit, ex toto tolli non oportet: quoniam proximo anno vel validiorem materiam ex una creabit. [33] Praecipites palmites dicuntur, qui de hornotinis virgis enati in duro alligantur. Hi plurimum fructus afferunt, sed plurimum matri nocent. Itaque nisi extremis ramis, aut si vitis arboris cacumen superaverit, praecipitari palmitem non oportet. [34] Quod si tamen id genus colis propter fructum submittere quis velit, palmitem intorqueat. Deinde ita alliget et praecipitet. Nam et post eum locum quem intorseris, laetam materiam citabit, et praecipitata minus virium in se trahet, quamvis fructu exuberet. [35] Praecipitem vero plus anno pati non oportet. Alterum est genus palmitis, quod de novello nascitur, et in tenero alligatum dependet; materiam vocamus; ea et fructum et nova flagella procreat; et iam si ex uno capite duae virgae submittantur, tamen utraque materia dicitur; nam pampinarius quam vim habeat, supra docui. Focaneus est qui inter duo brachia velut ini furca de medio nascitur. Eum colem deterrimum esse comperi, quod neque fructum ferat, et utraque brachia, inter quae natus est, attenuet. Itaque tollendus est. [36] Plerique vitem validam et luxuriosam falso crediderunt feraciorem fieri, si multis palmitibus submissis oneretur. Nam et pluribus virgis plures pampinos creat, et cum se multa fronde cooperit, peius defloret, nebulasque et rores diutius continet, omnemque uvam perdit. Validam ergo vitem in ramos diducere censeo et traducibus dispergere atque disrarare, certosque vinearios coles praecipitare, et si minus luxuriabitur, solutas materias relinquere; ea ratio vitem feraciorem faciet. [37] Sed ut densum arbustum commendabile fructu et decore est, sic ubi vetustate rarescit, pariter inutile et invenustum est. Quod ne fiat, diligentis patrisfamilias est, primam quamque arborem senio defectam tollere et in eius locum novellam restituere, [vitem queat] nec eam viviradice frequentare, ea etsi sit facultas, sed, quod est longe melius, ex proximo propagare. Cuius utriusque ratio consimilis est ei quam tradidimus. Atque haec de Italico arbusto satis praecepimus.

VII.

Est et alterum genus arbusti Gallici, quod vocatur rumpotinum. Id desiderat arborem humilem nec frondosam. Cui rei maxime videtur esse idonea opulus. Ea est arbor corno similis. Quin etiam cornus et carpinus et ornus nonnumquam, et salix a plerisque in hoc ipsum disponitur. Sed salix nisi in aquosis locis, ubi aliae arbores difficiliter comprehendunt, ponenda non est, quia vini saporem infestat. Potest etiam ulmus sic disponi, ut adhuc tenera decacuminetur, ne altitudinem quindecim pedum excedat. [2] Nam fere ita constitutum rumpotinetum animadverti, ut ad octo pedes locis siccis et clivosis, ad duodecim locis planis et uliginosis tabulata disponantur. Plerumque autem ea arbor in tres ramos dividitur, quibus singulis ab utraque parte complura brachia submittuntur, tum omnes paene virgae, ne umbrent, eo tempore quo vitis putatur, abraduntur. [3] Arboribus rumpotinis, si frumentum non inseritur, in utramque partem viginti pedum spatia interveniunt; at si segetibus indulgetur, in alteram partem quadraginta pedes, in alteram viginti relinquuntur. Cetera simili ratione atque in arbusto Italico administrantur, ut vites longis scrobibus deponantur, ut eadem diligentia curentur, atque in ramos diducantur, ut novi traduces omnibus annis inter se ex arboribus proximis connectantur, et veteres decidantur. [4]

Si tradux traducem non contingit, media virga inter eas deligetur. Cum deinde fructus pondere urgebit, subiectis adminiculis sustineatur. Hoc autem genus arbusti ceterequeque omnes arbores quanto altius arantur et circumfodiuntur, maiore fructu exuberant; quod an expediat patrifamilias facere, reditus docet.

VIII.
Omnis tamen arboris cultus simplicior quam vinearum est, longeque ex omnibus stirpibus minorem impensam desiderat olea, quae prima omnium arborum est. [2] Nam quamvis non continuis annis, sed fere altero quoque fructum afferat, eximia tamen eius ratio est, quod levi cultu sustinetur, et cum se non induit, vix ullam impensam poscit. Sed et si quam recipit, subinde fructus multiplicat; neglecta compluribus annis non ut vinea deficit, eoque ipso tempore aliquid etiam interim patrifamilias praestat, et cum adhibita cultura est, uno anno emendatur. [3] Quare etiam nos in hoc genere arboris diligenter praecipere censuimus. Olearum, sicut vitium, plura genera esse arbitror, sed in meam notitiam decem omnino pervenerunt: Pausia, Algiana, Liciniana, Sergia, Naevia, Culminia, Orchis, Regia, Cercitis, Murtea. [4] Ex quibus bacca iucundissima est Pausiae, speciosissima Regiae, sed utraque potius escae, quam oleo est idonea. Pausiae tamen oleum saporis egregii dum viride est, vetustate corrumpitur. Orchis quoque et Radius melius ad escam quam in liquorem stringitur. Oleum optimum Liciniana dat, plurimum Sergia; omnisque olea maior fere ad escam, minor oleo est aptior. [5] Nulla ex his generibus aut praefervidum aut gelidum statum caeli patitur. Itaque aestuosis locis septentrionali colle, frigidis meridiano gaudet. Sed neque depressa loca neque ardua, magisque modicos clivos amat, quales in Italia Sabinorum vel tota provincia Baetica videmus. Hanc arborem plerique existimant ultra miliarium sexagesimum a mari aut non vivere aut non esse feracem. Sed in quibusdam locis recte valet. [6] Optime vapores sustinet Pausia, frigus Sergia. Aptissimum genus terrae est oleis, cui glarea subest, si superposita creta sabulo admista est. Non minus probabile est solum, ubi pinguis sabulo est. Sed et densior terra, si uvida et laeta est, commode recipit hanc arborem. Creta ex toto repudianda est, magis etiam scaturiginosa et in qua semper uligo consistit. Inimicus est etiam ager sabulo macer et nuda glarea. [7] Nam etsi non emoritur in eiusmodi solo, numquam tamen convalescit. Potest tamen in agro frumentario seri, vel ubi arbutus aut ilex steterant. Nam quercus etiam excisa radices noxias oliveto relinquit, quarum virus enecat oleam. Haec in universum de toto genere huius arboris habui dicere. Hunc per partes culturam eius exsequar.

IX.
Seminarium oliveto praeparetur caelo libero, terreno modice valido, sed succoso, neque denso neque soluto solo, potius tamen resoluto. Id genus fere terrae niger est. Quam cum in tres pedes pastinaveris, et alta fossa circumdederis, ne aditus pecori detur, fermentari sinito. [2] Tum ramos novellos proceros et nitidos, quos comprehensos manus possit circumvenire, hoc est manubrii crassitudine, feracissimis arboribus adimito, et [ex his] quam recentissimas taleas recidito, ita ut ne corticem aut ullam aliam partem, quam qua serra praeciderit, laedas. Hoc autem facile contingit, si prius varam feceris et eam partem, supra quam ramum secaturus es, foeno aut stramentis texeris, ut molliter et sine noxa corticis taleae superpositae secentur. [3] Taleae deinde sesquipedales serra praecidantur, atque earum plagae utraque parte falce leventur et rubrica notentur, ut sic quemadmodum in arbore steterat ramus, ita parte ima terram et cacumine caelum spectans deponatur. Nam si inversa mergatur, difficulter comprehendet, et cum validius convaluerit, sterilis in perpetuum erit. Sed oportebit talearum capita et imas partes misto fimo cum cinere oblinire, et ita totas eas immergere, ut putris terra digitis quattuor alte superveniat. [4] Sed binis indicibus ex utraque parte muniantur: hi sunt de qualibet arbore brevi spatio iuxta eas positi, et [in summa parte] inter se vinculo connexi, ne facile singulo deiciantur. Hoc facile utile est propter fossorum ignorantiam, ut cum bidentibus aut sarculis seminarium colere institueris, depositae taleae non laedantur. [5] Quidam melius existimant radicum oculis silvestrium olearum hortulos excolere, et simili ratione disponere; sed utrumque debet post vernum aequinoctium seri, et quam frequentissime seminarium primo anno sarriri; postero et sequentibus, cum iam radiculae seminum convaluerint, rastris excoli. Sed biennio a putatione abstineri, tertio anno singulis seminibus binos ramulos relinqui, et frequenter sarriri seminarium convenit. [6] Quarto anno ex duobus ramis infirmior amputandus est. Sed excultae quinquennio arbusculae habiles translationi sunt. Plantae autem in oliveto disponuntur optime siccis minimeque uliginosis agris per autumnum, laetis et humidis verno tempore, paulo ante, quam germinent. [7] Atque ipsis scrobes quaternum pedum praeparantur anno ante; vel si tempus non largitur, prius quam deponantur arbores, stramentis atque virgis iniectus incendantur scrobes, ut eos ignis putres faciat, quos sol et pruina facere debuerat. Spatium inter ordines minimum esse debet pingui et frumentario solo sexagenum pedum in alteram partem, atque in alteram quadragenum; macro nec idoneo segetibus quinum et vicenum pedum. Sed in Favonium dirigi ordines convenit, ut aestivo perflatu refrigerentur. [8] Ipsae autem arbusculae hoc modo possunt transferri: antequam explantes arbusculam, rubrica notato partem eius, quae

meridiem spectat, ut eodem modo, quo in seminario erat, disponatur. Deinde ut arbusculae spatium pedale in circuitu relinquatur, atque ita cum suo caespite planta eruatur. Qui caespes in eximendo ne resolvatur, modicos surculos virgarum inter se conexos facere oportet, eosque pala, qua eximitur, applicare, et viminibus ita innectere, ut constricta terra velut inclusa teneatur. [9] Tum subruta parte ima leviter pala commovere, et suppositis virgis alligare, atque plantam transferre. Quae antequam deponatur, oportebit solum scrobis imum fodere bidentibus; deinde terram aratro subactam, si tamen erit summa humus, immittere, et ita ordei semina substernere, et si consistet in scrobibus aqua, ea omnis haurienda est, antequam demittantur arbores. Deinde ingerendi minuti lapides vel glarea mista pingui solo, depositisque seminibus latera scrobis circumcidenda, et aliquid stercoris interponendum. [10] Quod si cum sua terra planta non convenit, tum optimum est omni fronde privare truncum, atque levatis plagis, fimoque et cinere oblitis, in scrobem vel sulcum deponere. Truncus autem aptior translationi est, qui brachii crassitudinem habet. Poterit etiam longe maioris incrementi et robustioris transferri. Quem ita convenit poni, ut si non periculum a pecore habeat, exiguum admodum supra scrobem emineat; laetius enim frondet. Si tamen incursus pecoris aliter vitari non poterit, celsior truncus constituetur, ut sit innoxius ab iniuria pecorum. [11] Atque etiam rigandae sunt plantae, cum siccitates incesserunt, nec nisi post biennium ferro tangendae. Ac primo surculari debent, ita ut simplex stilus altitudinem maximi bovis excedat; deinde arando ne coxam bos, aliamve partem corporis offendat, optimum est etiam constitutas plantas circummunire caveis. Deinde constitutum iam et maturum olivetum in duas partes dividere, quae alternis annis fructu induantur. Neque enim olea continuo biennio uberat. [12] Cum subiectus ager consitus non est, arbor coliculum agit; cum seminibus repletur, fructum affert; ita sic divisum olivetum omnibus annis aequalem reditum adfert. Sed id minime bis anno arari debet; et bidentibus alte circumfodiri. Nam post solstitium cum terra aestibus hiat, curandum est, ne per rimas sol ad radices arborum penetret. Post aequinoctium autumnale ita sunt arbores ablaqueandae, ut a superiore parte, si olea in clivo sit, incilia excitentur, quae limosam aquam ad codicem deducant. [13] Omnis deinde suboles, quae ex imo stirpe nata est, quotannis exstirpanda est, ac tertio quoque fimo pabulandae sunt oleae. Atque eadem ratione stercorabitur olivetum, quam in secundo libro proposui, si tamen segetibus prospicietur. [14] At si ipsis tantummodo arboribus, satis facient singulis stercoris caprini sex librae, stercoris sicci modii singuli, vel amurcae insulsae congius. Stercus autumno debet inici, ut permistum hieme radices oleae calefaciat. Amurca minus valentibus infundenda est. Nam per hiemem, si vermes atque alia suberunt animalia, hoc medicamento necantur. [15] Plerumque etiam locis siccis et humidis arbores musco infestantur. Quem nisi ferramento raseris nec fructum nec laetam frondem olea induet.

Quin etiam compluribus interpositis annis olivetum putandum est; nam veteris proverbii meminisse convenit, eum qui aret olivetum, rogare fructum, qui stercoret, exorare, qui caedat, cogere. Quod tamen satis erit octavo anno fecisse, ne fructuarii rami subinde amputentur. [16] Solent etiam quamvis laetae arbores fructum non afferre. Eas terebrari gallica terebra convenit, atque ita in foramen viridem taleam oleastri arcte immitti. Sic velut inita arbor fecundo semine fertilior exstat. Sed sic haec ablaqueatione adiuvanda est infusa amurca insulsa cum suilla vel nostra urina vetere, cuius utriusque modus servatur. Nam maximae arbori, ut tantumdem aquae misceatur, urna abunde erit. Solent etiam vitio soli fructum oleae negare. [17] Cui rei sic medebimur. Altis gyris ablaqueabimus eas, deinde calcis pro magnitudine arboris plus minusve circumdabimus; sed minima arbor modium postulat. Hoc remedio si nihil fuerit effectum, ad praesidium insitionis confugiendum erit. Quemadmodum autem olea inserenda sit, postmodo dicemus. Nonnumquam etiam in olea unus ramus ceteris aliquanto est laetior. Quem nisi recideris, tota arbor contristabitur. Ac de olivetis hactenus dixisse satis est. Superest ratio pomiferarum arborum, cui rei deinceps praecepta dabimus.

X.

Modum pomarii, priusquam semina seras, circummunire maceriis oportet vel saepe vel fossa praecipiti, ut non solum pecori, sed et homini transitum negare valeat, quoniam si saepius cacumina manu praefracta aut a pecoribus praerosa sunt, in perpetuum semina incrementum capere nequeunt. [2] Generatim autem disponere arbores utile est, maxime ne etiam imbecilla a valentiore prematur, quia nec viribus nec magnitudine par est, imparique spatio temporis adolescit. Terra, quae vitibus apta est, etiam arboribus est utilis. Ante annum, quam seminare voles, scrobem fodito. Ita sole pluviisque macerabitur, et quod positum est, cito comprehendet. [3] At si eodem anno et scrobem facere et arbores serere voles, minimum ante duos menses scrobes fodito, postea stramentis incensis calefacito; quos si latiores patentioresque feceris, laetiores uberioresque fructus percipies. [4] Sed scrobis clibano similis sit, imus summo patentior, ut laxius radices vagentur, ac minus frigoris hieme, minusque aestate vaporis per angustum os penetret, etiam ut clivosis locis terra, quae in eum congesta est, a pluviis non abluatur. [5] Arbores raris intervallis serito, ut cum creverint, spatium habeant, quo ramos extendant. Nam si spisse posueris, nec infra serere quid poteris, nec ipsae fructuosae erunt, nisi intervulseris; itaque inter ordines quadragenos pedes minimumque tricenos relinquere convenit. [6] Semina lege crassa non minus quam manubrium bidentis, recta, levia, procera, sine ulceribus, integro libro. Ea bene et celeriter comprehendent. Si ex arboribus ramos sumes, de iis quae quotannis bonos et uberes fructus afferunt, eligito ab humeris qui sunt contra solem quae ramis aut plantis ponetur. [7] Sed ante quam arbusculas transferas, nota quibus ventis antea fuerant constitutae, postea manus admoveto, ut de clivo et sicco in humidum agrum transferas. Trifurcam maxime ponito. Ea exstet minime tribus pedibus. Si eodem scrobes duas aut tres arbusculas voles constituere, curato ne inter sese contingant, quoniam mutuo contactu aut computrescunt aut vermibus interibunt. [8] Cum semina depones, dextera sinistraque usque in imum scrobem fasciculos sarmentorum brachii crassitudinis demittito, ita ut supra terram paulum exstent, per quos aestate parvo labore aquam radicibus subministrare possis. Arbores ac semina cum radicibus autumno serito, hoc est circa Kalendas et Idus Octobres. [9] Primo vere antequam germinent arbores deponito; ac ne tinea molesta sit seminibus ficulneis, in imum scrobem lentisci taleam inverso cacumine demittito. Ficum frigoribus ne serito. Loca aprica, calculosa, glareosa, interdum et saxeta amat. Eiusmodi arbor cito convalescit si scrobes amplos patentesque feceris. [10] Ficorum genera, etsi sapore atque habitu distant, uno modo, sed pro differentia agri seruntur. Locis frigidis et autumni temporibus aquosis praecoques ponito, ut ante pluviam fructum deligas; locis calidis hibernas serito. At si voles ficum quamvis non natura seram facere, tum grossulos prioremve fructum decutito, ita alterum edet, quem in hiemet differet. Nonnumquam etiam, cum frondere coeperunt arbores, cacumina fici ferro summa prodest amputare; sic firmiores arbores et feraciores fiunt; ac semper conveniet, simul atque folia agere coeperit ficus, rubricam amurca diluere, et cum stercore humano ad radicem infundere. [11] Ea res efficit uberiorem fructum et fartum fici pleniorem ac meliorem. Serendae sunt autem praecipue Livianae, Africanae, Chalcidicae, sulcae, Lydiae, callistruthiae, topiae, Rhodiae, Libycae, hibernae, omnes etiam biferae et triferae flosculi. [12] Nucem Graecam serito circa Kal. Febr. quia prima gemmascit; agrum durum, calidum, siccum desiderat. Nam in locis diversis nucem si deposueris, plerumque putrescit. Antequam nucem deponas, in aqua mulsa nec nimis dulci macerato. Ita iucundioris saporis fructum, cum adoleverit, praebebit, et interim melius atque celerius frondebit. [13] Ternas nuces in trigonum statuito, ut nux a nuce minime palmo absit, et anceps ad Favonium spectet. Omnis autem nux unam radicem mittit, et simplici stilo prorepit. Cum ad scrobis solum radix pervenit, duritia humi coercita recurvatur, et ex se in modum ramorum alias radices emittit. [14] Nucem Graecam et Avellanam Tarentinam facere hoc modo poteris. In quo scrobe destinaveris nuces serere, in eo terram minutam pro modo semipedis ponito, ibique semen ferulae repangito. Cum ferula fuerit enata, eam findito, et in medulla eius sine putamine nucem Graecam aut Avellanam abscondito, et ita adobruito. Hoc ante Kal. Martias facito, vel etiam inter Nonas et Idus Martias. Eodem tempore iuglandem et pineam et castaneam serere oportet. [15] Malum Punicum ab eodem tempore usque in Kal. Apriles recte seritur. Quod si acidum aut minus dulcem fructum feret, hoc modo emendabitur. Stercore suillo et humano urinaque vetere radices rigato. Ea res et fertilem arborem reddet, et primis annis fructum vinosum, [et] post quinquennium dulcem, et apyrenum facit. Nos exiguum admodum laseris vino diluimus, et ita cacumina arboris summa oblevimus. Ea res emendavit acrorem malorum. [16] Mala Punica ne in arbore hient, remedio sunt lapides tres, si, cum seres arborem, ad radicem ipsam collocaveris. At si iam arborem satam habueris, scillam secundum radicem arboris serito. Alio modo, cum iam matura mala fuerint, antequam rumpantur, ramulos, quibus dependent, intorqueto. Eodem modo servabuntur incorrupta etiam toto anno. [17] Pirum autumno ante brumam serito, ita ut minime dies XXV ad brumam supersint. Quae ut sit ferax, cum adoleverit, alte eam ablaqueato, et iuxta ipsam radicem truncum findito, et in fissuram cuneum tedae pineae adigito, et ibi relinquito; deinde adobruta ablaqueatione cinerem supra terram inicito. [18] Curandum est autem ut quam generosissimis piris pomaria conseramus. Ea sunt Crustumina, regia, Signina, Tarentina, quae Syria dicuntur, purpurea, superba, ordeacea, Aniciana, Naeviana, Favoniana, lateritana, Dolabelliana, Turraniana, volema, mulsa, praecocia, venerea et quaedam alia, quorum enumeratio nunc longa est. [19] Praeterea malorum genera exquirenda maxime Scandiana, Matiana, orbiculata, Sextiana, Pelusiana, Amerina, Syrica, melimela, cydonia; quorum genera tria sunt: struthia, chrysomelina, mustea. Quae omnia non solum voluptatem, sed etiam salubritatem afferunt. Sorbi quoque et Armeniaci atque Persici non minima est gratia. Et mala, sorba, pruna, post mediam hiemem usque in Idus Febr. serito. [20] Mororum ab Idibus Febr. usque ad aequinoctium vernum satio est. Siliquam Graecam, quam quidam keration vocant, et Persicum ante brumam per autumnum serito. Amygdala, si parum ferax erit, forata arbore lapidem adigito, et ita librum arboris inolescere sinito. Omnium autem generum ramos circa Kal. Martias in hortis subacta et stercorata terra supra pulvinos arearum disponere convenit. Danda est opera, ut dum teneros ramulos habent, veluti pampinentur, et ad unum stilum primo anno semina redigantur.[22] Et cum autumnus incesserit, antequam frigus cacumina adurat, omnia folia excerpere expedit, et ita crassis arundinibus, quae ab una parte nodos integros habeant, velut pileis induere, atque sic a frigore et gelicidiis teneras adhuc virgas tueri. Post viginti quattuor deinde menses sive transferre et disponere in ordinem voles, sive inserere, satis tuto utrumque facere poteris.

XI.
Omnis surculus omni arbori inseri potest, si non est ei, cui inseritur,

cortice dissimilis. Si vero etiam similem fructum et eodem tempore affert, sine scrupulo egregie inseritur. Tria genera porro insitionum antiqui tradiderunt. Unum, quo resecta et fissa arbor resectos surculos accipit. Alterum, quo resecta inter librum et materiam semina admittit. Quae utraque genera verni temporis sunt. Tertium, quo ipsas gemmas cum exiguo cortice in partem sui delibratam recipit, quam vocant agricolae emplastrationem, vel, ut quidam, inoculationem. Hoc genus insitionis aestivo tempore optime usurpatur. [2] Quarum insitionum rationem cum tradiderimus, a nobis repertam quoque docebimus. Omnes arbores simul atque gemmas agere coeperint, luna crescente inserito; olivam autem circa aequinoctium vernum usque in Idus Apriles. [3] Ex qua arbore inserere voles, et surculos ad insitionem sumpturus est, videto ut sit tenera et ferax nodisque crebris; et cum primum germina tumebunt, de ramulis anniculis, qui solis ortum spectabunt, et integri erunt, eos legito crassitudine digiti minimi. Surculi sint bifurci vel trifurci. Arborem. quam inserere voles, serra diligenter exsecato ea parte, qua maxime nitida et sine cicatrice est; dabisque operam, ne librum laedas. [4] Cum deinde truncum recideris, acuto ferramento plagam levato. Deinde quasi cuneum tenuem ferreum vel osseum inter corticem et materiem ne minus digitos tres, sed considerate, demittito, ne laedas aut rumpas corticem. Postea surculos, quos inserere voles, falce acuta ex ima parte deradito tantum, quantum cuneus demissus spatii dabit, atque ita, ne medullas neve alterius partis corticem laedas. [5] Ubi surculos paratos habueris, cuneum vellito, statimque surculos in ea foramina, quae cuneo adacto inter corticem et materiam feceris, demittito. Ea autem fine, qua adraseris, surculos sic inserito, ut semipede vel amplius de arbore exstent. In una arbore duos, vel si truncus vastior est, plures calamos recte inseres, dum ne minus quattuor digitorum inter eos sit spatium. Pro arboris magnitudine et corticis bonitate haec facito. [6] Cum omnes surculos, quos arbor ea patietur, demiseris, libro ulmi vel iunco aut vimine arborem constringito; postea paleato luto bene subacto oblinito totam plagam, et spatium, quod est inter surculos, usque eo dum minime quattuor digitis insita exstent. Supra deinde muscum imponito, et ita ligato, ne pluvia dilabantur. Quosdam tamen magis delectat in trunco arboris locum seminibus serra facere, insectasque partes tenui scalpello levare, atque ita surculos aptare. [7] Si pusillam arborem inserere voles, imam abscindito, ita ut sesquipede e terra exstet. Cum deinde praecideris, plagam diligenter levato; et medium truncum acuto scalpello permodice findito, ita ut fissura digitorum trium sit in ea. Deinde cuneum, quo diducatur, inserito, et surculos ex utraque parte derasos demittito, sic ut librum seminis libro arboris aequalem facias. [8] Cum surculos diligenter aptaveris, cuneum eximito, et arborem, ut supra dixi, alligato; deinde terram circa arborem adaggerato usque ad ipsum insitum. Ea res a vento et calore maxime tuebitur. Nos tertium genus insitionis invenimus, quod cum sit subtilissimum, non omni generi arborum idoneum est, sed fere recipiunt talem insitionem, quae humidum succosumque et validum librum habent, sicut ficus. [9] Nam et lactis plurimum mittit, et corticem robustum habet. Optime itaque inseritur caprifici ramus. Ex arbore, de qua inserere voles, novellos et nitidos ramos eligito, in iisdemque observato gemmam, quae bene apparebit, certamque spem germinis habebit; eam duobus digitis quadratis circumsignato, ut gemma media sit; et ita acuto scalpello circumcidito delibratoque diligenter, ne gemmam laedas. [10] Postea item alterius arboris, quam emplastraturus es, nitidissimum ramum eligito, et eiusdem spatii corticem circumcidito, et materiam delibrato. Deinde in eam partem, quam nudaveris, praeparatum emplastrum aptato, ita ut alterae delibratae parti conveniat. [11] Ubi ita haec feceris, circa gemmam bene alligato, cavetoque ne laedas ipsum germen. Deinde commissuras et vincula luto oblinito, spatio relicto, ut gemma libera vinculo non urgeatur. Arboris autem insitae sobolem et ramos superiores praecidito, ne quid sit, quo possit succus evocari, aut ne cui magis quam insito serviat. Post XXI diem solvito emplastrum. Et hoc genere optime etiam olea inseritur. [12] Quartum illud genus insitionis iam docuimus, cum de vitibus disputavimus. Itaque supervacuum est hoc loco repetere traditam rationem terebrationis. Sed cum antiqui negaverint posse omne genus surculorum in omnem arborem inseri, et illam quasi finitionem, qua nos paulo ante usi sumus, velut quandam legem sanxerint, eos tantum surculos posse coalescere, qui sint cortice ac libro et fructu consimiles iis arboribus, quibus inseruntur, existimavimus errorem huius opinionis discutiendum, tradendamque posteris rationem, qua possit omne genus surculi omni generi arboris inseri. [13] Quod ne longiore exordio legentem fatigemus, unum quasi exemplum subiciemus, quo possit omne genus surculi omnibus arboribus inseri. Scrobem quoquo versus pedum quattuor ab arbore olivae tam longe fodito, ut extremi rami oleae possint eam contingere. In scrobem deinde fici arbusculam deponito, diligentiamque adhibeto, ut robusta et nitida fiat. [14] Post triennium, cum iam satis amplum incrementum ceperit, ramum olivae, qui videtur nitidissimus, deflecte, et ad crus arboris ficulneae religa; atque ita amputatis ceteris ramulis ea tantum cacumina, quae inserere voles, relinque. Tum arborem fici detrunca, plagamque leva, et mediam cuneo finde. [15] Cacumina deinde olivae, sicuti matri cohaerent, ex utraque parte adrade, et ita fissurae fici insere, cuneumque exime, diligenterque ramulos colliga, ne qua vi revellantur. Sic interposito triennio coalescet ficus cum olea, et tum demum quarto anno, cum bene coierint, velut propagines, ramulos olivae a matre resecabis. Hoc modo omne genus in omnem arborem inseres. At prius quam finem libri faciamus, quoniam fere species surculorum omnium persecuti sumus prioribus libris, de cytiso dicere nunc tempestivum est.

XII.

Cytisum in agro esse quam plurimum maxime refert, quod gallinis, apibus, ovibus, capris, bubus quoque et omni generi pecudum utilissimus est; quod ex eo cito pinguescit, et lactis plurimum praebet ovibus, tum etiam quod octo mensibus viridi eo pabulo uti et postea arido possis. Praeterea in quolibet agro quamvis macerrimo celeriter comprehendit; omnem iniuriam sine noxa patitur. [2] Mulieres quidem si lactis inopia premuntur, cytisum aridum in aqua macerare oportet, et cum tota nocte permaduerit, postero die expressi succi ternas heminas permiscere modico vino atque ita potandum dare; sic et ipsae valebunt et pueri abundantia lactis confirmabuntur. Satio autem cytisi vel autumno circa Idus Octobres, vel vere fieri potest. [3] Cum terram bene subegeris, areolas facito ibique velut ocimi semen cytisi autumno serito. Plantas deinde vere disponito ita ut inter se quoquoversus quattuor pedum spatio distent. Si semen non habueris, cacumina cytisorum vere deponito, et stercoratam terram circumaggerato. [4] Si pluvia non incesserit, rigato quindecim proximis diebus; simul atque novam frondem agere coeperit, sarrito, et post triennium deinde caedito, et pecori praebeto. Equo abunde est viridis pondo XV, bubus pondo vicena, ceterisque pecoribus pro portione virium. Potest etiam circa saepem agri satis commode ramis cytisus seri, quoniam facile comprehendit et iniuriam sustinet. Aridum si dabis, parcius praebeto, quoniam vires maiores habet, priusque aqua macerato, et exemptum paleis permisceto. [5] Cytisum cum aridum facere voles, circa mensem Septembrem, ubi semen eius grandescere incipiet, caedito, paucisque horis, dum flaccescat, in sole habeto; deinde in umbra exsiccato, et ita condito. Hactenus de arboribus praecepisse abunde est, reddituro pecoris curam et remedia sequenti volumine.

LIBER VI

I. PRAEFATIO.

Scio quosdam, Publi Silvine, prudentes agricolas pecoris abnuisse curam, gregariorumque pastorum velut inimicam suae professionis disciplinam constantissime repudiasse. Neque infitior id eos aliqua ratione fecisse, quia sit agricolae contrarium pastoris propositum; cum ille quam maxime subacto et puro solo gaudeat, hic novali graminosoque; ille fructum e terra speret, hic e pecore; ideoque arator abominetur, at contra pastor optet herbarum proventum. [2] Sed in his tam discordantibus votis est tamen quaedam societas atque coniunctio, quoniam et pabulum e fundo plerumque domesticis pecudibus magis quam alienis depascere ex usu est, et copiosa stercoratione, quae contingit e gregibus, terrestres fructus exuberant. [3] Nec tamen ulla regio est, in qua modo frumenta gignantur, quae non ut hominum ita armentorum adiutorio colatur. Unde etiam iumenta et armenta nomen a re traxere, quod nostrum laborem vel onera subvectando vel arando iuvarent. Itaque sicut veteres Romani praeceperunt, ipse quoque censeo tam pecorum quam agrorum cultum pernoscere. [4] Nam in rusticatione vel antiquissima est ratio pascendi eademque quaestuosissima. Propter quod nomina quoque pecuniae et peculii tracta videntur a pecore, quoniam id solum veteres possederunt, et adhuc apud quasdam gentes unum hoc usurpatur divitiarum genus; sed ne apud nostros quidem colonos alia res uberior. Ut etiam M. Cato prodidit, qui consulenti, quam partem rei rusticae exercendo celeriter locupletari posset, respondit si bene pasceret; rursusque interroganti, quid deinde faciendo satis uberes fructus percepturus esset, affirmavit, si mediocriter pasceret. [5] Ceterum de tam sapiente viro piget dicere, quod eum quidam auctores memorant eidem quaerenti quodnam tertium in agricolatione quaestuosum esset, asseverasse si quis vel male pasceret; cum praesertim maium dispendium sequatur inertem et inscium pastorem, quam prudentem diligentemque compendium.

De secundo tamen responso dubium non est quin mediocrem neglegentiam domini fructus pecoris exsuperet. [6] Quam ob causam nos hanc quoque partem rei rusticae, Silvine, quanta voluimus industria, maiorum secuti praecepta posteritati mandavimus. Igitur cum sint duo genera quadrupedum, quorum alterum paramus in consortium operum, sicut bovem, mulam, equum, asinum, alterum voluptatis ac reditus et custodiae causa, ut ovem, capellam, suem, canem; de eo genere primum dicemus, cuius usus nostri laboris est particeps. [7] Nec dubium quin, ut ait Varro, ceteras pecudes bos honore superare debeat, praesertim [autem] in Italia, quae ab hoc nuncupationem traxisse creditur, quod olim Graeci tauros Italous vocarent; et in ea urbe, cuius moenibus condendis mas et femina boves aratro terminum signaverunt, velut pecus; quod item Atticis Athenis Cereris et Triptolemi fertur minister; quod inter fulgentissima sidera particeps caeli; quod deinde laboriosissimus adhuc hominis socius in agricultura; cuius tanta fuit apud antiquos veneratio, ut tam capital esset bovem necuisse, quam civem. Ab hoc igitur promissi operis capiamus exordium.

I.

Quae in emendis bubus sequenda quaeque vitanda sint, non ex facili dixerim, cum pecudes pro regionis caelique statu et habitum corporis et ingenium animi et pili colorem gerant. Aliae formae sunt Asiaticis, aliae Gallicis, Epiroticis aliae. Nec tantum diversitas provinciarum, sed ipsa quoque Italia partibus suis discrepat. Campania plerumque boves progenerat albos et exiles, labori tamen et culturae patrii soli non inhabiles. [2] Umbria vastos et albos; eademque robios, nec minus probabiles animis quam corporibus. Etruria et Latium compactos, sed ad opera fortes. Apenninus durissimos omnemque difficultatem tolerantes, nec ab aspectu decoros. Quae cum tam varia et diversa sint, tamen quaedam quasi communia et certa praecepta in emendis iuvencis arator sequi debet; eaque Mago Carthaginiensis ita prodidit, ut nos deinceps memorabimus. [3] Parandi sunt boves novelli, quadrati, grandibus membris, cornibus proceris ac nigrantibus et robustis, fronte lata et crispa, hirtis auribus, oculis et labris nigris, naribus resimis patulisque, cervice longa et torosa, palearibus amplis et paene ad genua promissis, pectore magno, armis vastis, capaci et tamquam implente utero, lateribus porrectis, lumbis latis, dorso recto planoque vel etiam subsidente, clunibus rotundis, cruribus compactis ac rectis, sed brevioribus potius quam longis, nec genibus improbis, ungulis magnis, caudis longissimis et setosis, piloque corporis denso brevique, coloris robii vel fusci, tactu corporis mollissimo.

II.

Talis notae vitulos oportet, cum adhuc teneri sunt, consuescere manu tractari, ad praesepia religari, ut exiguus in domitura labor eorum et minus sit periculi. Verum nec ante tertium neque post quintum annum iuvencos domari placet, quoniam illa aetas adhuc tenera est, haec iam praedura. Eos autem, qui de grege feri comprehenduntur, sic subigi convenit. [2] Primum omnium spatiosum stabulum praeparetur, ubi domitor facile versari, et unde degredi sine periculo possit. Ante stabulum nullae angustiae sint, sed aut campus aut via late patens, ut, cum producentur iuvenci, liberum habeant excursum, ne pavidi aut arboribus aut obiacenti cuilibet rei se implicent noxamque capiant. [3] In stabulo sint ampla praesepia, supraque transversi asseres in modum iugorum a terra septem pedibus elati configantur, ad quos religari possint iuvenci. Diem deinde, quo domituram auspiceris, liberum a tempestatibus et a religionibus matutinum eligito; cannabinisque funibus cornua iuvencorum ligato. [4] Sed laquei, quibus capulabuntur, lanatis pellibus involuti sint, ne tenerae frontes sub cornua laedantur. Cum deinde buculos comprehenderis, perducito ad stabulum, et ad stipites religato ita ut exiguum laxamenti habeant, distentque inter se aliquanto spatio, ne in colluctatione alter alteri noceat. Si nimis asperi erunt, patere unum diem noctemque desaeviant. Simul atque iras contuderint, mane producantur, ita ut a tergo complures, qui sequuntur, retinaculis eos contineant, et unus cum clava salignea procedens modicis ictibus subinde impetus eorum coerceat. [5] Sin autem placidi et quieti boves erunt, vel eodem die, quo alligaveris, ante vesperum licebit producere, et docere per mille passus composite ac sine pavore ambulare; cum domum perduxeris, arcte ad stipites religato, ita ne capite moveri possint. Tum demum ad alligatos boves neque a posteriore parte neque a latere, sed adversus, placide et cum quadam vocis adulatione venito, ut accedentem consuescant aspicere. Deinde nares perfricato, ut hominem discant odorari. [6] Mox etiam convenit tota tergora et tractare et respergere mero, quo familiariores bubulco fiant; ventri quoque et sub femina manum subicere, ne ad eiusmodi tactum postmodum pavescant, et ut ricini qui plerumque feminibus inhaerent, eximantur. Idque cum fit, a latere domitor stare debet, ne calce contingi possit.

[7] Post haec diductis malis educito linguam, totumque eorum palatum sale defricato, libralesque offas in praesulsae adipis liquamine tinctas in gulam demittito, ac vini singulos sextarios per cornu faucibus infundito; nam per haec blandimenta triduo fere mansuescunt, iugumque quarto die accipiunt, cui ramus illigatus temonis vice traicitur; interdum et pondus aliquod iniungitur, ut maiore nisu laboris exploretur patientia. [8] Post

eiusmodi experimenta vacuo plostro subiungendi et paulatim longius cum oneribus producendi sunt. Sic perdomiti mox ad aratrum instituantur, sed in subacto agro, ne statim difficultatem operis reformident neve adhuc tenera colla dura proscissione terrae contundant. Quemadmodum autem bubulcus in arando bovem instituat, primo praecepi volumine. Curandum ne in domitura bos calce aut cornu quemquam contingat. Nam nisi haec caveantur, numquam eiusmodi vitia quamvis subacto eximi poterunt. [9] Verum ista sic agenda praecipimus, si veteranum pecus non aderit. Nam si aderit, expeditior tutiorque ratio domandi est, quam nos in nostris agris sequimur. Nam ubi plostro aut aratro iuvencum consuescimus, ex domitis bubus valentissimum eundemque placidissimum cum indomito iungimus. Is et procurrentem retrahit et cunctantem producit. [10] Si vero non pigeat iugum fabricare, quo tres iungantur, hac machinatione consequemur, ut etiam contumaces boves gravissima opera non recusent. Nam ubi piger iuvencus medius inter duos veteranos iungitur, aratroque iniuncto terram moliri cogitur, nulla est imperium respuendi facultas. Sive enim efferatus prosilit, duorum arbitrio inhibetur; seu consistit, duobus gradientibus etiam invitus obsequitur; seu conatur decumbere, a valentioribus sublevatus trahitur; propter quae undique necessitate contumaciam deponit, et ad patientiam laboris paucissimis verberibus perducitur. [11] Est etiam post domituram mollioris generis bos, qui decumbit in sulco; eum non saevitia, sed ratione censeo emendandum. Nam qui stimulis aut ignibus aliisque tormentis id vitium eximi melius iudicant, verae rationis ignari sunt, quoniam pervicax contumacia plerumque saevientem fatigat. Propter quod utilius est citra corporis vexationem fame potius et siti cubitorem bovem emendare. Nam eum vehementius afficiunt naturalia desideria quam plagae. [12] Itaque si bos decubuit, utilissimum est pedes eius sic vinculis obligari, ne aut insistere aut progredi aut pasci possit. Quo facto inedia et siti compulsus deponit ignaviam; quae tamen rarissima est in pecore vernaculo; longeque omnis bos indigena melior est quam peregrinus. Nam neque aquae nec pabuli nec caeli mutatione tentatur, neque infestatur condicione regionis, sicut ille, qui ex planis et campestribus locis in montana et aspera perductus est, vel ex montanis in campestria. [13] Itaque etiam, cum cogimur ex longinquo boves arcessere, curandum est, ut in similia patriis locis traducantur. Item custodiendum est, ne in comparatione vel statura vel viribus impar cum valentiore iungatur. Nam utraque res inferiori celeriter affert exitium. [14] Mores huius pecudis probabiles habentur, qui sunt propiores placidis quam concitatis, sed non inertes; qui sunt verentes plagarum et acclamationum, sed fiducia virium nec auditu nec visu pavidi, nec ad ingredienda flumina aut pontes formidolosi; multi cibi [edaces] verum in eo conficiendo lenti. Nam hi melius concoquunt, ideoque robora corporum citra maciem conservant, qui ex commodo, quam qui festinanter mandunt. [15] Sed tam vitium est bubulci pinguem quam exilem bovem reddere; habilis enim et modica corporatura pecoris operarii debet esse, nervisque et musculis robusta, non adipibus obesa, ut nec sui tergoris mole nec labore operis degravetur. Sed quoniam quae sequenda sunt in emendis domandisque bubus tradidimus, tutelam eorum praecipiemus.

III.
Boves calore sub divo, frigoribus intra tectum manere oportet. Itaque hibernae stabulationi eorum praeparanda sunt stramenta, quae mense Augusto intra dies triginta sublatae messis praecisa in acervum exstrui debent. Horum desectio cum pecori tum agro est utilis: liberantur arva sentibus, qui aestivo tempore per Caniculae ortum recisi plerumque radicitus intereunt, et stramenta pecori subiecta plurimum stercoris efficiunt. Haec cum ita curaverimus, tum et omne genus pabuli praeparabimus, dabimusque operam, ne penuria cibi macrescat pecus. [2] Boves autem recte pascendi non una ratio est. Nam si ubertas regionis viride pabulum subministrat, nemo dubitat quin id genus cibi ceteris praeponendum sit; quod tamen nisi riguis aut roscidis locis non contingit. Itaque in iis ipsis vel maximum commodum est, quod sufficit una opera duobus iugis, quae eodem die alterna temporum vice vel arant vel pascuntur.

[3] Siccioribus agris ad praesepia boves alendi sunt, quibus pro condicione regionum cibi praebentur; eosque nemo dubitat, quin optimi sint vicia in fascem ligata et cicercula itemque pratense foenum. Minus commode tuemur armentum paleis, quae ubique et quibusdam regionibus solae praesidio sunt. Eae probantur maxime ex milio, tum ex ordeo, mox etiam ex tritico. Sed iumentis iusta operum reddentibus ordeum praeter has praebetur. [4] Bubus autem pro temporibus anni pabula dispensantur. Ianuario mense [singulis] fresi et aqua macerati ervi quaternos sextarios mistos paleis dare convenit, vel lupini macerati modios, vel cicerculae maceratae semodios, et super haec affatim paleas. Licet etiam, si sit leguminum inopia, et eluta et siccata vinacia, quae de lora eximuntur, cum paleis miscere. [5] Nec dubium [est] quin ea longe melius cum suis folliculis, ante quam eluantur, praeberi possint. Nam et cibi et vini vires habent, nitidumque et hilare et corpulentum pecus faciunt. Si grano abstinemus, frondis aridae corbis pabulatorius modiorum viginti sufficit, vel foeni pondo triginta, vel sine modo viridis laurea et ilignea frondes. Et his, si regionis copia permittat, glans adicitur; quae nisi ad satietatem detur, scabiem parit. Potest etiam si proventus vilitatem facit, semodius fabae fresae praeberi. Mense Februario plerumque eadem sunt cibaria. [6] Martio et Aprili debet ad foeni pondus adici, quia terra proscinditur; sat autem erit

pondo quadragena singulis dari. Ab Idibus Aprilis usque in Idus Iunias viride pabulum recte secatur; potest etiam in Kal. iulias frigidioribus locis idem praestari; a quo tempore in Kal. Novembres tota aestate et deinde autumno satientur fronde; quae tamen ante est utilis, quam cum maturuerit vel imbribus vel assiduis roribus; probaturque maxime ulmea, post fraxinea, et ab hac populnea. Ultimae sunt ilignea et quernea et laurea; sed eae post aestatem necessariae deficientibus ceteris. [7] Possunt etiam folia ficulnea probe dari, si sit eorum copia, aut stringere arbores expediat. Ilignea tamen [vel] melior est quernea, sed eius generis, quod spinas non habet. Nam id quoque, uti iuniperus, respuitur a pecore propter aculeos. Novembri mense ac Decembri per sementem quantum appetit bos, tantum praebendum est; plerumque tamen sufficiunt singulis modii glandis et paleae ad satietatem datae, vel lupini macerati modii, vel ervi aqua conspersi, sextarii VII permisti paleis, vel cicerculae similiter conspersae sextarii XII misti paleis, vel singuli modii vinaceorum, si iis, ut supra dixi, large paleae adiciantur; vel si nihil horum est, per se foeni pondo quadraginta.

IV.
Sed non proderit cibis satiari pecora, nisi omnis adhibeatur diligentia, ut salubri sint corpore, viresque conservent; quae utraque custodiuntur large dato per triduum medicamento, quod componitur pari pondere triti lupini, cupressique et cum aqua nocte una sub divo habetur; idque quater anno fieri debet ultimis temporibus veris, aestatis autumni, hiemis. [2] Saepe etiam languor et nausea discutitur, si integrum gallinaceum crudum ovum ieiuni faucibus inseras, ac postero die spicas ulpici vel alii cum vino conteras, et in naribus infundas; neque haec tantum remedia salubritatem faciunt. Multi et largo sale miscent pabula; quidam marrubium deterunt cum oleo et vino; quidam porri fibras, alii grana thuris, alii sabinam herbam rutamque cum mero diluunt. Eaque medicamenta potanda praebent. [3] Multi caulibus vitis albae et valvulis ervi bubus medentur; nonnulli pellem serpentis obtritam cum vino miscent. Est etiam remedio cum dulci vino tritum serpyllum, et concisa et in aqua macerata scilla. Quae omnes praedictae potiones trium heminarum singulis diebus per triduum datae alvum purgant, depulsisque vitiis recreant vires. [4] Maxime tamen habetur salutaris amurca, si tantundem aquae misceas, et ea pecus insuescas; quae protinus dari non potest, sed primo cibi asperguntur, deinde exigua portione medicatur aqua, mox pari mensura mista datur ad saturitatem.

V.

Nullo autem tempore et minime aestate utile est boves in cursum concitari; nam ea res aut cit alvum, aut movet febrem. Cavendum quoque est, ne ad praesepia sus aut gallina perrepat. Nam hoc quod decidit, immistum pabulo, bubus affert necem; et id praecipue, quod egerit sus aegra, pestilentiam facere valet. Quae cum in gregem incidit, confestim mutandus est caeli status, et in plures partes distributo pecore longinquae regiones petendae sunt, atque ita segregandi a sanis morbidi, ne quis interveniat, qui contagione ceteros labefaciat. [2] Itaque cum ablegabuntur, in ea loca perducendi sunt, quibus nullum impascitur pecus, ne adventu suo etiam illi tabem afferant. Evincendi sunt autem quamvis pestiferi morbi, et exquisitis remediis propulsandi. Tunc panacis et eryngii radices foeniculi seminibus miscendae, et cum fricti ac moliti tritici farina candenti aqua conspergendae, eoque medicamine salivandum aegrotum pecus. [3] Tunc paribus casiae myrrhaeque et thuris ponderibus, ac tantumdem sanguinis marinae testudinis miscetur potio cum vini veteris sextariis tribus, et ita per nares infunditur. Sed ipsum medicamentum ponderis sescunciae divisum, portione aequa per triduum cum vino dedisse sat erit. Praesens etiam remedium cognovimus radiculae, quam pastores consiliginem vocant. Ea in Marsis montibus plurima nascitur, omnique pecori maxime est salutaris. Laeva manu effoditur ante solis ortum. Sic enim lecta maiorem vim creditur habere. [4] Usus eius traditur talis. Aenea fibula pars auriculae latissima circumscribitur, ita ut manante sanguine tamquam O litterae ductus appareat orbiculus. Hoc et intrinsecus et ex superiore parte auriculae cum factum est, media pars descripti orbiculi eadem fibula transuitur, et facto foramini praedicta radicula inseritur; quam cum recens plaga comprehendit, ita continet, ut elabi non possit; in eam deinde auriculam omnis vis morbi pestilensque virus elicitur, donec pars, quae fibula circumscripta est, demortua excidit, et minimae partis iactura caput conservatur. Cornelius Celsus etiam visci folia cum vino trita per nares infundere iubet. Haec facienda, si gregatim pecora laborant; illa deinceps, si singula.

VI.

Cruditatis signa sunt crebri ructus ac ventris sonitus, fastidia cibi, nervorum intentio, hebetes oculi. Propter quae bos neque ruminat neque lingua se deterget. Remedio erunt aquae calidae duo congii, et mox triginta brassicae caules modice cocti et ex aceto dati. Sed uno die abstinendum est alio cibo. [2] Quidam clausum intra tecta continent, ne pasci possit. Tum lentisci oleastrique cacuminum pondo IIII, et libram mellis una trita permiscent aquae congio, quam nocte una sub dio habent, atque ita faucibus infundunt. Deinde interposita hora macerati ervi quattuor libras obiciunt, aliaque potione prohibent. [3] Hoc per triduum fieri debet, dum omnis causa languoris discutiatur. Nam si neglecta cruditas est, et inflatio ventris et intestinorum maior dolor insequitur, qui nec capere cibos sinit, gemitus exprimit, locoque stare non patitur, saepe decumbere, et agitare caput caudamque crebrius agere cogit. Manifestum remedium est proximam clunibus partem caudae vinculo vehementer obstringere, vinique sextarium cum olei hemina faucibus infundere atque ita citatum per mille et quingentos passus agere. [4] Si dolor remanet, ungulas circumsecare, et uncta manu per anum inserta fimum extrahere, rursusque agere currentem. Si nec hoc profuit, tres caprifici aridi conteruntur, et cum dodrante aquae calidae dantur. Ubi nec haec medicina processit, myrti silvestris foliorum duae librae laevigantur, totidemque sextarii calidae aquae misti per vas ligneum faucibus infunduntur. Atque ira sub cauda sanguis emittitur. Qui cum satis profluxit, inhibetur papyri ligamine. Tum concitate agitur pecus eo usque, dum anhelat. [5] Sunt et ante detractionem sanguinis illa remedia: tribus heminis vini tres unciae pinsiti alii permiscentur, et post eam potionem currere cogitur. Vel salis sextans cum cepis decem conteritur, et admisto melle decocto collyria immittuntur alvo, atque ita citatus bos agitur.

VII.

Ventris quoque et intestinorum dolor sedatur visu nantium et maxime anatis. Quam si conspexerit, cui intestinum dolet, celeriter tormento liberatur. Eadem anas maiore profectu mulos et equinum genus conspectu suo sanat. Sed interdum nulla prodest medicina. Sequitur torminum vitium, quorum signum est cruenta et mucosa ventris proluvies. [2] Remedio sunt cupressini quindecim coni, totidemque gallae, et utrorumque ponderis vetustissimus caseus. Quibus in unum tunsis admiscentur austeri vini quattuor sextarii, qui pari mensura per quatriduum dispensati dantur; nec desint lentisci myrtique et oleastri cacumina viridis. Alvus corpus ac vires carpit, operique inutilem reddit. Quae cum accident, prohibendus erit bos potione per triduum, primoque die cibo abstinendus. [3] Sed mox cacumina oleastri et arundinis, item baccae lentisci et myrti dandae; nec potestas aquae nisi quam parcissimae facienda est. Sunt qui tenerorum lauri foliorum libram et abrotonum erraticum pari portione deterant cum aquae calidae duobus sextariis, atque ita faucibus infundant, eademque pabula, ut supra diximus, obiciant. [4] Quidam vinaceorum duas libras torrefaciunt, et ita conterunt cum totidem sextariis vini austeri, potandumque medicamentum praebent, omnique alio humore prohibent, nec minus cacumina praedictarum arborum obiciunt. Quod si neque ventris restiterit citata proluvies, neque intestinorum ac ventris dolor, cibosque respuet, et praegravato capite saepius quam consuevit, lacrymae ab oculis et pituita a naribus profluent, usque ad ossa frons media uratur, auresque ferro scindantur. Sed vulnera facta igne dum sanescunt, defricare bubula urina convenit. Ac ferro rescissa melius pice et oleo curantur.

VIII.
Solent etiam fastidia ciborum afferre vitiosa incrementa linguae, quas ranas veterinarii vocant. Haec ferro reciduntur, et sale cum alio pariter trito vulnera defricantur, donec lacessita pituita decedit. Tum vino proluitur os, et interposito unius horae spatio virides herbae et frondes dantur, dum facta ulcera cicatrices ducant. Si neque ranae fuerint, neque alvus citata, et nihilo minus cibos non appetet, proderit alium pinsitum cum oleo per nares infundere, vel sale, vel cunila defricare fauces, vel eandem partem alio tunso et hallecula linire. Sed haec si solum fastidium est.

IX.
Febricitanti bovi convenit abstineri cibo uno die, postero deinde exiguum sanguinem ieiuno sub cauda emitti, atque interposita hora modicae magnitudinis doctos brassicae coliculos triginta ex oleo et garo salivati more demitti, eamque escam per quinque dies ieiuno dari. Praeterea cacumina lentisci aut oleae, vel tenerrimam quamque frondem, aut pampinos vitis obici; tum etiam spongia labra detergeri, et aquam frigidam ter die praeberi potandam. [2] Quae medicina sub tecto fieri debet, nec ante sanitatem bos emitti. Signa febricitantis manantes lacrimae, gravatum caput, oculi compressi, fluidum salivis os, longior et cum quodam impedimento tractus spiritus, interdum et cum gemitu.

X.
Recens tussis optime salivato farinae ordeaceae discutitur. Interdum magis prosunt gramina concisa, et his admista fresa faba. Lentis quoque valvulis exemptae, et minute molitae, miscentur aquae calidae sextarii duo, factaque sorbitio per cornu infunditur. Veterem tussim sanant duae librae hyssopi macerati sextariis aquae tribus. Nam id medicamentum teritur, et cum lentis minute, ut dixi, molitae sextariis quattuor more salivati datur, ac postea aqua hyssopi per cornu infunditur. [2] Porri enim succus oleo, vel ipsa fibra cum ordeacea farina contrita remedio est. Eiusdem radices diligenter lotae, et cum farre triticeo pinsitae ieiunoque datae vetustissimam tussim discutiunt. Facit idem pari mensura ervum sine valvulis cum torrefacto ordeo molitum, et salivati more in fauces demissum.

XI.

Suppuratio melius ferro rescinditur, quam medicamento. Expressa deinde sanie sinus ipse, qui eam continebat, calida bubula urina eluitur, atque ita linamentis pice liquida et oleo imbutis colligatur. Vel si colligari ea pars non potest, lamina candenti sevum caprinum aut bubulum instillatur. Quidam, cum vitiosam partem inusserunt, urina vetere eluunt, atque ita aequis ponderibus incocta pice liquida cum vetere axungia linunt.

XII.

Sanguis demissus in pedes claudicationem affert. Quod cum accidit, statim ungula inspicitur. Tactus autem fervorem demonstrat; nec bos vitiatam partem vehementius premi patitur. Sed si sanguis adhuc supra ungulas in cruribus est, fricatione assidua discutitur; vel cum ea nihil profuit, scarificatione demitur. At si iam in ungulis est, inter duos ungues cultello leviter aperies. [2] Postea linamenta sale atque aceto imbuta applicantur, ac solea spartea pes induitur, maximeque datur opera, ne bos in aquam pedem mittat, et ut sicce stabuletur. Hic idem sanguis nisi emissus fuerit, famicem creabit, qui si suppuraverit, tarde percurabitur; ac primum ferro circumcisus et expurgatus, deinde pannis aceto et sale et oleo madentibus inculcatis, mox axungia vetere et sevo hircino pari pondere decoctis, ad sanitatem perducitur. [3] Si sanguis in inferiore parte ungulae est, extrema pars ipsius unguis ad vivum resecatur, et ita emittitur, ac linamentis pes involutus spartea munitur. Mediam ungulam ab inferiore parte non expedit aperire, nisi eo loco iam suppuratio facta est. Si dolore nervorum claudicat, oleo et sale genua poplitesque et crura confricanda sunt, donec sanetur. [4] Si genua intumuerint, calido aceto fovenda sunt, et lini semen aut milium detritum conspersumque aqua mulsa imponendum; spongia quoque ferventi aqua imbuta et expressa litaque melle recte genibus applicatur, ac fasciis circumdatur. Quod si tumori subest aliquis humor, fermentum vel farina ordeacea ex passo aut aqua mulsa decocta imponitur; et cum maturuerit suppuratio, rescinditur ferro, eaque emissa, ut supra docuimus, linamentis curatur. [5] Possunt etiam, ut Cornelius Celsus praecipit, lilii radix aut scilla cum sale, vel sanguinalis herba, quam polygonon Graeci appellant, vel marrubium ferro reclusa sanare. Fere autem omnis dolor corporis, si sine vulnere est, recens melius fomentis discutitur; vetus uritur, et supra ustum butyrum vel caprina instillatur adeps.

XIII.

Scabies extenuatur trito alio defricto; eademque remedio curatur rabiosae canis vel lupi morsus, qui tamen et ipse imposito vulneri vetere salsamento aeque bene sanatur. Et ad scabiem praesentior alia medicina est. Cunila bubula et sulphur conteruntur, admistaque amurca cum oleo atque aceto incoquuntur. Deinde tepefactis scissum alumen tritum spargitur. Id medicamentum candente sole illitum maxime prodest.

[2] Ulceribus gallae tritae remedio sunt. Nec minus succus marrubii cum fuligine. Est et infesta pestis bubulo pecori; coriaginem rustici appellant, cum pellis ita tergori adhaeret, ut apprehensa manibus deduci a costis non possit. Ea res non aliter accidit, quam si bos aut ex languore aliquo ad maciem perductus est, aut sudans in opere faciendo refrixit, aut si sub onere pluvia madefactus est. [3] Quae quoniam perniciosa sunt, custodiendum est, ut cum ab onere boves redierint, adhuc aestuantes anhelantesque vino aspergantur, et offae adipis faucibus eorum inserantur. Quod si praedictum vitium inhaeserit, proderit decoquere laurum et ea calda fovere terga, multoque oleo et vino confestim subigere, ac per omnes partes apprehendere et attrahere pellem. Idque optime fit sub dio, sole fervente. Quidam fraces vino et adipi commiscent, eoque medicamento post fomenta praedicta utuntur.

XIV.

Est etiam illa gravis pernicies, cum pulmones exulcerantur. Inde tussis et macies et ad ultimum phthisis invadit. Quae ne mortem afferant, radix consiliginis ita, ut supra docuimus, perforatae auriculae inseritur, tum porri succus instar heminae pari olei mensurae miscetur, et cum vini sextario potandus datur diebus compluribus. [2] Interdum et tumor palati cibos respuit, crebrumque suspirium facit, et hanc speciem praebet, ut bos in latus pendere videatur. Ferro palatum opus est sauciare, ut sanguis profluat, et exemptum valvulis ervum maceratum viridemque frondem, vel aliud molle pabulum, dum sanetur praebere. [3] Si in opere collum contuderit, praestantissimum est remedium sanguis de aure emissus; aut si id factum non erit, herba, quae vocatur avia, cum sale trite et imposita. Si cervix mota et deiecta est, considerabimus quam in partem declinet, et ex diversa auricula sanguinem detrahemus. Ea porro vena, quae in aure videtur esse amplissima, sarmento prius verberatur. Deinde cum ad ictum intumuit, cultello solvitur; et postero die iterum ex eodem loco sanguis emittitur, ac biduo ab opere datur vacatio. Tertio deinde die levis iniungitur labor, et paulatim ad iusta perducitur. [4] Quod si cervix in neutram partem deiecta est, mediaque intumuit, ex utraque auricula sanguis emittitur. Qui cum intra triduum, cum bos vitium cepit, emissus non est, intumescit collum, nervique tenduntur, et inde nata durities iugum non patitur. [5] Tali vitio comperimus aureum esse medicamentum ex pice liquida et bubula medulla et hircino sevo et vetere oleo aequis ponderibus compositum atque incoctum. Hac compositione sic utendum est. Cum disiungitur ab opere, in ea piscina, ex qua bibit, tumor cervicis aqua madefactus subigitur, praedictoque medicamento defricatur et illinitur. [6] Si ex toto propter cervicis tumorem iugum recuset, paucis diebus requies ab opere danda est. Tum cervix aqua frigida defricanda et spuma argenti illinenda est. Celsus quidem tumenti cervici herbam, quae vocatur avia, ut supra dixi, contundi et imponi iubet. Clavorum, qui fere cervicem infestant, minor molestia est; nam facile oleo per ardentem lucernam instillato curantur. [7] Potior tamen ratio est custodiendi, ne nascantur, neve colla calvescant, quae non aliter glabra fiunt, nisi cum sudore aut pluvia cervix in opere madefacta est. Itaque cum id accidit, lateritio trito prius quam disiungantur colla conspergi oportet; deinde cum id siccum erit, subinde oleo imbui.

XV.

Si talum aut ungulam vomer laeserit, picem duram et axungiam cum sulphura et lana succida involutam candente ferro supra vulnus inurito. Quod idem remedium optime facit exempta stirpe, si forte surculum calcaverit, aut acuta testa vel lapide ungulam pertuderit; quae tamen si altius vulnerata est, latius ferro circumciditur, et ita inuritur, ut supra praecepi; deinde spartea calceata per triduum suffuso aceto curatur. [2] Item si vomer crus sauciarit, marina lactuca, quam Graeci tithymalon vocant, admisto sale imponitur. Subtriti pedes eluuntur calefacta bubula urina; deinde fasce sarmentorum incenso, cum iam ignis in favillam recidit, ferventibus cineribus cogitur insistere, ac pice liquida cum oleo vel axungia cornua eius linuntur. Minus tamen claudicabunt armenta, si opere disiunctis multa frigida laventur pedes; et deinde suffragines, coronae, ac discrimen ipsum, quo divisa est bovis ungula, vetere axungia defricentur.

XVI.

Saepe etiam vel gravitate longi laboris, vel [cum] in proscindendo, aut duriori solo, aut obviae radici obluctatus, convellit armos. Quod cum accidit, et prioribus cruribus sanguis mittendus est; si dextrum armum laesit, in sinistro; si laevum, in dextro; si vehementius utrumque vitiavit, item in posterioribus cruribus venae solventur. [2] Praefractis cornibus linteola sale atque aceto et oleo imbuta superponuntur, ligatisque per triduum eadem infunduntur. Quarto demum axungia pari pondere cum pice liquida, et cortice pineo, levigata imponitur. Et ad ultimum cum iam cicatricem ducunt, fuligo infricatur. Solent etiam neglecta ulcera scatere vermibus; qui si mane perfunduntur aqua frigida, rigore contracti decidunt, vel si hac ratione non possunt eximi, marrubium aut porrum conteritur, et admisto sale imponitur. Id celeriter necat praedicta animalia. [3] Sed expurgatis ulceribus confestim adhibenda sunt linamenta cum pice et oleo vetereque axungia, et extra vulnera eodem medicamento circumlinienda, ne infestentur a muscis, quae, ubi ulceribus insederunt, vermes creant.

XVII.

Est etiam mortiferus serpentis ictus, est et minorum animalium noxium virus. Nam et vipera et caecilia saepe cum in pascuo bos improvide supercubuit, lacessita onere morsum imprimit. Musque araneus, quem Graeci mygalen appellant, quamvis exiguis dentibus non exiguam pestem molitur. Venena viperae depellit super scarificationem ferro factam herba, quam vocant personatam, trita et cum sale imposita.

[2] Plus etiam eiusdem radix contusa prodest, vel si montanum trifolium invenitur, quod confragosis locis efficacissimum nascitur, odoris gravis, neque absimilis bitumini, et idcirco Graeci eam asphalton appellant; nostri autem propter figuram vocant acutum trifolium; nam longis et hirsutis foliis viret, caulemque robustiorem facit, quam pratense. [3] Huius herbae succus vino mistus infunditur faucibus, atque ipsa folia cum sale trita malagmatis more, scarificationi intenditur; vel si hanc herbam viridem tempus anni negat, semina eius collecta et levigata cum vino dantur potanda, radicesque cum suo caulae tritae, atque hordeaceae farinae et sali commistae ex aqua mulsa scarificationi superponuntur. [4] Est etiam praesens remedium, si conteras fraxini tenera cacumina quinque librarum, cum totidem vini et duobus sextariis olei, expressumque succum faucibus infundas; itemque cacumina eiusdem arboris cum sale trita laesae parti superponas. Caeciliae morsus tumorem, suppurationem molitur. Idem facit etiam muris aranei. Sed illius sanatur noxa subula aenea, si locum laesum compungas, cretaque cimolia ex aceto linas. [5] Mus perniciem, quam intulit, suo corpore luit; nam animal ipsum oleo mersum necatur, et cum imputruit, conteritur, eaque medicamine morsus muris aranei linitur. Vel si id non adest, tumorque ostendit iniuriam dentium, cuminum conteritur, eique adicitur exiguum picis liquidae et axungiae, ut lentorem malagmatis habeat. [6] Id impositum pernicem commovet. Vel si antequam tumor discutiatur, in suppurationem convertitur, optimum est ignea lamina conversionem

resecare, et quicquid vitiosi est, inurere, atque ita liquida pice cum oleo linire. Solet etiam ipsum animal creta figulari circumdari; quae cum siccata est, collo boum suspenditur. Ea res innoxium pecus a morsu muris aranei praebet. [7] Oculorum vitia plerumque melle sanantur. Nam sive intumuerunt, aqua mulsa triticea farina conspergitur et imponitur; sive album in oculo est, montanus sal Hispanus vel Ammoniacus vel etiam Cappadocus, minute tritus et immistus melli vitium extenuat. Facit idem trita sepiae testa, et per fistulam ter die oculo inspirata. Facit et radix, quam Graeci silphion vocant, vulgus autem nostra consuetudine laserpitium appellant. [8] Huius quantocumque ponderi decima pars salis ammoniaci adicitur, eaque pariter trita oculo similiter infunduntur, vel eadem radix contusa et cum oleo lentisci inuncta vitium expurgat. Epiphoram supprimit polenta conspersa mulsa aqua, et in supercilia genasque imposita, pastinacae quoque agrestis semina, et succus armoraceae, cum melle laevigata oculorum sedant dolorem. [9] Sed quotiescumque mel aliusve succus remediis adhibetur, circumliniendus erit oculus pice liquida cum oleo, ne a muscis infestetur. Nam et ad dulcedinem mellis aliorumque medicamentorum non hae solae sed et apes advolant.

XVIII.
Magnam etiam perniciem saepe affert hirudo hausta cum aqua. Ea adhaerens faucibus sanguinem ducit et incremento suo transitum cibis praecludit. Si tam difficili loco est, ut manu trahi non possit, fistulam vel arundinem inserito, et ita calidum oleum infundito; nam eo contactum animal confestim decedit. [2] Potest etiam per fistulam deusti cimicis nidor immitti; qui ubi superponitur igni, fumum emittit, et conceptum nidorem fistula usque ad hirundinem perfert; isque nidor depellit haerentem. Si tamen vel stomachum vel intestinum tenet, calido aceto per cornu infuso necatur. Has medicinas quamvis bubus adhibendas praeceperim, posse tamen ex his plurima etiam maiori pecori convenire nihil dubium est.

XIX.
Sed et machina fabricanda est, qua clausa, iumenta bovesque curentur, ut et tutus accessus ad pecudem medenti sit, nec in ipsa curatione quadrupes reluctando remedia respuat. Est autem talis machinae forma. Roboreis axibus compingitur solum, quod habet in longitudinem pedes novem, et in latitudinem pars prior dupondium semissem, pars posterior quattuor pedes. [2] Huic solo septenum pedum stipites recti ab utroque latere quaterni applicantur. Ii autem in ipsis quattuor angulis affixi sunt,

omnesque transversis sex temonibus quasi vacerrae inter se ligantur, ita ut a posteriore parte, quae latior est, velut in caveam quadrupes possit induci, nec exire alia parte prohibentibus adversis axiculis. Primis autem duobus statuminibus imponitur firmum iugum, ad quod iumenta capistrantur, vel boum cornua religantur. Ubi potest etiam numella fabricari, ut inserto capite descendentibus per foramina regulis cervix catenetur.

[3] Ceterum corpus laqueatum et distentum temonibus obligatur, immotumque medentis arbitrio est expositum. Haec ipsa machina communis erit omnium maiorum quadrupedum.

XX.
Quoniam de bubus satis praecepimus, opportune de tauris vaccisque dicemus. Tauros maxime membris amplissimis, moribus placidis, media aetate probandos censeo. Cetera fere omnia eadem in his observabimus, quae in bubus eligendis. Neque enim alio distat bonus taurus a castrato, nisi quod huic torva facies est, vegetior aspectus, breviora cornua, torosior cervix, et ita vasta, ut sit maxima portio corporis, venter paulo substrictior, qui magis rectus et ad ineundas feminas habilis sit.

XXI.
Vaccae quoque probantur altissimae formae longaeque, maximis uteris, frontibus latissimis, oculis nigris et patentibus, cornibus venustis et levibus et nigrantibus, pilosis auribus, compressis malis, palearibus et caudis amplissimis, ungulis modicis, et modicis cruribus. Cetera quoque fere eadem in feminis, quae et in maribus, desiderantur, et praecipue ut sint novellae, quoniam, cum excesserunt annos decem, foetibus inutiles sunt. Rursus minores bimis iniri non oportet. [2] Si ante tamen conceperint, partum earum removeri placet, ac per triduum, ne laborent, ubera exprimi, postea mulctra prohiberi.

XXII.
Sed et curandum est omnibus annis [in hoc] aeque in reliquis gregibus pecoris, ut delectus habeatur. Nam et enixae et vetustae quae gignere desierunt, summovendae sunt, et utique taurae, quae locum fecundarum occupant, ablegandae vel aratro domandae, quoniam laboris et operis non minus quam iuvenci, propter uteri sterilitatem, patientes sunt. [2] Eiusmodi

armentum maritima et aprica hiberna desiderat; aestate opacissima nemorum ac montium alta magis quam plana pascua. Nam melius nemoribus herbidis et frutetis et carectis, * * * . . . quoniam siccis ac lapidosis locis durantur ungulae. Nec tam fluvios rivosque desiderat, quam lacus manu factos; quoniam et fluvialis aqua, quae fere frigidior est, partum abigit, et caelestis iucundior est. Omnes tamen externi frigoris tolerantior equino armento vacca est, ideoque facile sub dio hibernat.

XXIII.
Sed laxo spatio consepta facienda sunt, ne in angustiis conceptum altera alterius elidat, et ut invalida fortioris ictus effugiat. Stabula sunt optima saxo aut glarea strata, non incommoda tamen etiam sabulosa: illa, quod imbres respuant; haec, quod celeriter exsorbeant transmittantque. Sed utraque devexa sint, ut humorem effundant; spectentque ad meridiem, ut facile siccentur, et frigidis ventis non sint obnoxia.

[2] Levis autem cura pascui est. Nam ut laetior herba consurgat, fere ultimo tempore aestatis inceditur. Ea res et teneriora pabula recreat, et sentibus ustis fruticem surrecturum in altitudinem compescit. Ipsis vero corporibus affert salubritatem iuxta conseptum saxis et canalibus sal superiectus, ad quem saturae pabulo libenter recurrunt, cum pastorali signo quasi receptui canitur. [3] Nam id quoque semper crepusculo fieri debet, ut ad sonum buccinae pecus, si quod in silvis substiterit, septa repetere consuescat. Sic enim recognosci grex poterit, numerusque constare, si velut ex militari disciplina intra stabulorum castra manserint. Sed non eadem in tauros exercentur imperia, qui freti viribus per nemora vagantur, liberosque egressus et reditus habent, nec revocantur nisi ad coitus feminarum.

XXIV.
Ex his, qui quadrimis minores sunt, maioresque quam duodecim annorum, prohibentur admissura: illi, quoniam quasi puerili aetate seminandis armentis parum idonei habentur; his, quia senio sunt effeti. Mense Iulio feminae maribus plerumque permittendae, ut eo tempore conceptos proximo vere adultis iam pabulis edant. [2] Nam decem mensibus ventrem proferunt, neque ex imperio magistri, sed sua sponte marem patiuntur. Atque in id fere quod dixi tempus, naturalia congruunt desideria, quoniam satietate verni pabuli pecudes exhilaratae lasciviunt in venerem, quam si aut femina recusat, aut non appetit taurus, eadem rationem, qua fastidientibus equis mox praecipiemus, elicitur cupiditas

odore genitalium admoto naribus. [3] Sed et pabulum circa tempus admissurae subtrahitur feminis, ne eas steriles reddat nimia corporis obesitas; et tauris adicitur, quo fortius ineant. Unumque marem quindecim vaccis sufficere abunde est. Qui ubi iuvencam supervenit, certis signis comprehendere licet, quem sexum generaverit, quoniam, si parte dextra desiluit, marem seminasse manifestum est; si laeva, feminam. Id tamen verum esse non aliter apparet, quam si post unum coitum forda non admittit taurum; quod et ipsum raro accidit. [4] Nam quamvis plena foetu non expletur libidine. Adeo ultra naturae terminos etiam in pecudibus plurimum pollent blandae voluptatis illecebrae! Sed non dubium est, ubi pabuli sit laetitia, posse omnibus annis partum educari; at ubi penuria est, alternis submitti; quod maxime in operariis vaccis fieri placet, ut et vituli annui temporis spatio lacte satientur, nec forda simul operis et uteri gravetur onere. Quae cum partum edidit, nisi cibis fulta est, quamvis bona nutrix, labore fatigata nato subtrahit alimentum. [5] Itaque et foetae cytisus viridis et torrefactum ordeum, maceratumque ervum praebetur, et tener vitulus torrido molitoque milio, et permixto cum lacte salivatur. Melius etiam in hos usus Altinae vaccae parantur, quos eius regionis incolae Cevas appellant. Eae sunt humilis staturae, lactis abundantes, propter quod remotis earum foetibus, generosum pecus alienis educatur uberibus; vel si hoc praesidium non adest, faba fresa, et vinum recte tolerat, idque praecipue in magnis gregibus fieri oportet.

XXV.

Solent autem vitulis nocere lumbrici, qui fere nascuntur cruditatibus. Itaque moderandum est, ut bene concoquant; aut si iam tali vitio laborant, lupini semicrudi conteruntur, et offae salivati more faucibus ingeruntur. Potest etiam cum arida fico et ervo conteri herba Santonica, et formata in offam, sicut salivatum demitti. Facit idem axungiae pars una tribus partibus hyssopi permista. Marrubii quoque succus et porri valet eiusmodi necari animalia.

XXVI.

Castrare vitulos Mago censet, dum adhuc teneri sunt; neque id ferro facere, sed fissa ferula comprimere testiculos et paulatim confringere. Idque optimum genus castrationum putat, quod adhibetur aetati tenere sine vulnere. [2] Nam ubi iam induruit, melius bimus quam anniculus castratur. Idque facere vere vel autumno luna decrescente praecipit, vitulumque ad machinam deligare; deinde prius quam ferrum admoveas, duabus angustis ligneis regulis veluti forcipibus apprehendere testium nervos, quos Graeci krematheras ab eo appellant, quod ex illis genitalis partes dependent. Comprehensos deinde testes ferro reserare, et expressos ita recidere, ut extrema pars eorum adhaerens praedictis nervis relinquatur. [3] Nam hoc modo nec eruptione sanguinis periclitatur iuvencus, nec in totum effeminatur adempta omni virilitate; formamque servat maris cum generandi vim deposuit; quam tamen ipsam non protinus amittit. Nam si patiaris eum a recenti curatione feminam inire, constat ex eo posse generari. Sed minime id permittendum, ne profluvio sanguinis intereat. Verum vulnera eius sarmenticio cinere cum argenti spuma linenda sunt, abstinendusque eo die ab humore, et exiguo cibo alendus. [4] Sequenti triduo velut aeger cacuminibus arborum et desecto viridi pabulo oblectandus, prohibendusque multa potione. Placet etiam pice liquida et cinere cum exiguo oleo ulcera ipsa post triduum linere, quo et celerius cicatricem ducant, nec a muscis infestentur. Hactenus de bubus dixisse abunde est.

XXVII.

Quibus cordi est educatio generis equini, maxime convenit providere auctorem industrium, et pabuli copiam; quae utraque vel mediocria possunt aliis pecoribus adhiberi, summam sedulitatem et largam satietatem desiderat equitium. Quod ipsum tripartito dividitur. Est enim generosa materies, quae circo sacrisque certaminibus equos praebet. Est mularis, quae pretio foetus sui comparatur generoso. Est et vulgaris, quae mediocres feminas maresque progenerat. Ut quaeque est praestantior, ita ubere campo pascitur. [2] Gregibus autem spatiosa et palustria, nec [non] montana pascua eligenda sunt, rigua, nec umquam siccanea, vacuaque magis quam stirpibus impedita, frequenter mollibus potius quam proceris herbis abundantia. [3] Vulgaribus equis passim maribus ac feminis pasci permittitur, nec admissurae certa tempora servantur. Generosis circa vernum aequinoctium mares iungentur, ut eodem tempore, quo conceperint, iam laetis et herbidis campis post anni messem parvo cum labore foetum educent. Nam mense duodecimo partum edunt. Maxime itaque curandum est praedicto tempore anni, ut tam feminis quam admissariis desiderantibus coeundi fiat potestas, quoniam id praecipue armentum si prohibeas, libidinis exstimulatur furiis, unde etiam veneno inditum est nomen hippomanes, quod equinae cupidini similem mortalibus amorem accendit. [4] Nec dubium, quin aliquot regionibus tanto flagrent ardore coeundi feminae, et etiam si marem non habeant, assidua et nimia cupiditate figurantes sibi ipsae venerem, cohortalium more avium, vento concipiant. Neque enim poeta licentius dicit:

[5] scilicet ante omnes furor est insignis equarum;
et mentem Venus ipsa dedit, quo tempore Glauci
Potniades malis membra absumpsere quadrigae.
Illas ducit amor trans Gargara transque sonantem
Ascanium; superant montes et flumina tranant.
[6] Continuoque, avidis ubi subdita flamma medullis
vere magis, quia vere calor redit ossibus, illae
ore omnes versae in Zephyrum stant rupibus altis,
exceptantque leves auras, et saepe sine ullis
coniugiis vento gravidae mirabile dictu
saxa per et scopulos et depressas convalles
diffugiunt, non Eure, tuos neque solis ad ortus,
in Borean Caurumque, aut unde nigerrimus Auster
nascitur, et pluvio contristat frigore caelum.

[7] Cum sit notissimum etiam in Sacro monte Hispaniae, qui procurrit in occidentem iuxta Oceanum, frequenter equas sine coitu ventrem pertulisse foetumque educasse, qui tamen inutilis est, quod triennio, prius quam adolescat, morte absumitur. Quare, ut dixi, dabimus operam, ne circa aequinoctium vernum equae desideriis naturalibus angantur. [8] Equos autem pretiosos reliquo tempore anni removere oportet a feminis, ne aut cum volent ineant aut, si id facere prohibeantur, cupidine sollicitati noxam contrahant. Itaque vel in longinqua pascua marem placet ablegari, vel ad praesepia contineri, eoque tempore, quo vocatur a feminis, roborandus est largo cibo, et appropinquante vere ordeo ervoque saginandus, ut veneri supersit, quantoque fortior inierit, firmiora semina praebeat futurae stirpi. [9] Quidam etiam praecipiunt eodem ritu, quo mulos, admissarium saginare, ut hac sagina hilaris pluribus feminis sufficiat. Verum tamen nec minus quam quindecim, nec rursus plures quam viginti, unus debet implere, isque admissurae post trimatum usque in annos viginti plerumque idoneus est. [10] Quod si admissarius iners in venerem est, odore proritatur, detersis spongia feminae locis et admota naribus equi. Rursus si equa marem non patitur, detrita scilla naturalia eius linuntur, quae res accendit libidinem. Nonnumquam ignobilis quoque ac vulgaris elicit cupidinem coeundi. Nam ubi admotus fere tentavit obsequium feminae, abducitur, et iam patientiori generosior equus imponitur. Inde maior praegnantibus adhibenda cura est, largoque pascuo firmandae. [11] Quod si frigore hiemis herbae defecerint, tecto contineantur, ac neque opere neque cursu exerceantur, neque frigori committantur, nec in angusto clauso, ne aliae aliarum conceptus elidant; nam haec omnia incommoda foetum abigunt. Quod si tamen aut partu aut abortu equa laboravit, remedio erit felicula trita, et aqua tepida permista, dataque per cornu. [12] Sin autem prospere cessit, minime manu contingendus pullus erit. Nam laeditur etiam levissimo contactu. Tantum cura adhibebitur, ut et amplo et calido loco cum matre versetur, ne aut

frigus adhuc infirmo noceat, aut mater in angustiis eum obterat. Paulatim deinde perducendus erit, providendumque, ne stercore ungulas adurat. Mox cum firmior fuerit, in eadem pascua, in quibus mater est, dimittendus, ne desiderio partus sui laboret equa. [13] Nam id praecipue genus pecudis amore natorum, nisi fiat potestas, noxam trahit. Vulgari feminae solemne est omnibus annis parere. Generosam convenit alternis continere, quo firmior pullus lacte materno laboribus certaminum praeparetur.

XXVIII.
Marem putant minorem trimo non esse idoneum admissurae, posse vero usque ad vigesimum annum progenerare; feminam bimam recte concipere, ut post tertium annum enixa foetum educet; eandemque post decimum non essse utilem, quod ex annosa matre tarda sit atque iners proles. Quae sive ut femina sive ut masculus concipiatur, nostri arbitrii fore Democritus affirmat, qui praecipit ut, cum progenerari marem velimus, sinistrum testiculum admissarii lineo funiculo aliove quolibet obligemus; cum feminam, dextrum. Idemque in omnibus paene pecudibus faciendum censet.

XXIX.
Cum vero natus est pullus, confestim licet indolem aestimare, si hilaris, si intrepidus, si neque conspectu novae rei neque auditu terretur, si ante gregem procurrit, si lascivia et alacritate interdum et cursu certans aequales exsuperat, si fossam sine cunctatione transilit, pontem flumenque transcendit. Haec erunt honesti animi documenta. [2] Corporis vero forma constabit exiguo capite, nigris oculis, naribus apertis, brevibus auriculis et arrectis, cervice molli lataque nec longa, densa iuba et per dextram partem profusa, lato et musculorum toris numeroso pectore, grandibus armis et rectis, lateribus inflexis, spina duplici, ventre substricto, testibus paribus et exiguis, latis lumbis et subsidentibus, [3] cauda longa et setosa crispaque, aequalibus atque altis rectisque cruribus, tereti genu parvoque neque introrsus spectanti, rotundis clunibus, feminibus torosis ac numerosis, duris ungulis et altis et concavis rotundisque, quibus coronae mediocres superpositae sunt. Sic universim corpus compositum, ut sit grande, sublime, erectum, ab aspectu quoque agile, et ex longo, quantum figura permittit, rotundum. Mores autem laudantur, qui sunt ex placido concitati, et ex concitato mitissimi. [4] Nam hi et ad obsequia reperiuntur habiles, et ad certaminum labores patientissimi. Equus bimus ad usum domesticum recte domatur; certaminibus autem expleto triennio; sic tamen ut post quartum

demum annum labori committatur. Annorum notae cum corpore mutantur. Nam dum bimus et sex mensium est, medii dentes superiores et inferiores cadunt. Cum quartum agit annum, iis, qui canini appellantur, deiectis, alios affert. Intra sextum deinde annum, molares superiores cadunt. [5] Sexto anno, quos primos mutavit, exaequat. Septimo omnes explentur aequaliter, et ex eo cavatos gerit. Nec postea quot annorum sit, manifesto comprehendi potest. Decimo tamen anno tempora cavari incipiunt, et supercilia nonnumquam canescere, et dentes prominere. Haec, quae ad animum et mores corpusque et aetatem pertinent, dixisse satis habeo. Nunc sequitur curam recte et minus valentium demonstrare.

XXX.

Si sanis est macies, celerius torrefacto tritico quam ordeo reficitur. Sed et vini potio danda est, ac deinde paulatim eiusmodi cibi subtrahendi immistis ordeo furfuribus, dum consuescat faba et puro ordeo ali. Nec minus cotidie corpora pecudum quam hominum defricanda sunt; ac saepe plus prodest pressa manu subegisse terga, quam si largissime cibos praebeas. Paleae vero equis stantibus substernendae. [2] Multum autem refert robur corporis ac pedum servare. Quod utrumque custodiemus, si idoneis temporibus ad praesepia, ad aquam, ad exercitationem pecus duxerimus; curaeque fuerit ut stabulentur sicco loco, ne humore madescant ungulae. Quod facile evitabimus, si aut stabula roboreis axibus constrata, aut diligenter subinde emundata fuerit humus, et paleae superiectae. [3] Plerumque iumenta morbos concipiunt lassitudine et aestu, nonnumquam et frigore, et cum suo tempore urinam non fecerint; vel si sudant, et a concitatione confestim biberint; vel si cum diu steterint, subito ad cursum exstimulata sunt. Lassitudini quies remedio est, ita ut in fauces oleum vel adeps vino mista infundatur. Frigori fomenta adhibentur, et calefacto oleo lumbi regantur, caputque et spina tepenti adipe vel vino liniuntur. [4] Si urinam non facit, eadem fere remedia sunt. Nam oleum immistum vino supra ilia et renes infunditur; et si hoc parum profuit, melle decocto et sale collyrium tenue inditur foramini, quo manat urina, vel musca viva, vel thuris mica, vel de bitumine collyrium inseritur naturalibus. Haec eadem remedia adhibentur, si urina genitalia decusserit. [5] Capitis dolorem indicant lacrimae quae profluunt, auresque flaccidae et cervix cum capite aggravata et in terram summissa. Tum rescinditur vena, quae sub oculo est, et os calda fovetur, ciboque abstinetur primo die. In postero autem potio ieiuno tepidae aquae praebetur ac viride gramen, tum vetus foenum vel molle stramentum substernitur, crepusculoque aqua iterum datur, parumque ordei cum vicialibus, ut per exiguas portiones cibi ad iusta perducantur. [6] Si equo maxillae dolent, calido aceto fovendae, et axungia vetere confricandae sunt, eademque medicina tumentibus adhibenda est. Si armos laeserit, aut sanguinem demiserit, medio fere in utroque crure venae solvantur, et thuris polline cum eo qui profluit, sanguine immisto, armi linantur, et ne plus iusto exinaniatur, stercus ipsius iumenti fluentibus venis admotum fasciis obligetur. [7] Postero quoque die ex iisdem locis sanguis detrahatur, eodemque modo curetur, ordeoque abstineatur, exiguo foeno dato. Post triduum deinde usque in diem sextum porri succus instar trium cyathorum mistus cum olei hemina faucibus per cornu infundatur. Post sextum diem lente ingredi cogatur, et cum ambulaverit, in piscinam demitti eum conveniet, ita ut natet; sic paulatim firmioribus cibis adiutus ad iusta perducetur. [8] At si bilis molesta est iumento, venter intumescit, nec emittit ventos. Manus uncta inseritur alvo et obsessi naturales exitus adaperiuntur, exemptoque stercore, postea cunila bubula et herba pedicularis cum sale trita et decocta melli miscentur, atque ita facta collyria subiciuntur, quae ventrem movent bilemque omnem deducunt. [9] Quidam myrrhae tritae quadrantem cum hemina vini faucibus infundunt, et anum liquida pice oblinunt. Alii marina aqua lavant alvum, alii recenti muria. Solent etiam [vermes quasi] lumbrici nocere intestinis; quorum signa sunt, si iumenta cum dolore crebro volutantur, si admovent caput utero, si caudam saepius iactant. [10] Praesens medicina est, ita ut supra scriptum est, inserere manum, et fimum eximere; deinde alvum marina aqua, vel muria dura lavare, postea radicem capparis tritam cum sextario aceti faucibus infundere; nam hoc modo praedicta intereunt animalia.

XXXI.

Omni autem imbecillo pecori alte substernendum est, quo mollius cubet. Recens tussis celeriter sanatur, pinsita lente et a valvulis separata minuteque molita. Quae cum ita facta sunt, sextarius aquae calidae in eandem mensuram lentis miscetur et faucibus infunditur; similisque medicina triduo adhibetur, ac viridibus herbis cacuminibusque arborum recreatur aegrotum pecus. Vetus autem tussis discutitur porri succo trium cyathorum cum olei hemina faucibus infuso, iisdemque, ut supra monuimus, cibis praebitis.

[2] Impetigines, et quicquid scabies occupat, aceto et alumine defricatur. Nonnumquam, si <haec> permanent, paribus ponderibus permistis nitro et scisso alumine, cum aceto linuntur. Papulae ferventissimo sole usque eo strigile raduntur, quoad eliciatur sanguis. Tum ex aequo miscentur radices agrestis hederae, sulfurque et pix liquida cum alumine. [Et] eo medicamine praedicta vitia curantur.

XXXII.
Intertrigo bis in die subluitur aqua calida. Mox decocto ac trito sale cum adipe defricatur, dum sanguis emanet. Scabies mortifera huic quadrupedi est, nisi celeriter succurritur; quae si levis est, inter initia candenti sub sole vel cedria vel oleo lentisci linitur, vel urticae semine et oleo detritis, vel unguine ceti, quod in lancibus sallitus thynnus remittit. [2] Praecipue tamen huic noxae salutaris est adeps marini vituli. Sed si iam inveteraverit, vehementioribus opus est remediis. Propter quod bitumen et sulfur, veratrum pici liquidae axungiaeque veteri commista, pari pondere incoquuntur, atque ea compositione curantur, ita ut prius scabies ferro erasa perluatur urina. [3] Saepe etiam scalpello usque ad vivum resecare et amputare scabiem profuit, atque ita factis ulceribus mederi liquida pice atque oleo, quae expurgant et replent vulnera aeque. Quae cum expleta sunt, ut celerius cicatricem et pilum ducant, maxime proderit fuligo ex aheno ulceri infricata.

XXXIII.
Muscas quoque vulnera infestantes summovebimus pice et oleo vel unguine mistis et infusis. Cetera ervi farina recte curantur. Cicatrices oculorum ieiuna saliva et sale defricatae extenuantur; vel cum fossili sale trita sepiae testa, vel semine agrestis pastinacae pinsito, et per linteum super oculos expresso.

[2] Omnisque dolor oculorum inunctione succi plantaginis cum melle acapno, vel si id non est, utique thymino celeriter levatur. Nonnumquam etiam per nares profluvium sanguinis periculum attulit, idque repressum est infuso naribus viridis coriandri succo.

XXXIV.
Interdum et fastidio ciborum languescit pecus. Eius remedium est genus seminis quod git appellatur. Cuius duo cyathi triti diluuntur olei cyathis tribus et vini sextario, atque ita faucibus infunduntur. Et nausea discutitur etiam, si caput alii tritum cum vini hemina saepius potandum praebeas. Suppuratio melius ignea lamina, quam frigido ferramento reseratur, et expressa postea linamentis curatur. [2] Est etiam illa pestifera labes, ut intra paucos dies equae subita macie et deinde morte corripiantur; quod cum accidit, quaternos sextarios gari singulis per nares infundere utile est, si minoris formae sunt; nam si maioris, etiam congios. Ea res omnem pituita

per nares elicit, et pecudem expurgat.

XXXV.
Rara quidem, sed et haec est equarum nota rabies, ut cum in aqua imaginem suam viderint, amore inani capiantur, et per hunc oblitae pabuli, tabe cupidinis intereant. Eius vesaniae signa sunt, cum per pascua veluti exstimulatae concursant, subinde ut circumspicientes requirere ac desiderare aliquid videantur. Mentis error discutitur, si deducas ad aquam. [2] Tum demum speculatae deformitatem suam, pristinae imaginis abolent memoriam. Haec de universo equarum genere satis dicta sunt. Illa proprie praecipienda sunt iis, quibus mularum greges curae est submittere.

XXXVI.
In educando genere mularum antiquissimus est diligenter exquirere atque explorare parentem futurae prolis feminam et marem; quorum si alter alteri non est idoneus, labat etiam quod ex duobus fingitur. [2] Equam convenit quadrimam usque in annos decem amplissimae atque pulcherrimae formae, membris fortibus, patientissimam laboris eligere, ut discordantem utero suo generis alieni stirpem insitam facile recipiat ac perferat, et ad foetum non solum corporis bona, sed et ingenium conferat. Nam cum difficulter iniecta genitalibus locis animentur semina, tum etiam concepta diutius in partum adolescunt, atque peracto anno mense tertiodecimo vix eduntur, natisque inhaeret plus socordiae paternae quam vigoris materni.

[3] Verum tamen ut equae dictos in usus minore cura reperiuntur, ita maior est labor eligendi maris, quoniam saepe iudicium probantis frustratur experimentum. Multi admissarii specie tenus mirabiles pessimam sobolem forma vel sexu progenerant. Nam sive parvi corporis feminas fingunt, sive etiam speciosi plures mares, quam feminae reditum patrisfamiliae minuunt. At quidam contempti ab aspectu pretiosissimorum seminum feraces sunt. Nonnumquam aliquis generositatem suam natis exhibet, sed hebes in voluptate, rarissime sollicitatur ad venerem. [4] Huiusce sensum magistri lacessunt admota generis eiusdem femina, quoniam similia similibus familiariora fecit natura. Itaque obiectae asinae cum superiectu eblanditi sunt, velut incensum et obcaecatum cupidine, subtracta quam petierat, fastiditae imponunt equae.

XXXVII.

Est et alterum genus admissarii furentis in libidinem, quod nisi astu inhibeatur, affert gregi perniciem. Nam et saepe vinculis abruptis gravidas inquietat, et cum admittitur, cervicibus dorsisque feminarum imprimit morsus. Quod ne faciat, paulisper ad molam vinctus amoris saevitiam labore temperat, et sic veneri modestior admittitur. [2] Nec tamen aliter admittendus est etiam clementioris libidinis, quoniam multum refert naturaliter sopitum pecudis ingenium modica exercitatione concuti atque excitari, vegetioremque factum marem feminae iniungi, ut tacita quadam vi semina ipsa principiis agilioribus figurentur. [3] Mula autem non solum ex equa et asino, sed ex asina et equo, itemque onagro et equa generatur. Quidam vero non dissimulandi auctores, ut Marcus Varro, et ante eum Dionysius ac Mago prodiderunt mularum foetus regionibus Africae adeo non prodigiosos haberi, ut tam familiares sint incolis partus earum, quam sunt nobis equarum. [4] Neque tamen ullum est in hoc pecore aut animo aut forma praestantius, quam quod seminavit asinus. Posset huic aliquatenus comparari, quod progenerat onager, nisi et indomitum et servitio contumax silvestris more, strigosum patris praeferret habitum. Itaque eiusmodi admissarius nepotibus [magis] quam filiis utilior est. Nam ubi asina et onagro natus admittitur equae, per gradus infracta feritate, quicquid ex eo provenit, paternam formam et modestiam, fortitudinem celeritatemque avitam refert.

[5] Qui ex equo et asina concepti generantur, quamvis a patre nomen traxerint, quod hinni vocantur, matri per omnia magis similes sunt. Itaque commodissimum est asinum destinare mularum generi seminando, cuius, ut dixi, species experimento est pretiosior. [6] Verum tamen ab aspectu non aliter probari debet, quam ut sit amplissimi corporis, cervice valida, robustis ac latis costis, pectore musculoso et vasto, feminibus lacertosis, cruribus compactis, coloris nigri vel maculosi. Nam murinus cum sit in asino vulgaris, tum etiam non optime respondet in mula. [7] Neque nos universa quadrupedis species decipiat, si qualem probamus, conspicimus. Nam quemadmodum arietum quae sunt in linguis et palatis maculae, plerumque in velleribus agnorum deprehenduntur; ita si discolores pilos asinus in palpebris aut auribus gerit, sobolem quoque frequenter facit diversi coloris, qui et ipse, etiam si diligentissime in admissario exploratus est, saepe tamen domini spem decipit. Nam interdum etiam citra praedicta signa dissimiles sui mulas fingit. Quod accidere non aliter reor, quam ut avitus color primordiis seminum mixtus reddatur nepotibus.

[8] Igitur qualem descripsi asellum, cum est a partu statim genitus, oportet matri statim subtrahi, et ignoranti equae subici. Ea optime tenebris fallitur. Nam obscuro loco partu eius amoto, praedictus quasi ex ea natus

alitur. Cui deinde cum decem diebus insuevit equa, semper postea desideranti praebet ubera. Sic nutritus admissarius equas diligere condiscit. Interdum etiam, quamvis materno lacte sit educatus, potest a tenero conversatus equis familiariter earum consuetudinem appetere. [9] Sed non oportet minorem trimo nec maiorem decenni admitti. Atque id ipsum si concedatur, vere fieri conveniet, cum et desecto viridi pabulo, et largo ordeo firmandus, nonnumquam etiam salivandus erit. Nec tamen tenerae feminae committentur. Nam nisi prius ea marem cognovit, adsilientem admissarium calcibus proturbat, et iniuria depulsum etiam ceteris equis reddit inimicum. Id ne fiat, degener et vulgaris asellus admovetur, qui sollicitet obsequia feminae; neque is tamen inire sinitur. Sed si iam est equa veneris patiens, confestim adacto viliore, pretioso mari iungitur. [10] Locus est ad hos usus exstructus (machinam vocant rustici) qui duos parietes adverso clivulo inaedificatos habet, et angusto intervallo sic inter se distantes, ne femina conluctari aut admissario ascendenti avertere se possit. Aditus est ex utraque parte, sed ab inferiore clatris munitus; ad quae capistrata in imo clivo constituitur equa, ut et prona melius ineuntis semina recipiat, et facilem sui tergoris ascensum ab editiore parte minori quadrupedi praebeat. Quae cum ex asino conceptum edidit, partum sequenti anno vacua nutrit. Id enim utilius est quam quod quidam faciunt, ut et foetam nihilominus admisso equo impleant. [11] Annicula mula recta a matre repellitur, et amota montibus aut feris locis pascitur, ut ungulas duret, sitque postmodum longis itineribus habilis. Nam clitellis aptior mulus. Illa quidem agilior; sed uterque sexus et viam recte graditur, et terram commode proscindit; nisi si pretium quadrupedis rationem rustici onerat, aut campus gravi gleba robora boum deposcit.

XXXVIII.
Medicinas huius pecoris plerumque iam in aliis generibus edocui; propria tamen quaedam vitia non omittam, quorum remedia subscripsi. Febrienti mulae cruda brassica datur. Suspiriosae sanguis detrahitur, et cum sextario vini atque olei thuris semuncia, marrubii succus instar heminae mistus infunditur.

[2] Suffraginosae ordeacea farina imponitur, mox suppuratio ferro reclusa linamentis curatur; vel gari optimi sextarius cum libra olei per narem sinistram demittitur, admisceturque huic medicamini trium vel quattuor ovorum albus liquor separatis vitellis. [3] Femina secari et interdum inuri solent. Sanguis demissus in pedes, ita ut in equis emittitur; vel si est herba, quam veratrum vocant rustici, pro pabulo cedit. Est et hyoskyamos, cuius semen detritum et cum vino datum praedicto vitio medetur. Macies et

languor submovetur saepius data potione, quae recipit semunciam sulphuris ovumque crudum, et myrrhae pondus denarii. Haec trita vino admiscentur, atque ita faucibus infunduntur. [4] Sed et tussi dolorique ventris eadem ista aeque medentur. Ad maciem nulla res tantum quantum Medica potest. Ea herba viridis celerius, nec tarde tamen arida foeni vice saginat iumenta; verum modice danda, ne nimio sanguine stranguletur pecus. Lassae et aestuanti mulae adeps in fauces demittitur, merumque in os suffunditur. Cetera exsequemur in mulis sic, ut prioribus huius voluminis partibus tradidimus, quae curam boum equarumque continent.

LIBER VII

I. DE MINORE ASELLO.

De minore pecore dicturis, Publi Silvine, principium tenebit minor in ora Arcadiae vilis hic volgarisque asellus, cuius plerique rusticarum rerum auctores in emendis tuendisque iumentis praecipuam rationem volunt esse. Nec iniuria, nam etiam eo rure, quod pascuo caret, contineri potest exiguo et qualicumque pabulo contentus, quippe vel foliis spinisque vepraticis alitur vel obiecto fasce stramentorum, paleis vero, quae paene omnibus regionibus abundant, etiam gliscit. [2] Tum inprudentis custodis violentiam neglegentiamque fortissime sustinet plagarum et penuriae tolerantissimus, propter quae tardius deficit quam ullum aliud armentum. Nam laboris et famis maxime patiens raro morbis adficitur. Huius animalis tam exiguae tutelae plurima et necessaria opera supra portionem respondent, cum et facilem terram, qualis in Baetica totaque Libye sit, levibus aratris proscindat et non minima pondere vehicula trahat. [3] Saepe etiam, ut celeberrimus poeta memorat, tardi costas agitator aselli vilibus aut onerat pomis lapidemque revertens incussum aut atrae massam picis urbe reportat. Iam vero molarum et conficiendi frumenti paene sollemnis est huius pecoris labor. Quare omne rus tamquam maxime necessarium instrumentum desiderat asellum, qui, ut dixi, pleraque utensilia et vehere in urbem et reportare collo vel dorso commode potest. Qualis autem species eius vel cura probatissima sit, superiore libro, cum de pretioso praeciperetur, satis dictum est.

II. DE OVIBUS EMENDIS TUENDISQUE.

Post huius quadripedis ovilli pecoris secunda ratio est, quae prima fit, si ad utilitatis magnitudinem referas. Nam id praecipue nos contra violentiam frigoris protegit corporibusque nostris liberaliora praebet velamina, tum etiam casei lactisque abundantia non solum agrestis saturat, sed etiam elegantium mensas iucundis et numerosis dapibus exornat. [2] Quibusdam vero nationibus frumenti expertibus victum commodat, ex quo Nomadum Getarumque plurimi galaktopotai dicuntur. Igitur id pecus, quamvis mollissimum sit, ut ait prudentissime Celsus, valetudinis tutissimae est minimeque pestilentia laborat. Verum tamen eligendum est ad naturam loci, quod semper observari non solum in hoc, sed etiam in tota ruris disciplina Vergilius praecipit, cum ait: nec vero terrae ferre omnes omnia possunt. [3] Pinguis et campestris situs proceras ovis tolerat, gracilis et collinus quadratas, silvestris et montosus exiguas. Pratis planisque novalibus tectum pecus commodissime pascitur, idque non solum generibus, sed etiam coloribus plurimum refert. Generis eximii Calabras Apulasque et Milesias nostri existimabant earumque optimas Tarentinas. Nunc Gallicae pretiosiores habentur earumque praecipue Altinates, item quae circa Parmam et Mutinam macris stabulantur campis. [4] Color albus cum sit optimus, tum etiam est utilissimus, quod ex hoc plurimi fiunt neque hic ex alio. Sunt etiam suapte natura pretio commendabiles pullus atque fuscus, quos praebet in Italia Pollentia, in Baetica Corduba nec minus Asia rutilos, quos vocant erythraious. Sed et alias varietates in hoc pecudis genere docuit usus exprimere. Nam cum in municipium Gaditanum ex vicino Africae miri coloris silvestres ac feri arietes sicut aliae bestiae munerariis deportarentur, Marcus Columella patruus meus, acris vir ingeni atque inlustris agricola, quosdam mercatus in agros transtulit et mansuefactos tectis ovibus admisit. [5] Eae primum hirtos, sed paterni coloris agnos ediderunt, qui deinde et ipsi Tarentinis ovibus inpositi tenuioris velleris arietes progeneraverunt. Ex his rursus quicquid conceptum est, maternam mollitiem, paternum et avitum rettulit colorem. Hoc modo Columella dicebat, qualemcumque speciem, quae fuerit in bestiis, per nepotum gradus mitigata feritate reddi. Set ad propositum revertar. [6] Ergo duo genera sunt ovilli pecoris, molle et hirsutum, sed in utroque vel emendo vel tuendo plura communia, quaedam tamen sunt propria generosi, quae observari conveniat. Communia in emendis gregibus fere illa: si candor lanae maxime placet, numquam nisi candidissimos mares legeris, quoniam ex albo saepe fuscus editur partus, erythraeo vel pullo numquam generatur albus.

III. DE ARIETIBUS ELIGENDIS.

Itaque non solum ea ratio est probandi arietis, si vellere candido vestitur, sed etiam si palatum atque lingua concolor lanae est, nam cum eae corporis partes nigrae aut maculosae sunt, pulla vel etiam varia nascitur proles, idque inter cetera eximie talibus numeris significavit idem qui supra: illum autem, quamvis aries sit candidus ipse, nigra subest udo tantum cui lingua palato, reice, ne maculis infuscet vellera pullis nascentum. [2] Una eademque ratio est in erythraeis et nigris arietibus, quorum similiter, ut iam dixi, neutra pars esse debet discolor lanae multoque minus ipsa universitas tergoris maculis variet. Ideo nisi lanatas oves emi non oportet, quo melius unitas coloris appareat, quae nisi praecipua est in arietibus, paternae notae plerumque natis inhaerent. [3] Habitus autem maxime probatur, cum est altus atque procerus, ventre promisso atque lanato, cauda longissima densique velleris, fronte lata, testibus amplis, intortis cornibus, non quia magis hic sit utilis - nam est melior mutilus aries - sed quia minime nocent intorta potius quam subrecta et patula cornua. Quibusdam tamen regionibus, ubi caeli status uvidus ventosusque est, capros et arietes optaverimus vel amplissimis cornibus, quae tam porrecta altaque maximam partem capitis a tempestate defendant. [4] Itaque si plerumque est atrocior hiems, hoc genus eligemus, si clementior, mutilum probabimus marem, quoniam est illud incommodum in cornuto, quod cum sentiat se velut quodam naturali telo capitis armatum, frequenter in pugnam procurrit et fit in feminas quoque procacior. Nam rivalem, quamvis solus admissurae non sufficit, violentissime persequitur nec ab alio tempestive patitur iniri gregem, nisi cum est fatigatus libidine. [5] Mutilus autem, cum se tamquam exarmatum intellegat, nec ad rixam promptus et est in venere mitior. Itaque capri vel arietis petulci saevitiam pastores hac astutia repellunt: mensurae pedalis robustam tabulam configunt aculeis et adversam fronti cornibus religant; ea res ferum prohibet a rixa, quoniam stimulatum suo ictu ipsum se sauciat. [6] Epicharmus autem Syracusanus, qui pecudum medicinas diligentissime conscripsit, adfirmat pugnacem arietem mitigari terebra secundum auriculas foratis cornibus, qua curvantur in flexum. Eius quadripedis aetas ad progenerandum optima est trima, nec tamen inhabilis usque in annos octo. Femina post bimatum maritari debet iuvenisque habetur quinquennis; fatiscit post annum septimum. [7] Igitur, ut dixi, mercaberis ovis intonsas, variam et canam inprobabis, quod sit incerti coloris. maiorem trima dente minacem sterilem repudiabis; eliges bimam vasti corporis, cervice prolixi villi nec asperi, lanosi et ampli uteri, nam vitandus est glaber et exiguus. [8] Atque haec fere communia sunt in conparandis ovibus, illa etiam tuendis: humilia facere stabula, sed in longitudinem potius quam in latitudinem porrecta, ut simul et hieme calida sint nec angustiae fetus oblidant. Ea poni debent contra medium diem, namque id pecus, quamvis ex omnibus animalibus sit vestitissimum, frigoris tamen inpatientissimum est nec minus aestivi vaporis. Itaque chors clausa sublimi macerie praeponi vestibulo debet, ut sit in eam tutus exitus aestuandi, deturque opera, ne quis umor consistat, ut semper quam aridissimis filicibus vel culmis stabula constrata sint, quo purius et mollius incubent fetae. [9] Sintque illa mundissima, neque earum valitudo, quae praecipue custodienda est, infestetur uligine. Omni autem pecudi larga praebenda sunt alimenta, nam vel exiguus numerus, cum pabulo satiatur, plus domino reddit quam maximus grex, si sensit penuriam. Sequeris autem novalia non solum herbida, sed quae plerumque vidua sunt spinis, utamur enim saepius auctoritate divini carminis: si tibi lanitium curae est, primum aspera silva lappaeque tribolique absint. [10] Quoniam ea res, ut ait idem, scabros ovis reddit, cum tonsis inlutus adhaesit sudor et hirsutis secuerunt corpora vepres, tum etiam cotidie minuitur fructus lanae, quae quanto prolixior in pecore concrescit, tanto magis obnoxia est rubis, quibus velut hamis inuncata pascentium tergoribus avellitur, molle vero pecus etiam velamen, quo protegitur, amittit, atque id non parvo sumptu reparatur. [11] De admissurae temporibus inter auctores fere constitit, primum esse vernum Parilibus, si sit ovis matura, sin vero feta circa Iulium mensem; prius tamen haut dubie probabilius, ut messem vindemia, fructum deinde vineaticum fetura pecoris excipiat et totius autumni pabulo satiatus agnus ante maestitiam frigorum atque hiemis ieiunium confirmetur. Nam melior est autumnalis verno, sicut ait verissime Celsus, quia magis ad rem pertinet, ut ante aestivum quam hibernum solstitium convalescat, solusque ex omnibus animalibus bruma commode nascitur. [12] Ac si res exigit, ut plurimi mares progenerandi sint, Aristoteles vir callidissimus rerum naturae praecepit admissurae tempore observare siccis diebus halitus septentrionales, ut contra ventum gregem pascamus et eum spectans admittatur pecus, at si feminae generandae erunt, austrinos flatus captare, ut eadem ratione matrices ineantur. Nam illud, quod priore libro docuimus, ut admissarii dexter vel etiam sinister vinculo testiculus obligetur, in magnis gregibus operosum est. [13] Post feturam deinde longinquae regionis upilio vilicus fere omnem subolem pastioni reservat suburbanae, [villicus enim] teneros agnos, dum adhuc herbae sunt expertes, lanio tradit, quoniam et parvo sumptu devehuntur et his submotis fructus lactis ex matribus non minor percipitur. Submitti tamen etiam in vicinia urbis quintum quemque oportebit, nam vernaculum pecus peregrino longe est utilius; [14] nec committi debet, ut totus grex effetus senectute dominum destituat, cum praesertim boni pastoris vel prima cura sit annis omnibus in demortuarum vitiosarumque ovium locum totidem vel etiam plura capita substituere, quoniam saepe frigorum atque hiemis saevitia pastorem decipit et eas ovis interemit, quas ille tempore autumni ratus adhuc esse tolerabiles non submoverat; [15] quo magis etiam propter hos casus nisi quae validissima non conprendatur hiemi, novaque progenie repleatur numerus. Quod qui faciet, servare debebit, ne minori quadrimae neve ei, quae excessit annos octo, prolem submittat. Neutra enim aetas ad educandum est idonea, tum etiam quod ex vetere materia nascitur, plerumque congeneratum parentis senium refert, nam vel sterile vel inbecillum est. [16] Partus vero incientis pecoris non secus quam obstetricum more custodiri debet, neque enim aliter hoc animal quam muliebris sexus enititur saepiusque etiam, quanto est omnis rationis ignarum, laborat in partu. Quare veterinariae medicinae prudens esse debet pecoris magister, ut si res exigat vel integrum conceptum, cum transuersus haeret locis genitalibus, extrahat vel ferro divisum citra matris perniciem partibus educat, quod Graeci vocant embryoulkein. [17] Agnus autem, cum est editus, erigi debet atque uberibus admoveri, tum eius diductum os pressis umectare papillis, ut condiscat maternum trahere alimentum. Sed prius quam hoc fiat, exiguum lactis emulgendum est, quod pastores colostram vocant; ea nisi aliquatenus emittitur, nocet agno, qui primo biduo quo natus est cum matre claudatur, ut ea foveat partum suum. [18] Mox deinde, quam diu non lascivit, obscuro et calido septo custodiatur, postea luxuriantem virgea cum conparibus hara claudi oportebit, ne velut puerili nimia exsultatione macescat, cavendumque est, ut tenerior separetur a validioribus, quia robustus angit inbecillum. [19] Satisque est mane, prius quam grex procedat in pascua, deinde etiam crepusculo redeuntibus saturis ovibus admiscere agnos. Qui cum firmi esse coeperunt, pascendi sunt intra stabulum cytiso vel Medica, tum etiam furfuribus aut, si permittit annona, farina hordei vel erui. Deinde ubi convaluerint, circa meridiem pratis aut novalibus villae continuis matres admovendae sunt et a septo mittendi agni, ut condiscant foris pasci. [20] De genere pabuli iam et ante diximus et nunc eorum, quae omissa sunt, meminimus iucundissimas herbas esse, quae aratro proscissis arvis nascantur, deinde quae pratis uligine carentibus, palustris silvestrisque minime idoneas haberi. Nec tamen ulla sunt tam blanda pabula aut etiam pascua, quorum gratia non exolescat usu continuo, nisi pecudum fastidio pastor occurrerit praebito sale, quod velut aquae ac pabuli condimentum per aestatem canalibus ligneis inpositum, cum e pastu redierunt oves, lambunt, atque eo sapore cupidinem bibendi pascendique concipiunt. [21] At contra penuriae hiemis succurritur obiectis intra tectum per praesepia cibis, aluntur autem commodissime repositis ulmeis vel ex fraxino frondibus vel autumnali faeno, quod cordum vocatur. Nam id mollius et ob hoc iucundius est quam maturum. [22] Cytiso quoque et sativa vicia pulcherrime pascuntur, necessariae tamen, ubi cetera defecerunt, etiam ex leguminibus paleae. Nam per se hordeum vel fresa cum faba cicercula sumptuosior est, quam ut suburbanis regionibus salubri pretio possit praeberi, sed sicubi vilitas permittit, haut dubie est optima. [23] De temporibus autem pascendi et ad aquam ducendi per aestatem non aliter sentio quam ut prodidit Maro:

Luciferi primo cum sidere frigida rura carpamus, dum mane novum, dum gramina canent et ros in tenera pecori gratissimus herba. Inde ubi quarta sitim caeli collegerit hora, ad puteos aut alta greges ad stagna perducamus medioque die, ut idem, ad vallem sicubi magna Iovis antiquo robore quercus ingentis tendit ramos aut sicubi nigrum ilicibus crebris atra nemus accubat umbra.

[24] Rursus deinde iam mitigato vapore compellamus aquam - etiam per aestatem id faciendum est - et iterum in pabula producamus solis ad occasum, cum frigidus aera vesper temperat et saltus reficit iam roscida luna. Sed observandum est sidus aestatis per emersum Caniculae, ut ante meridiem grex in occidentem spectans agatur et in eam partem progrediatur, post meridiem in orientem, si quidem plurimum refert, ne pascentium capita sint adversa soli, qui plerumque nocet animalibus oriente praedicto sidere. [25] Hieme et vere matutinis temporibus intra septa contineantur, dum dies arvis gelicidia detrahat. Nam pruinosa [iis diebus] herba pecudi gravedinem creat ventremque proluit, quare etiam frigidis umidisque temporibus anni semel [tantum] die potestas aquae facienda est. Tum qui sequitur gregem circumspectus ac vigilans - id quod omnibus et omnium quadripedum custodibus praecipitur - magna clementia moderetur. [26] Idemque propior quia silent et in agendis recipiendisque ovibus adclamatione ac baculo minetur nec umquam telum emittat in eas neque ab his longius recedat nec aut recubet aut considat. Nam nisi procedit, stare debet, quoniam quidem custodis officium sublimem celsissimamque oculorum veluti speculam desiderat, ut neque tardiores gravidas, dum cunctantur, neque agiles et fetas, dum procurrunt, separari a ceteris sinat, ne fur aut bestia halucinantem pastorem decipiat. Sed haec communia fere sunt in omni pecore ovillo; nunc quae sunt generosi propria dicemus.

IV. DE OVIBUS TECTIS.

Graecum pecus, quod plerique Tarentinum vocant, nisi cum domini praesentia est, vix expedit haberi, si quidem et curam et cibum maiorem desiderat. Nam cum sit universum genus lanigerum ceteris pecudibus mollius, tum ex omnibus Tarentinum est mollissimum, quod nullam domini aut magistrorum ineptiam sustinet multoque minus avaritiam nec aestus nec frigoris patiens. [2] Raro foris, plerumque domi alitur et est avidissimum cibi, cui si quid detrahitur fraude vilici, clades sequitur gregem. Singula capita per hiemem recte pascuntur ad praesepia tribus hordei vel frese cum suis valvulis fabae aut cicerculae quattuor sextariis, ut et aridam frondem praebeas aut siccam vel viridem Medicam cytisumve, tum etiam cordi feni septena pondo aut leguminum paleas adfatim. [3] Minimus agnis vendundis in hac pecude nec ullus lactis reditus haberi potest, nam et qui submoveri debent paucissimos post dies, quam editi sunt, inmaturi fere mactantur, orbaeque natis suis alienae suboli praebent ubera. Quippe singuli agni binis nutricibus submittuntur nec quicquam subtrahi submissis expedit, quo saturior lactens celeriter confirmetur et parta nutrici consociata minus laboret in educatione fetus sui. Quam ob causam diligenti cura servandum est, ut et suis cotidie matribus et alienis non amantibus agni subrumentur. [4] Plures autem in eius modi gregibus quam in hirtis masculos enutrire oportet. Nam prius quam feminas inire possint, mares castrati, cum bimatum expleverunt, enecantur, et pelles eorum propter pulchritudinem lanae maiore pretio quam alia vellera mercantibus traduntur. Liberis autem campis et omni surculo ruboque vacantibus ovem Graecam pascere meminerimus, ne, ut supra dixi, et lana carpatur et tegumen. [5] Nec tamen ea minus sedulam curam foris, quia non cotidie procedit in pascua, sed maiorem domesticam postulat, nam saepius detegenda et refriganda est, saepius eius lana deducenda vinoque et oleo insucanda, non numquam etiam tota est eluenda, si diei permittit apricitas, idque ter anno fieri sat est. Stabula vero frequenter everrenda et purganda umorque omnis urinae deverrendus est, qui commodissime siccatur perforatis tabulis, quibus ovilia consternuntur, ut grex supercubet. [6] Nec tantum caeno aut stercore, sed exitiosis quoque serpentibus tecta liberentur, quod ut fiat, disce et odoratam stabulis incendere cedrum galbaneoque agitare graves nidore chelydros. Saepe sub inmotis praesepibus aut mala tactu vipera delituit caelumque exterrita fugit aut tecto adsuetus coluber. Quare, ut idem iubet, cape saxa manu, cape robora, pastor, tollentemque minas et sibila colla tumentem deice, vel, ne istud cum periculo facere necesse sit, muliebris capillos aut cervina saepius ure cornua, quorum odor maxime non patitur stabulis praedictam pestem consistere. [7] Tonsurae certum tempus anni per omnes regiones servari non potest, quoniam nec ubique tarde nec celeriter aestas ingruit, et est modus optimus considerare tempestates, quibus ovis neque frigus, si lanam detraxeris, neque aestum, si nondum detonderis, sentiat. Verum ea quandoque detonsa fuerit, ungui debet tali medicamine: sucus excocti lupini veterisque vini faex et amurca pari mensura miscentur eoque liquamine tonsa ovis inbuitur, [8] atque ubi per triduum delibuto tergore medicamina perbibit, quarto die, si est vicinia maris, ad litus deducta mersatur, si minus, caelestis aqua sub dio salibus in hunc usum durata paulum decoquitur eaque grex perluitur. Hoc modo curatum pecus toto anno scabrum fieri non posse Celsus adfirmat, nec dubium est, quin etiam ob eam rem lana quoque mollior atque prolixior renascatur.

V. MEDICINAE PECORIS OVILLI.

Et quoniam censuimus cultum curamque recte valentium, nunc quem ad modum vitiis aut morbo laborantibus subveniundum sit, praecipiemus, quamquam pars haec exordii paene tota iam exhausta est, cum de medicina maioris pecoris priore libro disputaremus, quia cum sit fere eadem corporis natura minorum maiorumque quadripedum, paucae parvaeque morborum et remediorum differentiae possunt inveniri. Quae tamen quantulaecumque sunt, non omittentur a nobis. [2] Si aegrotat universum pecus, ut et ante praecepimus et nunc, quia remur esse maxime salutare, iterum adseveramus, in hoc casu quod est remedium praesentissumum, pabula mutemus et aquationes totiusque regionis alium quaeramus statum caeli curemusque, si ex calore et aestu concepta pestis invasit, ut opaca rura, si invasit frigore, ut eligantur aprica. [3] Sed modice ac sine festinatione prosequi pecus oportebit, ne inbecillitas eius longis itineribus adgravetur, nec tamen in totum pigre ac segniter agere. Nam quem ad modum fessas morbo pecudes vehementer agitare et extendere non convenit, ita conducit mediocriter exercere et quasi torpentis excitare nec pati veterno consenescere atque extingui. Cum deinde grex ad locum fuerit perductus, in lacinias colonis distribuatur. [4] Nam particulatim facilius quam universus convalescit, sive quia ipsius morbi halitus minor est in exiguo numero seu quia expeditius cura maior adhibetur paucioribus. Haec ergo et reliqua, ne nunc eadem repetamus, quae superiore exordio percensuimus, observare debemus, si universae laborabunt, illa si singulae. [5] Ovis frequentius quam ullum aliud animal infestatur scabie, quae fere nascitur, sicut noster memorat poeta, cum frigidus imber altius ad vivum persedit et horrida canobruma gelu, vel post tonsuram, si remedium praedicti medicaminis non adhibeas, si aestivum sudorem mari vel flumine non abluas, si tonsum gregem patiaris silvestribus spinis ac rubis sauciari, si stabulo utaris, in quo mulae aut equi aut asini steterunt; praecipue tamen exiguitas cibi maciem, macies autem scabiem facit. [6] Haec ubi coepit inrepere, sic intellegitur: vitiosum locum pecudes aut morsu scalpunt aut cornu vel ungula tundunt aut arbori adfricant parietibusve detergent. Quod ubi aliquam facientem videris, conprehendere oportebit et lanam diducere, nam subest aspera cutis et velut quaedam porrigo, cui primo quoque tempore occurrendum est, ne totam progeniem coinquinet, si quidem celeriter cum et alia pecora tum praecipue oves contagione vexentur. [7] Sunt autem conplura medicamina, quae idcirco enumerabimus, non quia cunctis uti necesse sit, sed quia non nullis regionibus quaedam reperiri nequeunt, ut ex pluribus aliquod inventum remedio sit. Facit autem commode primum ea conpositio, quam paulo ante demonstravimus, si ad faecem et amurcam sucumque decocti lupini misceas portione aequa detritum album helleborum. [8] Potest etiam scabritiem tollere sucus viridis cicutae, quae verno tempore, cum iam caulem nec adhuc semina facit, decisa contunditur atque expressus umor eius fictili vase reconditur duabus urnis liquoris admixto salis torridi semodio. Quod ubi factum est, oblitum vas in stercilino defoditur ac toto anno fimi vapore concoctum mox promitur tepefactumque medicamentum inlinitur scabrae parti, quae tamen prius aspera testa defricta vel pumice redulceratur. [9] Eidem remedio est amurca duabus partibus decocta, item vetus hominis urina testis candentibus inusta. Quidam tamen hanc ipsam subiectis ignibus quinta parte minuunt admiscentque mensura pari sucum viridis cicutae, deinde singulis urnis eius liquaminis singulos fricti salis sextarios infundunt. [10] Facit etiam sulpuris triti et picis liquidae modus aequalis igne lento coctus, sed Georgicum carmen adfirmat nullam esse praestantiorem medicinam, quam si quis ferro potuit rescindere summum ulceris os: alitur vitium vivitque tegendo. Itaque reserandum est et ut cetera vulnera medicamentis curandum. subicit deinde aeque prudenter, febricitantibus ovibus de talo vel inter duas ungulas sanguinem emitti oportere, nam plurimum, inquit, profuit incensos aestus avertere et inter ima ferire pedis salientem sanguine venam. [11] Nos etiam sub oculis et de auribus sanguinem detrahimus. Clavi quoque dupliciter infestant ovem, sive cum subluvies atque intertrigo in ipso discrimine ungulae nascitur, seu cum idem locus tuberculum habet, cuius media fere parte canino similis exstat pilus eique subest vermiculus. [12] Subluvies et intertrigo pice [per se] liquida vel alumine et sulpure atque aceto mixtis litae eruentur vel tenero Punico malo, prius quam grana faciat, cum alumine pinsito superfusoque aceto vel aeris rubigine infriata vel conbusta galla cum austero vino levigata et inlita. [13] Tuberculum, cui subest vermiculus, ferro quam cautissime circumsecari oportet, ne dum amputatur etiam quod infra est animal vulneremus. Id enim cum sauciatur, venenatam saniem mittit, quae respersum vulnus ita insanabile facit, ut totus pes amputandus sit. Sed cum tuberculum diligenter circumcideris, candens sevum vulneri per ardentem tedam instillato. [14] Ovem pulmonariam similiter ut suem curari convenit inserta per auriculam radicula, quam veterinarii consiliginem vocant. De ea iam diximus, cum maioris pecoris medicinam traderemus. Sed is morbus aestate plerumque concipitur, si defuit aqua, propter quod vaporibus omni quadripedi largius bibendi potestas danda est. [15] Celso placet, si est in pulmonibus vitium, acris aceti tantum dare, quantum ovis sustinere possit, vel humanae veteris urinae tepefactae trium heminarum instar per sinistram narem corniculo infundere atque axungiae sextantem faucibus inserere. [16] Est etiam insanabilis sacer ignis, quam pusulam vocant pastores. Ea nisi conpescitur intra primam pecudem, quae tali malo correpta est, universum gregem contagione prosternit, si quidem nec medicamentorum nec ferri remedia patitur, nam paene ad omnem tactum excandescit. Sola tamen fomenta non aspernatur lactis caprini, quod infusum tactu suo velut eblanditur igneam saevitiam, differens magis occidionem gregis quam prohibens. [17] Sed Aegyptiae gentis auctor memorabilis Bolus Mendesius, cuius commenta, quae appellantur Graece cheirokmeta, sub nomine Democriti falso produntur, censet propter hanc pestem saepius ac diligenter ovium terga perspicere, ut si forte sit in aliqua tale vitium deprehensum, confestim scrobem defodiamus in limine stabuli et vivam pecudem, quae fuerit pusulosa, resupinam obruamus patiamurque super obrutam meare totum gregem, quod eo facto morbus propulsetur. [18] Bilis, aestivo tempore non minima pernicies, potione depellitur humanae veteris urinae, quae ipsa remedio est etiam pecori arquato. At si molesta pituita est, cunelae bubulae vel surculi nepetae silvestris lana involuti naribus inseruntur versanturque, donec sternuat ovis. Fracta pecudum non aliter quam hominum crura sanantur involuta lanis oleo atque vino insucatis et mox circumdatis ferulis conligata. [19] Est etiam gravis pernicies herbae sanguinariae, qua si pasta est ovis, toto ventre distenditur contrahiturque et spumat et quaedam tenuia taetri odoris excernit. Celeriter sanguinem mitti oportet sub cauda in ea parte, quae proxima est clunibus, nec minus in labro superiore vena solvenda est. Suspiriose laborantibus ovibus auriculae ferro rescindendae mutandaeque regiones, quod in omnibus morbis ac pestibus fieri debere censemus. [20] Agnis quoque succurrendum est vel febricitantibus vel aegritudine alia defectis; qui ubi morbo laborant, admitti ad matres non debent, ne in eas perniciem transferant. Itaque separatim mulgendae sunt oves, et caelestis aqua pari mensura lacti miscenda est, atque ea potio febricitantibus danda. Multi lacte caprino isdem medentur, quod per corniculum infunditur faucibus. [21] Est etiam mentigo, quam pastores ostiginem vocant, mortifera lactentibus. Ea plerumque fit, si per inprudentiam pastoris emissi agni vel etiam haedi roscidas herbas depaverunt, quod minime committi oportet. Sed cum id factum est, velut ignis sacer os atque labra foedis ulceribus obsidet. [22] Remedio sunt hyssopum et sal aequis ponderibus contrita; nam ea mixtura palatum atque lingua totumque os perfricatur. Mox ulcera lavantur aceto et tunc pice liquida cum adipe suilla perlinuntur. Quibusdam placet rubiginis aeneae tertiam partem duabus veteris axungiae portionibus commiscere tepefactoque uti medicamine. Non nulli folia cupressi trita miscent aquae et ita perluunt ulcera atque palatum. Castrationis autem ratio iam tradita est, neque enim alia in agnis quam in maiore quadripede servatur.

VI. DE CAPRIS.

Et quoniam de oviario satis dictum est, ad caprinum pecus nunc revertar. Id autem genus dumeta potius quam campestrem situm desiderat asperisque etiam locis ac silvestribus optime pascitur, nam nec rubos aversatur nec vepribus offenditur et arbusculis frutectisque maxime gaudet. Ea sunt arbutus atque alaternus cytisusque agrestis nec minus ilignei querneique frutices, qui in altitudinem non prosilierunt. [2] Caper, cui sub maxillis binae verruculae collo dependent, optimus habetur, amplissimi corporis, cruribus crassis, plena et brevi cervice, flaccidis et praegravantibus auribus, exiguo capite, [nigro] densoque et nitido atque longissimo pilo, nam et ipse tondetur usum in castrorum ac miseris velamina nautis. [3] Est autem mensum septem satis habilis ad progenerandum, quoniam inmodicus libidinis, dum adhuc uberibus alitur, matrem stupro supervenit et ideo ante sex annos celeriter consenescit, quod inmatura veneris cupidine primis pueritiae temporibus exhaustus est, itaque quinquennis parum idoneus habetur feminis inplendis. [4] Capella praecipue probatur simillima hirco, quem descripsimus, si etiam est uberis maximi et lactis abundantissimi. Hanc pecudem mutilam parabimus quieto caeli statu, nam procelloso atque imbrifero cornutam. Semper autem et omni regione maritos gregum mutilos esse oportebit, quia cornuti fere perniciosi sunt propter petulantiam. [5] Sed numerum generis huius maiorem quam centum capitum sub uno clauso non expedit habere, cum lanigerae mille pariter commode stabulentur. Atque ubi caprae primum conparantur, melius est unum gregem totum quam ex pluribus particulatim mercari, ut nec in pastione separatim laciniae deducantur et in caprili maiore concordia quiete consistant. Huic pecudi nocet aestus, sed magis frigus, et praecipue fetae, quia gelicidiosior hiemps conceptum vitiat. Nec tamen ea sola creant abortus, sed etiam glans cum citra satietatem data est. Itaque nisi potest adfatim praeberi, non est gregi permittenda. [6] Tempus admissurae per autumnum fere ante mensem Decembrem praecipimus, ut iam propinquante vere gemmantibus frutectis, cum primum silvae nova germinant fronde, partus edatur. Ipsum vero caprile vel naturali saxo vel manu constratum eligi debet, quoniam huic pecori nihil substernitur diligensque pastor cotidie stabulum converrit nec patitur stercus aut umorem consistere lutumve fieri, quae cuncta sunt capris inimica. [7] Parit autem, si est generosa proles, frequenter duos, non numquam trigeminos. Pessima est fetura, cum matres binae ternos haedos efficiunt; qui ubi editi sunt, eodem modo, quo agni educantur, nisi quod magis haedorum lascivia conpescenda et artius cohibenda est. Tum super lactis abundantiam samera vel cytisus aut hedera praebenda vel etiam cacumina lentisci aliaeque tenues frondes obiciendae sunt. Sed ex geminis singula capita, quae videntur esse robustiora, in supplementum gregis reservantur, cetera mercantibus traduntur. [8] Anniculae vel bimae capellae - nam utraque aetas partum edit - submitti haedum non oportet, neque enim educare nisi trima debet. Sed anniculae confestim depellenda suboles, bimae tam diu admittenda, dum possit esse vendibilis. Nec ultra octo annos matres servandae sunt, quod adsiduo partu fatigatae steriles existant. [9] Magister autem pecoris acer, durus, strenuus, laboris patientissimus, alacer atque audax esse debet, ut qui per rupes, per solitudines, per vepres facile vadat et non ut alterius generis pastores sequatur, sed plerumque et antecedat gregem. Maxime strenuum pecus est capella praecedens; subinde quae incedit compesci debet, ne procurrat, sed placide ac lente pabuletur, ut et largi sit uberis et non strigosissimi corporis.

VII. MEDICINAE EARUM.

Atque alia genera pecorum, cum pestilentia vexantur, prius morbo et languoribus macescunt, solae capellae quamvis optimae atque hilares subito concidunt et velut aliqua ruina gregatim prosternantur. Id autem accidere maxime solet ubertate pabuli, quam ob rem, dum adhuc paucas pestis perculit, omnibus sanguis detrahendus nec toto die pascendae, sed mediis quattuor horis intra saepta claudendae. [2] Sin alius languor infestat, poculo medicantur harundinis et albae spinae radicibus, quas cum ferreis pilis diligenter contudimus, admiscemus aquam pluviatilem solamque potandam pecori praebemus. Quod si ea res aegritudinem non depellit, vendenda sunt pecora vel, si neque id contingere potest, ferro necanda saliendaque. Mox interposito spatio conveniet olim gregem reparare, nec tamen ante quam pestilens tempus anni, sive id fuit hiemis, vertatur aestate sive autumnum vere mutetur. [3] Cum vero singulae morbo laborabunt, eadem remedia, quae etiam ovibus, adhibebimus. Nam cum distendetur aqua cutis, quod vitium Graeci vocant hydropa, sub armo pellis leviter incisa perniciosum transmittat umorem, tum factum vulnus pice liquida curetur. [4] Cum effetae loca genitalia tumebunt aut secundae non responderint, defruti sextarius vel, cum id defuerit, boni vini tantundem faucibus infundatur et naturalia ceroto liquido repleantur. Sed ne nunc singula persequar, sicut in ovillo pecore praedictum est, caprino medebimur.

VIII. DE CASEO FACIENDO.

Casei quoque faciendi non erit omittenda cura utique longinquis regionibus, ubi mulctram devehere non expedit. Is porro si tenui liquore conficitur, quam celerrime vendendus est, dum adhuc viridis sucum retinet, si pingui et opimo, longiorem patitur custodiam. Sed lacte fieri debet sincero et quam recentissimo - nam requietum vel aqua mixtum celeriter acorem concipit - et id plerumque cogi agni aut haedi coagulo, quamvis possit et agrestis cardui flore conduci et seminibus cneci nec minus ficulneo lacte, quod emittit arbor, si eius virentem saucies corticem. [2] Verum optimus caseus est, qui exiguum medicaminis habet. Minimum autem coagulum recipit sinum lactis argentei pondus denarii, nec dubium quin fici ramulis glaciatus caseus iucundissime sapiat. [3] Sed mulctra cum est repleta lacte, non sine tepore aliquo debet esse, nec tamen admovenda est flammis, ut quibusdam placet, sed haut procul igne constituenda, et confestim cum concrevit liquor, in fiscellas aut in calathos vel formas transferendus est. Nam maxime refert primo quoque tempore serum percolari et a concreta materia separari. [4] Quam ob causam rustici ne patiantur quidem sua sponte pigro umore defluere, sed cum paulo solidius caseus factus est, pondera superponunt, quibus exprimatur serum; deinde ut formis aut calathis exemptus est, opaco ac frigido loco, ne possit vitiari, quamvis mundissimis tabulis conponitur, aspargitur tritis salibus, ut exsudet acidum liquorem, atque ubi duratus est, vehementius premitur, ut conspissetur, et rursus torrido sale contingitur rursusque ponderibus condensatur. [5] Hoc cum per dies novem factum est, aqua dulci abluitur et sub umbra cratibus in hoc factis ita ordinatur, ne alter alterum caseus contingat et ut modice siccetur, deinde quo tenerior permaneat, clauso neque ventis obnoxio loco stipatur per conplura tabulata. Sic neque fistulosus neque salsus neque aridus provenit, quorum vitiorum primum solet accidere si parum pressus, secundum si nimio sale inbutus, tertium si sole exustus est. [6] Hoc genus casei potest etiam trans maria permitti; nam is, qui recens intra paucos dies absumi debet, leviore cura conficitur, quippe fiscellis exemptus in salem muriamque demittitur et mox in sole paulum siccatur. Non nulli ante quam pecus numellis induant, virides pineas nuces in mulctram demittunt et mox super eas emulgent nec separant, nisi cum transmiserunt in formas coactam materiam. Ipsos quidam virides conterunt nucleos et lacti permiscent atque ita congelant. [7] Sunt qui thymum contritum cribroque colatum cum lacte cogant. Similiter qualiscumque velis saporis efficere possis, adiecto quod elegeris condimento. Illa vero notissima est ratio faciundi casei, quem dicimus manu pressum, namque is paulum gelatus in mulctra, dum est tepefacta, rescinditur et fervente aqua perfusus vel manu figuratur vel buxeis formis exprimitur. Est etiam non ingrati saporis muria praeduratus atque ita malinis lignis vel culmi fumo coloratus. Sed iam redeamus ad originem.

IX. DE SUIBUS.

In omni genere quadripedum species maris diligenter eligitur, quoniam frequentius patri similior est progenies quam matri. Quare etiam in suillo pecore probandi sunt totius quidem corporis amplitudine eximii, sed qui quadrati potius quam longi aut rotundi sint, ventre promisso, clunibus vastis nec proinde cruribus aut ungulis proceris, amplae et glandulosae cervicis, rostri brevis et resupini, maximeque ad rem pertinet quam salacissimos esse ineuntes. [2] Ab annicula aetate commode progenerant, dum quadrimatum agant, possunt tamen etiam semestres inplere feminam. Scrofae probantur longissimi status, set ut sint reliquis membris similes descriptis verribus. Si regio frigida et pruinosa est, quam durissimae densaeque et nigrae setae grex eligendus est, si temperata atque aprica, glabrum pecus vel etiam pistrinale album potest pasci. [3] Femina sus habetur ad partus edendos idonea fere usque in annos septem, quae quanto fecundior est celerius senescit. Annicula non inprobe concipit, sed iniri debet mense Februario, quattuor quoque mensibus feta quinto parere, cum iam herbae solidiores sunt, ut et firma lactis maturitas porcis contingat et, cum desierint uberibus ali, stipula pascantur ceterisque leguminum caducis frugibus. [4] Hoc autem fit longinquis regionibus, ubi nihil nisi submittere expedit, nam suburbanis lactens porcus hara mutandus est; sic enim mater non educando labori subtrahitur celeriusque iterum conceptum partum edet, idque bis anno faciet. Mares vel cum primum ineunt semestres aut cum saepius progeneraverunt trimi aut quadrimi castrantur, ut possint pinguescere. [5] Feminis quoque vulvae ferro exulcerantur et cicatricibus clauduntur, ne sint genitales, quod facere non intellego quae ratio compellat nisi penuria cibi. Nam ubi est ubertas pabuli, submittere prolem semper expedit. [6] Omnem porro situm ruris pecus hoc usurpat, nam et montibus et campis commode pascitur, melius tamen palustribus agris quam sitientibus. Nemora sunt convenientissima, quae vestiuntur quercu, subere, fago, cerris, ilicibus, oleastris, termitibus, corylis pomiferisque silvestribus, ut sunt albae spinae, Graecae siliquae, iuniperus, lotus, pampinus, cornus, arbutus, prunus et paliurus atque achrades piri. Haec enim diversis temporibus mitescunt ac paene toto anno gregem saturant. [7] At ubi penuria est arborum, terrenum pabulum consectabimur et sicco limosum praeferemus, ut paludem rimentur effodiantque lumbricos atque in luto volutentur, quod est huic pecudi gratissimum, quin et aquis abuti possint; namque [et] id fecisse maxime aestate profuit et dulcis eruisse radiculas aquatilis silvae, tamquam scirpi iuncique et degeneris harundinis, quam vulgus cannam vocant. [8] Nam cultus quidem ager opimas reddit sues, cum est graminosus et pluribus generibus pomorum consitus, ut per anni diversa tempora mala, pruna, pirum, multiformes nuces ac ficum praebeat. Nec tamen propter haec parcetur horreis, nam saepe de manu dandum est, cum foris deficit pabulum, propter quod plurima glans vel cisternis in aquam vel fumo tabulatis recondenda est. [9] Fabae quoque et similium leguminum, cum vilitas permittit, facienda est potestas et utique vere, dum adhuc lactent viridia pabula, quae subus plerumque nocent. Itaque mane, prius quam procedant in pascua, conditivis cibis sustinendae sunt, ne inmaturis herbis citetur alvus eoque vitio pecus emacietur, nec ut ceteri greges universi claudi debent, sed per porticus harae faciendae sunt, quibus aut a partu aut etiam praegnates includantur. Nam praecipue sues catervatim atque inconditae, cum sint pariter inclusae, super alias aliae cubant et fetus elidunt. [10] Quare, ut dixi, iunctae parietibus harae construendae sunt in altitudinem pedum quattuor, ne sus transsilire septa queat; nam contegi non debet, ut a superiore parte custos numerum porcorum recenseat et, si quem decumbens mater oppresserit, cubanti subtrahat. Sit autem vigilax, inpiger, industrius, navus; omnium quas pascit et matricum et minorum meminisse debet, ut uniuscuiusque partum consideret. Semper observet enitentem claudatque, ut in hara fetum edat. [11] Tum denotet protinus, quot et quales sunt nati, et curet, ne quis sub nutrice aliena educetur, nam facillime porci, si evaserint haram, miscent se, et scrofa cum decubuit aeque alieno ac suo praebet ubera. [12] Itaque porculatoris maximum officium est, ut unamquamque cum sua prole claudat. Qui si memoria deficitur, quo minus agnoscat cuiusque progeniem, pice liquida eandem notam scrofae et porcis inponat, sive per litteras sive per alias formas unumquemque fetum cum matre distinguat. Nam in maiore numero diversis notis opus est, ne confundatur memoria custodis. [13] At tamen quia id facere gregibus amplis videtur operosum, commodissimum est haras ita fabricare, ut limen earum in tantam altitudinem consurgat, quantam possit nutrix evadere, lactens supergredi non possit. Sic nec alienus inrepit et in cubili suam quisque matrem nidus exspectat, qui tamen non debet octo capitum numerum excedere, non quia ignorem fecunditatem scrofarum maioris esse numeri, sed quia celerrime fatiscit, quae pluris educat. Atque eae, quibus partus submittitur, cocto sunt hordeo sustinendae, ne ad maciem summam perducantur et ex ea ad aliquam perniciem. [14] Diligens autem porculator frequenter suile converrit et saepius haras, nam quamvis praedictum animal in pabulationem spurce versetur, mundissimum tamen cubile desiderat. Hic fere cultus est suilli pecoris recte valentis; sequitur ut dicamus, quae sit cura vitiosi.

X. MEDICINAE EARUM.

Febricitantium signa sunt, cum obstipae sues transversa capita ferunt ac per pascua subito, cum paululum procurrerunt, consistunt et vertigine correptae concidunt. [2] Earum notanda sunt capita, quam in partem proclinent, ut ex diversa parte de auricula sanguinem mittamus. Item sub cauda duobus digitis a clunibus intermissis venam feriamus, quae est in eo loco satis ampla, eamque sarmento prius oportet verberari, deinde ab ictu virgae tumentem ferro rescindi detractoque sanguine conligari saligneo libro vel etiam ulmeo. [3] Quod cum fecerimus, uno aut altero die sub tecto pecudem continebimus et aquam modice calidam quantam volent farinaeque hordeaceae singulos sextarios praebebimus. Strumosis sub lingua sanguis mittendus est, qui cum profluxerit, sale trito cum farina triticea confricari totum os conveniet. Quidam praesentius putant esse remedium, cum per cornum singulis ternos cyathos gari demittunt. Deinde fissas taleas ferularum lineo funiculo religant et ita collo suspendunt, ut strumae ferulis contingantur. [4] Nauseantibus quoque salutaris habetur eburnea scobis sali fricto et fabae minute fresae conmixta ieiunisque prius quam in pascua prodeant obiecta. Solet etiam universum pecus aegrotare, ita ut emacietur nec cibos capiat productumque in pascua medio campo procumbat et quodam veterno pressum somnos aestivo sub sole captet. [5] Quod cum facit, totus grex tecto clauditur stabulo atque uno die abstinetur potione et pabulo. Postridie radix anguinei cucumeris trita et conmixta cum aqua datur sitientibus, quam cum pecudes biberunt, nausea correptae vomitant atque expurgantur, omnique bile depulsa cicercula vel faba dura muria consparsa, deinde sicut hominibus aqua calida potanda permittitur. [6] Sed cum omni quadripedi per aestatem sitis sit infesta, tum suillo maxime est inimica. Quare non ut capellam vel ovem sic et hoc animal bis aquam duci praecipimus, sed si fieri potest, iuxta flumen aut stagnum per ortum Caniculae detineri, quia cum sit aestuosissimum, non est contentum potione aquae, nisi obesam inluviem atque distentam pabulis alvum demerserit ac refrigeraverit, nec ulla re magis gaudet quam rivis atque caenoso lacu volutari. [7] Quod si locorum situs repugnat, ut ita fieri possit, puteis extracta et large canalibus inmissa praebenda sunt pocula, quibus nisi adfatim satiantur, pulmonariae fiunt; isque morbus optime sanatur auriculis inserta consiligine, de qua radicula diligenter ac saepius iam locuti sumus. [8] Solet etiam vitiosi splenis dolor eas infestare, quod accidit, cum siccitas magna provenit et, ut Bucolicum loquitur poema, strata iacent passim sua quaeque sub arbore poma. Nam pecus insatiabile suis dulcedinem pabuli consectantur et supra modum aestate splenis incremento laborant. Cui succurritur, si fabricentur canales tamaricis et rusco repleanturque aqua et sitientibus admoveantur, quippe ligni sucus medicabilis epotus intestinum tumorem compescit.

XI. DE CASTRATIONE.

Castrationis autem in hoc pecore duo tempora servantur, veris et autumni, et eius administrandae duplex ratio: prima illa, quam iam tradidimus, cum duobus vulneribus inpressis per unamquamque plagam singuli exprimuntur testiculi, altera est speciosior, sed magis periculosa, quam tamen non omittam. [2] Cum virilem partem utramque ferro reseratam detraxeris, per inpressum vulnus scalpellum inserito et mediam quasi cutem, quae intervenit duobus membris genitalibus, rescindito atque uncis digitis alterum quoque testiculum educito; sic una fiet cicatrix adhibitis ceteris remediis, quae prius docuimus. Illud autem, quod pertinet ad religionem patris familiae, non reticendum putavi: [3] sunt quaedam scrofae, quae mandunt fetus suos, quod cum fit, non habetur prodigium. Nam sues ex omnibus pecudibus inpatientissimae famis aliquando sic indigent pabuli, ut non tantum alienam, si liceat, subolem, sed etiam suam consumant.

XII. DE CANIBUS.

De armentis ceterisque pecudibus et magistris, per quos quadripedum greges humana sollertia domi forisque curantur atque observantur, nisi fallor, satis adcurate disserui. Nunc ut exordio priore sum pollicitus, de mutis custodibus loquar, quamquam falso canis dicitur mutus custos. Nam quis hominum clarius aut tanta vociferatione bestiam vel furem praedicat quam iste latratu, quis famulus amantior domini, quis fidelior comes, quis custos incorruptior, quis excubitor inveniri potest vigilantior, quis denique ultor aut vindex constantior? Quare vel in primis hoc animal mercari tuerique debet agricola, quod et villam et fructus familiamque et pecora custodit. [2] Eius autem parandi tuendique triplex ratio est. Namque unum genus adversus hominum insidias eligitur et id villam quaeque iuncta sunt villae custodit, at alterum propellendis iniuriis hominum ac ferarum et id observat domi stabulum, foris pecora pascentia; tertium venandi gratia conparatur idque non solum nihil agricolam iuvat, sed et avocat desidemque ab opere suo reddit. [3] De villatico igitur et pastorali dicendum est, nam venaticus nihil pertinet ad nostram professionem. Villae custos eligendus est amplissimi corporis, vasti latratus canorique, prius ut auditu maleficum, deinde etiam conspectu terreat et tamen non numquam nec visus quidem horribili fremitu suo fuget insidiantem. Sit autem coloris unius, isque magis eligitur albus in pastorali, niger in villatico, nam varius in neutro est laudabilis. Pastor album probat, quoniam est ferae dissimilis, magnoque opus interdum discrimine est in propulsandis lupis sub obscuro mane vel etiam crepusculo, ne pro bestia canem feriat. [4] Villaticus, qui hominum maleficiis opponitur, sive luce clara fur advenit, terribilior niger conspicitur, sive noctu, ne conspiciatur quidem propter umbrae similitudinem, quam ob rem tectus tenebris canis tutiorem adcessum habet ad insidiantem. Probatur quadratus potius quam longus aut brevis, capite tam magno, ut corporis videatur pars maxima, deiectis et propendentibus auribus, nigris vel glaucis oculis acri lumine radiantibus, amplo villosoque pectore, latis armis, cruribus crassis et hirtis, cauda brevi, vestigiorum articulis et unguibus amplissimis, qui Graece drakes appellantur. Hic erit villatici status praecipue laudandus. [5] Mores autem neque mitissimi nec rursus truces atque crudeles, quod illi furem quoque adulantur, hi etiam domesticos invadunt. Satis est severos esse nec blandos, ut non numquam etiam conservos iratius intuantur, semper excandescant in exteros. Maxime autem debent in custodia vigilantes conspici nec erronei, sed adsidui et circumspecti magis quam temerarii. Nam illi, nisi quod certum conpererunt, non indicant, hi vano strepitu et falsa suspicione concitantur. [6] Haec idcirco memoranda credidi, quia non natura tantum, sed etiam disciplina mores facit, ut et, cum emendi potestas fuerit, eius modi probemus et, cum educabimus domi natos, talibus institutis formemus. [7] Nec multum refert, an villatici corporibus graves et parum veloces sint; plus enim comminus et in gradu quam eminus et in spatioso cursu facere debent. Nam semper circa septa et intra aedificium consistunt, immo ne longius quidem recedere debent satisque pulchre funguntur officio, si et advenientem sagaciter odorantur et latratu conterrent nec patiuntur propius accedere vel constantius adpropinquantem violenter invadunt. Primum est enim non adtemptari, secundum est lacessitum fortiter et perseveranter vindicari. atque haec de domesticis custodibus, illa de pastoralibus. [8] Pecuarius canis neque tam strigosus aut pernix debet esse, quam qui dammas cervosque et velocissima sectantur animalia, nec tam obesus aut gravis quam villae horreique custos; [9] sed et robustus nihilo minus et aliquatenus promptus ac strenuus, quoniam et ad rixam pugnamque nec minus ad cursum conparatur, cum et lupi repellere insidias et raptorem ferum consequi fugientem praedamque excutere atque auferre debeat. Quare status eius longior productiorque ad hos casus magis habilis est quam brevis aut etiam quadratus, quoniam, ut dixi, non numquam necessitas exigit celeritate bestiam consectandi. Ceteri artus similes membris villatici canis aeque probantur. [10] Cibaria fere eadem sunt utrique generi praebenda. Nam si tam laxa rura sunt, ut sustineant pecorum greges, omnis sine discrimine hordeacea farina cum sero commode pascit. Sin autem surculo consitus ager sine pascuo est, farreo vel triticeo pane satiandi sunt, admixto tamen liquore coctae fabae, sed tepido, nam fervens rabiem creat. [11] Huic quadripedi neque feminae neque mari nisi post annum permittenda venus est, quae si teneris conceditur, carpit et corpus et vires animosque degenerat. Primus effetae partus amovendus est, quoniam tiruncula nec recte nutrit et educatio totius habitus aufert incrementum. Mares iuveniliter usque in annos decem progenerant, post id tempus ineundis feminis non videntur habiles, quoniam seniorum pigra suboles existit. Feminae concipiunt usque in annos novem nec sunt utiles post decimum. [12] Catulos sex mensibus primis, dum corroborentur, emitti non oportet nisi ad matrem lusus ac lasciviae causa. Postea catenis per diem continendi et noctibus solvendi, nec umquam eos, quorum generosam volumus indolem conservare, patiemur alienae nutricis uberibus educari, quoniam semper et lac et spiritus maternus longe magis ingenii atque incrementa corporis auget. [13] Quod si et feta lacte deficitur, caprinum maxime conveniet praeberi catulis, dum fiant mensum quattuor. Nominibus autem non longissimis appellandi sunt, quo celerius quisque vocatus exaudiat, nec tamen brevioribus quam quae duabus syllabis enuntiantur, sicuti Graecum est skylax, Latinum Ferox, Graecum lakon, Latinum Celer, vel femina, ut sunt Graeca spoude, alke, rome, Latina Lupa, Cerva, Tigris. [14] Catulorum caudas post diem quadragensimum, quam sint editi, sic castrare conveniet. Nervus est, qui per articulos spinae prorepit usque ad ultimam partem caudae; is mordicus conprehensus et aliquatenus eductus abrumpitur, quo facto neque in longitudinem cauda foedum capit incrementum, et, ut plurimi pastores adfirmant, rabies arcetur, letifer morbus huic generi.

XIII. MEDICINAE EORUM.

Fere autem per aestatem sic muscis aures canum exulcerantur, saepe ut totas amittant; quod ne fiat, amaris nucibus contritis linendae sunt. Quod si ulceribus iam praeoccupatae fuerint, coctam picem liquidam suillae adipi mixtam vulneribus stillari conveniet. Hoc eodem medicamine contacti ricini decidunt, nam manu non sunt vellendi, ne, ut et ante praedixeram, faciant ulcera. [2] Pulicosae cani remedia sunt sive cyminum tritum pari pondere cum veratro aquaque mixtum et inlitum seu cucumeris anguinei sucus vel, si haec non sunt, vetus amurca per totum corpus infusa. Si scabies infestavit, gypsi et sesami tantundem conterito et cum pice liquida permisceto vitiosamque partem linito, quod medicamentum putatur etiam hominibus esse conveniens. Eadem pestis si fuerit vehementior, cedrino liquore aboletur; reliqua vitia, sicut in ceteris animalibus praecepimus, curanda erunt. [3] Hactenus de minore pecore. Mox de villaticis pastionibus, quae continent volucrum pisciumque et silvestrium quadripedum curam, sequente volumine praecipiemus.

LIBER VIII

I. DE VILLATICIS PASTIONIBUS. AVIARIUS ET PISCATOR

Quae fere consummabant, Publi Silvine, ruris expe<d>iendi scientiam, quaeque pecuariae negotiationis exigebat ratio, septem memoravimus libris. Hic nunc sequentis numeri titulum possidebit, nec quia proximam propriamque rustici curam desiderent ea quae dicturi sumus, sed quia non alio loco quam in agris aut villis debeant administrari. Et tamen agrestibus magis quam urbanis prosint; [2] quippe villaticae pastiones sicut pecuariae non minimam colono stipem conferunt, cum et avium stercore macerrimis vineis et omni surculo atque arvo medeantur, et eisdem familiarem focum mensamque pretiosis dapibus opulentent, postremo venditorum animalium pretio villae reditum augeant. Quare de hoc quoque genere pastionis dicendum censui. [3] Est autem id fere vel in villa vel circa villam. In villa est quod appellant Graeci ornithonnes kai peristereones, atque etiam, cum datur liquoris facultas, ichthyotropheia sedula cura exercentur. Ea sunt omnia, ut Latine potius loquamur, sicut avium cohortalium stabula nec minus earum, quae conclavibus septae saginantur, vel aquatilium animalium receptacula. [4] Rursus circa villam ponuntur melissones kai chenoboskia, quin etiam lagotropheia studiose administrantur; quae nos similiter appellamus apum cubilia, apiaria, vel nantium volucrum, quae stagnis piscinisque laetantur, aviaria, vel etiam pecudum silvestrium, quae nemoribus clausis custodiuntur, vivaria.

II. DE COHORTALIBUS GALLINIS

Prius igitur de his praecipiam, quae intra septa villae pascuntur. ac de aliis quidem forsitan ambigatur an sint agrestibus possidenda, gallinarum vero plerumque agricolae cura sollemnis est. Earum genera sunt vel cohortalium vel rusticarum vel Africanarum. [2] Cohortalis est avis quae vulgo per omnes fere villas conspicitur, rustica, quae non dissimilis villaticae per aucupem decipitur - eaque plurima est in insula quam navitae Ligustico mari sitam producto nomine alitis Gallinariam vocitaverunt. Africana est quam plerique Numidicam dicunt, meleagridi similis, nisi quod rutilam galeam et cristam capite gerit, quae utraque sunt in Meleagride caerulae. [3] Sed ex his tribus generibus cohortales feminae proprie appellantur gallinae, mares autem galli, semimares capi, qui hoc nomine vocantur cum sint castrati libidinis abolendae causa. Nec tamen id patiuntur amissis genitalibus, sed ferro candente calcaribus inustis, quae cum ignea vi consumpta sunt, facta ulcera dum consanescant, figulari creta linuntur. [4] Huius igitur villatici generis non spernendus est reditus, si adhibeatur educandi scientia, quam plerique Graecorum et praecipue celebravere Deliaci. Sed et hi, quoniam procera corpora et animos ad proelia pertinacis requirebant, praecipue Tanagricum genus et Rhodium probabant, nec minus Chalcidicum et Medicum, quod ab imperito vulgo littera mutata Melicum appellatur. [5] Nobis nostrum vernaculum maxime placet, omisso tamen illo studio Graecorum, qui ferocissimum quemque alitem certaminibus et pugnae praeparabant. Nos enim censemus instituere vectigal industrii patrisfamiliae, non rixosarum avium lanistae, cuius plerumque totum patrimonium, pignus aleae, victor gallinaceus pyctes abstulit. [6] Igitur cui placebit sequi nostra praecepta, consideret oportet primum quam multas et cuiusmodi parare debeat matrices, deinde qualiter eas tutari et pascere, mox quibus anni temporibus earum partus excipere, tum demum ut incubent et excludant efficere, postremo ut commode pulli educentur operam dare. His enim curis et ministeriis exercetur ratio cohortalis, quam Graeci vocant ornithotrophian. [7] Parandi autem modus est ducentorum capitum, quae pastoris unius curam distendant, dum tamen anus sedula vel puer adhibeatur custos vagantium, ne obsidiis hominum aut insidiatorum animalium diripiantur. Mercari porro nisi fecundissimas aves non expedit. Eae sint rubicundae vel infuscae plumae nigrisque pinnis, ac si fieri poterit, omnes huius et ab hoc proximi coloris eligantur. Sin aliter, vitentur albae, quae fere cum sint molles ac minus vivaces, tum ne fecundae quidem facile reperiuntur, atque etiam conspicuae propter insigne candoris ab accipitribus et aquilis saepius abripiuntur. [8] Sint ergo matrices robii coloris, quadratae, pectorosae, magnis capitibus, rectis rutilisque cristulis, albis auribus, et sub hac specie quam amplissimae, nec paribus unguibus; generosissimaeque creduntur quae quinos habent digitos, sed ita ne cruribus emineant transversa calcaria. Nam quae hoc virile gerit insigne, contumax ad concubitum dedignatur admittere marem, raroque fecunda etiam cum incubat, calcis aculeis ova perfringit. [9] Gallinaceos mares nisi salacissimos habere non expedit. Atque in his quoque sicut feminis idem color, idem numerus unguium, status altior quaeritur; sublimes sanguineaeque nec obliquae cristae, ravidi vel nigrantes oculi, brevia et adunca rostra, maximae candidissimaeque aures, paleae ex rutilo albicantes, quae velut incanae barbae dependent; iubae deinde variae vel ex auro flavae, per colla cervicesque in umeros diffusae; [10] tum lata et musculosa pectora, lacertosaeque similes brachiis alae; tum procerissimae caudae duplici ordine singulis utrimque prominentibus pinnis inflexae; quin etiam vasta femina et frequenter horrentibus plumis hirta, robusta crura nec longa sed infestis velut sudibus nocenter armata. [11] Mares autem, quamvis non ad pugnam neque ad victoriae laudem praeparentur, maxime tamen generosi probantur, ut sint elati, alacres, vigilaces et ad saepius canendum prompti, nec qui facile terreantur. Nam interdum resistere debent et protegere coniugalem gregem, quin et attollentem minas serpentem vel aliud noxium animal interficere. [12] Talibus autem maribus quinae singulis feminae comparantur. Nam Rhodii generis aut Medici propter gravitatem neque patres nimis salaces nec fecundae matres, quae tamen ternae singulis maritantur. Et cum pauca ova posuerunt, inertes ad incubandum multoque magis ad excludendum, raro fetus suos educant. Itaque quibus cordi est ea genera propter corporum speciem possidere, cum exceperunt ova generosarum, vulgaribus gallinis subiciunt, ut ab his excusi pulli nutriantur. [13] Tanagrici plerumque Rhodiis et Medicis amplitudine pares non multum moribus a vernaculis distant, sicut et Chalcidici. Omnium tamen horum generum nothi sunt optimi pulli, quos conceptos ex peregrinis maribus nostrates ediderunt, et salacitatem fecunditatemque vernaculam retinent. [14] Pumileas aves, nisi quem humilitas earum delectat, nec propter fecunditatem nec propter alium reditum nimium probo, tam hercule quam nec pugnacem nec rixosae libidinis marem. Nam plerumque ceteros infestat, et non patitur inire feminas, cum ipse pluribus sufficere non queat. [15] Inpedienda est itaque procacitas eius anpullaceo corio, quod cum in orbiculum formatum est, media pars eius rescinditur, et per excisam partem galli pes inseritur, eaque quasi compede cohibentur feri mores. Sed, ut proposui, iam de tutela generis universi praecipiam.

III. DE GALLINARIIS

Gallinaria constitui debent parte villae quae hibernum spectat orientem. Iuncta sint ea furno vel culinae, ut ad avem perveniat fumus, qui est huic generi praecipue salutaris. Totius autem officinae, id est ornithonis, tres continuae exstruuntur cellae, quarum, sicuti dixi, perpetua frons orientem sit obversa. [2] In ea deinde fronte exiguus detur unus omnino aditus mediae cellae, quae ips<a>, e tribus minima, esse debet in altitudinem et quoqueversus pedes septem. In ea singuli dextro laevoque pariete aditus ad utramque cellam faciundi sunt, iuncti parieti qui est intrantibus adversus.

Huic autem focus applicetur tam longus, ut nec inpediat praedictos aditus et ab eo fumus perveniat in utramque cellam; eaeque longitudinis et altitudinis duodenos pedes habeant, nec plus latitudinis quam media. [3] Sublimitas dividatur tabulatis, quae super se quaternos et infra septenos liberos pedes habeant, quoniam ipsa singulos occupant. Vtraque tabulata gallinis servire debent, et ea parvis ab oriente singulis inluminari fenestellis, quae et ipsae matutinum exitum praebeant avibus ad cohortem, nec minus vespertinum introitum. Sed curandum erit ut semper noctibus claudantur, quo tutius aves maneant. [4] Infra tabulata maiores fenestellae aperiantur, et eae clatris muniantur, ne possint noxia inrepere animalia, sic tamen ut inlustria sint loca, quo commodius habitet aviarius, qui subinde debet speculari aut incubantis aut parturientis fetas. Nam etiam in his ipsis locis ita crassos parietes aedificare convenit, ut excisa per ordinem gallinarum cubilia recipiant, in quibus aut ova edantur aut excludantur pulli. Hoc enim et salubrius et elegantius est quam illud quod quidam faciunt, ut palis in parietis vehementer actis vimineos qualos superponant. [5] Sive autem parietibus ita ut diximus cavatis aut qualis vimineis praeponenda erunt vestibula, per quae matrices ad cubilia vel pariendi vel incubandi causa perveniant. Neque enim debent ipsis nidis involare, ne dum adsiliunt pedibus ova confringant. [6] Ascensus deinde avibus ad tabulata per utramque cellam datur, iunctis parieti modicis asserculis, qui paulum formatis gradibus asperantur, ne sint advolantibus lubrici. Sed ab cohorte forinsecus praedictis fenestellis scandulae similiter iniungantur, quibus inrepant aves ad requiem nocturnam. Maxime autem curabimus ut et haec aviaria et cetera, de quibus mox dicturi sumus, intrinsecus et extrinsecus poliantur opere tectorio, ne quae ad aves feles habeant aut coluber adcessum, tum et aeque noxiae prohibeantur pestes. [7] Tabulatis insistere dormientem avem non expedit, ne suo laedatur stercore, quod cum pedibus uncis adhaesit, podagram creat. Ea pernicies ut evitetur, perticae dolantur in quadrum, ne teres levitas earum supersilientem volucrem non recipiat conquadratae deinde foratis duobus adversis parietibus induuntur, ita ut a tabulato pedalis altitudinis et inter se bipedali latitudinis spatio distent. [8] Haec erit cohortalis officinae dispositio. Ceterum cohors ipsa, per quam vagantur, non tam stercore quam uligine careat. Nam plurimum refert aquam non esse in ea nisi in uno loco quam bibant, eaque mundissima; stercorosa pituitam concitat. Puram tamen servare non possis nisi clausam vasis in hunc usum fabricatis. Sunt autem qui aut aqua replentur aut cibo plumbei canales, quos magis utiles esse ligneis aut fictilibus conpertum est. [9] Hi superpositis operculis clauduntur, et a lateribus super mediam partem altitudinis per spatia palmaria modicis forantur cavis, ita ut avium capita possint admittere. Nam nisi operculis muniantur, quantulumcumque aquae vel ciborum inest pedibus everritur. Sunt qui a superiore parte foramina ipsis operculis inponant, quod fieri non oportet. Nam supersiliens avis proluvie ventris cibos et aquam conspurcat.

IV. DE CIBARIIS GALLINARUM

Cibaria gallinis praebentur optima pinsitum hordeum et vicia, nec minus cicercula, tum etiam milium aut panicum. Sed haec ubi vilitas annonae permittit; ubi vero ea est carior, excreta tritici minuta commode dantur. Nam per se id frumentum, etiam quibus locis vilissimum est, non utiliter praebetur, quia obest avibus. Potest etiam lolium decoctum obici, nec minus furfures modice a farina excreti, qui si nihil habent farris, non sunt idonei, nec tamen appetuntur ieiunis. [2] Cytisi folia seminaque maxime probantur et sunt huic generi gratissima, neque est ulla regio in qua non possit huius arbusculae copia esse vel maxima. Vinacea quamvis tolerabiliter pascant dari non debent, nisi quibus anni temporibus avis fetum non edit, nam et partus raros et ova faciunt exigua. [3] Sed cum plane post autumnum cessa[n]t a fetu, potest hoc cibo sustineri. Ac tamen quaecumque dabitur esca per cohortem vagantibus, die incipiente et iam in vesperum declinato, bis dividenda est, ut et mane non protinus a cubili latius evagentur, et ante crepusculum propter cibi spem temperius ad officinam redeant, possintque numerus capitum saepius recognosci. Nam volatile pecus facile custodiam pastoris decipit. [4] Siccus etiam pulvis et cinis, ubicumque cohortem porticus vel tectum protegit, iuxta parietem reponendus est, ut sit quo aves se perfundant. Nam his rebus plumam pinnasque emundant, si modo credimus Ephesio Heraclito, qui ait sues caeno, cohortales aves pulvere lavari. [5] Gallina post primam emitti et ante horam diei undecimam claudi debet, cuius vagae cultus hic quem diximus erit. Nec tamen alius clausae, nisi quod ea non emittetur, sed intra ornithonem ter die pascitur maiore mensura. Nam singulis capitibus quaterni cyathi diurna cibaria sunt, cum vagis [terni, vel] bini praebeantur. [6] Habeat tamen etiam clausa oportet amplum vestibulum quo prodeat et ubi apricetur, idque sit retibus munitum, ne aquila vel accipiter involet. Quas inpensas et curas, nisi locis quibus harum rerum vigent pretia, non expedit adhiberi. Antiquissima est autem cum omnibus pecoribus tum in hoc fides pastoris, qui nisi eam domino servat, nullius ornithonis quaestus vincit inpensas. De tutela satis dictum est, nunc reliquum ordinem persequemur.

V

Confecta bruma parere fere id genus avium consuevit. Atque earum quae sunt fecundissimae locis tepidioribus circa Kalendas Ianuarias ova edere incipiunt, frigidis autem regionibus eodem mense post Idus. [2] Sed cibis idoneis fecunditas earum elicienda est, quo maturius partum edant. Optime praebetur ad satietatem hordeum semicoctum, nam et maius facit ovorum incrementum et frequentiores partus, et is cibus quasi condiendus est interiectis cytisi foliis ac semine eiusdem, quae maxime putantur augere fecunditatem avium. Modus cibariorum sit, ut dixi, vagis binorum cyathorum hordei. Aliquid tamen admiscendum erit cytisi, vel si id non fuerit, viciae aut milii. [3] Curae autem debebit esse custodi, cum parturient aves, ut habeant quam mundissimis paleis constrata cubilia, quae subinde converrat, et alia stramenta quam recentissima reponat. nam pulicibus atque aliis similibus replentur, quae secum affert avis, cum ad idem cubile revertitur. Adsiduus autem debet esse custos et speculari parientes, quod se facere gallinae testantur crebris singultibus interiecta voce acuta. [4] Observare itaque dum edant ova et confestim circumire oportebit cubilia, ut quae nata sunt recolligantur, notenturque quae quoque die sunt edita, et quam recentissima supponantur gluttientibus (sic enim rustici appellant avis eas quae volunt incubare), cetera vel reponantur vel aere mutentur. Aptissima porro sunt ad excludendum recentissima quaeque. Possunt tamen etiam requieta subponi, dum ne vetustiora sint quam dierum decem. [5] Fere autem cum primum partum consummaverunt gallinae, incubare cupiunt ab Idibus Ianuariis. Quod facere non omnibus permittendum est, quoniam quidem novellae magis edendis quam excudendis ovis utiliores sunt, inhibeturque cupiditas incubandi pinnula per nares traiecta. [6] Veteranas igitur avis ad hanc rem eligi oportebit, quae iam saepius id fecerint, moresque earum maxime pernosci, quoniam aliae melius excudant, aliae editos pullos commodius educent. At e contrario quaedam et sua et aliena ova comminuunt atque consumunt, quod facientem protinus summovere conveniet. [7] Pulli autem duarum aut trium avium excusi, dum adhuc teneri sunt, ad unam quae est melior nutrix transferri debent, sed primo quoque die, dum mater suos et alienos propter similitudinem dinoscere non potest. Verumtamen servari oportet modum, neque enim debet maior esse quam triginta capitum. Negant enim hoc ampliorem gregem posse ab una nutriri. [8] Numerus ovorum quae subiciuntur inpar observatur nec semper idem. Nam primo tempore, id est mense Ianuario, quindecim nec umquam plura subici debent, Maio novem nec his pauciora, undecim Aprili, tota deinde aestate usque in Kalendas Octobris tredecim. Postea supervacua est huius rei cura, quod frigoribus exclusi pulli plerumque intereunt. [9] Plerique tamen etiam ab aestivo solstitio non putant bonam pullationem, quod ab eo tempore, etiam si facile educationem habent, iustum tamen non capiunt incrementum. Verum suburbanis locis, ubi a matre pulli non exiguis pretiis veneunt, probanda est aestiva educatio. Semper autem cum supponuntur ova, considerari debebit ut luna crescente ab decima usque ad quintam decimam id fiat. Nam et ipsa suppositio per hos fere dies est commodissima, et sic administrandum est ut rursus cum excluduntur pulli luna crescat. [10] Diebus quibus animantur ova et in speciem volucrum conformantur, ter septenis opus est gallinaceo generi, at pavonino et anserino paulo amplius ter novenis. Quae si quando fuerint supponenda gallinis, prius eas incubare decem diebus fetibus alienigenis patiemur. Tum demum sui generis quattuor ova, nec plura quam quinque fovenda recipient, sed et haec quam maxima, nam ex pusillis aves minutae nascuntur. [11] Cum deinde quis volet quam plurimos mares excudi, longissima quaeque et acutissima ova subiciet, et rursus cum feminas quam rutundissima. Subponendi autem consuetudo tradita est ab his qui religiosius haec administrant eiusmodi: primum quam secretissima cubilia legunt, ne incubantes matrices ab aliis avibus inquietentur; deinde antequam consternant ea, diligenter emundant, paleasque, quas substraturi sunt, sulpure et bitumine atque ardente teda perlustrant et expiatas cubilibus iniciunt, ita factis concavatis nidis, ne advolantibus aut etiam desilientibus decidant ova. [12] Plurimi etiam infra cubilium stramenta graminis aliquid et ramulos lauri nec minus alii capita cum clavis ferreis subiciunt. Quae cuncta remedio creduntur esse adversus tonitrua, quibus vitiantur ova pulliquae semiformes interimuntur, antequam toti partibus suis consummentur. [13] Servat autem qui subicit ne singula in cubili manu conponat, sed totum ovorum numerum in alveolum ligneum conferat. Deinde universum leviter in praeparatum nidum transfundat. [14] Incubantibus autem gallinis iuxta ponendus est cibus, ut saturae studiosius nidis inmorentur, neve longius evagatae refrigerent ova. Quae quamvis pedibus ipsae convertant, aviarius tamen, cum desilierint matres, circumire debet ac manu versare, ut aequaliter calore concepto facile animentur, quin etiam, si qua unguibus laesa vel fracta sunt, ut removeat, idque cum fecerit duodeviginti diebus, undevicesimo animadvertat an pulli rostellis ova pertuderint, et auscultetur si pipant. Nam saepe propter crassitudinem putamina[rum] rumpere non queunt. [15] Itaque haerentis pullos manu eximere oportebit et matri fovendos subicere, idque non amplius triduo facere. Nam post unum et vicesimum diem silentia ova carent animalibus, eaque removenda sunt, ne incubans inani spe diutius retineatur effeta. Pullos autem non oportet singulos, ut quisque natus sit, tollere, sed uno die in cubili sinere cum matre et aqua ciboque abstinere, dum omnes excudantur. Postero die, cum grex fuerit effectus, hoc modo deponatur: [16] cribro viciario vel etiam loliario, qui iam fuerit in usu, pulli superponantur, deinde pulei surculis fumigentur. Ea res videatur prohibere pituitam, quae celerrime teneros interficit. [17] Post hoc cavea cum matre cludendi sunt, et farre hordeaceo cum aqua incocto vel adoreo farre vino resperso modice alendi. Nam maxime cruditas vitanda est. Et ob hoc iam tertia die cavea cum matre continendi sunt, priusque quam emittantur ad recentem cibum, singuli temptandi ne quid hesterni habeant in gutture. Nam nisi vacua est ingluvies, cruditatem significat, abstinerique debent dum concoquant. [18] Longius autem non est permittendum teneris evagari, sed circa caveam continendi sunt et farina hordeacea pascendi, dum corroborentur; cavendumque ne a serpentibus adflentur, quarum odor tam pestilens est ut interimat universos. Id vitatur saepius incenso cornu cervino vel galbano vel muliebri capillo, quorum omnium fere nidoribus praedicta pestis summovetur. [19] Sed et curandum erit ut tepide habeantur, nam nec calorem nec frigus sustinent. Optimumque est intra officinam clausos haberi cum matre, et post quadragesimum diem potestatem vagandi fieri. Sed primis quasi infantiae diebus pertractandi sunt, plumulaeque sub cauda clunibus detrahendae, ne stercore coinquinatae durescant et naturalia praecludant. [20] Quod quamvis caveatur, saepe tamen evenit ut alvus exitum non habeat. Itaque pinna pertunditur, et iter digestis cibis praebetur. Saepe etiam validioribus factis atque ipsis matribus etiam vitanda pituitae pernicies erit. Quae ne fiat, mundissimis vasis et quam purissimam praebebimus aquam. Nec minus gallinaria semper fumigabimus et emundata stercore liberabimus. [21] Quod si tamen pestis permanserit, sunt qui micas alii tepido madefaciant oleo et faucibus inferant. Quidam hominis urina tepida rigant ora, et tamdiu conprimunt dum eas amaritudo cogat per nares emoliri pituitae nauseam. Vva quoque, quam Graeci agrian staphylen vocant, cum cibo mixta prodest, vel eadem pertrita et cum aqua potui data. [22] Atque haec remedia mediocriter laborantibus adhibentur. Nam si pituita circumvenit oculos et iam cibos avis respuit, ferro rescinduntur genae, et coacta sub oculis sanies omnis exprimitur. Atque ita paulum triti salis vulneribus infria[n]tur. [23] Id porro vitium maxime nascitur cum frigore et penuria cibi laborant aves, item cum per aestatem consistens in cohortibus fuit aqua, item cum ficus aut uva inmatura nec ad satietatem permissa est, quibus scilicet cibis abstinendae sunt aves. Eosque ut fastidiant efficit uva labrusca de vepribus inmatura lecta, quae cum hordeo triticeo minuto cocta obicitur esurientibus, eiusque sapore offensae aves omnem spernantur uvam. Similis ratio est etiam caprifici, quae decocta cum cibo praebetur avibus, et ita fici fastidium creat. [24] Mos quoque, sicut in ceteris pecudibus, eligendi quamque optimam et deteriorem vendendi servetur etiam in hoc genere, ut per autumni tempus omnibus annis, cum fructus earum cessat, numerus quoque minuatur. Summovebimus autem veteres, id est quae trimatum excesserunt, item quae aut parum fecundae aut parum bonae nutrices sunt, praecipue quae ova vel sua vel aliena consumunt, nec minus quae velut mares cantare coeperunt, item serotini pulli, qui a solstitio nati capere iustum incrementum non potuerunt. In masculis non eadem ratio servabitur, sed tamdiu custodiemus generosos quamdiu feminas inplere potuerunt. Nam rarior est in his avibus mariti bonitas. [25] Eodem quoque tempore cum parere desinent aves, id est ab Idibus Novembribus, pretiosiores cibi subtrahendi sunt et vinacea praebenda, quae satis commode pascunt, adiectis interdum tritici excrementis.

VI. DE SERVANDIS OVIS
Ovorum quoque longioris temporis custodia non aliena est huic curae; quae commode servantur per hiemem, si paleis obruas, aestate, si furfuribus. Quidam prius trito sale sex horis adoperiunt, deinde eluunt, atque ita paleis ac furfuribus obruunt. Nonnulli solida, multi etiam fresa faba coaggerant, alii salibus integris adoperiunt, alii muria tepefacta durant. [2] Sed omnis sal, quemadmodum non patitur putrescere, ita minuit ova, nec sinit plena permanere, quae res ementem deterret. Itaque ne in muriam quidem qui demittunt, integritatem ovorum conservant.

VII. DE FARTURIS
Pinguem quoque facere gallinam, quamvis fartoris, non rustici sit officium, tamen quia non aegre contingit, praecipiendum putavi. Locus ad hanc rem desideratur maxime calidus et minimi luminis, in quo singulae caveis angustioribus vel sportis inclusae pendeant aves, sed ita coartatae ne versari possint. [2] Verum habeant ex utraque parte foramina, unum quo caput exseratur, alterum quo cauda clunesque, ut et cibos capere possint et eos digestos sic edere ne stercore coinquinentur. Substernantur autem mundissimae paleae vel molle foenum, id est cordum. Nam si dure cubant, non facile pinguescunt. Pluma omnis e capite et sub alis atque clunibus detergetur, illic ne peduculum creet, hic ne stercore loca naturalia exulceret. [3] Cibus autem praebetur hordeacea farina, quae cum est aqua consparsa et subacta, formantur offae, quibus avis salivatur. Hae tamen primis diebus dari parcius debent, dum plus concoquere consuescant. Nam cruditas maxime vitanda est, tantumque praebendum quantum digerere possint. Neque ante recens admovenda est quam temptato gutture apparuerit nihil veteris escae remansisse. [4] Cum deinde satiata est avis, paululum deposita cavea dimittitur, et ita ne evagetur, sed potius, si quid est quod eam stimulet aut mordeat, rostro persequatur. Haec fere communis est cura farcientium. Nam illi qui volunt non solum opimas sed etiam teneras avis efficere, mulsea recenti aqua praedicti generis farinam conspargunt, et ita farciunt. nonnulli tribus aquae partibus, unam boni vini miscent, madefactoque triticeo pane obesant avem, quae prima luna (quoniam id quoque custodiendum est) saginari coepta vicensima pergliscit. [5] Sed si fastidiet cibum, totidem diebus minuere oportebit quot iam farturae processerint, ita tamen ne tempus omne opimandi quintam et vicesimam lunam superveniat. Antiquissimum est autem maximam quamque avem lautioribus epulis

destinare. Sic enim digna merces sequitur operam et inpensam.

VIII. DE PALUMBIS ET COLUMBIS FARCIENDIS

Hac eadem ratione palumbos columbosque cellares pinguissimos facere contingit. Neque est tamen in columbis farciendis tantus reditus quantus in educandis. Nam etiam horum possessio non abhorret a cura boni rustici. Sed id genus minore tutela pascitur longinquis regionibus, ubi liber egressus avibus permittitur, quoniam vel summis turribus vel editissimis aedificiis adsignatas sedes frequentant patentibus fenestris, per quas ad requirendos cibos evolitant. [2] Duobus tamen aut tribus mensibus adceptant conditiva cibaria, ceteris se ipsas pascunt seminibus agrestibus. Sed hoc suburbanis locis facere non possunt, quoniam intercipiuntur variis aucupum insidiis. Itaque clausae intra tectum pasci debent, nec in plano villae loco, nec in frigido, sed in edito fieri tabulatum oportet, quod aspiciat hibernum meridiem. [3] Eiusque parietes, ne iam dicta iteremus, ut in ornithone praecepimus, continuis cubilibus excaventur, vel si non ita conpetit, paxillis adactis tabulae superponantur, quae vel loculamenta quibus nidificent aves, vel fictilia columbaria recipient, praepositis vestibulis per quae ad cubilia perveniant. Totus autem locus et ipsae columbarum cellae poliri debent albo tectorio, quoniam eo colore praecipue delectantur hoc genus avium; [4] nec minus extrinsecus levigari parietes, maxime circa fenestram. Ea sit ita posita ut maiorem partem hiberni diei solis admittat, habeatque adpositam satis amplam caveam retibus emunitam, quae excludat accipitres et recipiat egredientis ad apricationem columbas, nec minus in agros emittat matrices quae ovis vel pullis incubant, ne quasi gravi perpetuae custodiae servitio contristatae senescant. [5] Nam cum paulum circa aedificia volitaverunt, exhilaratae recreantur, et ad foetus suos vegetiores redeunt, propter quos ne longius quidem evagari aut fugere conantur. Vasa quibus aqua praebetur similia esse debent gallinariis, quae colla bibentium admittant et cupientis lavari propter angustias non recipiant. Nam id facere eas nec ovis nec pullis, quibus plerumque incubant, expedit. [6] Ceterum cibos iuxta parietem conveniet spargi, quoniam fere partes eae columbarii carent stercore. Commodissima cibaria putantur vicia vel ervum, tum etiam lenticula, milium, lolium, nec minus excreta tritici, et si qua sunt alia legumina, quibus etiam gallinae aluntur. Locus autem subinde converri et emundari debet. Nam quanto est cultior, tanto laetior avis conspicitur, eaque tam fastidiosa est ut saepe sedes suas perosa, si detur avolandi potestas, relinquat, quod frequenter in his regionibus ubi liberos habent egressus accidere solet. [7] Id ne fiat vetus est Democriti praeceptum. Genus accipitris tinnunculum vocant rustici; fere in aedificiis nidos facit. Eius pulli singuli fictilibus ollis conduntur, spirantibusque opercula superponuntur, et gypso lita vasa in angulis columbarii sup[er]ponuntur. quae res avibus amorem loci sic conciliat ne umquam deserant. Eligendae vero sunt ad educationem neque vetulae nec nimium novellae sed corporis maximi, curandumque, si fieri possit, ut pulli, quemadmodum exclusi sunt, numquam separentur. nam fere si sic maritatae sunt, plures educant fetus. [8] Sin aliter, certe ne alieni generis coniungantur, ut Alexandrina Campanae. Minus enim <con>pares suos diligunt, et ideo nec multum ineunt nec saepius fetant. Plumae color non semper nec omnibus idem probatus est, atque ideo qui sit optimus non facile dictu est. [9] Albus, qui ubique vulgo conspicitur, a quibusdam non nimium laudatus est, nec tamen vitari debet in his quae cluso continentur. Nam in vagis maxime est inprobandus, quod eum facillime speculatur accipiter. Fecunditas autem, quamvis longe minor sit quam est gallinarum, maiorem tamen refert quaestum. Nam et octies anno pullos educat, si est bona matrix, et pretiis eorum dominicam conplet arcam, sicut eximius auctor M. Varro nobis adfirmat, qui prodidit etiam illis severioribus temporibus paria singula milibus singulis sestertiorum solita venire. [10] Nam nostri pudet saeculi, si credere volumus inveniri qui quaternis milibus nummorum binas aves mercentur. Quamquam vel hos magis tolerabiles pute<m> qui oblectamenta deliciarum possidendi habendique causa gravi aere et argento pensent, quam illos qui Ponticum Phasim et Scythicae stagna Maeotis helluati iam nunc Gangeticas et Aegyptias avis temulenter eructant. [11] Potest tamen in hoc aviario, sicuti dictum est, sagina exerceri. Nam si quae steriles aut sordidi coloris interveniunt, similiter ut gallinae farciuntur. Pulli vero facilius sub matribus pinguescunt, si iam firmis, priusquam subvolent, paucas detrahas pinnas et obteras crura, ut uno loco quiescant, praebeasque copiosum cibum parentibus, quo et se et eos abundantius alant. [12] Quidam leviter obligant crura, quoniam si frangantur, dolorem et ex eo maciem fieri putent. Sed nihil ista res pinguitudinis efficit. Nam dum vincula exedere conantur, non quiescunt, et hac quasi exercitatione corpori nihil adiciunt. Fracta crura non plus quam bidui aut summum tridui dolorem adferunt, et spem tollunt evagandi.

IX. DE TURTURIBUS

Turturum educatio supervacua est, quoniam id genus in ornithone nec parit nec excudit. Volatura ita ut capitur farturae destinatur, eaque leviore cura quam ceterae aves saginatur, verum non omnibus temporibus. Nam per hiemem, quamvis adhibeatur opera, difficulter crescit, et tamen, quia maior est turdi copia, pretium turturis minuitur. [2] Rursus aestate vel sua sponte, dummodo sit facultas cibi, pinguescit. Nihil enim aliud quam obicitur esca, sed praecipue milium, nec quia tritico vel aliis frumentis minus crassescat, verum quod semine huius maxime delectatur. Hieme tamen offae panis vino madefactae, sicut etiam palumbos, celerius opimant quam ceteri cibi. [3] Receptacula non tamquam columbis loculamenta vel cellulae cavatae fiunt, sed ad lineam mutuli per parietem fixi tegeticulas cannabinas adcipiunt, praetentis retibus quibus prohibeantur volare, quoniam si id faciant, corpori detrahunt. In his adsidue pascantur milio aut tritico, sed ea semina dari nisi sicca non oportet, satiatque semodius cibi in diebus singulis vicenos et centenos turtures. [4] Aqua semper recens et quam mundissima vasculis, qualibus columbis atque gallinis, praebetur, tegeticulaeque emundantur, ne stercus urat pedes, quod tamen et [id] ipsum diligenter reponi debet ad cultus agrorum arborumque, sicut et omnium avium praeterquam nantium. Huius avis aetas ad saginam non tam vetus est idonea quam novella. Itaque circa messem, cum iam confirmata est pullities, eligitur.

X. DE TURDIS

Turdis maior opera et inpensa praebetur, qui omni quidem rure, sed salubrius in eo pascuntur in quo capti sunt. Nam difficulter in aliam regionem transferuntur, quia caveis clausi plurimi despondent, quod faciunt etiam cum eodem momento temporis a rete in aviaria coniecti sunt. Itaque ne id accidat, veterani debent intermisceri, qui ab aucupibus in hunc usum nutriti quasi allectores sint captivorum, maestitiamque eorum mitigent intervolando. Sic enim consuescent et aquam et cibos adpetere feri, si mansuetos id facere viderint. [2] Locum aeque munitum et apricum quam columbae desiderant, sed in eo transversae perticae perforatis parietibus adversis aptantur, quibus insidant cum satiati cibo requiescere volunt. Hae perticae non altius a terra debent sublevari quam hominis statura patitur, ut a stante contingi possint. [3] Cibi ponuntur fere partibus his ornithonis quae super perticas non habent, quo mundiores permaneant. Semper autem arida ficus diligenter pinsita et permixta polline praeberi debet, tam large quidem ut supersit. [4] Hanc quidam mandunt et ita obiciunt. Sed istud in maiore numero facere vix expedit, quia nec parvo conducuntur qui mandant, et ab his ipsis aliquantum propter iucunditatem consumitur. Multi varietatem ciborum, ne unum fastidiant, praebendam putant. Ea est cum obiciuntur myrti et lentisci semina, item oleastri et hederaceae baccae nec minus arbuti. [5] Fere enim etiam in agris ab eiusmodi volucribus adpetuntur quae in aviariis quoque desidentium detergent fastidia, faciuntque avidiorem volaturam, quod maxime expedit, nam largiore cibo celerius pinguescit. Semper tamen etiam canaliculi milio repleti adponuntur, quae est firmissima esca, nam illa quae supra diximus pulmentariorum vice dantur. [6] Vasa quibus recens et munda praebeatur aqua non dissimilia sint gallinariis. Hac inpensa curaque M. Terentius ternis saepe denariis singulos emptitatos esse significat avorum temporibus, quibus qui triumphabant populo dabant epulum. At nunc aetatis nostrae luxuria cottidiana fecit haec pretia, propter quae ne rusticis quidem contemnendus sit hic reditus. Atque ea genera quae intra septa villae cibantur fere persecuti sumus. Nunc de his dicendum est quibus etiam exitus ad agrestia pabula dantur.

XI. DE PAVONIBUS

Pavonum educatio magis urbani patrisfamiliae quam tetrici rustici curam poscit. Sed nec haec tamen aliena est agricolae, captantis undique voluptates adquirere, quibus solitudinem ruris eblandiatur. Harum autem decor avium etiam exteros, nedum dominos oblectat. I<d>que genus alitum nemorosis et parvis insulis, quales obiacent Italiae, facillime continetur. Nam quoniam nec sublimiter potest nec per longa spatia volitare, tum etiam quia furis et noxiorum animalium rapinae metus non est, sine custode tuto vagatur, maioremque pabuli partem sibi adquirit. [2] Feminae quidem sua sponte tamquam servitio liberatae studiosius pullos enutriunt. Nec curator aliud facere debet quam ut diei certo tempore signo dato iuxta villam gregem convocet, et exiguum hordei concurrentibus obiciat, ut nec avis esuriat et numerus advenientium recognoscatur. [3] Sed huius possessionis rara condicio est. Quare mediterraneis maior adhibenda cura est, eaque sic administretur: herbidus silvestrisque ager planus sublimi cluditur maceria, cuius tribus lateribus porticus adplicantur et in quarto duae cellae, ut sit altera custodis habitatio atque altera stabulum pavonum. Sub porticibus deinde per ordinem fiunt harundinea septa in modum cavearum, quales columbaria[e] tectis superponuntur. Ea septa distinguuntur velut clatris intercurrentibus calamis, ita ut ab utroque latere singulos aditus habeant. [4] Stabulum autem carere debet uligine, cuius in solo per ordinem figuntur breves paxilli, eorumque partes summae lingulas dolatas habent, quae transversis foratis perticis induantur. Hae porro quadratae perticae [esse debent, quae] paxillis superponuntur, ut avem recipiant adsilientem. Sed idcirco sunt exemptiles, ut cum res exigit paxillis eductae liberum aditum converrentibus stabulum praebeant. [5] Hoc genus avium cum trimatum explevit optime progenerat. Siquidem tenerior aetas aut sterilis aut parum fecunda est. Masculus pavo gallinaceam salacitatem habet, atque ideo quinque feminas desiderat. Nam si unam vel alteram fetam saepius compressit, vixdum concepta in alvo vitiat ova, nec partum sinit perduci, quoniam inmatura genitalibus locis excidunt. [6] Vltima parte hiemis concitantibus libidinem cibis utriusque sexus accendenda venus est. Maxime facit ad hanc rem si favilla levi torreas fabam tepidamque des ieiunis quinto quoque die. Nec tamen excedas modum sex cyathorum in singulas avis. Haec cibaria non omnibus promisce spargenda sunt, sed in singulis septis, quae harundinibus contexi oportere proposueram, portione servata quinque feminarum et unius maris, ponenda sunt cibaria, nec minus aqua quae sit idonea potui. [7] Quod ubi factum est, mares diducuntur in sua quisque septa cum feminis, et aequaliter universus grex pascitur. Nam etiam in hoc genere pugnaces inveniuntur masculi qui et a cibo et a coitu prohibent minus validos, nisi sint hac ratione separati. Fere autem locis apricis ineundi cupiditas exercet marem cum Favonii spirare coeperunt, id est tempus ab Idibus Februariis ante Martium mensem. [8] Signa sunt exstimulatae cupidinis cum semet ipsum velut emirantem caudae gemmantibus pinnis protegit, idque cum facit rotari dicitur. Post admissurae tempus matrices custodiendae sunt, ne alibi quam in stabulo fetus edant, saepiusque digitis loca feminarum temptanda sunt, nam in promptu gerunt ova quibus iam partus adpropinquat. Itaque includendae sunt inci[pi]entes, ne extra clausum fetum edant. [9] Maximeque temporibus his quibus parturiunt pluribus stramentis exaggerandum est aviarium, quo tutius integri fetus excipiantur. nam fere pavones cum ad nocturnam requiem venerunt, praedictis perticis insistentes enituntur ova, quae quo prop[r]ius ac mollius deciderunt, inlibatam servant integritatem. Cottidie ergo diligenter mane temporibus feturae stabula circumeunda erunt, et iacentia ova colligenda, quae quanto recentiora gallinis subiecta sunt, tanto commodius excuduntur, idque fieri maxime patrisfamiliae ration conducit. [10] Nam feminae pavones quae non incubant ter anno fere partus edunt, at quae fovent ova totum tempus fecunditatis aut excudendis aut etiam educandis pullis consumunt. Primus est partus quinque fere ovorum, secundus quattuor, tertius aut trium aut duorum. [11] Neque est quod committatur ut Rhodiacae aves pavoninis incubent, quae ne suos quidem fetus commode nutriunt. Sed veteres maximae quaeque gallinae vernaculi generis eligantur, eaeque novem diebus a primo lunae incremento novenis ovis incubent, sintque ex his quinque pavonina et cetera gallinacei generis. [12] Decimo deinceps die omnia gallinacea subtrahantur, et totidem recentia eiusdem generis supponantur, ut tricensima luna, quae est fere nova, cum pavoninis excudantur. Sed custodis curam non effugiat observare desilientem matricem, saepius ad cubile pervenire et pavonina ova, quae propter magnitudinem difficilius a gallina moventur, versare manu; idque quo diligentius faciat, una pars ovorum notanda est atramento, quod signum habebit aviarius an a gallina conversa sint. [13] Sed, ut dixi, meminerimus cohortales quam maximas ad hanc rem praeparari. Quae si mediocris habitus sint, non debent amplius quam terna pavonina et sena generis sui fovere. Cum deinde fecerint pullos, ad aliam nutricem gallinacei debebunt transferri, et subinde qui nati fuerint pavonini ad unam congregari, donec quinque et viginti capitum grex efficiatur. [14] Sed cum erunt editi pulli, similiter ut gallinacei primo die non moveantur, postero deinde cum educatrice transferantur in caveam. Primisque diebus alantur hordeaceo farre vino resperso, nec minus ex quolibet frumento cocta pulticula et refrigerata. post paucos deinde dies huic cibo adiciendum erit concisum porrum Tarentinum et caseus mollis vehementer expressus. nam serum nocere pullis manifestum est. [15] Lucustae quoque pedibus ademptis utiles cibandis pullis habentur. Atque his pasci debent usque ad sextum mensem, postmodum satis est hordeum de manu praebere. Possunt autem post quintum et tricensimum diem quam nati sunt etiam in agrum satis tuto educi, sequiturque grex velut matrem gallinam singultientem. Ea cavea clausa fertur in agrum a pastore et missa ligato pede longa linea [gallina] custoditur, ad quam circumvolant pulli; qui cum ad satietatem pasti sunt, reducuntur in villam, persequentes, ut dixi, nutricis singultus. [16] Satis autem convenit inter auctores non debere alias gallinas, quae pullos sui generis educant, in eodem loco pasci. Nam cum conspexerunt pavoninam prolem, suos pullos diligere desinunt et inmaturos relinquunt, perosae videlicet quod nec magnitudine nec specie pavoninis pares sint. Vitia quae gallinaceo generi nocere solent, eadem has aves infestant, sed nec remedia traduntur alia quam quae gallinaceis adhibentur. Nam et pituita et cruditas et si quae aliae sunt pestes, isdem remediis quae proposuimus prohibentur. [17] Septimum deinde mensem cum excesserunt, in stabulo cum ceteris ad nocturnam requiem debent includi. Et erit curandum ne humi maneant, nam qui sic cubitant tollendi sunt et supra perticas inponendi, ne frigore laborent.

XII. DE NUMIDICIS ET RUSTICIS GALLINIS

Numidicarum eadem est fere quae pavonum educatio. Ceterum silvestres gallinae, quae rusticae appellantur, in servitute non fetant, et ideo nihil de his praecepimus, nisi ut cibus ad satietatem praebeatur, quo sint conviviorum epulis aptiores.

XIII. DE ANSERIBUS

Venio nunc ad eas aves quas Graeci vocant amphibious, quia non tantum terrestria sed aquatilia quoque desiderant pabula, nec magis humo quam stagno consuerunt. Eiusque generis anser praecipue rusticis gratus est, quod nec maximam curam poscit, et sollertiorem custodiam quam canis praebet. [2] Nam clangore prodit insidiantem, sicut etiam memoria tradidit in obsidione Capitoli, cum adventum Gallorum vociferatus est, canibus silentibus. Is autem non ubique haberi potest, ut existimat verissime Celsus, qui sic ait: anser neque sine aqua nec sine multa herba facile sustinetur, neque utilis est locis consitis, quia quicquid tenerum contingere potest carpit. [3] Sicubi vero flumen aut lacus est herbaeque copia neque nimis iuxta satae fruges, id quoque genus nutriendum est. Quod etiam nos facere censemus, non quia magni sit fructus, sed quia minimi oneris. At tamen praestat ex se pullos atque plumam, quam non, ut in ovibus lanam, semel demetere, sed bis anno, vere et autumno, vellere licet. Atque ob has quidem causas, si permittit locorum conditio, vel paucos utique oportet educare singulisque maribus ternas feminas destinare - nam propter gravitatem pluris inire non possunt - quin etiam in <f>rutectis circa cohortem secretis angulis haras facere, in quibus cubitent et fetus ubi edant.

XIV

Qui vero greges nantium possidere student, chenoboskia constituunt, quae tum demum vigebunt, si fuerint ordinata ratione tali: cohors ab omni cetero pecore secreta clauditur, alta novem pedum maceria porticibusque circumdata, ita ut in aliqua parte sit cella custodis. Sub porticibus deinde quadratae harae caementis vel etiam laterculis exstruuntur, quas singulas satis est habere quoquoversus pedes ternos et aditus singulos firmis ostiolis munitos, quia per feturam diligenter claudi debent. [2] Extra villam deinde non longe ab aedificio si est stagnum vel flumen, ala non quaeritur aqua, sin aliter, lacus piscinaque manu fiunt, ut sint quibus inurinari possint aves. Nam sine isto primordio non magis quam sine terreno recte vivere nequeunt. palustris quoque sed herbidus ager destinetur, atque alia pabula conserantur, ut vicia, trifolium, fenum Graecum, sed praecipue genus intibi, quod serin Graeci appellant. Lactucae quoque in hunc usum semina vel maxime serenda sunt, quoniam et mollissimum est olus et libentissime ab his avibus appetitur, tum etiam pullis utilissima est esca. [3] Haec cum praeparata sunt, curandum est ut mares feminaeque quam amplissimi corporis et albi coloris eligantur. Nam est aliud genus varium, quod a fero mitigatum domesticum factum est. Id neque aeque fecundum est nec tam pretiosum, propter quod minime nutriendum est. [4] Anseribus ad admittendum tempus aptissimum est a bruma, mox ad pariendum et ad incubandum a Kalendis Februariis vel Martiis usque ad solstitium, quod fit ultima parte mensis Iunii. Ineunt autem non, ut priores aves de quibus diximus, insistentes humi, nam fere in flumine aut piscinis id faciunt; singulaeque ter anno pariunt, si prohibeantur fetus suos excudere, quod magis expedit quam cum ipsae suos fovent. [5] Nam et a gallinis melius enutriuntur et longe maior grex efficitur. Pariunt autem singulis fetibus ova primo quina, sequenti quaterna, novissimo terna. Quem partum nonnulli permittunt ipsis matribus educare, quia reliquo tempore anni vacaturae sunt a fetu. Minime autem concedendum est feminis extra septum parere, sed cum videbuntur sedem quaerere, comprimendae sunt atque temptandae. Nam si adpropinquat partus, digito tanguntur ova, quae sunt in prima parte locorum genitalium. [6] Quamobrem perduci ad haram debent includique ut fetum edant, idque singulis semel fecisse satis est, quoniam unaquaeque recurrit eodem ubi primo peperit. Sed novissimo fetu cum volumus ipsas incubare, notandi erunt uniuscuiusque partus, ut suis matribus subiciantur, quoniam negatur anser aliena excudere ova, nisi subiecta sua quoque habuerit. Supponuntur autem gallinis huius generis sicut pavonina plurima quinque, paucissima tria, ipsis deinde anseribus paucissima septem, plurima quindecim. [7] Sed custodiri debet ut ovis subiciantur herbae urticarum quo quasi remedio medicantur - , ne noceri possit excus[s]is anserculis, quos enecant urticae si teneros pupugerunt. Pullis autem formandis excludendisque triginta diebus opus est cum sunt frigora, nam tepidis quinque et viginti satis est. Saepius tamen anser tricensimo die nascitur. [8] Atque is dum exiguus est decem primis diebus pascitur in hara clausus cum matre. Postea cum serenitas permittit, producitur in prata et ad piscinas. Cavendumque est ne aut aculeis urticae conpunga[n]tur aut esuriens mittatur in pascuum, sed ante concisis intubis vel lactucae foliis saturetur. Nam si adhuc parum firmus indigens ciborum pervenit in pascuum, fruticibus aut solidioribus herbis obluctatur ita pertinaciter ut collum abrumpat. Milium quoque aut etiam triticum mixtum cum aqua recte praebetur. Atque ubi paulum se confirmavit, in gregem coaequalium conpellitur et hordeo alitur. Quod et in matricibus praebere non inutile est. [9] Pullos autem non expedit plures in singulas haras quam vigenos adici, nec rursus omnino cum maribus includi, quoniam validior enecat infirmum. Cellas in quibus incubitant siccissimas esse oportet substratuique habere paleas vel, si eae non sunt, crassi<ssi>mum quoque foenum. Cetera eadem quae in aliis generibus pullorum servanda sunt, ne coluber, ne vipera faelesque aut etiam mustela possit aspirare, quae fere pernicies ad internecionem prosternunt teneros. [10] Sunt qui hordeum maceratum incubantibus adponant, nec patiantur matrices saepius nidum relinquere. Deinde pullis exclusis primis quinque diebus polentam vel maceratum far sicut pavonibus obiciunt. Nonnulli etiam viride nasturcium consectum minutatim cum aqua praebent, eaque eis est esca iucundissima. Mox ubi quattuor mensum facti sunt, farturae maximus quisque destinatur, quoniam tenera aetas praecipue habetur ad hanc rem aptissima. [11] Et est facilis harum avium sagina, nam polentam et pollinem ter die, nihil sane aliud, dari necesse est, dummodo large bibendi potestas fiat, nec vagandi facultas detur; sintque calido et tenebricoso loco. Quae res ad creandas adipes multum conferunt. Hoc modo duobus mensibus pinguescunt etiam <max>imi, nam pullities saepe quadraginta diebus op[t]ima redditur.

XV. DE ANATIBUS

Nessotrophi cura similis, sed maior inpensa est. Nam clausae pascuntur anates, quercedulae, boscides, ph<a>le[g]rides similesque volucres, quae stagna et paludes rimantur. Locus planus eligitur, isque munitur sublimiter pedum quindecim maceria. Deinde clatris superpositis grandi macula retibus contegitur, ne aut evolandi sit potestas domesticis avibus, aut aquilis et accipitribus involandi. [2] Sed ea tota maceries opere tectorio levigatur extra intraque, ne feles aut vierra perrepat. Media deinde parte nessotrophii lacus defoditur in duos pedes altitudinis, spatiumque longitudinis datur et latitudinis quantum loci conditio permittit. [3] Orae lacus ne corrumpantur violentia restagna<n>tis undae, quae semper influere debet, opere signino consternuntur, easque non in gradus oportet erigi sed paulatim clivo subsidere, ut tamquam e litore descendatur in aquam. Solum autem stagni per circuitum, quod sit instar modi totius duarum partium, lapidibus inculcatis ac tectorio muniendum est, ne possit herbas evomere, praebeatque nantibus aquae puram superficiem. [4] Media rursus terrena pars esse debet, ut colocasiis conseratur aliisque familiaribus a[t]quae viridibus quae inopacant avium receptacula. Sunt enim quibus cordi est vel insulis tamaricum aut scirporum frutectis immorari, nec ob hanc tamen causam totus lacus silvulis occupetur, sed, ut dixi, per circuitum vacet, ut sine inpedimento, cum apricitate diei gestiunt aves, nandi velocitate concertent. [5] Nam quemadmodum desiderant esse quo inrepant et ubi delitiscentibus fluvialibus animalibus insidientur, ita offenduntur si non sunt libera spatia quae permeent. Extra lacum deinde per vigenos undique pedes gramine ripae vestiantur; sintque post hunc agri modum circa maceriam lapide fabricata et expolita tectoriis pedalia in quadratum cubilia quibus innidificent aves, eaque contegantur intersitis buxeis vel myrteis fruticibus, qui non excedant altitudinem parietum. [6] Statim deinde perpetuus canaliculus humi depressus construatur, per quem cottidie mixti cum aqua cibi decurrant. Sic enim pabulatur id genus avium. Gratissima est esca terrestris leguminis panicum et milium, nec non et hordeum. Sed ubi copia est, etiam glans ac vinacea praebentur. Aquatilis autem cibi si sit facultas, datur cammarus et rivalis hallecula vel si qua sunt incrementi parvi fluviorum animalia. [7] Tempora concubitus eadem quae ceteri silvestres alites observant Martii sequentisque mensis, per quos festucae surculique in vivariis passim spargendi sunt, ut colligere possint aves quibus nidos construant. Sed antiquissimum est, cum quis nessotrophium constituere volet, ut praedictarum avium circa paludes, in quibus plerumque fetant, ova colligat et cohortalibus gallinis subiciat. Sic enim excusi educatique pulli deponunt ingenia silvestria, clausique vivariis haut dubitanter progenerant. Nam si modo captas avis, quae consuevere libero victu, custodiae tradere velis, parere cunctantur in servitute. Sed de tutela nantium volucrum satis dictum est.

XVI. DE PISCIUM CURA

Verum opportune, dum meminimus aquatilium animalium, ad curam pervenimus piscium, quorum reditum quamvis alienissimum agricultoribus putem - quid enim tam contrarium est quam terrenum fluvido? - , Tamen non omittam. Nam et harum studia rerum maiores nostri celebraverunt, adeo quidem ut etiam dulcibus aquis fluviatilis cluderent pisces, atque eadem cura mugilem squalumque nutrirent qua nunc muraena et lupus educatur. [2] Magni enim aestimabat vetus illa Romuli et Numae rustica progenies, si urbanae vitae comparetur villatica, nulla parte copiarum defici; quamobrem non solum piscinas quas ipsi construxerant frequentabant, sed etiam quos rerum natura lacus fecerat convectis marinis seminibus replebant. Inde Velinus, inde etiam Sabatinus, item Volsiniensis et Ciminius lupos auratasque procreaverunt, ac si qua sunt alia piscium genera dulcis undae tolerantia. [3] Mox istam curam sequens aetas abolevit, et lautitiae locupletium maria ipsa Neptunumque clauserunt iam tum avorum memoria cum circumferretur Marcii Philippi velut urbanissimum, quod erat luxuriose factum atque dictum. Nam is forte Casini cum apud hospitem cenaret, appositumque e vicino flumine lupum degustasset atque exspuisset, inprobum factum dicto prosecutus, peream, inquit, nisi piscem putavi. [4] Hoc igitur periurium multorum subtiliorem fecit gulam, doctaque et erudita palata fastidire docuit fluvialem lupum, nisi quem Tiberis adverso torrente defetigasset. Itaque Terentius Varro, "nullus est," inquit, "hoc saeculo nebulo ac †mintho qui non iam dicat nihil sua interesse, utrum eiusmodi piscibus an ranis frequens habeat vivarium." [5] Ac tamen isdem temporibus quibus hanc memorabat Varro luxuriam maxime laudabatur severitas Catonis, qui nihilominus et ipse tutor Luculli grandi aere sestertium milium quadringentorum piscinas pupilli sui venditabat. Iam enim celebres erant deliciae popinales cum ad mare defer<re>ntur vivaria, quorum studiosissimi, velut ante devictarum gentium Numantinus et Isauricus, ita Sergius Orata et Licinius Murena captorum piscium laetabantur vocabulis. [6] Sed quoniam sic mores obcalluere, non ut haec usitata verum ut maxime laudabilia et honesta iudicarentur, nos quoque ne videamur tot saeculorum seri castigatores, hunc etiam quaestum villaticum patri familiae demonstra[re]mus. Qui sive insulas sive maritimos agros mercatur, propter exilitatem soli, quae plerumque litori vicina est, fructus terrae percipere non potuerit, ut ex mari reditum constituat. [7] Huius autem rei quasi primordium est naturam loci contemplari, quo piscinas facere constituerit. Non enim omnibus litoribus omne genus haberi potest. Limosa regio planum educat piscem, velut soleam, rhombum, passerem, eadem quoque maxime idonea est conchyliis, murici<bu>s et ostreis, purpurarumque tunc concharum pectunculi, balani vel sphondyli. [8] At harenosi gurgites planos quidem non pessime, sed pelagios melius pascunt, ut auratas ac dentices, Punicasque et indigenas umbras, verum conchyliis minus apti. Rursus optime saxosum mare nominis sui pisces nutrit, qui scilicet, quod in petris stabulentur, saxatiles dicti sunt, ut merulae turdique, nec minus melanuri[a]. [9] Atque ut litorum sic et fretorum differentias nosse oportet, ne nos alienigenae pisces decipiant. Non enim omni mari potest omnis esse, ut helops, qui Pamphylio profundo nec alio pascitur, ut Atlantico faber, qui generosissimis piscibus adnumeratur in nostro Gadium municipio - eumque prisca consuetudine zaeum appellamus - , ut scarus, qui totius Asiae Graeciaeque litore Sicilia tenus frequentissimus exit, numquam in Ligusticum nec per Gallias enavit ad Hibericum mare. [10] Itaque ne si capti quidem perferantur in nostra vivaria, diuturni queant possideri. Sola ex pretiosis piscibus muraena, quamvis Tartesi pelagi, quod est ultimum, vernacula, quovis hospes freto peregrinum mare sustinet. Sed iam de situ piscinarum dicendum est.

XVII. DE POSITIONE PISCINAE

Stagnum censemus eximie optimum quod sic positum est ut insequens maris unda priorem summoveat, nec intra conseptum sinat remanere veterem. Namque id simillimum est pelago, quod agitatum ventis adsidue renovatur nec concalescere potest, quoniam gelidum ab imo fluctum revolvit in partem superiorem. Id autem stagnum vel exciditur in petra, cuius rarissima est occasio, vel in litore construitur opere signino. [2] Sed utcumque fabricatum est, si semper influente gurgite riget, habere debet specus iuxta solum, eorumque alios simplices et rectos, quo secedant squamosi greges, alios in cocleam retortos nec nimis spatiosos, quibus muraenae delitiscant; quamquam nonnullis commisceri eas cum alterius notae piscibus non placet, quia si rabie vexantur, quod huic generi velut canino solet accidere, saepissime persequuntur squamosos plurimosque mandendo consumunt. [3] Itineraque, si loci natura permittit, omni lateri piscinae dari convenit. Facilius enim vetus summovetur unda, cum quacumque parte fluctus urget per adversa patet exitus. Hos autem meatus fieri censemus per imam consepti partem, si loci situs ita conpetit, ut in solo piscinae posita libella septem pedibus sublimius esse maris aequor ostendat. Nam piscibus stagni haec in altitudinem gurgitis mensura abunde est; nec dubium quin quanto magis imo mari veniat unda, tanto sit frigidior, quod est aptissimum nantibus. [4] Sin autem locus ubi vivarium constituere censemus pari libra cum aequore maris est, in pedes novem defodiatur piscina, et infra duos a summa parte cuniculis rivi perducantur, curandumque est ut largissime veniant, quoniam modus ille aquae iacentis infra libram maris non aliter exprimitur, quam si maior recentis freti vis incesserit. [5] Multi putant in eiusmodi stagnis longos piscibus recessus et flexuosos in lateribus specus esse fabricandos, quo sint opaciores aestuantibus latebrae. Sed si recens mare non semper stagnum permeat, id facere contrarium est, nam eiusmodi receptacula nec facile novas admittunt aquas, et difficiliter veteres emittunt, plusque nocet putris unda quam prodest opacitas. [6] Debent tamen similes velut cellae parietibus excavari, ut sint quae protegant refugientis ardorem solis, et nihilominus facile quam conceperint aquam remittant. Verum meminisse oportebit ut rius per quos exundat piscina praefigantur aenei foraminibus exiguis cancelli, quibus inpediatur fuga piscium. Si vero laxitas permittit, e litore scopulos, qui praecipue verbenis algae vestiuntur, non erit alienum per stagni spatia disponere, et quantum comminisci valet hominis ingenium repraesentare faciem maris, ut clausi quam minime custodiam sentiant. [7] Hac ratione stabulis ordinatis aquatile pecus inducemus. Sitque nobis antiquissimum meminisse etiam in fluviatili negotio, quod in terreno praecipitur, et quid quaeque ferat regio. Neque enim si velimus, ut in mari nonnumquam conspeximus, in vivario multitudinem mullorum pascere queamus, cum sit mollissimum genus et servitutis indignantissimum. [8] Raro itaque unus aut alter de multis milibus claustra patitur. At contra frequenter animadvertimus intra septa pelagios greges inertis mugilis et rapacis lupi. Quare, ut proposueram, qualitatem litoris nostri contemplemur, et si videmus scopulosam probemus. Turdi complura genera merulasque et avidas mustelas, tum etiam sine macula - nam sunt et varii - lupos includamus; item flutas, quae maxime probantur, muraenas et si quae sunt alia[e] saxatils notae qu<o>rum pretia vigent; nam vile ne captare quidem, nedum alere conducit. [9] Possunt ista eadem genera etiam litoris harenosi stagnis contineri. Nam quae limo coenoque lita sunt, ut ante iam dixi, conchyliis magis et iacentibus apta sunt animalibus. Neque est eadem lacus positio quae recipit cubantis, <ne>que eadem praebentur cibaria prostratis piscibus et rectis. Namque soleis ac rhombis et similibus animalibus humilis in duos pedes piscina deprimitur ea parte litoris quae profundi recessu numquam destituitur. [10] Spissi deinde clatri marginibus infiguntur, qui super aquam semper emineant, etiam cum maris aestus intumuerit. Mox praeiaciuntur in gyrum moles, ita ut conplectantur sinu suo et tamen excedant stagni modum. Sic enim et maris atrocitas obiectu crepidinis frangitur, et in tranquillo consistens piscis sedibus suis non exturbatur, neque ipsum vivarium repletur congerie, quam tempestatibus eructat pelagi violentia. [11] Oportebit autem nonnullis locis moles intercidi more Maeandri parvis sed angustis itineribus, quae quantalibet hiemis saevitia mare sine fluctu transmittant. Esca iacentium mollior esse debet quam saxatilium. Nam quia dentibus carent, aut lambunt cibos aut integros hauriunt, mandere quidem non possunt. [12] Itaque praeberi convenit tabentis halleculas et salibus exesam chalcidem putremque sardinam nec minus saurorum branchiam, vel quicquid intestini pelamis aut lacertus gerit, tum scombri carcharique et elacatae ventriculos, et - ne per singula enumerem - salsamentorum omnium purgamenta, quae cetariorum officinis everruntur. Nos autem plura nominavimus genera, non quia cuncta cunctis litoribus exeunt, sed ut ex his aliqua quorum erit facultas praebeamus. [13] Facit etiam ex pomis viridis adaperta ficus et mitis digitis infractus unedo, nec minus elisum molle sorbum, quique sunt cibi sorbilibus proximi, ut e mulctra recens caseus, si loci conditio vel lactis annona permittit. Nulla tamen aeque quam praedictae salsurae pabula commode dantur, quoniam odorata sunt. [14] Omnis enim iacens piscis magis naribus escam quam oculis vestigat, nam dum supinus semper cubat, sublimiora spectat, et ea quae in plano sunt dextra laevaque non facile pervidet. Itaque cum salsamenta obiecta sunt, eorum sequens odorem pervenit ad cibos. Ceteri autem saxatiles aut pelagi[c]i satis et his, sed et recentibus melius pascuntur. Nam et hallecula modo capta et cammarus exiguusque gobio, quisquis denique est incrementi minuti piscis, maiorem alit. [15] Si quando tamen hiemis saevitia non patitur eius generis escam dari, vel sordidi panis offae vel si qua sunt temporis poma concisa praebentur. Ficus quidem arida semper obicitur, eximia si sit, ut Baeticae Numidiaeque regionibus larga. Ceterum illud committi non debet, quod multi faciunt, ut nihil praebeant, quia semetipsos etiam clausi diu tolerare possint. Nam nisi piscis domini cibariis saginatur, cum ad piscatoris forum perlatus est, macies indicat eum non esse libero mari captum sed de custodia elatum, propter quod plurimum pretio detrahitur. [16] Atque haec villatica pastio finem praesenti disputationi faciat, ne inmodico volumine lector fatigetur. Redeamus autem sequenti exordio ad curam silvestrium pecorum cultumque apium.

LIBER IX

PRAEFATIO.
Venio nunc ad tutelam pecudum silvestrium et apium educationem, quas et ipsas, Publi Silvine, villaticas pastiones iure dixerim, siquidem mos antiquus lepusculis capreisque ac subus feris iuxta villam plerumque subiecta dominicis habitationibus ponebat vivaria, ut et conspectu sui clausa venatio possidentis oblectaret oculos, et cum exegisset usus epularum, velut e cella promeretur. [2] Apibus quoque dabantur sedes adhuc nostra memoria vel in ipsis villae parietibus excisis vel in protectis porticibus ac pomariis. Quare quoniam tituli quem p<rae>scripsimus huic disputationi ratio reddita est, ea nunc quae proposuimus singula persequamur.

I. DE VIVARIIS FACIUNDIS ET INCLUDENDIS PECUDIBUS FERIS

Ferae pecudes, ut capreoli dammaeque nec minus orygum cervorumque genera et aprorum, modo lautitiis ac voluptatibus dominorum serviunt, modo quaestui ac reditibus. Sed qui venationem voluptati suae claudunt contenti sunt, utcumque conpetit proximus aedificio loci situs, munire vivarium semperque de manu cibos et aquam praebere. Qui vero quaestum reditumque desiderant, cum est vicinum villae nemus (id enim refert non procul esse ab oculis domini), sine cunctatione praedictis animalibus destinatur. [2] Et si naturalis defuit aqua, vel inducitur fluens vel infossi lacus signino consternuntur, qui receptam pluviatilem contineant. Modus silvae pro cuiusque facultatibus occupatur, ac si lapidis et operae vilitas suadet, haut dubie caementis et calce formatus circumdatur murus, sin aliter crudo latere ac luto constructus. [3] Vbi vero neutrum patrifamiliae conducit, ratio postulat vacerris includi (sic enim appellatur genus clatrorum), idque fabricatur ex robore querceo vel subereo; nam oleae rara est occasio. Quicquid denique sub iniuria pluviarum magis diuturnum est, pro conditione regionis ad hunc usum eligitur. Et sive ter<e>s arboris truncus, sive, ut crassitudo postulavit, fissilis stipes conpluribus locis per latus efforatur, et in circuitu vivarii certis intervenientibus spatiis defixus erigitur, deinde per transversa laterum cau[e]a transmittuntur amites, qui exitus ferarum obserent. [4] Satis est autem vacerras inter pedes octonos figere, serisque transversis ita clatrare ne spatiorum laxitas quae foraminibus intervenit pecudi praebeat fugam. Hoc autem modo licet etiam latissimas regiones tractusque montium claudere, sicuti Galliarum nec non et in aliis quibusdam provinciis locorum vastitas patitur. Nam et fabricandis ingens est materiae vacerris copia, et cetera in hanc rem feliciter suppetunt; quippe crebris fontibus abundat solum, quod est maxime praedictis generibus salutare; [5] tum etiam sua sponte pabula feris benignissime subministrat; praecipueque saltus eliguntur, qui et terrenis fetibus et arboreis abundant. Nam ut graminibus ita frugibus roburneis opus est. Maximeque laudantur qui sunt feracissimi querneae glandis et iligneae nec minus cerreae, tum et arbuti ceterorumque pomorum silvestrium, quae diligentius persecuti sumus cum de cohortalibus subus disputaremus. nam eadem fere sunt pecudum silvestrium pabula quae domesticarum. [6] Contentus tamen non debet esse diligens paterfamiliae cibis quos suapte natura terra gignit, sed temporibus anni quibus silvae pabulis carent condita messe clausis succurrere hordeoque alere vel adoreo farre aut faba, plurimumque etiam vinaceis, quidquid denique vilissime constiterit dare. Idque ut intellegant ferae praeberi, unam vel alteram domi mansuefactam conveniet immittere, quae pervagata totum vivarium cunctantis ad obiecta cibaria pecudes perducat. [7] Nec solum istud per hiemis penuriam fieri expedit, sed cum etiam fetae partus ediderint, quo melius educent natos. Itaque custos vivarii frequenter speculari debebit si iam effetae sunt, ut manu datis sustineantur frumentis. Nec vero patiendus est oryx aut aper aliusve quis ferus ultra quadrimatum senescere. Nam usque in hoc tempus capiunt incrementa, postea macescunt senectute. Quare dum viridis aetas pulchritudinem corporis conservat, aere mutandi sunt. [8] Cervus tamen conpluribus annis sustineri potest. Nam diu iuvenis possidetur, quod aevi longioris vitam sortitus est. De minoris autem incrementi animalibus, qualis est lepus, haec praecipiemus, ut in his vivariis quae maceria munita sunt farragini et holerum ferae intubi lactucaeque semina parvulis areolis per diversa spatia factis iniciantur, itemque Punicum cicer vel hoc vernaculum, nec minus hordeum et cicercula condita ex horreo promantur et aqua caelesti macerata obiciantur. Nam sicca non nimis ab lepusculis adpetuntur. [9] Haec porro animalia vel similia his, etiam silente me, facile intellegitur quam non expediat conferre in vivarium quod vacerris circumdatum est, siquidem propter exiguitatem corporis facile clatris subrepunt et liberos nanct<a> egressus fugam moliuntur.

II. DE APIBUS

Venio nunc ad alvorum curam, de quibus neque diligentius quicquam praecipi potest quam ab Hygino iam dictum est, nec ornatius quam Vergilio, nec elegantius quam Celso. Hyginus veterum auctorum placita secretis dispersa monimentis industrie colligit, Vergilius poeticis floribus inluminavit, Celsus utriusque memorati adhibuit modum. [2] Quare ne adtemptanda quidem nobis fuit haec disputationis materia, nisi quod consummatio susceptae professionis hanc quoque sui partem desiderabat, ne universitas inchoati operis nostri, velut membro aliquo reciso, mutila atque imperfecta conspiceretur. Atque ea quae Hyginus fabulose tradita de originibus apium non intermisit, poeticae magis licentiae quam nostrae fidei concesserim. [3] Nec sane rustico dignum est sciscitari fueritne mulier pulcherrima specie Melissa, quam Iuppiter in apem convertit, an ut Euhemerus poeta dicit crabronibus et sole genitas apes, quas nymphae Phryxonides educaverint, mox Dictaeo specu Iovis extitisse nutrices, easque pabula munere dei sortitas, quibus ipsae parvom educaverunt alumnum. Ista enim quamvis non dedeceant poetam, summatim tamen et uno tantummodo versiculo leviter attigit Vergilius cum sic ait: Dictaeo caeli regem pavere sub antro.

[4] Sed ne illud quidem pertinet ad agricolas, quando et in qua regione primum natae sunt, utrum in Thessalia sub Aristaeo, an in insula Cea, ut scribit Euhemerus, an Erechthei temporibus in monte Hymetto, ut Eu

hronius, an Cretae Saturni temporibus, ut Nicander; non magis quam utrum examina, tamquam cetera videmus animalia, concubitu subolem procreent, an heredem generis sui floribus eligant, quod adfirmat noster Maro; et utrum evomant liquorem mellis, an alia parte reddant. [5] Haec enim et his similia magis scrutantium rerum naturae latebras quam rusticorum est inquirere. Studiosis quoque litterarum gratiora sunt ista in otio legentibus, quam negotiosis agricolis, quoniam neque in opere neque in re familiari quicquam iuvant. Quare revertamur ad ea quae alveorum cultoribus magis apta sunt.

III. QUOT GENERA SUNT APIUM, ET QUOD EX HIS OPTIMUM

Peripateticae sectae conditor Aristoteles in his libris quos de animalibus conscripsit examinum genera conplura demonstrat, e<o>rumque alia quae vastas sed glomerosas easdemque nigras et hirsutas apis habent, alia minores quidem sed aeque rutundas et infusci coloris horridique pili; [2] alia magis exiguas nec tam rutundas, sed obesas tamen et latas, coloris meliusculi, nonnulla minimas gracilisque et acuti alvei, ex aureolo varias atque leves. Eius auctoritatem sequens Vergilius maxime probat parvolas, oblongas, leves, nitidas, ardentis auro et paribus lita corpora guttis, moribus etiam placidis. Nam quanto grandior apis atque etiam est rutundior, tanto peior; si vero saevior, maxime pessima est. [3] Sed tamen iracundia notae melioris apium facile delinitur adsiduo interventu eorum qui curant [alvearia]. Nam cum saepius tractantur celerius mansuescunt, durantque, si diligenter excultae sunt, in annos decem. Nec ullum examen hanc aetatem potest excedere, quamvis in demortuarum locum quotannis pullos substituant. Nam fere decumo ad internecionem anno gens universa totius alvei consumitur. [4] Itaque ne hoc in toto fiat apiario, semper propaganda erit suboles, observandumque vere, cum se nova profundent examina, ut excipiantur et domiciliorum numerus augeatur. Nam saepe morbis intercipiuntur, quibus quemadmodum mederi oportet suo loco dicetur.

IV. QUALES PABULATIONES ET QUI SITUS EARUM ESSE DEBEAT

Interim per has notas quas iam diximus probatis apibus destinari debent pabulationes, eaeque sint secretissimae et, ut noster praecepit Maro, viduae pecudibus, aprico et minime procelloso caeli statu:

quo neque sit ventis aditus, nam pabula venti ferre domum prohibent, neque oves haedique petulci floribus insultent, aut errans bucula campo decutiat rorem, et surgentis atterat herbas.

[2] Eademque regio fecunda sit fruticis exigui, et maxime thymi aut origani, tum etiam thymbrae vel nostratis cunilae, quam satureiam rustici vocant. Post haec frequens sit incrementi maioris surculus, ut rosmarinum et utraque cytisus (est enim sativa et altera suae spontis), itemque semper virens pinus et minor ilex, nam prolixior ab omnibus inprobatur; ederae quoque non propter bonitatem recipiuntur, sed quia praebent plurimum mellis. [3] Arborum vero sunt probatissimae rutila atque alba zizip<h>us, nec minus amaracus, tum etiam amygdalae [et] persicique ac piri, denique pomiferarum pleraeque, ne singulis immorer. Ac silvestrium commodissime faciunt glandifera robora, quin etiam terebinthus, nec dissimilis huic lentiscus et odorata cedrus ac tilia. Solae ex omnibus ut nocentes taxi repudiantur. [4] Mille praeterea semina vel crudo caespite virentia vel subacta sulco flores amicissimos apibus creant, ut sint in virgineo solo frutices amelli, caules acanthini, scapus asphodeli, gladiolus narcissi. At in hortensi lira consita nitent candida lilia nec his sordidiora leucoia, tum Punicae rosae luteolaeque et Sarranae violae, nec minus caelestis luminis

hyacinthus; Corycius item Siculusque bulbus croci deponitur, qui coloret inodoretque mella. [5] Iam vero notae vilioris innumerabiles nascuntur herbae cultis atque pascuis regionibus, quae favorum ceras exuberant, ut vulgares lapsanae nec his pretiosior armoracia rapistrique holus et intibi silvestris ac nigri papaveris flores, tum agrestis pastinaca et eiusdem nominis edomita, quam Graeci staphylion vocant. [6] Verum ex cunctis quae proposui quaeque omisi temporum compendia sequens (nam inexputabilis erat numerus) saporis praecipui mella reddit thymum, eximio deinde proximum thymbra serpillumque et origanum. Tertiae notae, sed adhuc generosae, marinum ros et nostras cunela, quam dixi satureiam. Mediocris deinde gustus amaracini ac ziziphi flores, reliqua<que> quae proposuimus cibaria. [7] Sed ex sordidis deterrimae notae mel habetur nemorense, quod sparto atque arbu[s]to provenit, villaticum, quod nascitur in holeribus et stercorosis herbis. Et quoniam situm pastionum atque etiam genera pabulorum exposui, nunc de ipsis receptaculis et domiciliis examinum loquar.

V. DE SEDIBUS APIUM ELIGENDIS

Sedes apium collocanda est contra brumalem meridiem procul a tumultu et coetu hominum ac pecudum, nec calido loco nec frigido, nam utraque re infestantur. Haec autem sit ima parte vallis, et ut vacuae cum prodeunt pabulatum apes facilius editioribus advolent, et collectis utensilibus cum onere per proclivia non aegre devolent. Si villae situs ita conpetit, non est dubitandum quin aedificio iunctum apiarium maceria circumdemus, sed in ea parte quae tetris latrinae stercilinique et a balinei libera est odoribus. [2] Vel et si positio repugnabit, nec maxime tamen incommoda congruent, sic quoque magis expediet sub oculis domini esse apiarium. Sin autem cuncta fuerint inimica, certe vicina vallis occupetur, quo saepius descendere non sit grave possidenti. Nam res ista maximam fidem desiderat, quae quoniam rarissima est, interventu domini tutius custoditur. Neque ea curatorem fraudulentum tantum sed etiam segnitiae inmundae perosa est. Aeque enim dedignatur si minus pure habita est ac si tractetur fraudulenter. [3] Sed ubicumque fuerint alvaria non editissimo claudantur muro. Qui si metu praedonum sublimior placuerit, tribus elatis ab humo pedibus exiguis in ordinem fenestellis apibus sit pervius; iungaturque tugurium, quod et custodes habitent et condatur instrumentum; sitque maxime repletum praeparatis alvis ad usum novorum examinum, nec minus herbis salutaribus, et si qua sunt alia quae languentibus adhibentur.

[4] Palmaque vestibulum aut ingens oleaster obumbret, ut cum vere novo ducent examina reges, vicina invitet decedere ripa calori, obviaque

hospitiis teneat frondentibus arbos.

[5] Tum perennis aqua, si est facultas, inducatur vel extracta manu detur, sine qua neque favi neque mella nec pulli denique figurari queunt. Sive igitur, ut dixi, praeterfluens unda vel putealis canalibus inmissa fuerit, virgis ac lapidibus aggeretur apium causa,

pontibus ut crebris possint consistere et alas pandere ad aestivum solem, si forte morantis sparserit aut praeceps Neptuno inmerserit Eurus.

[6] Conseri deinde circa totum apiarium debent arbusculae incrementi parvi, maximeque propter salubritatem. Nam sunt etiam remedio languentibus cytisi, tum deinde casiae atque pini et rosmarinum, quin etiam cunelae et thymi frutices, item violarum vel quae utiliter deponi patitur qualitas terrae. Gravis et taetri odoris non solum virentia sed et quaelibet res prohibeantur, sic uti cancri nidor cum est ignibus adustus aut odor palustris coeni. Nec minus vitentur cavae rupes aut vallis argutiae, quas Graeci vocant echous.

VI. DE VASIS ALVEORUM PROBANDIS

Igitur ordinatis sedibus alvaria fabricanda sunt pro conditione regionis. Sive illa ferax est suberis, haud dubitanter utilissimas alvos faciemus ex corticibus, quia nec hieme frigent nec candent aestate, sive ferulis exuberat, his quoque, quoniam sunt naturae corticis similes, aeque commode vasa texuntur. Si neutrum aderit, opere vitorio salicibus connectentur, vel si nec haec suppetent, ligno cavae arboris aut in tabulas desectae fabricabuntur. [2] Deterrima est conditio fictilium, quae et accenduntur aestatis vaporibus et gelantur hiemis frigoribus. Reliqua sunt alvorum genera duo, ut ex fimo fingantur vel lateribus exstruantur. quorum alterum iure damnavit Celsus, quoniam maxime est ignibus obnoxium, alterum probavit, quamvis incommodum eius praecipuum non dissimulaverit, quod si res postulet, transferri non possit. [3] Itaque non adsentior ei, qui putat nihilo minus eius generis habendas esse alvos. Neque enim solum id repugnat rationibus domini quod inmobiles sint, cum vendere aut alios agros instruere velit (hoc enim commodum pertinet ad utilitatem solius patrisfamiliae), sed (quod ipsarum apium causa fieri debet), cum aut morbo aut sterilitate et penuria locorum vexatas conveniet in aliam regionem mitti, nec propter praedictam causam moveri poterunt. Hoc maxime vitandum est. Itaque quamvis doctissimi viri auctoritatem reverebar, tamen ambitione summota quid ipse censerem non omisi. Nam quod maxime movet Celsum, ne sint stabula vel igni vel furibus obnoxia, potest vitari latericio circumstructis alvis, ut inpediatur rapina praedonis et contra flammarum violentiam proteg<a>ntur, easdemque, cum fuerint movendae, resolutis structurae conpagibus licebit transferre. Sed quoniam plerisque videtur istud operosum, qualiacumque vasa placuerint conlocari debebunt.

VII. QUEMADMODUM ALVI CONLOCANDAE SINT

Suggestus lapideus extenditur per totum apiarium in tres pedes altitudinis totidemque crassitudinis exstructus, isque diligenter opere tectorio levigatur, ita ne ascensus lacertis aut anguibus aliisve noxiis animalibus praebeatur. [2] Superponuntur deinde sive, ut Celso placet, lateribus facta domicilia, sive, ut nobis, alvaria praeterquam tergo et frontibus circumstructa; seu, quod paene omnium in usu est qui modo diligenter ista curant, per ordinem vasa disposita ligantur vel laterculis vel caementis, ita ut singula binis parietibus angustis contineantur, liberaeque frontes utrimque sint. Nam et qua procedunt nonnumquam patefaciendae sint, et multo magis a tergo qua subinde curantur examina. [3] Sin autem nulli parietes alvis intervenient, sic tamen conlocandae erunt ut paulum altera ab altera distet, nec cum inspiciuntur, ea quae in curatione tractatur haerentem sibi alteram concutiat vicinasque apes conterreat, quae omnem motum inbecillis ut cereis scilicet operibus suis tamquam ruinam timent. Ordines quidem vasorum superinstructos in altitudinem tris esse abunde est, quoniam summum sic quoque parum commode curator inspicit. [4] Ora cavearum, quae praebent apibus vestibula, proniora sint quam terga, ut ne influant imbres, et si forte tamen incesserint, non inmorentur sed per aditum effluant. Propter quos convenit alvaria porticu supermuniri, sin aliter, luto Punico frondibus inlimatis adumbrari, quod tegumen cum frigora et pluvias tum et aestus arcet. Nec tamen ita nocet huic generi caloris ut hiemis halitus. Itaque semper aedificium sit post apiarium, quod aquilonis excipiat iniuriam stabulisque praebeat teporem. [5] Nec minus ipsa domicilia, quamvis aedificio proteguntur, obversa tamen ad hibernum orientem conponi debebunt, ut apricum habeant apes matutinum egressum et sint experrectiores; nam frigus ignaviam creat. Propter quod etiam foramina, quibus exitus aut introitus datur, angustissima esse debent, ut quam minimum frigoris admittant. Eaque satis est ita forari ne possint capere plus unius apis incrementum. Sic neque venenatus stelio nec obscenum scarabaei vel papilionis genus lucifugaeque blattae, ut ait Maro, per laxiora spatia ianuae favos populabuntur. [6] Atque utilissimum est pro frequentia domicilii duos vel tres aditus in eodem operculo distantis inter se fieri contra fallaciam lacerti, qui velut custos vestibuli prodeuntibus inhians apibus adfert exitium, eaeque pauciores intereunt, cum liceat vitare pestis obsidia per aliud volantibus effugium.

VIII. DE CONPARANDIS APIBUS QUAE EMUNTUR

Atque haec de pabulationibus domiciliisque et sedibus eligendis abunde diximus, quibus provisis sequitur ut examina desideremus. Ea porro vel aere parta vel gratuita contingunt. Sed quas pretio parabimus, scrupulosius praedictis comprobemus notis, et earum frequentiam prius quam mercemur apertis alvearibus consideremus. [2] Vel si non fuerit inspiciendi facultas, certe id quod contemplari licet notabimus, an in vestibulo ianuae conplures consistant et vehemens sonus intus murmurantium exaudiatur. Atque etiam si omnes intra domicilium silentes forte conquiescent, labris foramini aditus admotis et inflato spiritu ex respondente earum subito fremitu poterimus aestimare vel multitudinem vel paucitatem. [3] Praecipue autem custodiendum est ut ex vicinia potius quam peregrinis regionibus petantur, quoniam solent caeli novitate lacessiri. Quod si non contingit ac necesse habuerimus longinquis itineribus advehere, curabimus ne salebris sollicitentur, optimeque noctibus collo portabuntur. Nam diebus requies danda est, et infundendi sunt grati apibus liquores, quibus intra clausum alantur. [4] Mox cum perlatae domum fuerint, si dies supervenerit, nec aperiri nec conlocari oportebit alvum nisi vesperi, ut apes placidae mane post totius noctis requiem egrediantur. Specularique debebimus fere triduo, numquid universae se profundant, quod cum faciunt, fugam meditantur. Ea remediis quibus debeat inhiberi mox praecipiemus. [5] At quae dono vel aucupio contingunt, minus scrupulose probantur, quamquam ne sic quidem velim nisi optimas possidere, cum et inpensam et eandem operam custodis postulent bonae atque inprobae quoque. Maxime refert ut non sint degeneres intermiscendae, quae infament generosas. Nam minor fructus mellis respondet, cum segniora interveniunt examina. [6] Verumtamen quoniam interdum propter conditionem locorum vel mediocre pecus (nam malum nullo quidem modo) parandum est, curam vestigandis examinibus hac ratione adhibebimus.

QUEMADMODUM SILVESTRIA EXAMINA CAPIANTUR

[7] Vbicumque saltus sunt idonei, mellifici, nihil antiquius apes quam quibus utantur vicinos eligunt fontes. Eos itaque convenit plerumque ab hora secunda obsidere, specularique quae turba sit aquantium. Nam si paucae admodum circumvolant (nisi tamen conplura capita rivorum diductas faciunt rariores) intellegenda est earum penuria, propter quam locum quoque non esse mellificum suspicabimur. [8] At si commeant frequentes, spem quoque aucupandi examina maiorem faciunt, eaque sic inveniuntur: primum quam longe sint explorandum est, praeparand<a>que

in hanc rem liquida rubrica, qua cum festucis inlitis contigeris apium terga fontem libantium, commoratus eodem loco facilius redeuntis agnoscere poteris. Ac si non tarde id facient, scies eas in vicino consistere, sin autem serius, pro mora temporis aestimabis distantiam loci. [9] Sed cum animadverteris celeriter redeuntis, non aegre persequens iter volantium ad sedem perduceris examinis. In his autem quae longius meare videbuntur, sollertior adhibebitur cura, quae talis est: harundinis internodium cum suis articulis exciditur, et terebratur ab latere talea, per quod foramen exiguo melle vel defruto instillato ponitur iuxta fontem. Deinde cum ad odorem dulcis liquaminis conplures apes inrepserunt, tollitur talea et inposito foramini pollice non emittitur nisi una, quae cum evasit, fugam suam demonstrat observanti, atque is, dum sufficit, persequitur evolantem. [10] Cum deinde conspicere desit apem, tum alteram emittit, et si eandem petit caeli partem, vestigiis prioribus inhaeret. Si minus, aliam quoque atque aliam foramine adaperto patitur egredi, regionemque notat in quam plures revolent, et eas persequitur, donec ad latebram perducatur examinis. Quod sive est abditum specu, fumo elicietur, et cum erupit aeris strepitu coercetur. Nam statim sono territum vel in frutice vel in editiore silvae fronde considit, et a vestigatore praeparato vaso reconditur. [11] Sin autem sedem habet arboris cavae, et aut exstat ramus quem obtinent, aut ipsius trunci, si in eo sunt, mediocritas patitur, acutissima serra, quo celerius id fiat, praeciditur primum superior pars, quae ab apibus vacat, deinde inferior, quatenus videtur habitari. Tum recisus utraque parte mundo vestimento contegitur, quoniam hoc quoque plurimum refert, ac si quibus rimis hiat inlitis ad locum perfertur, relictisque parvis, ut iam dixi, foraminibus more ceterarum alvorum conlocatur. [12] Sed indagatorem conveniet matutina tempora vestigandi eligere, ut spatium diei habeat quo exploret commeatus apium. Saepe enim, si serius coepit eas denotare, etiam cum in propinquo sunt iustis operum peractis se recipiunt nec remeant ad aquam, quo evenit ut vestigator ignoret quam longe a fonte distet examen. [13] Sunt qui per initia veris apiastrum atque, ut ille vates ait, trita melisphylla et cerinthae ignobile gramen aliasque colligant similes herbas, quibus id genus animalium delectatur, et ita alvos perfricent ut odor ac sucus vasis inhaereat. quae deinde emundata exiguo melle respergant, et per nemora non longe a fontibus disponant, eaque cum repleta sunt examinibus, domum referant. [14] Sed hoc nisi locis quibus abundant apes facere non expedit. Nam saepe vel inania vasa nancti qui forte praetereunt secum auferunt, neque est tanti vacua perdere complura, ut uno vel altero potiare pleno. At in maiore copia, etiam si multa intercipiuntur, plus est quod in repertis apibus adquiritur. Atque haec ratio est capiendi silvestria examina. Deinceps talis altera est vernacula retinendi.

IX. QUEMADMODUM VERNACULA NOVA EXAMINA OBSERVENTUR ET IN ALVOS CONDANTUR

Semper quidem custos sedule circumire debet alvaria; neque enim ullum tempus est quo non curam desiderent. Sed cam postulant diligentiorem cum vernant et exundant novis fetibus, qui nisi curatoris obsidio protinus excepti sunt diffugiunt. quippe talis est apium natura ut pariter quaeque plebs generetur cum regibus; qui ubi evolandi vires adepti sunt, consortia dedignantur vetustiorum, multoque magis imperia, quippe cum rationabili gener mortalium, tum magis egentibus consilii mutis animalibus nulla sit regni societas. [2] Itaque novi duces procedunt cum sua iuventute, quae uno aut altero die in ipso domicilii vestibulo glomerata consistens, egressu suo propriae desiderium sedis ostendit, eaque tamquam patria contenta est, si procurator protinus adsignetur. Sin autem defuit custos, velut iniuria repulsa peregrinam regionem petit. [3] Quod ne fiat, boni curatoris est vernis temporibus observare alvos in octavam fere diei, post quam horam non temere se nova proripiunt agmina, eorumque egressus diligenter custodiat. Nam quaedam solent, cum subito evaserunt, sine cunctatione se proripere. [4] Poterit exploratam fugam praesciscere vespertinis temporibus aurem singulis alveis admovendo. Siquidem fere ante triduum quam eruptionem facturae sunt, velut militaria signa moventium tumultus ac murmur exoritur, ex quo, ut verissime dicit Vergilius,

corda licet vulgi praesciscere, namque morantis Martius ille aeris rauci canor invocat, et vox auditur fractos sonitus imitata tubarum.

[5] Itaque maxime observari debent quae istud faciunt, ut sive ad pugnam eruperint (nam inter se tamquam civilibus bellis et cum alteris quasi cum exteris gentibus proeliantur), sive fugae causa se proripuerint, praesto sit ad utrumque casum paratus custos. [6] Pugna quidem vel unius inter se dissidentis vel duorum examinum discordantium facile conpescitur; nam, ut idem ait, pulveris exigui iactu conpressa quiescit,

aut aqua mulsea passove et alio quo liquore simplici respersa, videlicet familiari dulcedine saevientium iras mitigante. Nam eadem mire etiam dissidentis reges conciliant. Sunt enim saepe plures unius populi duces, et quasi procerum seditione plebs in partis diducitur, quod frequenter fieri prohibendum est, quoniam intestino bello totae gentes consumuntur. [7] Itaque si constat principibus gratia, maneat pax incruenta. Sin autem saepius acie dimicantis notaveris, duces seditionum interficere curabis; dimicantium vero proelia praedictis remediis sedantur. Ac deinde cum agmen glomeratum in proximo frondentis arbusculae ramo consederit, animadvertito an totum examen in speciem unius uvae dependeat. Idque signum erit aut unum regem inesse aut certe plures bona fide reconciliatos, paterisque dum in suum revolet domicilium. [8] Sin autem duobus aut etiam conpluribus velut uberibus ductum fuerit examen, ne dubitaveris et pluris proceres et adhuc iratos esse, atque in his partibus quibus maxime videris apes glomerari requirere duces debebis. Itaque suco praedictarum herbarum, id est melisphylli vel apiastri, manu inlita, ne ad tactum diffugiant, leviter inseres digitos, et diductas apes scrutaberis, donec auctorem pugnae reperias.

X

Sunt autem hi reges maiores paulo et oblongi magis quam ceterae apes, rectioribus cruribus, sed minus amplis pinnis, pulchri coloris et nitidi, levesque ac sine pilo, sine spiculo, nisi quis forte pleniorem quasi capillum quem in ventre gerunt aculeum putat, quo et ipso tamen ad nocendum non utuntur. Quidam etiam infusci atque hirsuti reperiuntur, quorum pro habitu damnabis ingenium.

[2] Nam duo sunt regum facies, duo corpora plebis. Alter erit maculis auro squalentibus ardens et rutilis clarus squamis insignis et ore.

Atque hinc maxime probatur qui est melior, nam deterior, sordido sputo similis, tam foedus est

quam pulvere ab alto cum venit et sicco terram spuit ore viator, et, ut idem ait, desidia latamque trahens inglorius alvum. Omnes igitur duces notae deterioris dede neci, melior vacua sine regnet in aula.

[3] Qui tamen et ipse spoliandus est alis, ubi saepius cum examine suo conatur eruptione facta profugere. Nam velut quadam compede retinebimus erronem ducem detractis alis, qui fugae destitutus praesidio finem regni non audet excedere, propter quod ne ditionis quidem suae populo permittit longius evagari.

XI

Sed nonnumquam idem necandus est, cum vetus alveare numero apium destituitur, atque infrequentia eius ali<o> quo examine replenda est. Itaque cum primo vere in eo vase nata est pullities, novus rex eligitur, ut multitudo sine discordia cum parentibus suis conversetur. Quod si nullam progeniem tulerint favi, duas vel tres alvorum plebes in unam contribuere licebit, sed prius respersas dulci liquore, tum demum includere, et posito cibo, dum conversari consuescant, exiguis spiramentis relictis, triduo fere clausas habere.

QUEMADMODUM FREQUENTANDAE SINT ALVI QUAE EXIGUA HABENT EXAMINA

[2] Sunt qui seniorem potius regem summovent, quod est contrarium, quippe turba vetustior velut quidam senatus minoribus parere non cense[n]t, atque imperia validiorum contumaciter spernendo poenis ac mortibus afficitur. [3] Illi quidem incommodo, quod iuveniori examini solet accidere, cum antiquarum apium relictus a nobis rex senectute defecit, et tamquam domino mortuo familia nimia licentia discordat, facile occurritur. Nam ex iis alvis quae plures habent principes dux unus eligitur, isque translatus ad eas quae sine imperio sunt rector constituitur. Potest autem minore molestia in his domiciliis quae aliqua peste vexata sunt paucitas apium emendari. [4] Nam ubi cognita est clades, frequentis alvi si quos habet favos oportet considerare, tum deinde cerae eius quae semina pullorum continet partem recidere, in qua regii generis proles animatur. Est autem facilis conspectu, quoniam fere in ipso fine cerarum velut papilla uberis apparet eminentior et laxioris fistulae quam sunt reliqua foramina, quibus popularis notae pulli detinentur. [5] Celsus quidem adfirmat in extremis favis transversas fistulas esse, quae contineant regios pullos. Hyginus quoque auctoritatem Graecorum sequens negat ex vermiculo, ut ceteras apes, fieri ducem, sed in circuitu favorum paulo maiora quam sunt plebei seminis inveniri recta foramina, repleta quasi sorde rubri coloris, ex qua protinus alatus rex figuretur.

XII

Est et illa vernaculi examinis cura, si forte praedicto tempore facta eruptione patriam fastidiens sedem longiorem fugam denuntiavit. id autem significat, cum sic apis evadit vestibulum ut nulla intro revolet sed se confestim levet sublimius. [2] Crepitaculis aeris aut testarum plerumque vulgo iacentium terreatur fugiens iuventus, eaque vel pavida cum repetierit alvum maternam et in eius aditu glomerata pependerit, vel statim se ad proximam frondem contulerit, protinus custos novum loculamentum in hoc praeparatum perlinat intrinsecus praedictis herbis, deinde guttis mellis respersum admoveat, tum manibus aut etiam trulla congregatas apes recondat. [3] Atque uti debet adhibita cetera cura, diligenter conpositum et inlitum vas interim patiatur in eodem loco esse, dum advesperascat. Primo deinde crepusculo transferat et reponat in ordinem reliquarum alvorum. [4] Oportet autem etiam vacua domicilia conlocata in apiariis habere. Nam sunt nonnulla examina quae cum processerunt statim sedem sibi quaerant in proximo, eamque occupent quam vacantem reppererunt. Haec fere adquirendarum atque etiam retinendarum apium traditur cura.

XIII. REMEDIA MORBO LABORANTIUM

Sequitur ut morbo vel pestilentia laborantibus remedia desiderentur. Pestilentiae rara in apibus pernicies, nec tamen aliud quam quod in cetero pecore praecipimus quid fieri possit reperio, nisi ut longius alvi transferantur. Morborum autem facilius et causae dispiciuntur et inveniuntur medicinae. [2] Maximus[que vel minimus] annuus earum labor est initio veris, quo tithymalli floret frutex, et quo amara ulmi semina sua promunt. Nam quasi novis pomis ita his primitivis floribus inlectae avide vescuntur post hibernam famem, alioqui citra satietatem tali nocente cibo. Cum se adfatim repleverunt, profluvio alvi, nisi celeriter succurritur, intereunt. Nam tithymallus maiorum quoque animalium ventrem solvit et proprie ulmus apium. Eaque causa est cur in regionibus Italiae quae sunt eius generis arboribus consitae raro frequentes durent apes. [3] Itaque veris principio si medicatos cibos praebeas, isdem remediis et provideri potest ne tali peste vexentur, et cum iam laborant sanari. Nam illud quod Hyginus antiquos secutus auctores prodidit, ipse non expertus adseverare non audeo, volentibus tamen licebit experiri. [4] Siquidem praecepit apium corpora, quae cum eiusmodi pestis incessit, sub favis acervatim enectae reperiuntur, sicco loco per hiemem reposita circa aequinoctium vernum, cum clementia diei suaserit, post horam tertiam in solem proferre, ficulneoque cinere obruere. Quo facto adfirmat intra duas horas, cum vivido halitu caloris animatae sunt, resumpto spiritu, si praeparatum vas obiciatur, inrepere. [5] Nos magis ne intereant, quae deinceps dicturi sumus aegris examinibus adhibenda censemus. Nam vel grana mali Punici tunsa et vino Amineo consparsa vel uvae passae cum rore S<y>ri<ac>o pari mensura pinsitae et austero vino insucatae dari debent, vel si per se ista frustrata sunt, omnia eadem aequis ponderibus in unum levigata et fictili vaso cum Amineo vino infervefacta, mox etiam refrigerata, ligneis canalibus adponi. [6] Nonnulli rorem marinum aqua mulsea decoctum, cum gelaverit, imbricibus infusum praebent libandum. Quidam bubulam vel hominis urinam, sicut Hyginus adfirmat, alvis adponunt. [7] Nec non etiam ille morbus maxime est conspicuus, qui horridas contractasque carpit, cum frequenter aliae mortuarum corpora domiciliis efferunt, aliae intra tecta, ut publico luctu, maesto silentio torpent. Id cum accidit, harundineis infusi canalibus offeruntur cibi, maxime decocti mellis et cum galla vel arida rosa detriti.

Galbanum etiam, ut eius odore medicentur, incendi convenit, passoque et defruto vetere fessas sustinere. [8] Optime tamen facit amelli radix, cuius est frutex luteus, purpureus flos. Ea cum vetere Amineo vino decocta exprimitur, et ita liquatus eius sucus datur. Hyginus quidem in eo libro quem de apibus scripsit, Aristomachus, inquit, hoc modo succurrendum laborantibus existimat, primum ut omnes vitiosi favi tollantur, et cibus ex integro recens ponatur, deinde ut fumigentur. [9] Prodesse etiam putat apibus vetustate corruptis examen novum contribuere; quamvis periculosum sit ne seditione consumantur, verumtamen adiecta multitudine laeta<n>tur. Sed ut concordes maneant, earum apium quae ex alio domicilio transferuntur quasi peregrinae plebis summoveri reges debent. Nec tamen dubium quin frequentissimorum examinum favi, qui iam maturos habent pullos, transferri et subici paucioribus debeant, ut tamquam novae prolis adoptione domicilia confirmentur. [10] Sed id cum fiet, animadvertendum est ut eos favos subiciamus quorum pulli iam sedes suas adaperiunt, et velut opercula foraminum obductas ceras erodunt exserentes capita. Nam si favos immaturo foetu transtulerimus, emorientur pulli cum foveri desierint. [11] Saepe etiam vitio quod phagedainan Graeci vocant intereunt; siquidem cum sit haec apium consuetudo ut prius tantum cerarum confingant quantum putent explere posse, nonnumquam evenit, consummatis operibus cereis, ut dum examen conquirendi mellis causa longius evagatur, subitis imbribus aut turbinibus in silvis opprimatur, et maiorem partem plebis amittat. Quod ubi factum est, reliqua paucitas favis conplendis non sufficit, tumque vacuae cerarum partes conputrescunt, et vitiis paulatim serpentibus corrupto melle ipsae quoque apes intereunt. [12] Id ne fiat, vel duo populi coniungi debent, qui possint adhuc integras ceras explere, vel si non est facultas alterius examinis, ipsos favos, antequam putrescant, vacuis partibus acutissimo ferro liberare. Nam hoc quoque refert ne admotum hebes ferramentum, quia non facile penetret, vehementius inpressum favos sedibus suis commoveat, quod si factum est apes domicilium derelinquunt. [13] Est et illa causa interitus quod interdum continuis annis plurimi flores proveniunt, et apes magis mellificis quam fetibus student. Itaque nonnulli, quibus minor est harum rerum scientia, magis fructibus delectantur, ignorantes exitium apibus imminere, quae et nimio fatigatae opere plurimae pereunt, nec ullis iuventutis supplementis confrequentatae novissime reliquae intereunt. [14] Itaque si tale ver incessit, ut et prata etiam parva floribus abundent, utilissimum est tertio quoque die exiguis foraminibus relictis, per quae <non> possint ereper<e>, alvorum exitus praecludi, ut ab opere mellificii avocatae apes, quoniam non sperent se posse ceras omnis liquoribus stipare, fetibus expleant.

XIV. QUID QUOQUE TEMPORE FACIANT APES, ET PER ANNI TEMPORA QUID CURATOR FACERE DEBEAT

Atque haec fere sunt examinum vitio laborantium remedia. Deinceps illa totius anni cura, ut idem Hyginus commodissime prodidit. Ab aequinoctio primo, quod mense Martio circa VIII Kalendas Aprilis in octava parte Arietis conficitur, ad ortum Vergiliarum dies verni temporis habentur duodequinquaginta. Per hos primum ait apes curandas esse adapertis alveis, ut omnia purgamenta quae sunt hiberno tempore congesta eximantur, et araneis, qui favos conrumpunt, detractis fumus immittatur factus incenso bubulo fimo. Hic enim quasi quadam cognatione generis maxime est apibus aptus. [2] Vermiculi quoque, qui tiniae vocantur, item papiliones enecandi sunt. Quae pestes plerumque favis adhaerentes decidunt, si fimo medullam bubulam misceas, et his incensis nidorem admoveas. Hac cura per id tempus quod diximus examina firmabuntur, eaque fortius operibus inservient. [3] Verum maxime custodiendum est curatori qui apes nutrit, cum alvos tractare debebit, uti[que] pridie castus ab rebus veneriis neve temulentus nec nisi lotus ad eas accedat, abstineatque omnibus redolentibus esculentis, ut sunt salsamenta et eorum omnium liquamina, itemque foetentibus acrimoniis alii vel ceparum ceterarumque rerum similium. [4] Vndequinquagesimo die ab aequinoctio verno, cum fit Vergiliarum exortus circa V Idus Maias, incipiunt examina viribus et numero augeri. Sed et iisdem diebus intereunt quae paucas et aegras apes habent. Eodemque tempore progenerantur in extremis partibus favorum amplioris magnitudinis quam sunt ceterae apes, eosque nonnulli putant esse reges. Verum quidam Graecorum auctores oistrous appellant, ab eo quod exagitent nec patiantur examina conquiescere. Itaque praecipiunt eos enecari. [5] Ab exortu Vergiliarum ad solstitium, quod fit ultimo mense Iunio circa octavam partem Cancri, fere examinant alvi. Quo tempore vehementius custodiri debent, ne novae suboles diffugiant. tumque peracto solstitio usque ad ortum Caniculae, qui fere dies triginta sunt, pariter et frumenta et favi demetuntur. Sed hi quemadmodum tolli debeant mox dicetur, cum de confectura mellis praecipiemus. [6] Ceterum hoc eodem tempore progenerare posse apes iuvenco perempto, Democritus et Mago nec minus Vergilius prodiderunt. Mago quidem ventribus etiam bubulis idem fieri adfirmat, quam rationem diligentius prosequi supervacuum puto, consentiens Celso, qui prudentissime ait non tanto interitu pecus istud amitti ut sic requirendum sit. [7] Verum hoc tempore et usque in autumni aequinoctium decimo quoque die alvi aperiendae et fumigandae sunt. Quod cum sit molestum examinibus, saluberrimum tamen esse convenit. suffitas deinde et aestuantis apes refrigerare oportet, consparsis vacuis partibus alvorum et recentissimi rigoris aqua infusa; deinde si quid ablui non poterit, pinnis aquilae vel etiam cuiuslibet vasti alitis, quae rigorem habent, emundari. [8] Praeterea ut tiniae verrantur papilionesque necentur, qui plerumque intra alvos morantes apibus exitio sunt. Nam et ceras erodunt et stercore suo vermes progenerant, quos alvorum tinias appellamus. [9] Itaque quo tempore malvae florent, cum est earum maxima multitudo, si vas aeneum simile miliario vespere ponatur inter alvos, et in fundum eius lumen aliquod demittatur, undique papiliones concurrant, dumque circa flammulam volitent adurantur, quoniam nec facile ex angusto susum evolent, nec rursus longius ab igne possunt recedere, cum lateribus aeneis circumveniantur, ideoque propinquo ardore consumantur. [10] A Canicula fere post diem quinquagesimum Arcturus oritur, cum inroratis floribus thymi et cunelae thymbraeque apes mella conficiunt, idque optimae notae emitescit autumni aequinoctio, quod est ante Kalendas Octobris, cum octavam partem Librae sol attigit. Sed inter Caniculae et Arcturi exortum cavendum erit ne apes intercipiantur violentia crabronum, qui ante alvearia plerumque obsidiantur prodeuntibus. [11] Post Arcturi exortum circa aequinoctium Librae, sicut dixi, favorum secunda est exemptio. Ab aequinoctio deinde, quod conficitur circa VIII Kalendas Octobris ad Vergiliarum occasum diebus XL, ex floribus tamaricis et silvestribus frutectis apes collecta mella cibariis hiemis reponunt. Quibus nihil est omnino detrahendum, ne saepius iniuria contristatae velut desperatione rerum profugiant. [12] Ab occasu Vergiliarum ad brumam, quae fere conficitur circa VIII Kalendas Ianuarii in octava parte Capricorni, iam recondito melle utuntur examina. Nec me fallit Hipparchi ratio, quae docet solstitia et aequinoctia non octavis sed primis partibus signorum confici. Verum in hac ruris disciplina sequor nunc Eudoxi et Metonis antiquorumque fastus astrologorum, qui sunt aptati publicis sacrificiis, quia et notior est ista vetus agricolis concepta opinio, nec tamen Hipparchi subtilitas pinguioribus, ut aiunt, rusticorum litteris necessaria est. [13] Ergo Vergiliarum occasu primo statim conveniat aperire alvos et depurgare quicquid immundi est diligentiusque curare, quoniam per tempora hiemis non expedit movere aut patefacere vasa. Quam ob causam dum adhuc autumni reliquiae sunt, apricissimo die purgatis domiciliis opercula intus usque ad favos admovenda sunt, omni vacua parte sedis exclusa, quo facilius angustiae cavearum per hiemem concalescant. Idque semper faciendum est etiam in his alvis quae paucitate plebis infrequentes sunt. [14] Quicquid deinde rimarum est aut foraminum luto et fimo bubulo mixtis inlinemus extrinsecus, nec nisi aditus quibus commeent relinquemus. Et quamvis porticu protecta vasa nihilo minus congestu culmorum et frondium supertegemus, quantumque res patietur a frigore et tempestatibus muniemus. [15] Quidam exemptis interaneis occisas aves intus includunt, quae tempore hiberno plumis suis delitiscentibus apibus praebent teporem. Tum etiam, si sunt adsumpta cibaria, commode pascuntur esurientes, nec nisi ossa earum relinquunt. Sin autem favi suffecernt, permanent inlibatae, nec quamvis amantissimas munditiarum offendunt odore suo. Melius tamen nos existimamus tempore hiberno fame laborantibus ad ipsos aditus in canaliculis vel contusam et aqua madefactam ficum aridam vel defrutum aut passum praebere. Quibus liquoribus mundam lanam imbuere oportebit, ut insistentes apes quasi per siphonem sucum evocent. [16] Vvas etiam passas cum infregerimus, paulum aqua respersas probe dabimus. Atque his cibariis non solum hieme, sed etiam quibus temporibus, ut iam supra dixi, tithymallus atque ulmi florebunt, sustinendae sunt. [17] Post confectam brumam diebus fere quadraginta quicquid est repositm mellis, nisi liberalius relictum, consumunt; saepe etiam vacuatis ceris usque in ortum fere Arcturi, qui est ab Idibus Februariis, ieiunae favis accubantes torpent more serpentium et quiete sua spiritum conservant. Quem tamen ne amittant, si longior fames incesserit, optimum est per aditum vestibuli siphonibus dulcia liquamina inmittere, et ita penuriam temporum sustinere, dum Arcturi ortus et hirundinis adventus commodiores polliceantur futuras tempestates. [18] Itaque post hoc tempus, cum diei permittit hilaritas, procedere audent in pascua. Nam ab aequinoctio verno sine cunctatione iam passim vagantur, et idoneos ad fetum decerpunt flores atque intra tecta conportant. Haec observanda per anni tempora diligentissime Hyginus praecepit. Ceterum illa Celsus adicit, paucis locis eam felicitatem suppetere ut apibus alia pabula hiberna atque alia praebeantur aestiva. [19] Itaque quibus locis post veris tempora flores idonei deficiunt, negat oportere immota examina relinqui, sed vernis pastionibus adsumptis in ea loca transferri, quae serotinis floribus thymi et origani thymbraeque benignius apes alere possint. Quod fieri ait et Achaiae regionibus, ubi transferuntur in Atticas pastiones, et Euboea, et rursus in insulis Cycladibus, cum ex aliis transportantur S<c>yrum, nec minus in Sicilia, cum ex reliquis eius partibus in Hyblaeam conferuntur. [20] Idemque ait ex floribus ceras fieri, ex matutino rore mella, quae tanto meliorem qualitatem capiunt quanto iucundiore sit materia cera confecta. Sed ante translationem diligenter alvos inspicere praecepit, veteresque et tiniosos et labantis favos eximere, nec nisi paucos et optimos reservare, ut simul etiam ex meliore flore quam plurimi fiant, eaque vasa quae quis transferre velit non nisi noctibus et sine concussione portare.

XV. DE MELLE CONFICIENDO, ET QUEMADMODUM CASTRARI DEBEANT ALVI

Mox vere transacto sequitur, ut dixi, mellis vindemia, propter quam totius anni labor exercetur. Eius maturitas intellegitur cum animadvertimus fucos ab apibus expelli ac fugari. Quod est genus amplioris incrementi simillimum api, sed, ut ait Vergilius,

ignavum fucos

pecus et immune, sine industria favis adsidens. [2] Nam neque alimenta congerit, et ab aliis invecta consumit. Verumtamen ad procreationem subolis conferre aliquid hi fuci videntur, insidentes seminibus quibus apes figurantur. Itaque ad fovendam et educandam novam prolem familiarius admittuntur. Exclusis deinde pullis extra tecta proturbantur, et, ut idem ait, praesepibus arcentur. [3] Hos quidam praecipiunt in totum exterminari oportere. Quod ego Magoni consentiens faciendum non censeo, verum saevitiae modum adhibendum. Nam nec ad occidionem gens interimenda est, ne apes inertia laborent, quae cum fuci aliquam partem cibariorum absumunt, sarciendo damna fiunt agiliores. Nec rursus multitudinem praedonum co<nu>alescere patiendum est, ne universas apes alienas diripiant. [4] Ergo cum rixam fucorum et apium saepius committi videris, adapertas alvos inspicies, ut sive semipleni favi sint differantur, sive iam liquore conpleti et superpositis ceris tamquam operculis obliti demetantur. Dies vero castrandi fere matutinus occupandus est; neque enim convenit aestu medio exasperatas apes lacessi. Duobus autem ferramentis ad hunc usum opus est, sesquipedali vel paulo ampliore mensura factis, quorum alterum sit culter oblongus ex utraque parte acie lata, uno capite aduncum scalprum, alterum prima fronte planum et acutissimum, quo melius hoc favi subsecentur, illo eradantur, et quidquid sordidum deciderit attrahatur. [5] Sed ubi a posteriore parte, qua nullum est vestibulum, patefactum fuerit alveare, fumum admovebimus factum galbano vel arido fimo. Ea porro vase fictili prunis inmixta conduntur, idque vas ansatum simile angustae ollae figuratur, ita ut pars altera sit acutior, per quam modico foramine fumus emanet, altera latior et ore paulo patentiore, per quam possit adflari. [6] Talis olla cum est alvari obiecta, spiritu admoto fumus ad apes promovetur, quae confestim nidoris inpatientes in priorem partem domicilii et interdum extra vestibulum se conferunt. Atque ubi potestas facta est liberius inspiciendi, fere, si duo sunt examina, duo genera quoque favorum inveniuntur. [7] Nam etiam in concordia suum quaeque plebs morem figurandi ceras fingendique servant. Sed omnes favi semper cavearum tectis et paululum ab lateribus adhaerentes dependent, ita ne solum contingant, quoniam id praebet examinibus iter. [8] Ceterum figura cerarum talis est qualis et habitus domicilii. Nam et quadrata et rutunda spatia nec minus longa suam speciem velut formae quaedam favis praebent. Ideoque non semper eiusdem figurae reperiuntur favi. Sed hi qualescumque sunt, non omnes eximantur. nam priore messe, dum adhuc rura pastionibus abundant, quinta pars favorum, posteriore, cum iam metuitur hiemps, tertia relinquenda est. [9] Atque hic tamen modus non est in omnibus regionibus certus, quoniam pro multitudine florum et ubertate pabuli apibus consulendum est. Ac si cerae dependentes in longitudinem decurrunt, eo ferramento quod simile est cultro insecandi sunt favi, deinde subiectis duobus brachiis excipiendi atque ita promendi. Sin autem transuersi tectis cavearum inhaerent, tunc scalprato ferramento est opus, ut adversa fronte inpressi desecentur. [10] Eximi autem debent veteres vel vitiosi, et relinqui maxime integri ac melle pleni et si qui tamen pullos continent, ut examini progenerando reserventur. Omnis deinde copia favorum conferenda est in eum locum in quo mel conficere voles, linendaque sunt diligenter foramina parietum et fenestrarum, ne quid sit apibus pervium, quae velut amissas opes suas pertinaciter vestigant et persecutae consumunt. Itaque ex iisdem rebus fumus etiam in aditu loci faciendus est, qui propulset intrare temptantis. [11] Castratae deinde alvi si quae transversos favos in aditu habebunt convertendae erunt, ut alterna vice posteriores partes vestibula fiant. Sic enim proxime cum castrabuntur, veteres potius favi quam novi eximentur, ceraeque renovabuntur, quae tanto deteriores sunt quanto vetustiores. Quod si forte alvaria circumstructa et immobilia fuerint, curae erit nobis ut semper modo a posteriore modo a priore parte castrentur. Idque fieri ante diei quintam horam debebit, deinde repeti vel post nonam vel postero mane. [12] Sed quotcumque favi sunt demessi, eodem die dum tepent conficere mel convenit. Saligneus qualus vel tenui vimine rarius contextus saccus, inversae metae similis, qualis est quo vinum liquatur, obscuro loco suspenditur. In eum deinde carptim congeruntur favi. Sed adhibenda cura est ut separentur eae partes cerarum quae vel pullos habent vel rubras sordes. Nam sunt mali saporis et suo suco mella corrumpunt. [13] Deinde ubi liquatum mel in subiectum alveum defluxit, transferetur in vasa fictilia, quae paucis diebus aperta sint dum musteus fructus defervescat, isque saepius ligula purgandus est. Mox deinde fragmina favorum, quae in sacco retractata remanserunt, exprimuntur. Atque id secundae notae mel defluit et ab diligentioribus seorsum reponitur, ne quod est primi saporis hoc adhibito fiat deterius.

XVI. DE CERA FACIENDA

Cerae fructus quamvis aeris exigui non tamen omittendus est, cum sit eius usus ad multa necessarius. Expressae favorum reliquiae, posteaquam diligenter aqua dulci perlutae sunt, in vas aeneum coiciuntur, adiecta deinde aqua liquantur ignibus. Quod ubi factum est, cera per stramenta vel iuncos defusa colatur, atque iterum similiter de integro coquitur, et in quas quis volvit formas aqua prius adiecta defunditur; eamque concretam facile est eximere, quoniam qui subest umor non patitur formis inhaerere. [2] Sed iam consummata disputatione de villaticis pecudibus atque pastionibus, quae reliqua nobis rusticarum rerum pars superest, de cultu hortorum, Publi Silvine, deinceps ita ut et tibi et Gallioni nostro conplacuerat, in carmen conferemus.

LIBER X

CEPURICUS DE CULTU HORTORUM
Faenoris tui, Silvine, quod stipulanti spoponderam tibi, reliquam pensiunculam percipe. Nam superioribus novem libris hac minus parte debitum, quod nunc persolvo, reddideram. Superest ergo cultus hortorum segnis ac neglectus quondam veteribus agricolis, nunc vel celeberrimus. Siquidem cum parcior apud priscos esset frugalitas, largior tamen pauperibus fuit usus epularum, lactis copia ferinaeque ac domesticarum pecudum carne velut aqua frumentoque summis atque humillimis victum tolerantibus. [2] Mox cum sequens et praecipue nostra aetas dapibus libidinosa pretia constituerit cenaeque non naturalibus desideriis sed censibus aestimentur, plebeia paupertas summota pretiosioribus cibis ad vulgares compellitur. [3] Quare cultus hortorum, quorum iam fructus magis in usu est, diligentius nobis, quam tradidere maiores, praecipiendus est, isque, sicut institueram, prorsa oratione prioribus subnecteretur exordiis, nisi propositum meum expugnasset frequens postulatio tua, quae praecepit, ut poeticis numeris explerem georgici carminis omissas partis, quas tamen et ipse Vergilius significaverat posteris se memorandas relinquere. Neque enim aliter istud nobis fuerat audendum quam ex voluntate vatis maxime venerandi; [4] cuius quasi numine instigante pigre sine dubio propter difficultatem operis, verumtamen non sine spe prosperi successus adgressi sumus tenuem admodum et paene viduatam corpore materiam, quae tam exilis est, ut in consummatione quidem totius operis adnumerari veluti particula possit laboris nostri, per se vero et quasi suis finibus terminata nullo modo speciose conspici. Nam etsi multa sunt eius quasi membra, de quibus aliquid possumus effari, tamen eadem tam exigua sunt, ut, quod aiunt Graeci, ex inconprehensibili parvitate harenae funis effici non possit. [5] Quare quicquid est istud, quod elucubravimus, adeo propriam sibi laudem non vindicat, ut boni consulat, si non sit dedecori prius editis a me

scriptorum monumentis. Sed iam praefari desinamus.

Hortorum quoque te cultus, Silvine, docebo,
atque ea quae quondam spatiis exclusus iniquis,
cum caneret laetas segetes et munera Bacchi,
et te, magna Pales, necnon caelestia mella,
Vergilius nobis post se memoranda reliquit. 5
Principio sedem numeroso praebeat horto
pinguis ager putris glebae resolutaque terga
qui gerit, et fossus gracilis imitatur harenas,
atque habilis natura soli, quae gramine laeto
parturit, et rutilas ebuli creat uvida bacas. 10
Nam neque sicca placet, nec quae stagnata palude
perpetitur querulae semper convicia ranae.
Tum quae sponte sua frondosas educat ulmos
palmitibusque feris laetatur, et aspera silvis
achradis, aut pruni lapidosis obruta pomis 15
gaudet, et iniussi consternitur ubere mali;
sed negat elleboros, et noxia carbasa suco,
nec patitur taxos, nec strenua toxica sudat,
quamvis semihominis vesano gramine feta
mandragorae pariat flores maestamque cicutam 20
nec manibus mitis ferulas nec cruribus aequa
terga rubi spinisque ferat paliuron acutis.
Vicini quoque sint amnes, quos incola durus
attrahat auxilio semper sitientibus hortis,
aut fons inlacrimet putei non sede profunda, 25
ne gravis hausuris tendentibus ilia vellat.
Talis humus vel parietibus vel saepibus hirtis
claudatur, ne sit pecori neu pervia furi.
Neu tibi Daedaliae quaerantur munera dextrae,
nec Polyclitea nec Phradmonis aut Ageladae 30
arte laboretur, sed truncum forte dolatum
arboris antiquae numen venerare Priapi
terribilis membri, medio qui semper in horto
inguinibus puero, praedoni falce minetur.
Ergo age nunc cultus et tempora quaeque serendis 35
seminibus, quae cura satis, quo sidere primum
nascantur flores Paestique rosaria gemment,
quo Bacchi genus aut aliena stirpe gravata
mitis adoptatis curvetur frugibus arbos,
Pierides tenui deducite carmine Musae. 40
Oceani sitiens cum iam Canis hauserit undas,

et paribus Titan orbem libraverit horis,
cum satur Autumnus quassans sua tempora pomis
sordidus et musto spumantis exprimet uvas,
tum mihi ferrato versetur robore palae 45
dulcis humus, si iam pluviis defessa madebit.
At si cruda manet caelo durata sereno,
tum iussi veniant declivi tramite rivi,
terra bibat fontis et hiantia compleat ora.
Quod si nec caeli nec campi competit humor, 50
ingeniumque loci vel Iuppiter abnegat imbrem,
exspectetur hiemps dum Bacchi Gnosius ardor
aequore caeruleo celetur vertice mundi,
solis et adversos metuant Atlantides ortus.
Atque ubi iam tuto necdum confisus Olympo 55
sed trepidus profugit chelas et spicula Phoebus
dira Nepae tergoque Croti festinat equino,
nescia plebs generis matri ne parcite falsae.
Ista Prometheae genetrix fuit altera cretae;
altera nos enixa parens, quo tempore saevos 60
tellurem ponto mersit Neptunus, et imum
concutiens barathrum Lethaeas terruit undas.
Tumque semel Stygium regem videre trementem
Tartara, cum pelagi streperent sub pondere Manes.
Nos fecunda manus viduo mortalibus orbe 65
progenerat, nos abruptae tum montibus altis
Deucalioneae cautes peperere. Sed ecce
durior aeternusque vocat labor: eia age segnis
pellite nunc somnos, et curvi vomere dentis
iam viridis lacerate comas, iam scindite amictus. 70
Tu gravibus rastris cunctantia perfode terga,
tu penitus latis eradere viscera marris
ne dubita, et summo ferventia cespite mixta
ponere, quae canis iaceant urenda pruinis,
verberibus gelidis iraeque obnoxia Cauri, 75
alliget ut saevus Boreas Eurusque resolvat.
Post ubi Riphaeae torpentia frigora brumae
candidus aprica Zephyrus regelaverit aura
sidereoque polo cedet Lyra mersa profundo,
veris et adventum nidis cantabit hirundo, 80
rudere tum pingui, solido vel stercore aselli,
armentive fimo saturet ieiunia terrae
ipse ferens holitor diruptos pondere qualos,
pabula nec pudeat fisso praebere novali

immundis quaecumque vomit latrina cloacis. 85
Densaque iam pluviis durataque summa pruinis
aequora dulcis humi repetat mucrone bidentis.
Mox bene cum glebis vivacem cespitis herbam
contundat marrae vel fracti dente ligonis,
putria maturi solvantur ut ubera campi. 90
Tunc quoque trita solo splendentia sarcula sumat
angustosque foros adverso limite ducens,
rursus in obliquum distinguat tramite parvo.
Verum ubi iam puro discrimine pectita tellus
deposito squalore nitens sua semina poscet, 95
pingite tunc varios, terrestria sidera, flores,
candida leucoia, et flaventia lumina caltae,
narcissique comas, et hiantis saeva leonis
ora feri, calathisque virentia lilia canis,
nec non vel niveos vel caeruleos hyacinthos. 100
Tum quae pallet humi, quae frondens purpurat auro,
ponatur viola, et nimium rosa plena pudoris.
Nunc medica panacem lacrima, sucoque salubri
glaucea, et profugos vinctura papavera somnos
spargite, quaeque viros acuunt armantque puellis, 105
iam Megaris veniant genitalia semina bulbi,
et quae Sicca legit Getulis obruta glebis,
et quae frugifero seritur vicina Priapo,
excitet ut Veneri tardos eruca maritos.
Iam breve chaerepolum et torpenti grata palato 110
intiba, iam teneris frondens lactucula fibris
aliaque infractis spicis et olentia late
ulpica quaeque fabis habilis fabrilia miscet.
Iam siser Assyrioque venit quae semine radix
sectaque praebetur madido sociata lupino, 115
ut Pelusiaci proritet pocula zythi.
Tempore non alio vili quoque salgama merce
capparis et tristes inulae ferulaeque minaces
plantantur, nec non serpentia gramina mentae
et bene odorati flores sparguntur anethi 120
rutaque Palladiae bacae iutura saporem
seque lacessenti fletum factura sinapis,
atque holeris pulli radix lacrimosaque caepa
ponitur et lactis gustus quae condiat herba,
deletura quidem fronti data signa fugarum, 125
vimque suam idcirco profitetur nomine Graio.
Tum quoque conseritur, toto quae plurima terrae

orbe virens pariter plebi regique superbo
frigoribus caules et veri cymata mittit:
quae pariunt veteres cesposo litore Cumae, 130
quae Marrucini, quae Signia monte Lepino,
pinguis item Capua, et Caudinis faucibus horti,
fontibus et Stabiae celebres et Vesuvia rura,
doctaque Parthenope Sebethide roscida lympha,
quae dulcis Pompeia palus vicina salinis 135
Herculeis vitreoque Siler qui defluit amni,
quae duri praebent cymosa stirpe Sabelli,
et Turni lacus et pomosi Tiburis arva,
Bruttia quae tellus et mater Aricia porri.
Haec ubi credidimus resolutae semina terrae, 140
adsiduo gravidam cultu curaque fovemus,
ut redeant nobis cumulato fenore messes.
Et primum moneo largos inducere fontis,
ne sitis exurat concepto semine partum.
At cum feta suos nexus adaperta resolvit, 145
florida cum soboles materno pullulat arvo,
primitiis plantae modicos tum praebeat imbres
sedulus inrorans holitor ferroque bicorni
pectat, et angentem sulcis exterminet herbam.
At si dumosis positi sunt collibus horti 150
nec summo nemoris labuntur vertice rivi,
aggere praeposito cumulatis area glebis
emineat, sicco ut consuescat pulvere planta,
nec mutata loco sitiens exhorreat aestus.
Mox ubi nubigenae Phrixi nec portitor Helles 155
signorum et pecorum princeps caput efferet undis,
alma sinum tellus iam pandet adultaque poscens
semina depositis cupiet se nubere plantis:
invigilate, viri; tacito nam tempora gressu
diffugiunt nulloque sono convertitur annus. 160
Flagitat ecce suos genetrix mitissima fetus,
et, quos enixa est partus iam quaerit alendos
privignasque rogat proles. Date nunc sua matri
pignora, tempus adest; viridi redimite parentem
progenie, tu cinge comas, tu dissere crinis. 165
Nunc apio viridi crispetur florida tellus,
nunc capitis porri longo resoluta capillo
laetetur mollemque sinum staphylinus inumbret.
Nunc et odoratae peregrino munere plantae
Sicaniis croceae descendant montibus Hyblae, 170

nataque iam veniant hilaro sampsucha Canopo,
et lacrimas imitata tuas, Cinyreia virgo,
sed melior stactis ponatur Achaia murra,
et male damnati maesto qui sanguine surgunt
Aeacii flores inmortalesque amaranti 175
et quos mille parit dives natura colores
disponat plantis holitor, quos semine sevit.
Nunc veniat quamvis oculis inimica corambe,
iamque salutari properet lactuca sapore,
tristia quae relevat longi fastidia morbi. 180
Altera crebra viret, fusco nitet altera crine,
utraque Caecilii de nomine dicta Metelli;
tertia, quae spisso sed puro vertice pallet,
haec sua Cappadocae servat cognomina gentis.
Et mea, quam generant Tartesi litore Gades, 185
candida vibrato discrimine, candida thyrso est.
Cypros item Paphio quam pingui nutrit in arvo,
punicea depexa coma, sed lactea crure est.
Quot facies, totidem sunt tempora quamque serendi.
Caeciliam primo deponit Aquarius anno, 190
Cappadocamque premit ferali mense Lupercus.
Tuque tuis, Mavors, Tartessida pange kalendis,
tuque tuis Paphien, Cythereia, pange kalendis;
dum cupit et cupidae quaerit se iungere matri
et mater facili mollissima subiacet arvo, 195
ingenera; nunc sunt genitalia tempora mundi,
nunc amor ad coitus properat, nunc spiritus orbis
bacchatur Veneri stimulisque cupidinis actus
ipse suos adamat partus et fetibus implet.
Nunc pater aequoreus, nunc et regnator aquarum, 200
ille suam Tethyn, hic polluit Amphitriten,
et iam caeruleo partus enixa marito
utraque nunc reserat pontumque natantibus implet.
Maximus ipse deum posito iam fulmine fallax
Acrisioneos veteres imitatur amores, 205
inque sinus matris violento depluit imbre.
Nec genetrix nati nunc aspernatur amorem,
et patitur nexus flammata cupidine tellus.
Hinc maria, hinc montes, hinc totus denique mundus
ver agit, hinc hominum pecudum volucrumque cupido 210
atque amor ignescit menti saevitque medullis,
dum satiata Venus fecundos compleat artus,

et generet varias soboles semperque frequentet
prole nova mundum, vacuo ne torpeat aevo.
Sed quid ego infreno volitare per aethera cursu 215
passus equos audax sublimi tramite raptor?
Ista canit, maiore deo quem Delphica laurus
impulit ad rerum causas et sacra moventem
orgia naturae secretaque foedera caeli
exstimulat vatem per Dindyma casta Cybeles 220
perque Cithaeronem, Nyseia per iuga Bacchi,
per sua Parnasi, per amica silentia Musis
Pierii nemoris, Bacchea voce frementem
Delie te Paean, et te Euhie Euhie Paean.
Me mea Calliope cura leviore vagantem 225
iam revocat parvoque iubet decurrere gyro,
et secum gracili conectere carmina filo,
quae canat inter opus Musa modulante putator
pendulus arbustis, holitor viridantibus hortis.
Quare age, quod sequitur, parvo discrimine sulci 230
spargantur caecis nasturcia dira colubris,
indomito male sana cibo quas educat alvus,
et satureia thymi referens thymbraeque saporem,
et tenero cucumis fragilique cucurbita collo.
Hispida ponatur cinara, quae dulcis Iaccho 235
potanti veniat nec Phoebo grata canenti.
Haec modo purpureo surgit glomerata corymbo,
murteolo modo crine viret deflexaque collo
nunc adaperta manet, nunc pinea vertice pungit,
nunc similis calatho spinisque minantibus horret, 240
pallida nonnumquam tortos imitatur acanthos.
Mox ubi sanguineis se floribus induit arbos
Punica, quae rutilo mitescit tegmine grani,
tempus aris satio famosaque tunc coriandra
nascuntur gracilique melanthia grata cumino, 245
et baca asparagi spinosa prosilit herba,
et moloche, prono sequitur quae vertice solem,
quaeque tuas audax imitatur, Nysie, vitis,
nec metuit sentis; nam vepribus improba surgens
achradas indomitasque bryonias alligat alnos. 250
Nomine tum Graio, ceu littera proxima primae
pangitur in cera docti mucrone magistri,
sic et humo pingui ferratae cuspidis ictu
deprimitur folio viridis, pede candida beta.
Quin et odoratis messis iam floribus instat, 255

iam ver purpureum, iam versicoloribus anni
fetibus alma parens pingi sua tempora gaudet.
Iam Phrygiae loti gemmantia lumina promunt,
et coniventis oculos violaria solvunt;
oscitat et leo, et ingenuo confusa rubore 260
virgineas adaperta genas rosa praebet honores
caelitibus templisque Sabaeum miscet odorem.
Nunc vos Pegasidum comites Acheloidas oro
Maenaliosque choros Dryadum nymphasque Napaeas,
quae colitis nemus Amphrysi, quae Thessala Tempe, 265

quae iuga Cyllenes et opaci rura Lycaei
antraque Castaliis semper rorantia guttis,
et quae Sicanii flores legistis Halaesi,
cum Cereris proles vestris intenta choreis
aequoris Hennaei vernantia lilia carpsit 270
raptaque Lethaei coniunx mox facta tyranni
sideribus tristis umbras et Tartara caelo
praeposuit Ditemque Iovi letumque saluti
et nunc inferno potitur Proserpina regno;
vos quoque iam posito luctu maestoque timore 275
huc facili gressu teneras advertite plantas
tellurisque comas sacris aptate canistris.
Hinc nullae insidiae nymphis, non ulla rapina,
casta Fides nobis colitur sanctique Penates.
Omnia plena iocis, securo plena cachinno, 280
plena mero laetisque virent convivia pratis.
Nunc ver egelidum, nunc est mollissimus annus,
dum Phoebus tener, ac tenera decumbere in herba
suadet, et arguto fugientis gramine fontis
nec rigidos potare iuvat, nec sole tepentis. 285
Iamque Dionaeis redimitur floribus hortus,
iam rosa mitescit Sarrano clarior ostro.
Nec tam nubifugo Borea Latonia Phoebe
purpureo radiat vultu, nec Sirius ardor
sic micat, aut rutilus Pyrois, aut ore corusco 290
Hesperus, Eoo remeat cum Lucifer ortu,
nec tam sidereo fulget Thaumantias arcu,
quam nitidis hilares conlucent fetibus horti.
Quare age vel iubare exorto iam nocte suprema,
vel dum Phoebus equos in gurgite mersat Hibero, 295
sicubi odoratas praetexit amaracus umbras,
carpite narcissique comas sterilisque balausti.

Et tu, ne Corydonis opes despernat Alexis,
formoso Nais puero formosior ipsa
fer calathis violam et nigro permixta ligustro 300
balsama cum casia nectens croceosque corymbos
sparge mero Bacchi; nam Bacchus condit odores.
Et vos, agrestes, duro qui pollice mollis
demetitis flores, cano iam vimine textum
sirpiculum ferrugineis cumulate hyacinthis. 305
Iam rosa distendat contorti stamina iunci,
pressaque flammeola rumpatur fiscina calta,
mercibus ut vernis dives Vortumnus abundet,
et titubante gradu multo madefactus Iaccho
aere sinus gerulus plenos gravis urbe reportet. 310
Sed cum maturis flavebit messis aristis
atque diem gemino Titan extenderit astro,
hauserit et flammis Lernaei brachia Cancri,
alia tunc caepis, Cereale papaver anetho
iungite, dumque virent, nexos deferte maniplos 315
et celebres Fortis Fortunae dicite laudes
mercibus exactis hilarisque recurrite in hortos.
Tunc quoque proscisso riguoque inspersa novali
ocima comprimite et gravibus densate cylindris,
exurat sata ne resoluti pulveris aestus, 320
parvulus aut pulex inrepens dente lacessat,
neu formica rapax populari semina possit.
Nec solum teneras audent erodere frondes
implicitus conchae limax hirsutaque campe,
sed cum iam valido pinguescit lurida caule 325
brassica cumque tument pallentia robora betae
mercibus atque holitor gaudet securus adultis
et iam maturis quaerit supponere falcem,
saepe ferus duros iaculatur Iuppiter imbres,
grandine dilapidans hominumque boumque labores; 330
saepe etiam gravidis inrorat pestifer undis,
e quibus infestae Baccho glaucisque salictis
nascuntur volucres serpitque eruca per hortos,
quos super ingrediens exurit semina morsu,
quae capitis viduata comas spoliataque nudo 335
vertice trunca iacent tristi consumpta veneno.
Haec ne ruricolae paterentur monstra, salutis
ipsa novas artis varia experientia rerum
et labor ostendit miseris ususque magister

tradidit agricolis ventos sedare furentis 340
et tempestatem Tuscis avertere sacris.
Hinc mala Rubigo viridis ne torreat herbas,
sanguine lactentis catuli placatur et extis.
Hinc caput Arcadici nudum cute fertur aselli
Tyrrhenus fixisse Tages in limite ruris, 345
utque Iovis magni prohiberet fulgura Tarchon,
saepe suas sedes praecinxit vitibus albis.
Hinc Amythaonius, docuit quem plurima Chiron,
nocturnas crucibus volucres suspendit et altis
culminibus vetuit feralia carmina flere. 350
Sed ne dira novas segetes animalia carpant,
profuit interdum medicantem semina pingui
Palladia sine fruge salis conspargere amurca,
innatave laris nigra satiare favilla.
Profuit et plantis latices infundere amaros 355
marruvii multoque sedi contingere suco.
At si nulla valet medicina repellere pestem,
Dardaniae veniunt artes nudataque plantas
femina, quae iustis tum demum operata iuvencae
legibus obsceno manat pudibunda cruore, 360
sed resoluta sinus, resoluto maesta capillo,
ter circum areolas et saepem ducitur horti.
Quem cum lustravit gradiens, mirabile visu,
non aliter quam decussa pluit arbore nimbus
vel teretis mali vel tectae cortice glandis, 365
volvitur in terram distorto corpore campe.
Sic quondam magicis sopitum cantibus anguem
vellere Phrixeo delapsum vidit Iolcos.
Sed iam prototomos tempus decidere caules
et Tartesiacos Paphiosque revellere thyrsos 370
atque apio fasces et secto cingere porro.
Iamque eruca salax fecundo provenit horto,
lubrica iam lapathos, iam thamni sponte virescunt
et scilla, hirsuto saepes nunc horrida rusco
prodit et asparagi corruda simillima filo 375
umidaque andrachle sitientis protegit antes
et gravis atriplici consurgit longa phaselos.
Tum modo dependens trichilis, modo more chelydri
sole sub aestivo gelidas per graminis umbras
intortus cucumis praegnasque cucurbita serpit. 380
Vna neque est illis facies: nam si tibi cordi
longior est, gracili capitis quae vertice pendet,

e tenui collo semen lege; sive globosi
corporis atque utero nimium quae vasta tumescit,
ventre leges medio; sobolem dabit illa capacem 385
Naryciae picis aut Actaei mellis Hymetti
aut habilem lymphis hamulam Bacchove lagoenam,
tum pueros eadem fluviis innare docebit.
Lividus at cucumis, gravida qui nascitur alvo
hirtus et ut coluber nodoso gramine tectus 390
ventre cubat flexo semper collectus in orbem,
noxius exacuit morbos aestatis iniquae.
fetidus hic suco, pingui quoque semine fartus.
At qui sub trichila manantem repit ad undam
labentemque sequens nimium tenuatur amore, 395
candidus, effetae tremebundior ubere porcae,
mollior infuso calathis modo lacte gelato,
dulcis erit riguoque madescit luteus arvo
et feret auxilium quondam mortalibus aegris.
Cum canis Erigones flagrans Hyperionis aestu 400
arboreos aperit fetus cumulataque moris
candida sanguineo manat fiscella cruore,
tunc praecox bifera descendit ab arbore ficus
Armeniisque et cereolis prunisque Damasci
stipantur calathi et pomis, quae barbara Persis 405
miserat, ut fama est, patriis armata venenis.
At nunc expositi parvo discrimine leti
Ambrosios praebent sucos, oblita nocendi.
Quin etiam eiusdem gentis de nomine dicta
exiguo properant mitescere Persica malo. 410
Tempestiva madent quae maxima Gallia donat,
frigoribus pigro veniunt Asiatica fetu.
At gravis Arcturi sub sidere parturit arbos
Livia, Chalcidicis et caunis aemula Chiis,
purpureaeque Chelidoniae pinguesque Mariscae 415
et callistruthis, roseo quae semine ridet,
albaque, quae servat flavae cognomina cerae,
scissa Libyssa simul, picto quoque Lydia tergo.
Quin et Tardipedi sacris iam rite solutis
nube nova seritur, caeli pendentibus undis, 420
gongylis, inlustri mittit quam Nursia campo,
quaeque Amiterninis defertur bunias arvis.
Sed iam maturis nos flagitat anxius uvis
Euhius excultosque iubet claudamus ut hortos.
Claudimus imperioque tuo paremus agrestes, 425

ac metimus laeti tua munera, dulcis Iacche,
inter lascivos Satyros Panasque biformes,
brachia iactantes vetulo marcentia vino.
Et te Maenalium, te Bacchum teque Lyaeum
Lenaeumque patrem canimus sub tecta vocantes, 430
ferveat ut lacus et multo completa Falerno
exundent pingui spumantia dolia musto.
Hactenus hortorum cultus, Silvine, docebam,
siderei vatis referens praecepta Maronis,
qui primus veteres ausus recludere fontis 435
Ascraeum cecinit Romana per oppida carmen.

LIBER XI

VILICUS ET HORTORUM.
I.
Claudius Augustalis, tam ingenuae naturae quam eruditionis adulescens, conplurium studiosorum et praecipue agricolarum sermonibus instigatus extudit mihi, cultus hortorum prosa ut oratione conponerem. Nec me tamen fallebat hic eventus rei, cum praedictam materiam carminis legibus inplicarem. [2] Sed tibi, Publi Silvine, pertinaciter expetenti versificationis nostrae gustum, negare non sustinebam, facturus mox, si conlibuisset, quod nunc adgredior, ut holitoris curam subtexerem vilici officiis. Quae quamvis primo rei rusticae libro videbar aliquatenus exsecutus, quoniam tamen ea simili desiderio noster [idem] Augustalis saepius flagitabat, numerum, quem iam quasi consummaveram, voluminum excessi et hoc undecimum praeceptum rusticationis memoriae tradidi. [3] Vilicum fundo familiaeque praeponi convenit aetatis nec primae nec ultimae. Nam servitia sic tirunculum contemnunt ut senem, quoniam alter nondum novit opera ruris, alter exsequi iam non potest, atque hunc adulescentia neglegentem, senectus illum facit pigrum. Media igitur aetas huic officio est aptissima, poteritque ab anno quinto et tricesimo usque in sexagesimum et quintum, si non interveniant fortuita corporis vitia, satis validi fungi muneribus agricolae. [4] Quisquis autem destinabitur huic negotio, sit oportet idem scientissimus robustissimusque, ut et doceat subiectos et ipse commode faciat, quae praecipit. Siquidem nihil recte sine exemplo docetur aut discitur praestatque vilicum magistrum esse operariorum, non discipulum, cum etiam de patre familiae prisci moris exemplum Cato dixerit: "Male agitur cum domino, quem vilicus docet." [5] Itaque in Oeconomico Xenophontis, quem Marcus Cicero Latino sermoni tradidit, egregius ille Ischomachus Atheniensis, rogatus a Socrate, utrumne, si res familiaris desiderasset, mercari vilicum tamquam fabrum an a se instituere consueverit: Ego vero, inquit, ipse

instituo. Etenim qui me absente in meum locum substituitur et vicarius meae diligentiae succedit, is ea quae ego scire debet. Sed et haec nimium prisca et eius quidem temporis sunt, quo idem Ischomachus negabat quemquam rusticari nescire. [6] Nos autem memores ignorantiae nostrae vigentis sensus adulescentulos corporisque robusti peritissimis agricolis conmendemus, quorum monitionibus vel unus ex multis (nam est difficile erudire) non solum rusticationis, sed imperandi consequatur scientiam. Quidam enim quamvis operum probatissimi artifices, imperitandi parum prudentes, aut saevius aut etiam lenius agendo rem dominorum corrumpunt. [7] Quare, sicut dixi, docendus et a pueritia rusticis operibus edurandus multisque prius experimentis inspiciendus erit futurus vilicus, nec solum an perdidicerit disciplinam ruris, sed an etiam domino fidem ac benivolentiam exhibeat, sine quibus nihil prodest vilici summa scientia. Potissimum est autem in eo magisterio scire et existimare, quale officium et qualis labor sit cuique iniungendus. Nam nec valentissimus possit exsequi, quod imperatur, si nesciat, quid agat, nec peritissimus, si sit invalidus. [8] Qualitas itaque cuiusque rei consideranda est. Quippe aliqua sunt opera tantummodo virium tamquam promovendi onera portandique, aliqua etiam sociata viribus et arti, ut fodiendi arandique, ut segetes et prata desecandi; nonnullis minus virium, plus artis adhibetur, sicut putationibus insitionibusque vineti; plurimum etiam scientia pollet in aliquibus, ut in pastione pecoris atque eiusdem medicina. [9] Quorum omnium officiorum vilicus, quod iam dixi prius, aestimator bonus esse non potest, nisi fuerit etiam peritus, ut in unoquoque corrigere queat perperam factum. Neque enim satis est reprehendisse peccantem, si non doceat recti viam. Libenter igitur eadem loquor: tam docendus est futurus vilicus quam futurus figulus aut faber. Et haud facile dixerim, num illa tanto expeditiora sint discentibus artificia, quanto minus ampla sunt. [10] Rusticationis autem magna et diffusa materia est, partesque si velimus eius percensere, vix numero conprehendamus. quare satis admirari nequeo, quod primo scriptorum meorum exordio iure conquestus sum, ceterarum artium minus vitae necessariarum repertos antistites, agriculturae neque discipulos neque praeceptores inventos; nisi magnitudo rei fecerit reverentiam vel discendi vel profitendi pene inmensam scientiam, cum tamen non ideo turpi desperatione oportuerit eam neglegi. [11] Nam nec oratoria disciplina deseritur, quia perfectus orator nusquam repertus est, nec philosophia, quia nullus consummatae sapientiae, sed e contrario plurimi semet ipsos exhortantur vel aliquas partes earum addiscere, quamvis universas percipere non possint. Etenim quae probabilis ratio est obmutescendi, quia nequeas orator esse perfectus, aut in socordiam conpelli, quia desponderis sapientiam? [12] Magnae rei, quantulumcumque possederis, fuisse participem, non minima est gloria. Quis ergo, inquis, docebit futurum vilicum, si nullus professor est? Et ego intellego, difficillimum esse ab uno velut auctore cuncta rusticationis consequi praecepta. Verumtamen ut universae disciplinae vix aliquem consultum, sic plurimos partium eius invenias magistros, per quos efficere queas perfectum vilicum. Nam et arator reperiatur aliquis bonus et optimus fossor aut foeni sector nec minus arborator et vinitor, tum etiam veterinarius et probus pastor, qui singuli rationem scientiae suae desideranti non subtrahant. [13] Igitur conplurium agrestium formatus artibus, qui susceperit officium vilicationis, in primis convictum domestici multoque magis exteri vitet. Somni et vini sit abstinentissimus, quae utraque sunt inimicissima diligentiae. Nam et ebrioso cura officii pariter cum memoria subtrahitur et somniculoso plurima effugiunt. Quid enim possit aut ipse agere aut cuiquam dormiens imperare? [14] Tum etiam sit a venereis amoribus aversus; quibus si se dediderit, non aliud quicquam possit cogitare quam illud, quod diligit. Nam vitiis eiusmodi pellectus animus nec praemium iucundius quam fructum libidinis nec supplicium gravius quam frustrationem cupiditatis existimat. Igitur primus omnium vigilet familiamque semper ad opera cunctantem pro temporibus anni festinanter producat et strenue ipse praecedat. Plurimum enim refert colonos a primo mane opus adgredi nec lentos per otium pigre procedere. [15] Siquidem Ischomachus idem ille, "Malo," inquit, "unius agilem atque industriam quam decem hominum neglegentem et tardam operam." [16] Quippe plurimum adfert mali, si operario tricandi potestas fiat. Nam ut in itinere conficiendo saepe dimidio maturius pervenit is, qui naviter et sine ullis concessationibus permeavit, quam is, qui cum sit una profectus, umbras arborum fonticulorumque amoenitatem vel aurae refrigerationem captavit, sic in agresti negotio dici vix potest, quid navus operarius ignavo et cessatore praestet. [17] Hoc igitur custodire oportet vilicum, ne statim a prima luce familia cunctanter et languide procedat, sed velut in aliquod proelium cum vigore et alacritate animi praecedentem eum tamquam ducem strenue sequatur; variisque exhortationibus in opere ipso exhilaret laborantes et interdum, tamquam deficienti succursurus, ferramentum auferat parumper et ipse fungatur eius officio moneatque sic fieri debere, ut ab ipso fortiter sit effectum. [18] Atque ubi crepusculum incesserit, neminem post se relinquat, sed omnes subsequatur more optimi pastoris, qui e grege nullam pecudem patitur in agro relinqui. Tum vero, cum tectum subierit, idem faciat, quod ille diligens opilio, nec in domicilio suo statim delitiscat, sed agat cuiusque maximam curam. Sive quis, quod accidit plerumque, sauciatus in opere noxam ceperit, adhibeat fomenta, sive aliter languidior est, in valetudinarium confestim deducat et convenientem ei ceteram curationem adhiberi iubeat. [19] Eorum vero, qui recte valebunt, non minor habenda erit ratio, ut cibus et potio sine fraude a cellariis praebeatur, consuescatque rusticos circa larem domini focumque familiarem semper epulari atque ipse in conspectu eorum similiter epuletur sitque frugalitatis exemplum; nec nisi sacris diebus accubans cenet festosque sic agat, ut fortissimum quemque et frugalissimum largitionibus prosequatur, nonnumquam etiam mensae suae adhibeat et velit aliis quoque honoribus dignari. [20] Tum etiam per ferias instrumentum rusticum, sine quo nullum opus effici potest, recognoscat et saepius inspiciat ferramenta eaque semper duplicia conparet ac subinde refecta custodiat, ne si quod in opere vitiatum fuerit, a vicino petendum sit, quia plus in operis servorum avocandis quam in pretio rerum eiusmodi dependitur. [21] Cultam vestitamque familiam utiliter magis habeat quam delicate, id est munitam diligenter a frigoribus et imbribus, quae utraque prohibentur optime pellibus manicatis et sagaceis cucullis; idque si fiat, omnis pene hiemalis dies in opere tolerari possit. Quare tam vestem servitiorum quam, ut dixi, ferramenta bis debebit omnibus mensibus recensere. nam frequens recognitio nec inpunitatis spem nec peccandi locum praebet. [22] Itaque mancipia [vincta, quae sunt] ergastuli, per nomina cotidie citare debebit atque explorare, ut sint diligenter conpedibus innexa, tum etiam custodiae sedes an tuta et recte munita sit; nec, si quem dominus aut ipse vinxerit, sine iussu patrisfamiliae resolvat. Sacrificia nisi ex praecepto domini facere nesciat; haruspicem sagamque sua sponte non noverit, quae utraque genera vana superstitione rudes animos infestant. [23] Non urbem, non ullas nundinas, nisi vendendae aut emendae rei necessariae causa, frequentaverit. Neque enim coloniae suae terminos egredi debet nec absentia sua familiae cessandi aut delinquendi spatium dare. Semitas novosque limites in agro fieri prohibeat. Hospitem, nisi ex amicitia domini, quam rarissime recipiat. Ad ministeria sua conservos non adhibeat nec ulli terminos egredi, nisi magna coegerit necessitas, permittat. [24] Pecuniam domini neque in pecore nec in aliis rebus promercalibus occupet. Haec enim res avocat vilici curam et eum negotiatorem potius facit quam agricolam nec umquam sinit eum cum rationibus domini paria facere, sed ubi nummum est numeratio, res pro nummis ostenditur. Itaque tam istud vitandum habebit quam hercule fugiendum venandi aut aucupandi studium, quibus rebus plurimae operae avocantur. [25] Iam illa, quae etiam in maioribus imperiis difficulter custodiuntur, considerare debebit, ne aut crudelius aut remissius agat cum subiectis; semperque foveat bonos et sedulos, parcat etiam minus probis, et ita temperet, ut magis eius vereantur severitatem, quam ut saevitiam detestentur, poteritque id custodire, si maluerit cavere, ne peccet operarius, quam, cum peccaverit, sero punire. Nulla est autem vel nequissimi hominis amplior custodia quam cotidiana operis exactio. [26] Nam illud verum est M. Catonis oraculum: "Nihil agendo homines male agere discunt." Itaque curabit vilicus, ut iusta reddantur, idque non aegre consequetur, si semper se repraesentaverit. [27] Sic enim et magistri singulorum officiorum diligenter exsequentur sua munia et familia post operis exercitationem fatigata cibo quietique potius ac somno quam maleficiis operam dabit. In universa porro villicatione, sicut in cetera vita, pretiosissimum est intellegere quemque, nescire se quod nesciat, semperque cupere, quod ignoret, addiscere. [28] Nam etsi multum prodest scientia, plus tamen obest inprudentia vel neglegentia, maxime in rusticatione, cuius est disciplinae caput semel fecisse, quicquid exegerit ratio culturae; nam quamvis interdum emendata sit perperam facti vel inprudentia vel neglegentia, res tamen ipsa iam domino decoxit nec mox in tantum exuberat, ut et iacturam capitis amissi restituat et quaestum resarciat. [29] Praelabentis vero temporis fuga quam sit inreparabilis, quis dubitet? Eius igitur memor praecipue semper caveat, ne inprovidus ab opere vincatur. Res est agrestis insidiosissima cunctanti; quod ipsum expressius vetustissimus auctor Hesiodus hoc versu significavit: aiei d' amboliergos aner ataisi palaiei. Quare vulgare illud de arborum positione rusticis usurpatum "serere ne dubites," id vilicus ad agri totum cultum referri iudicet credatque praetermissas non duodecim horas, sed annum perisse, nisi sua quaque die, quod instat, effecerit. [30] Nam cum propriis pene momentis fieri quidque debeat, si unum opus tardius, quam oporteat, peractum sit, ceterae quoque, quae sequuntur, culturae post iusta tempora serius adhibentur, omnisque turbatus operis ordo spem totius anni frustratur. Quare necessaria est menstrui cuiusque officii monitio ea, quae pendet ex ratione siderum caeli. [31] Nam, ut ait Vergilius, tam sunt Arcturi sidera nobis Haedorumque dies servandi et lucidus anguis, quam quibus in patriam ventosa per aequora vectis pontus et ostriferi fauces tentantur Abydi. Contra quam observationem multis argumentationibus disseruisse me non infitior in iis libris, quos adversus astrologos conposueram. Sed illis disputationibus exigebatur id, quod inprobissime Chaldaei pollicentur, ut certis quasi terminis ita diebus statis aeris mutationes respondeant. [32] In hac autem ruris disciplina non desideratur eiusmodi scrupulositas, sed quod dicitur pingui Minerva quamvis utile continget vilico tempestatis futurae praesagium, si persuasum habuerit, modo ante, modo post, interdum etiam stato die orientis vel occidentis conpetere vim sideris. Nam satis providus erit, cui licebit ante multos dies cavere suspecta tempora.

II.

Itaque praecipiemus, quid quoque mense faciendum sit, sic temporibus accommodantes opera ruris, ut permiserit status caeli; cuius varietatem mutationemque, si ex hoc commentario fuerit praemonitus vilicus, aut numquam decipietur aut certe non frequenter. Et ne desciscamus ab optimo vate, quod ait ille, vere novo terram proscindere incipiat. [2] Novi autem veris principium non sic observare rusticus debet, quemadmodum astrologus, ut exspectet certum illum diem, qui veris initium facere dicitur, sed aliquid etiam sumat de parte hiemis, quoniam consumpta bruma iam intepescit annus permittitque clementior dies opera moliri. [3] Possit igitur ab Idibus Ianuariis, ut principem mensem Romani anni observet, auspicari culturarum officia; quorum alia ex pristinis residua consummabit atque alia futuri temporis inchoabit. Satis autem erit per dimidios menses exsequi quodque negotium, quia neque praefestinatum opus nimium inmature videri possit ante quindecim dies factum nec rursus post totidem nimium tarde. Dies caelestes: [4] Id. Ian. Ventosa tempestas et incertus status. XVIII Kal. Febr. Tempestas incerta. XVII Kal. Febr. Sol in Aquarium transit; Leo mane incipit occidere; Africus, interdum Auster cum pluvia. XVI Kal. Febr. Cancer desinit occidere; hiemat. XV Kal. Febr. Aquarius incipit oriri, ventus Africus, tempestatem significat. XI Kal. Febr. Fidicula vespere occidit, dies pluvius. [5] VIIII Kal. Febr. Ex occasu pristini sideris significat tempestatem, interdum etiam tempestas. VI Kal. Febr. Leonis quae est in pectore clara stella occidit, nonnumquam significat, hiemps bipertitur. V Kal. Febr. Auster aut Africus, hiemat, pluvius dies. III Kal. Febr. Delphinus incipit occidere, item Fidicula occidere, significat. Pridie Kal. Febr. Eorum, quae supra, siderum occasus tempestatem facit, interdum tantummodo significat. [6] Hoc igitur semestrium et deinceps sequentia tempestatibus adnotatis percensuimus, quo cautior vilicus, ut iam dixi, vel abstinere possit operibus vel festinationem adhibere. Itaque ab Idibus Ianuariis, quod habetur tempus inter brumam et adventum Favonii, si maior est vineae vel arbusti modus, quicquid ex autumno putationis superfuit, repetendum est, sed ita, ne matutinis temporibus vitis saucietur, quoniam pruinis et gelicidiis nocturnis adhuc rigentes materiae ferrum reformidant. [7] Itaque dum hae regelatae secentur, usque in horam secundam vel tertiam poterunt vepres attenuari, ne incremento suo agrum occupent, segetes emundari, acervi virgarum fieri, ligna denique confici, ut tum demum tepenti iam die putatio administretur. Apricis etiam et macris aut aridis locis prata iam purganda et a pecore sunt defendenda, ut faeni sit copia. [8] Siccos quoque et pingues agros tempestivum est proscindere. Nam uliginosi et mediocris habitus sub aestatem vervagendi sunt, macerrimi vero et aridi post aestatem primo autumno arandi et subinde conserendi. Sed iugerum agri pinguis hoc tempore anni commode duabus operis proscinditur, quia hibernis pluviis adhuc madens terra facilem cultum sui praebet. [9] Eodemque mense ante Kalendas Februarias sariendae segetes autumnales, sive illae seminis adorei sunt, quod quidam far vennuculum vocant, seu tritici, earumque tempestiva sarritio est, cum enata frumenta quattuor fibrarum esse coeperunt. Hordeum quoque maturum, quibus superest opera, nunc demum sarire debebunt. [10] Sed et faba eandem culturam exigit, si iam coliculus eius in quattuor digitos altitudinis creverit; nam prius sarruisse nimium teneram non expedit. ervum melius quidem priore mense nec tamen inprobe hoc ipso vel proximo seremus. Nam Martio nullo modo terrae conmittendum esse rustici praecipiunt. [11] Vineae, quae sunt palatae et ligatae, recte iam fodiuntur. Surculi, qui primi florem adferunt, statim circa Idus inserendi sunt, ut cerasiorum, tuburum, amygdalorum persicorumque. Ridicis vel etiam palis conficiendis idoneum tempus est, nec minus in aedificia succidere arborem convenit. Sed utraque melius fiunt luna decrescente ab vicesima usque in tricesimam, quoniam omnis materia sic caesa iudicatur carie non infestari. [12] Palos una opera caedere et exputatos acuere centum numero potest, ridicas autem querneas sive oleagineas findere et dedolatas utraque parte exacuere numero sexaginta, item ad lucubrationem vespertinam palos decem vel ridicas quinque conficere totidemque per antelucanam lucubrationem. [13] Materies si roborea est, ab uno fabro dolari ad unguem debet per quadratos pedes viginti; haec erit vehis una. Pinus autem quinque et viginti pedum aeque ab uno expeditur, quae et ipsa vehis dicitur; nec minus ulmus et fraxinus pedum triginta, cupressus autem pedum quadraginta, tum etiam sexagenum pedum abies atque populus singulis operis ad unguem quadrantur, atque omnes eae mensurae similiter vehes appellantur. [14] His etiam diebus maturi agni et reliqui fetus pecudum nec minus maiora quadripedia charactere signari debent. Kal. Febr. Fidis incipit occidere, ventus Eurinus et interdum Auster cum grandine est. III Non. Febr. Fidis tota et Leo medius occidit, Corus aut Septentrio, nonnumquam Favonius. Non. Febr. Mediae partes Aquarii oriuntur, ventosa tempestas. [15] VII Id. Febr. Callisto sidus occidit, Favonii spirare incipiunt. VI Id. Febr. Ventosa tempestas. III Id. Febr. Eurus. Per hosce dies locis maritimis et calidis ac siccis prata vel arva purgantur et in faenum submittuntur. [16] Reliquae partes vinearum propter brumam vel frigora omissae nunc palandae et adligandae sunt, ne postea tumentes gemmae laedantur et oculi adterantur. Item vinearum fossio iisdem locis peragenda est arbustorumque sive putatio sive adligatio finienda, quorum iusta certa esse non possunt. Inter Nonas deinde et Idus pomorum seminaria facienda sunt et maturae plantae de seminariis in scrobes transferendae. [17] Pastinatio quoque, quae mense Decembri vel Ianuario coepta est, iam nunc includenda et vitibus conserenda est. Pastinatur autem terreni iugerum ita, ut solum in altitudinem trium pedum defodiatur operis octoginta vel in altitudinem dupondii semissis operis quinquaginta vel ad bipedalium, quae est altitudo duorum pedum, operis quadraginta. [18] Haec tamen in agro sicco surculis conserendis minima pastinationis mensura est. Nam holeribus deponendis possit vel sesquipedalis altitudo satisfacere, quae plerumque in singula iugera triginta operis conficitur. Hoc eodem tempore stercoris pars in prata egerenda, pars oleis et ceteris arboribus inspargenda, quin etiam vinearia diligenter facienda malleolusque quam [recentissimus] curiosissime pangendus. [19] Populos et salices et fraxinos, prius quam frondeant, plantasque ulmorum nunc ponere utile est, ante autem satas nunc exputare et circumfodere ac summas earum aestivas radices amputare. sarmenta e vineis nondum fossis atque arbustis et segetibus ramos aut rubos, quicquid denique iacens facile fodientem vel alio genere terram molientem potest inpedire, nunc egerere et ad sepem adplicare oportet, rosaria nova conserere vel antiqua curare, harundineta nunc ponere vel etiam pristina colere, salicta facere vel deputare, runcare ac fodere, genistam semine vel plantis in pastinato vel etiam sulco deponere. [20] Trimestrium quoque satio non est aliena huic tempori, quamvis tepidis regionibus melius administretur per mensem Ianuarium. Id. Febr. Sagittarius vespere occidit, vehementer hiemat. XVI Kal. Mart. Vespere Crater oritur, venti mutatio. XV Kal. Mart. Sol in Pisces transitum facit, nonnumquam ventosa tempestas. [21] XIII et XII Kal. Mart. Favonius vel Auster cum grandine et nimbis. X Kal. Mart. Leo desinit occidere, venti septentrionales, qui vocantur ornithiai, per dies triginta esse solent, tum et hirundo advenit. VIIII Kal. Mart. Arcturus prima nocte oritur, frigidus dies Aquilone vel Coro, interdum pluvia. VIII Kal. Mart. Sagitta crepusculo incipit oriri, variae tempestates, alcyonei dies vocantur, in Atlantico quidem mari summa tranquillitas notata est. [22] VII Kal. Mart. Ventosa tempestas, hirundo conspicitur. Per hos dies frigidis locis earum rerum, quas supra scripsimus, tempestiva est administratio, locis autem calidioribus, quamvis sera, tamen necessaria. Ceterum malleoli et viviradicis positio huius temporis esse videtur optima. [23] Nec tamen deterior etiam inter Kalendas et Idus sequentis mensis, utique si non sit ferventissima regio; si vero etiam magis frigida, vel melior. Insitio quoque arborum atque vitium tepidis locis hoc tempore commode administrabitur. Kal. Mart. Africus, interdum Auster cum grandine. [24] VI Non. Mart. Vindemitor apparet, quem Graeci trygetera dicunt, septentrionales venti. IIII Non. Mart. Favonius, interdum Auster, hiemat. Non. Mart. Equus mane oritur, flatus Aquilonis. III Id. Mart. Piscis aquilonius desinit oriri, septentrionales venti. Pridie Id. Mart. Argo navis exoritur, Favonius aut Auster, interdum Aquilo. [25] His diebus commode instruuntur horti, de quibus suo loco dicam secretius, ne inter hanc quasi turbam operum neglegentius holitoris officia descripsisse videar aut nunc ordinem reliquarum culturarum coeptum interrupisse. [26] Igitur a Kalendis Martiis eximia est vitium putatio usque in X Kal. Apr., si tamen se gemmae nondum moveant. Surculi quoque silentes ad insitionem nunc praecipue utiliterque leguntur, et ipsa insitio vitium atque arborum longe nunc est optima. Frigidis quoque locis et umidis vitium satio nunc praecipua est, sed et ficulnea cacumina iam tumentia utilissime deponuntur. Sartura quoque frumentorum iteratur egregie; modios tres una opera recte sarit. [27] Prata purgare et a pecore defendere iam tempestivum est; locis quidem calidis et siccis etiam a mense Ianuario, ut supra diximus, id fieri debet; nam frigidis vel a Quinquatribus prata recte submittuntur. [28] Scrobes omnis generis, quos eris autumno consiturus, hoc tempore fieri oportebit; eorum quaternarii, hoc est quoquoversus pedum quaternum, si est commodum terrenum, quattuordecim ab uno fiunt, ternarii autem decem et octo. Ceterum ad deponendas vites vel non magni incrementi arbores sulcus, qui sit pedum centum et viginti, latitudine bipedanea, in altitudinem deprimi debet dupondii semissis, eumque similiter una opera efficit. [29] Rosarium serotinum perfossum et cultum habere iam tempus est. Oleis laborantibus circum radices amurcam, quae salem non habeat, nunc conveniet infundere; maximis sex congii, mediocribus arboribus urna satisfaciunt, ceteris aestimanda erit portio. Sed tamen quae nihil vitii habuerint, aliquanto laetiores fient, si amurca rigentur insulsa. [30] Nonnulli hoc optimum tempus esse seminariis instituendis dixerunt. Tum etiam bacas lauri et murti ceterorumque viridium semina in areolas disserere praeceperunt. Orthocissos et hederas ab Idibus Februariis vel etiam Kalendis Martiis poni oportere iidem censuerunt. Id. Mart. Nepa incipit occidere, significat tempestatem. [31] XVII Kal. Apr. Nepa occidit, hiemat. XVI Kal. Apr. Sol in Arietem transitum facit, Favonius vel Corus. XII Kal. Apr. Equus occidit mane, septentrionales venti. X Kal. Apr. Aries incipit exoriri, pluvius dies, interdum ninguit. VIIII et VIII Kal. Apr. Aequinoctium vernum, tempestatem significat. [32] Ab Idibus eadem, quae supra, utique peragenda sunt. Optime autem uliginosa et pinguia loca nunc demum proscinduntur; at quae mense Ianuario vervacta fecimus, nunc ultima parte Martii sunt iteranda. Et si quae pergulae vitium generosarum vel si quae in agris aut vepribus singulares arbores maritae a putatoribus relictae sunt, ante Kalendas Apriles utique deputari debent; post quam diem sera et infructuosa fit eiusmodi rerum cultura. [33] Milii quoque et panici haec prima satio est, quae peragi debet circa Idus Apriles. Vtriusque seminis sextarii quini singula iugera occupant. Quin etiam pecus lanatum ceteraque quadripedia tempus idoneum est castrandi. Locis autem tepidis ab Idibus Februariis usque in Idus Apriles, at locis frigidis ab Idibus Martiis usque in Idus Maias omnia recte pecora castrantur. [34] Kal. Apr. Nepa occidit mane, tempestatem significat. Non. Apr. Favonius aut Auster cum grandine, nonnumquam hoc idem pridie. VIII Id. Apr. Vergiliae vespere celantur, interdum hiemat. VII Id. Apr. Et VI et V Austri et Africi, tempestatem significat. IIII Id. Apr. Sole oriente Libra occidere incipit, interdum tempestatem significat. [35] Pridie Id. Apr. Suculae celantur, hiemat. His diebus locis frigidis prima vinearum fossio utique ante Idus peragenda est, quaeque mense Martio post confectum aequinoctium fieri debuerunt, nunc denique quam primum exsequenda sunt. Fici vitesque adhuc recte inseruntur; seminaria, quae sunt ante facta, runcari et adhuc commode fodiri possunt. Oves Tarentinae radice lanaria lavari debent, ut tonsurae praeparentur. Id. Apr., Vt supra, Libra occidit, hiemat. [36] XVIII Kal. Mai. Ventosa tempestas et imbres nec hoc constanter. XV Kal. Mai. Sol in Taurum transitum facit, pluviam significat. XIIII Kal. Mai. Suculae se vespere celant, pluviam significat. XI Kal. Mai. Ver bipertitur, pluvia et nonnumquam grando. X Kal. Mai. Vergiliae cum sole oriuntur, Africus vel Auster, dies umidus. VIIII Kal. Mai. Prima nocte Fidicula apparet, tempestatem significat. IIII Kal. Mai. Auster fere cum pluvia. [37] III Kal. Mai. Mane Capra exoritur, Austrinus dies, interdum pluviae. Pridie Kal. Mai. Canis se vespere celat; tempestatem significat. Per hos dies eadem, quae supra, persequemur, possuntque, si iam librum remittunt, inseri oleae vel emplastrari ceteraeque pomiferae arbores eodem emplastrationis genere inseri. [38] Sed et prima pampinatio recte inchoatur, dum prorepentes oculi digito decuti possint. Si qua praeterea in vineis aut fossor disturbavit aut neglegentia omisit, diligens vinitor restituere debet et fracta iuga considerate resarcire aut disiectos palos reponere, ita ne teneros pampinos explantet. eodem tempore secundi fetus pecudes signari oportet. [39] Kal. Maiis, hoc biduo sol unam dicitur tenere particulam, Sucula cum sole exoritur. VI Non. Mai. Septentrionales venti. V Non. Mai. Centaurus totus apparet, tempestatem significat. III Non. Mai. Idem sidus pluviam significat. Pridie Non. Mai. Nepa medius occidit, tempestatem significat. Non. Mai. Vergiliae exoriuntur mane, Favonius. VII Id. Mai. Aestatis initium, Favonius aut Corus, interdum et pluviae. [40] VI Id. Mai. Vergiliae totae apparent, Favonius aut Corus, interdum et pluviae. III Id. Mai. Fidis mane oritur, significat tempestatem. Per hos dies runcandae segetes sunt, faenisiciae instituendae. bonus operarius prati iugerum desecat nec minus mille ducentos manipulos unus obligat, qui sint singuli quaternarum librarum. Arbores quoque tempus est ablaqueatas circumfodere et operire; una opera novellas circumfodiet arbores LXXX, mediocres LXV, magnas L. [41] Hoc mense seminaria omnia crebre fodere oportet. Sed et a Kalendis Martiis usque in Idus Septembres omnibus mensibus non solum seminariis, sed etiam novellis vineis danda fossio est. Iisdem diebus, ubi praegelidum et pluvium caelum est, oleae putantur et muscantur. Ceterum tepidis regionibus duobus temporibus anni facere istud oportebit, primo ab Idibus Octobribus usque in Idus Decembres, iterum ab Idibus Februariis usque in Idus Martias, si tamen arbor librum non remittit. [42] Hoc eodem mense in pastinato seminario novissima positio est olearis taleae, eamque oportet, cum panxeris, fimo et cinere mixtis oblinere et superponere muscum, ne sole findatur. Sed hoc idem opus melius fiet ultima parte mensis Martii vel prima mensis Aprilis et ceteris temporibus, quibus praecepimus seminaria plantis vel ramis conserere. [43] Id. Mai. Fidis mane exoritur, Auster aut Eurinus, interdum dies umidus. XVII Kal. Iun. Idem, quod supra. XVI et XV Kal. Iun. Eurinus vel Auster cum pluvia. XIIII Kal. Iun. Sol in Geminos introitum facit. XII Kal. Iun. Suculae exoriuntur, septentrionales venti, nonnumquam Auster cum pluvia. XI et X Kal. Iun. Arcturus mane occidit, tempestatem significat. VIII et VII et VI Kal. Iun. Capra mane exoritur, septentrionales venti. [44] Ab Idibus usque in Kalendas Iunias veteranam vineam, priusquam florere incipiat, iterum fodere oportet, eandemque et ceteras omnes vineas identidem pampinare. Quod si saepius feceris, puerilis una opera iugerum vineti pampinabit. quibusdam regionibus oves nunc tondentur, et pecoris nati aut amissi ratio accipitur. Item qui lupinum stercorandi agri causa sevit, nunc demum aratro subvertit. [45] Kal. Iun. Et IIII Non. Aquila exoritur, tempestas ventosa et interdum pluvia. VII Id. Iun. Arcturus occidit, Favonius aut Corus. IIII Id. Iun. Delphinus vespere exoritur, Favonius, interdum rorat. [46] His diebus, si opere victi sumus, eadem quae extremo mense Maio facienda sunt. Item omnes arbores frugiferae circumfossae aggerari debent, ut ante solstitium id opus peractum sit. Quin etiam pro conditione regionis et caeli terra vel proscinditur vel iteratur, eaque, si est difficilis, proscinditur operis tribus, iteratur duabus, tertiatur una, lirantur autem iugera duo bis opera una. At si facilis est terra, proscinditur iugerum duabus operis, iteratur una, lirantur una iugera quattuor, cum in subacta iam terra latiores porcae sulcantur. [47] Quae ratio colligit, ut per autumnum facile possint uno iugo tritici oberi modii centum quinquaginta ceterorumque leguminum modii centum. Iisdem his diebus area triturae praeparanda est; ut quaeque res desecta erit, in eam conferatur. Vinearum quoque quibus maior est modus iteratus esse debet ante solstitium. [48] Pabulum, si facultas est, vel nunc vel etiam superioribus quindecim diebus, qui fuerunt ante Kalendas Iunias, praeberi pecori oportet. A Kalendis autem Iuniis, si iam defecit viridis herba, usque in ultimum autumni frondem caesam praebebimus. Id. Iun. Calor incipit. [49] XIII Kal. Iul. Sol introitum Cancro facit, tempestatem significat. XI Kal. Iul. Anguifer, qui Graece dicitur ophiouchos mane occidit, tempestatem significat. VIII et VII et VI Kal. Iul. Solstitium, Favonius et calor. III Kal. Iul. Ventosa tempestas. [50] His diebus eadem, quae supra. Sed et viciam in pabulum secare oportet, priusquam siliquae eius durentur, hordeum metere, fabam serotinam ducere, fabam maturam conterere et paleas eius diligenter recondere, hordeum terere paleasque omnis recondere, alveos castrare, quos subinde nono quoque aut decimo die a Kalendis Maiis considerare et curare oportet. Nunc autem si sunt pleni atque operculati favi, demetendi sunt; sin autem maiore parte vacant aut sine operculis adaperti sunt, nondum esse maturos significatur, itaque mellatio est differenda. Quidam in provinciis transmarinis vel hoc vel sequente mense sesama serunt. [51] Kal. Iul. Favonius vel Auster et calor. IIII Non. Iul. Corona occidit mane. Pridie Non. Iul. Cancer medius occidit, calor. VIII Id. Iul. Capricornus medius occidit. VII Id. Iul. Cepheus vespere exoritur, tempestatem significat. VI Id. Iul. Prodromi flare incipiunt. [52] His diebus eadem, quae supra. Sed et proscissum vervactum optime nunc iteratur et silvestris ager decrescente luna utilissime exstirpatur. Id. Iul. Procyon exoritur mane, tempestatem significat. XIII Kal. Aug. Sol in Leonem transitum facit, Favonius. [IX Kal. Aug. Leonis in pectore clara stella exoritur. Interdum tempestatem significat]. VIII Kal. Aug. Aquarius incipit occidere clare, Favonius vel Auster. [53] VII Kal. Aug. Canicula apparet, caligo aestuosa. VI Kal. Aug. Aquila exoritur. IIII Kal. Aug. Leonis in pectore clara stella exoritur; interdum tempestatem significat. III Kal. Aug. Aquila occidit; significat tempestatem. [54] His diebus locis temperatis et maritimis messis conficitur, et intra dies triginta, quam desecta est, stramenta praecisa in acervum congeruntur. Iugerum stramentorum opera una desecat, quibus remotis, priusquam sol acrior exurat terram, omnes arbores, quae fuerant in segete, circumfodere et adobruere oportet. Item quibus magna sementis praeparatur, nunc debent iterare. [55] Nam de fodiendis colendisve novellis vineis saepius iam dixi, nullum esse mensem omittendum, donec autumnale aequinoctium conficiatur. Meminisse autem oportebit, ut per hos et Augusti mensis dies antelucanis et vespertinis temporibus frondem pecudibus caedamus. Item quascumque vineas culturi sumus, ne per aestum, sed mane usque in tertiam et a decima usque in crepusculum fodiamus. [56] Quibusdam regionibus, sicut in Cilicia et Pamphylia, hoc mense sesama seruntur, Italiae autem regionibus umidis possunt ultimo mense Iunio seri. Quin etiam tempus est ficulneis arboribus caprificum suspendere, quod quidam existimant idcirco fieri debere, ne fructus decidat et ut celerius ad maturitatem perveniat. Kal. Aug. Etesiae. Pridie Non. Aug. Leo medius exoritur, tempestatem significat. [57] VII Id. Aug. Aquarius occidit medius, nebulosus aestus. Pridie Id. Aug. Fidis occidit mane, autumnus incipit. His diebus eadem quae supra. Nonnullis tamen locis favi demetuntur; qui si non sunt melle repleti nec operculati, differenda est in mensem Octobrem mellatio. Id. Aug. Delphini occasus tempestatem significat. XVIIII Kal. Sept. Eiusdem sideris matutinus occasus tempestatem significat. [58] XIII Kal. Sept. Sol in Virginem transitum facit. Hoc et sequenti die tempestatem significat, interdum et tonat. Hoc eodem die Fidis occidit. X Kal. Sept. Ex. Eodem sidere tempestas plerumque oritur et pluvia. VII Kal. Sept. Vindemitor exoritur mane et Arcturus incipit occidere, interdum pluvia. III Kal. Sept. Vmeri Virginis exoriuntur, Etesiae desinunt flare et interdum hiemat. [59] Pridie Kal. Sept. Andromeda vespere exoritur, interdum hiemat. His quidem diebus arbores ficorum inoculant, quod genus insitionis emplastratio vocatur, idque licet vel commodius facere superiore mense post Idus Iulias, quo tempore etiam aliarum arborum nonnulli emplastrationem faciunt. [60] Quibusdam autem locis, ut in Baetica, maritimis regionibus et in Africa, vindemia conficitur. Sed frigidioribus regionibus pulverationem faciunt, quam vocant rustici occationem, cum omnis gleba in vineis refringitur et solvitur in pulverem. Hoc eodem tempore prius quam vineae pulverentur, si perexilis est terra vel rara ipsa vitis, lupini modii tres vel quattuor in singula iugera sparguntur et ita inoccantur; qui, cum fruticaverunt, prima cum fossione conversi satis bonum stercus vineis praebent. [61] Multi etiam, si pluvius est status caeli, sicut suburbana regione Italiae, pampinis vitem spoliant, ut percoqui fructus possint nec putrescere imbribus. at e contrario locis calidioribus, ut modo nominatis provinciis, circa vindemiam adumbrantur vel stramentis vel aliis tegmentis uvae, ne ventis aut caloribus exarescant. [62] Hoc idem tempus est aridis uvis ficisque conficiendis, de quibus, quemadmodum passae fiant, suo loco dicemus, cum vilicae persequemur officia. Felix quoque aut carex, ubicumque nascitur, Augusto mense recte exstirpatur, melius tamen circa Idus Iulias ante Caniculae exortum. [63] Kal. Sept. Calor. IIII Non. Sept. Piscis austrinus desinit occidere, calor. Non. Sept. Arcturus exoritur, Favonius vel Corus. VII Id. Sept. Piscis aquilonius desinit occidere et Capra exoritur, tempestatem significat. III Id. Sept. Favonius aut Africus, Virgo media exoritur. [64] His diebus locis maritimis et calidis vindemia et cetera, quae supra scripta sunt, commode administrantur. Iteratio quoque arationis peracta esse debet, si serius terra proscissa est; sin autem celerius, etiam tertiatum solum esse convenit. Hoc etiam tempore, qui consueverunt vina condire, aquam marinam praeparant et advectam decoquunt; de qua conficienda praecipiam, cum vilicae officia persequar. Id. Sept. Ex pristino sidere nonnumquam tempestatem significat. [65] XV Kal. Oct. Arcturus exoritur, Favonius aut Africus, interdum Eurus, quem quidam Vulturnum appellant. XIIII Kal. Oct. Spica Virginis exoritur, Favonius aut Corus. XIII Kal. Oct. Sol in Libram transitum facit, Crater matutino tempore apparet. XI Kal. Oct. Pisces occidunt mane, item Aries occidere incipit, Favonius aut Corus, interdum Auster cum imbribus. [66] X Kal. Oct. Argo navis occidit, tempestatem significat, interdum et pluviam. VIIII Kal. Oct. Centaurus incipit mane oriri, tempestatem significat, interdum et pluviam. VIII Kal. Oct. et VII et VI aequinoctium autumnale pluviam significat. V Kal. Oct. Haedi exoriuntur, Favonius, nonnumquam Auster cum pluvia. IIII Kal. Oct. Virgo desinit oriri, tempestatem significat. [67] His diebus vindemiae plurimis regionibus fiunt, quarum maturitatem alii aliter interpretati sunt. Quidam cum vidissent partem aliquam uvarum virescere, crediderunt tempestivam esse vindemiam, quidam cum coloratas et perlucidas uvas animadvertissent, nonnulli etiam cum pampinos ac folia decidere considerassent. Quae omnia fallacia sunt, quoniam inmaturis uvis omnia eadem possunt accidere propter intemperiem solis aut anni. [68] Itaque nonnulli gustu explorare maturitatem temptaverunt, ut sive dulcis esset sapor uvae sive acidus proinde aestimarent. Sed et haec ipsa res habet aliquam fallaciam. Nam quaedam genera uvarum numquam dulcedinem capiunt propter austeritatem nimiam. [69] Itaque optimum est, quod nos fecimus, ipsam naturalem contemplare maturitatem. Naturalis autem maturitas est, si cum expresseris vinacea, quae acinis celantur, iam infuscata et nonnulla praeter modum nigra fuerint. Nam colorem nulla res vinaceis potest adferre nisi naturae maturitas, praesertim cum ita in media parte acinorum sint, ut et a sole et a ventis protegantur umorque ipse non patiatur ea praecipi aut infuscari nisi suapte natura. [70] Hoc igitur cum exploratum habuerit vilicus, sciet vindemiam sibi esse faciendam. Sed antequam fructum cogere incipiat, cuncta praeparanda erunt superiore, si fieri possit, mense; si minus, certe ut ante quindecim dies dolia partim picata partim defricata et diligenter lota marina vel aqua salsa et recte siccata; [71] tum et opercula colaque et cetera, sine quibus probe confici mustum non potest, torcularia vero et fora diligenter emundata lotaque et, si res ita exegerit, picata praeparataque habeat ligna, quibus defrutum et sapam decoquat. tum etiam salem atque odoramenta, quibus condire vina consueverit, multo ante reposita esse oportet. Nec tamen haec cura totum avocet eum a cetera ruris cultura. Nam et napinae itemque rapinae siccaneis locis per hos dies fiunt et farraginaria quoque pecori futura per hiemem praesidio; itemque siliqua, quod rustici faenum graecum vocant, nec minus in pabulum vicia nunc demum conseruntur. [72] Tum etiam lupini haec erit praecipua satio, quod quidam vel ab area protinus in agrum deferri putant oportere. milium et panicum hoc tempore demetitur, quo faseolus ad escam seritur. Nam ad percipiendum semen ultima parte Octobris circa Kalendas Novembres melius obruitur. Quare cum haec cuncta in agris exsequi debeat, possit eorum curam, quae intra villam facienda sunt, vilicae delegare, ita tamen, ut ipse consideret, an recte facta sint. Kal. Oct. Et VI Non. Interdum tempestatem significat. [73] IIII Non. Oct. Auriga occidit mane, Virgo desinit occidere, significat nonnumquam tempestatem. III Non. Oct. Corona incipit exoriri, significat tempestatem. Pridie Non. Oct. Haedi oriuntur vespere, Aries medius occidit, Aquilo. VIII Id. Oct. Coronae clara stella exoritur. [74] VI Id. Oct. Vergiliae exoriuntur vespere, Favonius et interdum Africus cum pluvia. III et pridie Id. Oct. Corona tota mane exoritur, Auster hibernus et nonnumquam pluvia. Per hos dies frigidis regionibus vindemia et cetera, quae supra scripta sunt, fieri solent, iisdemque regionibus frumenta matura seruntur et praecipue far adoreum. Locis etiam opacis triticum nunc recte seritur. Et quoniam sementis mentionem fecimus, non intempestive, quantum cuiusque seminis iugerum agri recipiat, referemus. [75] Iugerum agri recipit tritici modios quattuor vel quinque, farris adorei modios novem vel decem, hordei modios quinque vel sex, milii vel panici sextarios quattuor vel quinque, lupini modios octo vel decem, phaseli modios quattuor, pisi modios tres vel quattuor, fabae modios sex, lentis modium unum paulo amplius, lini seminis modios octo vel decem, cicerculae modios tres vel quattuor, ciceris modios tres vel quattuor, sesami sextarios quattuor vel quinque, viciae pabularis modios septem vel octo, viciae seminalis modios quinque vel sex, ervi modios quattuor vel quinque, farraginis hordeaceae modios septem vel octo, siliquae modios sex, medicae singulos cyathos serere oportet in areolis longis pedum denum, latis pedum quinum. Cannabis grana sex in pede quadrato ponuntur. [76] Id. Oct. Et sequenti biduo interdum tempestas, nonnumquam rorat tantummodo, Iugulae exoriuntur vespere. XIII Kal. Nov. Sol in Scorpionem transitum facit. [77] XIII et XII Kal. Nov. Solis exortu Vergiliae incipiunt occidere, tempestatem significat. XI Kal. Nov. Tauri cauda occidit, Auster, interdum pluvia. VIII Kal. Nov. Centaurus exoriri mane desinit, tempestatem significat. [78] VII Kal. Nov. Nepae frons exoritur, tempestatem significat. V Kal. Nov. Vergiliae occidunt, hiemat cum frigore et gelicidiis. IIII Kal. Nov. Arcturus vespere occidit, ventosus dies. III Kal. Nov. Et pridie Cassiope incipit occidere, tempestatem significat. [79] Per hos dies quaecumque semina differri debent, arbusculaeque omnis generis recte ponuntur. Vlmi quoque vitibus recte maritantur, ipsaeque vites in arbustis et vineis commode propagantur. Seminaria runcare et fodere tempus est, tum etiam arbores ablaqueare nec minus vineas easdemque putare itemque in arbustis vitem deputare. Seminaria, quae suo tempore pampinata non sunt, arbusculaeque ficorum in seminariis putari et ad singulos stilos redigi debent; quae tamen melius, dum tenera sunt, per germinationem pampinantur. sed cum omnia in agricultura strenue facienda sint, tum maxime sementis. [80] Vetus est agricolarum proverbium, maturam sationem saepe decipere solere, seram numquam, quin mala sit. Itaque in totum praecipimus: ut quisque natura locus frigidus erit, is primus conseratur, ut quisque calidus, novissimus. Vicia et faba stercorare agrum dicuntur. [81] Lupinum nisi in florem verteris, nihil agrum stercoraveris. sed nec ulla res magis vacuis operariis aut seritur aut conditur. Nam et primis temporibus ante ullam sementem possis id obruere et novissimis post coactos fructus tollere. [82] Sementi facta inoccare oportet, quod sparseris. Duo iugera tres operae commode occabunt arboresque, quae intererunt, ablaqueabunt, quamvis antiqui singulis operis singula iugera sariri et occari velint; quod an recte fieri possit, adfirmare non ausim. Eodem tempore fossas rivosque purgare et elices sulcosque aquarios facere convenit. [83] Iisdem temporibus, si sit, fraxineam, si minus orneam, si nec haec sit, ilignean frondem bubus recte praebebimus. Glandis quoque non inutile est singulis iugis modios singulos dare; nec tamen amplius, ne laborent, nec minus diebus triginta praebueris. Nam si paucioribus diebus datur, ut ait Hyginus, per ver scabiosi boves fiunt. Glans autem paleis inmiscenda est atque ita bubus adponenda. Tum etiam silvam, si quis barbaricam, id est consemineam velit facere, recte conseret glandibus et ceteris seminibus. Tum et olea destringenda est, ex qua velis viride oleum efficere; quod fit optimum ex varia oliva, cum incipit nigrescere. nam acerbum nisi ex alba olea fieri non debet. [84] Kal. Nov. Et postridie caput Tauri occidit, pluviam significat. III Non. Nov. Fidicula mane exoritur, hiemat et pluit. VIII Id. Nov. Idem sidus totum exoritur, Auster vel Favonius, hiemat. VII Id. Nov. Significat tempestatem, hiemat. VI Id. Nov. Vergiliae mane occidunt, significat tempestatem, hiemat. V Id. Nov. Stella clara Scorpionis exoritur, tempestatem significat, vel Vulturnus, interdum rorat. IIII Id. Nov. Hiemis initium, Auster aut Eurus, interdum rorat. [85] His diebus usque in Idus, quae superiore mense facere non potueris, adhuc tolerabiliter efficies. Sed et proprie hoc observabis, ut pridie, quam plenilunium sit, si minus certe ipso plenilunio, omnem, quam saturus es, fabam uno die spargas; sed postea licebit ab avibus et pecore defensam obruas, eamque, si ita conpetierit lunae cursus, ante Idus Novembres occatam habeas quam pinguissimo et novo loco, si minus, quam stercoratissimo. [86] Satis erit in singula iugera vehes stercoris conportare numero decem octo; vehis autem stercoris una habet modios octoginta. Ex quo colligitur oportere in denos quoquoversus pedes modios quinos stercoris spargere. Quae ratio docet universo iugero satisfacere modios MCCCCXL. [87] Tum etiam convenit oleas ablaqueare et, si sunt parum fructuosae vel cacuminibus retorridae frondis, magnis arboribus quaternos modios stercoris caprini circumspargere, in ceteris autem pro magnitudine portionem servare; eodem tempore vineis ablaqueatis columbinum stercus ad singulas vites, quod sit instar unius sextarii, vel urinae hominis congios vel alterius generis quaternos sextarios stercoris infundere. Iugerum vinearum in senos pedes positarum duae operae oblaqueant. [88] Id. Nov. Dies incertus, saepius tamen placidus. XVI Kal. Dec. Fidis exoritur mane, Auster, interdum Aquilo magnus. XV Kal. Dec. Aquilo, interdum Auster cum pluvia. XIIII Kal. Dec. Sol in Sagittarium transitum facit, Suculae mane oriuntur, tempestatem significat. XII Kal. Dec. Tauri cornua vespere occidunt, Aquilo frigidus et pluvia. [89] XI Kal. Dec. Sucula mane occidit, hiemat. X Kal. Dec. Lepus occidit mane, tempestatem significat. VII Kal. Dec. Canicula occidit solis ortu, hiemat. Pridie Kal. Dec. Totae Suculae occidunt, Favonius aut Auster, interdum pluvia. [90] His diebus, quae praeterita erunt superioribus, opera consequi oportebit. Et, si non plurimum serimus, optimum est intra Kalendas Decembres sementem fecisse. Sed etiam longis noctibus ad diurnum tempus aliquid adiciendum est. Nam multa sunt, quae in lucubratione recte agantur. Sive enim vineas possidemus, pali et ridicae possunt dolari exacuique, sive regio ferulae vel corticis ferax est, apibus alvaria fieri debent, sive palmae spartive fecunda est, fiscinae sportaeque, seu virgultorum, corbes ex vimine. [91] Ac ne cetera nunc persequar, nulla regio non aliquid adfert, quod ad lucubrationem confici possit. Nam inertis est agricolae exspectare diei brevitatem, praecipue in his regionibus, in quibus brumales dies horarum novem sunt noctesque horarum quindecim. [92] Possit etiam salix decisa pridie ad lucubrationem expurgari et ad vitium ligamina praeparari; quae si natura minus lenta est, ante dies quindecim praecidenda et purgata in stercore obruenda est, ut lentescat. Sin autem iam pridem caesa exaruit, in piscina maceranda est. Tum etiam per lucubrationem ferramenta acuere et ad ea facere vel facta manubria aptare, quorum optima sunt ilignea, deinde carpinea, post haec fraxinea. [93] Kal. Dec. Dies incertus, saepius tamen placidus. VIII Id. Dec. Sagittarius medius occidit, tempestatem significat. VII Id. Dec. Aquila mane oritur, Africus, interdum Auster et rorat. III Id.

Dec. Corus vel Septentrio, interdum Auster cum pluvia. His diebus, quae praeterita erunt superiore mense opera, peragi debebunt, utique in locis temperatis aut calidis; nam frigidis recte fieri iam non possunt. Id. Dec. Scorpio totus mane exoritur, hiemat. [94] XVI Kal. Ian. Sol in Capricornum transitum facit, brumale solstitium, ut Hipparcho placet; itaque tempestatem saepe significat. XV Kal. Ian. Ventorum conmutationem significat. X Kal. Ian. Capra occidit mane, tempestatem significat. VIIII Kal. Ian. Brumale solstitium (sic Chaldaei observant), significat. VI Kal. Ian. Delphinus incipit oriri mane, tempestatem significat. IIII Kal. Ian. Aquila vespere occidit, hiemat. III Kal. Ian. Canicula occidit vespere, tempestatem significat. pridie Kal. Ian. Tempestas ventosa. [95] His diebus, qui religiosius rem rusticam colunt, nisi si vinearum causa pastines, negant debere terram ferro commoveri. itaque quidquid citra id genus effici potest, id ab his comprehenditur, ut olea legatur et conficiatur, ut vitis paletur et capite tenus adligetur, ut iuga vineis inponantur et capistrentur. [96] Ceterum palmare, id est materias adligare, hoc tempore non expedit, quia plurimae propter rigorem, qui fit ex frigore, franguntur. Possunt etiam his diebus cerasia et tubures et Armeniacae atque amygdalae ceteraeque arbores, quae primae florent, inseri commode. Nonnulli tamen etiam legumina serunt. [97] Kal. Ian. Dies incertus. III Non. Ian. Cancer occidit, tempestas varia. Pridie Non. Ian. Media hiemps, Auster multus, interdum pluvia. Non. Ian. Fidis exoritur mane; tempestas varia. VI Id. Ian. Auster, interdum Favonius. V Id. Ian. Auster, interdum imber. Pridie Id. Ian. Incertus status caeli. [98] Per hos quoque dies abstinent terrenis operibus religiosiores agricolae, ita tamen ut ipsis Kalendis Ianuariis auspicandi causa omne genus operis instaurent. Ceterum differant terrenam molitionem usque in proximas Idus.

CIBARIA BOUM PER SINGULOS MENSES.

Sed nec ignorare debebit vilicus, quid uni iugo boum quoquo mense per singulos dies praestari satis sit. Quare huius quoque curae rationem subiciemus. [99] Mense Ianuario paleas cum ervi macerati sextariis sex vel paleas cum cicerculae fresae semodio vel frondis corbem pabulatorium modiorum viginti vel paleas quantum velint et faeni pondo viginti vel adfatim viridem frondem ex siliquis et lauru vel, quod his omnibus praestat, farraginem hordeaceam dabit siccam. Februario idem, Martio idem vel, si opus facturi sunt, faeni pondo quinquaginta. [100] Aprili frondem querneam et populneam ex Kalendis ad Idus vel paleas et faeni pondo quadraginta. Maio pabulum adfatim. Iunio ex Kalendis frondem adfatim. Iulio idem. Augusto idem vel paleas ex ervo pondo quinquaginta. [101] Septembri frondem adfatim. Octobri frondem et ficulnea folia. Novembri ad Idus frondem vel folia ficulnea, quae sint corbis unius; ex Idibus glandis modium unum paleis inmixtum et lupini macerati modium unum paleis inmixtum vel maturam farraginem. Decembri frondem aridam vel paleas cum ervi semodio macerato vel lupini, quod ex semodio macerato exierit vel glandis modium unum, ut supra scriptum est, vel farraginem.

III. DE CULTU HORTORUM

Et quoniam percensuimus opera, quae suis quibusque temporibus anni vilicum exsequi oporteret, memores polliciti nostri subiungemus cultus hortorum, quorum aeque curam suscipere debebit, ut et quotidiani victus sui levet sumptum et advenienti domino praebeat, quod ait poeta, inemptas ruris dapes. [2] Democritus in eo libro, quem Georgicon appellavit, parum prudenter censet eos facere, qui hortis exstruant munimenta, quod neque latere fabricata maceries perennare possit pluviis ac tempestatibus plerumque infestata neque lapides supra rei dignitatem poscat inpensa; si vero amplum modum sepire quis velit, patrimonio esse opus. Ipse igitur ostendam rationem, qua non magna opera hortum ab incursu hominum pecudumque munimus. [3] Vetustissimi auctores vivam sepem structili praetulerunt, quia non solum minorem inpensam desideraret, verum etiam diuturnior inmensis operibus permaneret; itaque vepres efficiendi consitis spinis rationem talem reddiderunt. [4] Locus, quem sepire destinaveris, ab aequinoctio autumnali, simulatque terra maduerit imbribus, circumvallandus est duobus sulcis tripedaneo spatio inter se distantibus. Modum altitudinis eorum abunde est esse bipedaneum, sed eos vacuos perhiemare patiemur praeparatis seminibus, quibus obserantur. ea sint vastissimarum spinarum maximeque rubi et paliuri et eius, quam Graeci vocant kynosbaton, nos sentem canis appellamus. [5] Horum autem ruborum semina quam maturissima legere oportet et ervi moliti farinae inmiscere; quae cum est aqua consparsa, inlinitur vel nauticis veteribus funibus vel quibuslibet aliis restibus. Siccati deinde funiculi reponuntur in tabulato; mox ubi bruma confecta est, intermissis quadraginta diebus circa hirundinis adventum, cum iam Favonius exoritur, post Idus Februarias, si qua in sulcis per hiemem constitit aqua, exhauritur, resolutaque humus, quae erat autumno regesta, usque ad mediam sulcorum altitudinem reponitur. [6] Praedicti deinde funes de tabulato prompti explicantur et in longitudinem per utrumque sulcum porrecti obruuntur, sed ita, ut non nimium supergesta terra semina spinarum, quae inhaerent toris funiculorum, enasci possint. Ea fere citra tricensimum diem prorepunt, atque ubi coeperunt aliquod incrementum habere, sic insuesci debent, ut in id spatium, quod sulcis [7] interiacet, inclinentur. Oportebit autem virgam sepem interponere, quam super se pandant sentes utriusque sulci, et sit, quo interdum quasi adminiculo, priusquam conroborentur, adquiescant. Hunc veprem manifestum est interimi non posse, nisi radicitus effodere velis. Ceterum etiam post ignis iniuriam melius renasci, nulli dubium est. Et haec quidem claudendi horti ratio maxime est antiquis probata. [8] Locum autem prius eligi conveniet, si permittit agri situs, iuxta villam praecipue pinguem quique adveniente rivo vel, si non sit fluens aqua, fonte puteali possit rigari. Sed ut certam perennitatis puteus habeat fidem, tum demum effodiendus est, cum sol ultimas partes Virginis obtinebit, id est mense Septembri ante aequinoctium autumnale, siquidem maxime explorantur vires fontium, cum ex longa siccitate aestatis terra caret umore pluviatili. [9] Providendum est autem, ne hortus areae subiaceat neve per trituram venti possint paleas aut pulverem in eum perferre; nam utraque sunt holeribus inimica. Mox ordinandi pastinandique soli duo sunt tempora, quoniam duae quoque holerum sationes; nam et autumno et vere plurima seruntur, melius tamen vere riguis locis, quoniam et nascentis anni clementia excipit prodeuntia semina et sitis aestatis restinguitur fontibus. [10] At ubi loci natura neque manu inlatam neque suae spontis aquam ministrari patitur, nullum quidem aliud auxilium est quam hiemales pluviae. Potest tamen etiam in siccissimis locis opus custodiri, si depressius pastinetur solum, eiusque abunde est gradum effodere tribus pedibus, ut in quattuor consurgat regestum. [11] At ubi copia est rigandi, satis erit non alto bipalio, id est minus quam duos pedes ferramento novale converti. Sed curabimus, ut ager, quem vere conseri oportet, autumno circa Kalendas Novembres pastinetur; quem deinde velimus autumno instruere, mense Maio convertamus, ut aut hiemis frigoribus aut aestivis solibus et gleba solvatur et radices herbarum necentur. Nec multo ante stercorare debebimus, sed cum sationis adpropinquabit tempus, ante quintum diem exherbandus erit locus stercorandusque et ita diligenter fossione iterandus, ut fimo terra conmisceatur. [12] Optimum vero stercus est ad hunc usum asini, quia minimum herbarum creat, proximum vel armenti vel ovium, si sit anno maceratum; nam quod homines faciunt, quamvis habeatur excellentissimum, non tamen necesse est adhibere, nisi aut nudae glareae aut sine ullo robore solutissimae harenae, cum maior scilicet vis alimenti desideratur. [13] Igitur solum, quod conserere vere destinaverimus, post autumnum patiemur effossum iacere brumae frigoribus et pruinis inurendum; quippe e contrario sicut calor aestatis ita vis frigoris excoquit terram fermentatamque solvit. Quare peracta bruma tum demum stercus inicietur, et circa Idus Ianuarias humus refossa in areas dividitur; quae tamen sic informandae sunt, ut facile runcantium manus ad dimidiam partem latitudinis earum perveniant, ne, qui prosequuntur herbas, semina proculcare cogantur, sed potius per semitas ingrediantur et alterna vice dimidias areas eruncent. [14] Haec, ante sationem quae facienda sunt, dixisse abunde est; nunc quid quoque tempore vel colendum vel serendum sit, praecipiamus, et primum de his generibus loquendum est, quae possunt duobus seri temporibus, id est autumno et vere. Sunt autem semina brassicae et lactucae, cinarae, erucae, nasturcii, coriandri, caerefolii, anethi, pastinacae, siseris, papaveris; haec enim vel circa Kalendas Septembres vel melius ante Kalendas Martias Februario seruntur. [15] Locis vero siccis aut tepidis, qualia sunt Calabriae et Apuliae maritima, possunt circa Idus Ianuarias terrae conmitti. Rursus quae tantum autumno conseri debent, si tamen vel maritimum vel apricum agrum incolimus, haec fere sunt: alium, cepae capitula, ulpicum, sinape. Sed iam potius, quo quidque tempore terrae mandari plerumque conveniat, per menses digeramus. [16] Ergo post Kalendas Ianuarias confestim recte ponetur lepidium. Mense autem Februario vel planta vel semine ruta atque asparagus et iterum cepae semen et porri; nec minus si vernum et aestivum fructum voles habere, syriacae radicis et rapae napique semina obrues. Nam alii et ulpici ultima est huius temporis positio. [17] At circa Kalendas Martias locis apricis licet porrum, si iam ingranduit, transferre; item panacem ultima parte Martii mensis. Deinde circa Kalendas Apriles aeque porrum atque inulam et serotinam plantam rutae. Item ut maturius enascatur, cucumis, cucurbita, capparis serenda est. Nam semen betae, cum Punicum malum florebit, tum demum optime seritur. [18] Porri autem caput circa Idus Maias tolerabiliter adhuc transfertur. Post hoc nihil ingruente aestate obrui debet nisi semen apii, si tamen rigaturus es; sic enim optime per aestum provenit. Ceterum Augusto circa Vulcanalia tertia satio est eaque optima radicis et rapae itemque napi et siseris nec minus holeris atri. Atque haec sunt sationum tempora. [19] Nunc de iis, quae aliquam curam desiderant, singulis loquar, quaeque praeteriero intellegi oportebit nullam postulare operam nisi runcatoris; de qua semel hoc dicendum est, omni tempore consulendum esse, ut herbae exterminentur. [20] Vlpicum, quod quidam alium Punicum vocant, Graeci autem aphroskorodon appellant, longe maioris est incrementi quam alium, idque circa Kalendas Octobres, antequam deponatur, ex uno capite in plura dividetur. Habet enim velut alium plures cohaerentis spicas, eaeque cum sint divisae, liratim seri debent, ut in pulvinis positae minus infestentur hiemis aquis. [21] Est autem lira similis ei porcae, quam in sationibus campestribus rustici faciunt, ut uliginem vitent; sed haec in hortis minor est facienda, et per summam partem eius, id est in dorso inter palmaria spatia, spicae ulpici vel alii (nam id quoque similiter conseritur) disponendae sunt. Sulci lirarum inter se distent semipedali spatio. Deinde cum ternas fibras emiserunt spicae, sariantur. nam quo saepius id factum est, maius semina capiunt incrementum. Deinde ante quam caulem faciant, omnem viridem superficiem intorquere et in terram prosternere conveniet, quo vastiora capita fiant. [22] Regionibus autem pruinosis neutrum horum per autumnum seri debet, nam brumali tempore corrumpuntur; quod fere mense Ianuario mitescit, et idcirco frigidis locis tempus optimum est alium vel ulpicum ponendi circa Idus praedicti mensis. Sed quandoque vel conseremus vel iam matura in tabulatum reponemus, servabimus, ut iis horis, quibus aut obruentur aut eruentur, luna infra terram sit. Nam sic sata et rursus sic fere condita existimantur neque acerrimi saporis exsistere neque mandentium halitus inodorare. [23] Multi tamen haec ante Kalendas Ianuarias mediis diebus serunt mense Decembri, si caeli tepor et situs terrae permittit. Brassica, cum sex foliorum erit, transferri debet, ita ut radix eius liquido fimo prius inlita et involuta tribus algae taeniolis pangatur. Haec enim res efficit, ut in coctura celerius madescat et viridem colorem sine nitro conservet. [24] Est autem frigidis et pluviis regionibus positio eius optima post Idus Apriles; cuius depressae plantae cum tenuerint, quantum holitoris ratio patitur, saepius sarta et stercorata melius convalescit plenorisque incrementi et coliculum facit et cymam. Nonnulli hanc eandem locis apricioribus a Kalendis Martiis deponunt; sed maior pars eius in cymam prosilit nec postea hibernum caulem amplum facit, cum est semel desecta. possis autem vel maximos caules bis transferre, idque si facias, plus seminis et maioris incrementi praebere dicuntur. [25] Lactuca totidem foliorum quot brassica transferri debet. Locis quidem apricis et maritimis optime autumno ponitur, mediterraneis et frigidis contra; hieme non aeque commode dispergitur. Sed et huius quoque radix fimo liniri debet maioremque copiam desiderat aquae, si quo tenerioris folii. [26] Sunt autem conplura lactucae genera, quae suo quidque tempore seri oportet. Eorum, quae fusci est vel purpurei aut etiam viridis coloris et crispi folii, uti Caeciliana, mense Ianuario recte differtur, at Cappadocia, quae pallido et pexo densoque folio viret, mense Februario; quae deinde candida est et crispissimi folii, ut in provincia Baetica est finibus Gaditani municipii, mense Martio recte pangitur. [27] Est et Cyprii generis ex albo rubicunda, levi et tenerrimo folio, quae usque in Idus Octobres commode disponitur. Fere tamen aprico caeli statu, quibus locis aquarum copia est, pene toto anno lactuca seri potest. Quae quo tardius caulem faciat, cum aliquod incrementum habuerit, exiguam testam media parte accipiat; eo quasi onere coercita in latitudinem se diffundit. Eadem est ratio etiam intubi, nisi quod hiemem magis sustinet ideoque vel frigidis regionibus primo autumno seri potest. [28] Cinarae subolem melius per autumni aequinoctium disponemus; semen commodius circa Kalendas Martias seremus, eiusque plantam ante Kalendas Novembres deprimemus et multo cinere stercorabimus. Id enim genus stercoris huic holeri videtur aptissimum. [29] Sinape atque coriandrum nec minus eruca et ocimum ita, uti sata sunt, sua sede inmota permanent, neque est eorum cultus alius, quam ut stercorata runcentur. Possunt autem non solum autumno, sed et vere conseri. Plantae quoque sinapis prima hieme translatae plus cymae vere adferunt. Panax utroque tempore levi et subacta terra rarissime disseritur, quo maius incrementum capiat; melior tamen eius verna satio est. [30] Porrum si sectivum facere velis, densius satum praeceperunt priores relinqui et ita, cum increverit, secari. Sed nos docuit usus longe melius fieri, si differas et eodem more quo capitatum modicis spatiis, id est inter quaternos digitos, depangas et, cum convaluerit, deseces. [31] In eo autem, quod magni capitis efficere voles, servandum est, ut ante quam translatum deponas, omnis radiculas amputes et fibrarum summas partes intondeas; tum testulae vel conchae quasi sedes singulis subiectae seminibus adobruuntur, ut fiant capita latioris incrementi. [32] Cultus autem porri capitati adsidua sarritio et stercoratio est, nec aliud tamen sectivi, nisi quod totiens rigari et stercorari saririque debet, quotiens demetitur. Semen eius locis calidis mense Ianuario, frigidis Februario seritur; cuius incrementum quo maius fiat, raris linteolis conplura grana inligantur atque ita obruuntur. Enatum autem differri debet in iis locis, quibus aqua subministrari non potest, circa aequinoctium autumni; at quibus possis umorem praebere, mense Maio recte transferuntur. [33] Apium quoque possis plantis serere nec minus semine, sed praecipue aqua laetatur et ideo secundum fontem commodissime ponitur. Quod si quis id velit lati folii facere, quantum seminis possint tres digiti conprehendere, raro linteolo inliget et ita in areolas dispositum liget. Vel si crispae frondis id fieri maluerit, semen eius inditum pilae et saligneo palo pinsitum exspoliatumque similiter [in] linteolis ligatum obruat. [34] Potest etiam citra hanc operam fieri crispum qualitercumque satum, si, cum est natum, incrementum eius supervoluto cylindro coerceas. Satio eius est optima post Idus Maias usque in solstitium; nam teporem desiderat. Fere etiam his diebus ocima seruntur, quorum cum semen obrutum est, diligenter inculcatur pavicula vel cylindro. nam si terram suspensam relinquas, plerumque corrumpitur. [35] Pastinaca et siser atque inula convalescunt alte pastinato et stercorato loco, sed quam rarissime ponenda sunt, ut maiora capiant incrementa. Inulam vero intervallo trium pedum seri convenit, quoniam vastos facit frutices et radicibus ut oculus harundinis serpit. Nec est alius cultus horum omnium, nisi ut sarritionibus herbae tollantur. Commodissime autem deponentur prima parte Septembris vel ultima Augusti parte. [36] Atrum holus, quod Graecorum quidam vocant petroselinon, nonnulli smyrnaion, pastinato loco semine debet conseri, maxime iuxta maceriam, quoniam et umbra gaudet et qualicumque convalescit loco; idque cum semel severis, si non totum radicitus tollas, sed alternos frutices in semen submittas, aevo manet parvamque sarritionis exigit culturam. Seritur a Vulcanalibus usque in Kalendas Septembres, sed etiam mense Ianuario. [37] Menta dulcem desiderat uliginem; quam ob causam iuxta fontem mense Martio recte ponitur. Cuius si forte semina defecerunt, licet de novalibus silvestre mentastrum conligere atque ita inversis cacuminibus disponere; quae res feritatem detrahit et edomitam reddit. [38] Rutam autumno semine satam mense Martio differre oportet in apricum et cinerem aggerare runcareque, donec convalescat, ne herbis enecetur. Sed velata manu debet runcari; quam nisi contexeris, perniciosa nascuntur ulcera. Si tamen per ignorantiam nuda manu runcaveris et prurigo atque tumor incesserit, oleo subinde perungito.

Eiusdem frutex pluribus annis manet innoxius, nisi si mulier, quae est in menstruis, contigerit eum et ob hoc exaruerit. [39] Thymum et transmarina cunela et serpyllum, sicut priore libro iam rettuli, magis alvaria curantibus quam holitoribus studiose conseruntur. Sed nos ea condimentorum causa (nam sunt quibusdam esculentis aptissima) non alienum putamus etiam in hortis habere. Locum neque pinguem neque stercoratum, sed apricum desiderant, ut quae macerrimo solo per se maritimis plerumque regionibus nascantur. [40] Eae res et semine et plantis circa aequinoctium vernum seruntur. Melius tamen est thymi novellas plantas disponere. Quae cum subacto solo depressae fuerint, ne tarde conprehendant, aridi thymi fruticem contundi oportet atque ita pinsito illo pridie, quam volueris uti, aquam medicare; quae cum sucum eius perceperit, depositis fruticibus infunditur, donec eos recte confirmet. [41] Ceterum cunela vivacior est, quam ut inpensius curanda sit. Lepidium cum ante Kalendas Martias habueris dispositum velut porrum sectivum demetere poteris, rarius tamen. nam post Kalendas Novembres secandum non erit quoniam frigoribus violatum emoritur; biennio tamen sufficiet, si diligenter sartum et stercoratum fuerit. Multis etiam locis vivacitatem suam usque in annos decem prorogat. [42] Beta florenti Punico malo semine obruitur et simul atque quinque foliorum est, ut brassica, differtur aestate, si riguus est locus; at si siccaneus, autumno, cum iam pluviae incesserint, disponi debebit. Chaerephyllum itemque holus atriplicis, quod Graeci vocant andraphakin, circa Kalendas Octobres obrui oportet non frigidissimo loco. Nam si regio saevas hiemes habet, post Idus Februarias semina disserenda sunt suaque sede patienda. Papaver et anethum eandem habent conditionem sationis quam chaerephyllum et andraphakis. [43] Sativi asparagi, quam corrudam rustici vocant, semina fere biennio praeparantur. Ea cum pingui et stercoroso loco post Idus Februarias sic obrueris, ut quantum tres digiti seminis conprehendere queunt, singulis fossulis deponas, fere post quadragensimum diem inter se inplicantur et quasi unitatem faciunt; quas radiculas sic inligatas atque connexas holitores spongias appellant. Eas post quattuor et viginti menses in locum apricum et bene madidum stercorosumque transferri convenit. [44] Sulci autem inter se pedali mensura distantes fiunt non amplius dodrantalis altitudinis, in quam ita spongiolae deprimuntur, ut facile superposita terra germinent. Sed in locis siccis partibus sulcorum imis disponenda sunt semina, ut tamquam in alveolis maneant. At uliginosis e contrario in summo porcae dorso conlocanda, ne umore nimio laedantur. [45] Primo deinde anno, cum ita consita sunt, asparagum, quem emiserunt, infringi oportet. Nam si ab imo vellere volueris, vix adhuc validis teneris radiculis, tota spongiola sequetur. Reliquis annis non erit decerpendus, sed radicitus vellendus. Nam nisi ita fiat, stirpes praefractae angunt oculos spongiarum et quasi excaecant nec patiuntur asparagum emittere. ceterum stilus, qui novissime autumnali tempore nascitur, non omnis est tollendus, sed aliqua pars eius in semen submittenda. [46] Deinde cum spinam fecerit, electis seminibus ipsis, scopiones ita, uti sunt, in suo loco perurendi sunt et deinde sulci omnes consariendi herbaeque eximendae; mox vel stercus vel cinis iniciendus, ut tota hieme sucus eius cum pluviis manans ad radicem perveniat. Vere deinde prius quam coeperit germinare, capreolis, quod genus bicornis ferramenti est, terra commoveatur, ut et facilius stilus emicet et relaxata humo plenioris crassitudinis fiat radix. [47] Raphani radix bis anno recte seritur, Februario mense, cum vernum fructum exspectamus, et Augusto mense circa Vulcanalia, cum maturum. Sed haec satio sine dubio melior habetur. Cura est eius, ut terra stercorata et subacta obruatur; post ubi ceperit aliquod incrementum, subinde aggeretur. Nam si super terram emerserit, dura et fungosa fiet. [48] Cucumis et cucurbita, cum copia est aquae, minorem curam desiderant; nam plurimum iuvantur umore. Sin autem sicco loco seri debuerint, quo rigationem ministrare non expediat, mense Februario sesquipedali altitudine fossa facienda est. Post Idus deinde Martias, quasi tertia pars altitudinis sulci stramentis inditis tegenda, mox stercorata terra usque in dimidium sulcum adgerenda, positisque seminibus tam diu est aqua praebenda, donec enascantur, atque ubi convalescere coeperint, adiecta humo incrementa eorum prosequenda sunt, donec sulcus coaequetur; sic exculta semina sine rigatione tota aestate satis valebunt fructumque iucundioris saporis quam rigua praebebunt. [49] Aquosis autem locis primo quoque tempore, non tamen ante Kalendas Martias semen ponendum est, ut differri possit aequinoctio confecto, idque de media parte cucurbitae semen inverso cacumine ponito, ut fiat incrementi vastioris; nam sunt ad usum vasorum satis idoneae, sicut Alexandrinae cucurbitae, cum exaruerunt. [50] At si esculentae merci praeparabis, recto cacumine de collo cucurbitae sumptum semen serendum erit, quo prolixior et tenuior fructus eius enascatur, qui scilicet maius aeris invenit pretium. Sed custodiendum est, ut quam minime ad eum locum, in quo vel cucumeres aut cucurbitae consitae sunt, mulier admittatur. Nam fere contactu eius languescunt incrementa virentium. Si vero etiam in menstruis fuerit, visu quoque suo novellos fetus necabit. [51] Cucumis tener et iucundissimus fit, si, ante quam seras, semen eius lacte maceres. Nonnulli etiam quo dulcior exsistat, aqua mulsa idem faciunt. Sed qui praematurum fructum cucumeris habere volet, confecta bruma stercoratam terram inditam cophinis obferat modicumque praebeat umorem. Deinde cum enata semina fuerint, tepidis diebus et insolatis iuxta aedificium sub divo ponat, ita ut ab omni adflatu protegantur. Ceterum frigoribus ac tempestatibus sub tectum referat idque tam diu faciat, dum aequinoctium vernum confiat. Postea totos cophinos demittat in terram; sic enim praecoquem fructum habebit. [52] Possunt etiam, si sit operae pretium, vasis maioribus rotulae subici, quo minore labore producantur et rursus intra tecta recipiantur. Sed nihilo minus specularibus integi debebunt, ut etiam frigoribus serenis diebus tuto producantur ad solem. [53] Hac ratione fere toto anno Tiberio Caesari cucumis praebebatur. Nos autem leviore opera istud fieri apud Aegyptiae gentis Bolum Mendesium legimus, qui praecipit aprico et stercoroso loco alternis ordinibus ferulas, alternis rubos in hortis consitas habere; deinde eas confecto aequinoctio paululo infra terram secare et ligneo stilo laxatis vel rubi vel ferulae medullis stercus inmittere atque ita semina cucumeris inserere, quae scilicet incremento suo coeant rubis et ferulis (namque non sua, sed quasi materna radice aluntur); sic insitam stirpem frigoribus quoque cucumeris praebere fructum. Satio secunda eius seminis fere Quinquatribus observatur. [54] Capparis plurimis provinciis sua sponte novalibus nascitur. Sed quibus locis eius inopia est, si serenda fuerit, siccum locum desiderabit, isque debebit ante circumdari fossula, quae repleatur lapidibus et calce vel Punico luto, ut sit quasi quaedam lorica, ne possint eam perrumpere praedicti seminis frutices, qui fere per totum agrum vagantur, nisi munimento aliquo prohibiti sunt. [55] Quod tamen non tantum incommodum est (subinde enim possunt exstirpari) quantum quod noxium virus habent sucoque suo sterile solum reddunt. Cultu aut nullo aut levissimo contenta est, quippe quae res etiam in desertis agris citra rustici operam convalescat. Seritur utroque aequinoctio. [56] Cepina magis frequenter subactam postulat terram quam altius conversam. Itaque ex Kalendis Novembribus proscindi solum debet, ut hiemis frigoribus et gelicidiis putrescat, intermissisque quadraginta diebus tum demum iterari et interpositis uno ac viginti diebus tertiari et protinus stercorari, mox bidentibus aequaliter perfossum in areas disponi deletis radicibus omnibus. [57] Deinde ad Kalendas Februarias sereno die conveniat semina spargi; quibus aliquid satureiae semen intermiscendum erit, ut eam quoque habeamus. Nam et viridis esui est iucunda nec arida inutilis ad pulmentaria condienda. Sed cepina vel saepius, certe non minus debet quam quater sariri. Cuius si semen excipere voles, capita maxima generis Ascalonii, quod est optimum, mense Februario disponito quaternorum vel etiam quinum digitorum spatiis distantia, et cum coeperint virere, ne minus ter consarito; [58] deinde cum fecerint caulem, humilioribus quasi canteriolis interpositis rigorem stilorum conservato. Nam nisi harundines transversas in modum iugatae vineae crebre disposueris, thalli ceparum ventis prosternuntur totumque semen excutietur; quod scilicet non ante legendum est, quam cum maturescere coeperit coloremque nigrum habere. Sed nec patiendum est, ut perarescat, ut totum decidat, verum integri thalli vellendi sunt et sole siccandi. [59] Napus et rapa duas sationes habent et eandem culturam quam raphanus. Melior est tamen satio mensis Augusti. Iugerum agri quattuor sextarios seminis eorum poscit, sed ita ut radicis Syriacae super hanc mensuram paulo plus quam heminam seminis recipiat. [60] Qui aestate ista seret, caveat, ne propter siccitates pulex adhuc tenera folia prorepentia consumat, idque ut vitetur, pulvis, qui supra cameram invenitur, vel etiam fuligo, quae supra focos tectis inhaeret, conligi debet; deinde pridie quam satio fiat, conmisceri cum seminibus et aqua conspargi, ut tota nocte sucum trahat. Nam sic macerata postero die recte obserentur. [61] Veteres quidem auctores, ut Democritus, praecipiunt semina omnia suco herbae, quae sedum appellatur, medicare eodemque remedio adversus bestiolas uti; quod verum esse nos experientia docuit. Sed frequentius tamen, quoniam eius herbae larga non est facultas, fuligine et pulvere praedicto utimur satisque commode tuemur his incolumitatem plantarum. [62] Rapae semina Hyginus putat post trituram iacentibus adhuc in area paleis inspargi debere, quoniam fiant laetiora capita, cum subiacens soli duritia non patiatur in altum descendere. Nos istud saepe frustra temptavimus; itaque sicut raphanum et napum melius existimamus subacta terra obrui, servantque adhuc antiquorum consuetudinem religiosiores agricolae, qui cum ea serunt, precantur, ut et sibi et vicinis nascantur. [63] Locis frigidis, ubi timor est, ne autumnalis satio hiemis gelicidiis peruratur, harundinibus humiles cantherii fiunt virgaeque et virgis stramenta supra iaciuntur, et sic a pruinis semina defenduntur. Vbi vero apricis regionibus post pluvias noxia incesserint animalia, quae a nobis appellantur urucae, Graece autem kampai nominantur, vel manu conligi debent vel matutinis temporibus frutices holerum concuti. Sic enim dum adhuc torpent nocturno frigore, si deciderint, non amplius in superiorem partem prorepunt. [64] Id tamen supervacuum est facere, si ante sationem semina, uti iam praedixi, suco herbae sedi macerata sunt. Nihil enim sic medicatis nocent urucae. Sed Democritus in eo libro, qui Graece inscribitur peri antipathon, adfirmat has ipsas bestiolas enecari, si mulier, quae in menstruis est, solutis crinibus et nudo pede unamquamque aream ter circumeat; post hoc enim decidere omnes vermiculos et ita emori. [65] Hactenus praecipiendum existimavi de cultu hortorum et officiis vilici, quem quamvis instructum atque eruditum omni opere rustico esse oportere prima parte huius exordii censuerim, quoniam tamen plerumque evenit, ut eorum, quae didicerimus, memoria nos deficiat eaque saepius ex commentariis renovanda sint, omnium librorum meorum argumenta subieci, ut cum res exegisset, facile reperiri possit, quid in quoque quaerendum et qualiter quidque faciendum sit.

LIBER XII

VILICA
PRAEFATIO
Xenophon Atheniensis eo libro, Publi Silvine, qui Oeconomicus inscribitur, prodidit maritale coniugium sic comparatum esse natura, ut non solum iucundissima, verum etiam utilissima vitae societas iniretur: nam primum, quod etiam Cicero ait, ne genus humanum temporis longinquitate occideret, propter hoc marem cum femina esse coniunctum, deinde, ut ex hac eadem societate mortalibus adiutoria senectutis nec minus propugnacula praeparentur. [2] Tum etiam, cum victus et cultus humanus non, uti feris, in propatulo ac silvestribus locis sed domi sub tecto adcurandus erat, necessarium fuit alterutrum foris et sub divo esse, qui labore et industria compararet, quae tectis reconderentur, siquidem vel rusticari vel navigare vel etiam genere alio negotiari necesse erat, ut aliquas facultates adquireremus. [3] Cum vero paratae res sub tectum essent congestae, alium esse oportuit, qui et inlatas custodiret et ea conficeret opera, quae domi deberent administrari: nam et fruges ceteraque alimenta terrestria indigebant tecti, et ovium ceterarumque pecudum fetus atque fructus clauso custodiendi erant nec minus reliqua utensilia, quibus aut alitur hominum genus aut etiam excolitur. [4] Quare, cum et operam et diligentiam desiderarent ea, quae proposuimus, nec exigua cura foris adquirerentur, quae domi custodiri oporteret, iure, ut dixi, natura comparata est [opera] mulieris ad domesticam diligentiam, viri autem ad exercitationem forensem et extraneam; itaque viro calores et frigora perpetienda, tum etiam itinera et labores pacis ac belli, id est rusticationis et militarium stipendiorum, deus tribuit. [5] Mulieri deinceps, quod omnibus his rebus eam fecerat inhabilem, domestica negotia curanda tradidit, et, quoniam hunc sexum custodiae et diligentiae adsignaverat, idcirco timidiorem reddidit quam virilem; nam metus plurimum confert ad diligentiam

custodiendi. [6] Quod autem necesse erat foris et in aperto victum quaerentibus nonnunquam iniuriam propulsare, idcirco virum quam mulierem fecit audaciorem; quia vero partis opibus aeque fuit opus memoria et diligentia, non minorem feminae quam viro earum rerum tribuit possessionem; tum etiam, quod simplex natura non omnis res commodas amplecti valebat, idcirco alterum alterius indigere voluit, quoniam, quod alteri deest, praesto plerumque est alteri. [7] Haec in Oeconomico Xenophon et deinde Cicero, qui eum Latinae consuetudini tradidit, non inutiliter disseruerunt; nam et apud Graecos et mox apud Romanos usque in patrum nostrorum memoriam fere domesticus labor matronalis fuit, tamquam ad requiem forensium exercitationum, omni cura deposita, patribus familias intra domesticos penatis se recipientibus. Erat enim summa reverentia cum concordia et diligentia mixta, flagrabatque mulier pulcherrima diligentiae aemulatione studens negotia viri cura sua maiora atque meliora reddere. [8] Nihil conspiciebatur in domo dividuum, nihil, quod aut maritus aut femina proprium esse iuris sui diceret, sed in commune conspirabatur ab utroque, ut cum forensibus negotiis matronalis industria rationem parem faceret. Itaque ne vilici quidem aut vilicae magna erat opera, cum ipsi domini cotidie negotia sua reviserent atque administrarent. [9] Nunc vero, cum pleraeque sic luxu et inertia diffluant, ut ne lanificii quidem curam suscipere dignentur, sed domi confectae vestes fastidio sint, perversaque cupidine maxime placeant, quae grandi pecunia et paene totis censibus redimuntur, nihil mirum est easdem ruris et instrumentorum agrestium cura gravari sordidissimumque negotium ducere paucorum dierum in villa moram. [10] Quam ob causam, cum in totum non solum exoleverit sed etiam occiderit vetus ille matrum familiarum mos Sabinarum atque Romanarum, necessaria inrepsit vilicae cura, quae tueretur officia matronae, quoniam et vilici quoque successerunt in locum dominorum, qui quondam, prisca consuetudine, non solum coluerant sed habitaverant rura. Verum ne videar intempestive censorium opus obiurgandis moribus nostrorum temporum suscepisse, iam nunc officia vilicae persequar.

I. PRAECEPTA, QUAE VILICA EXSEQUI DEBEAT.

Ea porro, ut institutum ordinem teneamus, quem priore volumine inchoavimus, iuvenis esse debet, id est non nimium puella, propter easdem causas, quas de aetate vilici rettulimus, integrae quoque valitudinis, nec foedi habitus nec rursus pulcherrima; nam inlibatum robur et vigiliis et aliis sufficict laboribus. Foeditas fastidiosum, nimia species desidiosum faciet eius contubernalem; [2] itaque curandum est, ut nec vagum vilicum et aversum a contubernio suo habeamus nec rursus intra tecta desidem et complexibus adiacentem feminae. Sed nec haec tantum, quae diximus, in vilica custodienda sunt: [3] nam in primis considerandum erit, an a vino, ab escis, a superstitionibus, a somno, a viris remotissima sit, et ut cura eam subeat, quid meminisse, quid in posterum prospicere debeat, ut fere eum morem servet, quem vilico praecepimus, quoniam pleraque similia esse debent in viro atque femina; et tam malum vitare quam praemium recte factorum sperare; tum elaborare, ut quam minimam operam vilicus intra tectum impendat, cui et primo mane cum familia prodeundum est et crepusculo peractis operibus fatigato redeundum. [4] Nec tamen instituendo vilicam domesticarum rerum vilico remittimus curam, sed laborem eius adiutrice data levamus. Ceterum munia, quae domi capessuntur, non in totum muliebri officio relinquenda sunt, sed ita deleganda ei, ut identidem oculis vilici custodiantur, sic enim diligentior erit vilica, si meminerit ibi esse, cui frequenter ratio reddenda sit. [5] Ea porro persuasissimum habere debebit aut in totum aut certe plurimum domi se morari oportere; tunc, quibus aliquid in agro faciendum erit servis, eos foras emittere, quibus autem in villa quid agendum videbitur, eos intra parietes continere atque animadvertere, ne diurna cessando frustrentur opera; quae domum autem inferuntur, diligenter inspicere, ne delibata sint, et ita explorata atque inviolata recipere; tum separare, quae consumenda sunt, et, quae superfieri possunt, custodire, ne sumptus annuus menstruus fiat. [6] Tum, si quis ex familia coeperit adversa valitudine adfici, videndum erit, ut is quam commodissime ministretur; nam ex eiusmodi cura nascitur benivolentia nec minus obsequium; quin etiam fidelius quam prius servire student, qui convaluerunt, cum est aegris adhibita diligentia.

II.

Post haec meminisse debebit, quae inferantur, ut idoneis et salubribus locis recondita[e] sine noxa permaneant. Nihil enim magis curandum est quam praeparare, ubi quidque reponatur, et unde, cum opus sit, promatur. Ea loca qualia esse debeant, et primo volumine, cum villam constitueremus, et undecimo, cum de vilico disputaremus, iam dicta sunt. [2] Sed ne nunc quidem demonstrare breviter pigebit: nam quod est excelsissimum conclave, pretiosissima vasa et vestem desiderat, quod denique horreum siccum atque aridum, frumentis habetur idoneum, quod frigidum, commodissime vinum custodit, quod bene inlustre, fragilem supellectilem atque ea postulat opera, quae multi luminis indigent. [3] Praeparatis igitur receptaculis oportebit suo quidque loco generatim atque etiam specialiter nonnulla disponere, quo facilius, cum quid expostulabit usus, recipere possit. Nam vetus est proverbium: paupertatem certissimam esse, cum alicuius indigeat, uti eo non posse, quia ignoretur, ubi proiectum iaceat, quod desideratur. Itaque in re familiari laboriosior est neglegentia quam diligentia. [4] Quis enim dubitet nihil esse pulchrius in omni ratione vitae dispositione atque ordine, quod etiam ludicris spectaculis licet saepe cognoscere: nam ubi chorus canentium non ad certos modos neque numeris praeeuntis magistri consensit, dissonum quiddam et tumultuosum audientibus canere videtur; at ubi certis numeris ac pedibus velut facta conspiratione consensit atque concinuit, ex eiusmodi vocum concordia non solum ipsis canentibus amicum quiddam et dulce resonat verum etiam spectantes audientesque laetissima voluptate permulcentur. [5] Iam vero in exercitu neque miles neque imperator sine ordine ac dispositione quicquam valet explicare, cum armatus inermem, eques peditem, plaustrum equitem, si sint permixti, confundant. Haec eadem ratio praeparationis atque ordinis etiam in navigiis plurimum valet: nam ubi tempestas incessit et est rite disposita navis, suo quidque ordine locatum armamentum sine trepidatione minister promit, cum est a gubernatore postulatum. [6] Quod si tantum haec possunt vel in theatris vel in exercitibus vel etiam in navigiis, nihil dubium est, quin cura vilicae ordinem dispositionemque rerum, quas reponit, desideret: nam et unumquidque facilius consideratur, cum est adsignatum suo loco, et, si quid forte abest, ipse vacuus locus admonet, ut, quod deest, requiratur; si quid vero curari aut concinnari oportet, facilius intellegitur, cum ordine suo recensetur. De quibus omnibus Marcus Cicero, auctoritatem Xenophontis secutus in Oeconomico, sic inducit schomachum sciscitanti Socrati narrantem.

III.
Praeparatis idoneis locis instrumentum et supellectilem distribuere coepimus. Ac primum ea secrevimus, quibus ad res divinas uti solemus, postea mundum muliebrem, qui ad dies festos comparatur, deinde ad <bellum> virilem, item dierum sollemnium ornatum nec minus calciamenta utrique sexui convenientia; tum iam seorsum arma ac tela separabantur et in altera parte, quibus <ad> lanificia utuntur; [2] post, quae ad cibum comparandum vasa adsolent, construebantur; inde, quae ad lavationem, quae ad exornationem, quae ad mensam cotidianam atque epulationem pertinent, exponebantur; postea ex his, quibus cotidie utimur, quod menstruum esset, seposuimus; annuum quoque in duas partes divisimus: nam sic minus fallit, qui exitus futurus sit. [3] Haec postquam omnia secrevimus, tum suo quaeque loco disposuimus. Deinde, quibus cotidie servuli utuntur, quae ad lanificia, quae ad cibaria coquenda et conficienda pertinent, haec ipsis, qui his uti solent, tradidimus et, ubi exponerent, demonstravimus et, ut salva essent, praecepimus. [4] Quibus autem ad dies festos et ad hospitum adventum utimur et ad quaedam rara negotia, haec

promo tradidimus et loca omnium demonstravimus et ei omnia adnumeravimus atque adnumerata ipsi exscripsimus eumque monuimus, ut, quodcumque opus esset, sciret, unde daret, et meminisset atque adnotaret, quid et quando et cui dedisset, et cum recepisset, ut quidque suo loco reponeret. [5] Igitur haec nobis antiqui per schomachi personam praecepta industriae ac diligentiae tradiderunt, quae nunc nos vilicae demonstramus. Nec tamen una eius esse cura debebit, ut clausa custodiat, quae tectis inlata receperit, sed subinde recognoscat atque consideret, ne aut supellex vestisve condita situ dilabatur aut fruges aliave utensilia neglegentia desidiaque sua corrumpantur; [6] pluviis vero diebus, vel cum frigoribus aut pruinis mulier sub dio rusticum opus obire non potuerit, ut ad lanificium reducatur praeparataeque sint et pectitae lanae, quo facilius iusta lanificio persequi atque exigere possit. Nihil enim nocebit, si sibi atque actoribus et aliis in honore servulis vestis domi confecta fuerit, quo minus patris familiae rationes onerentur. [7] Illud vero etiam in perpetuum custodiendum habebit, ut eos, qui foris rusticari debebunt, cum iam e villa familia processerit, requirat, ac si quis, ut evenit, curam contubernalis eius intra tectum tergiversans fefellerit, causam desidiae sciscitetur exploretque, utrum adversa valitudine inhibitus restiterit an pigritia delituerit, et, si compererit vel simulantem languorem, sine cunctatione in valitudinarium deducat; praestat enim opere fatigatum sub custodia requiescere unum aut alterum diem quam pressum nimio labore veram noxam concipere. [8] Denique uno loco quam minime oportebit eam consistere: neque enim sedentaria eius opera est, sed modo ad telam debebit accedere ac, si quid melius sciat, docere, si minus, addiscere ab eo, qui plus intellegat; modo eos, qui cibum familiae conficiunt, invisere, tum etiam culinam et bubilia nec minus praesepia emundanda curare; valitudinaria quoque, vel si vacent ab inbecillis, identidem aperire et inmunditiis liberare, ut, cum res exegerit, bene ordinata [et ornata] et salubria languentibus praebeantur; [9] promis quoque et cellariis aliquid attendentibus aut metuentibus intervenire, nec minus interesse pastoribus in stabulis fructum cogentibus aut [ut] fetus ovium aliarumve pecudum subrumantibus; tonsuris vero earum utique interesse et lanas [etiam] diligenter percipere et vellera ad numerum pecoris recensere; tum insistere atriensibus, ut supellectilem exponant; et aeramenta detersa nitidentur atque rubigine liberentur, ceteraque, quae refectionem desiderant, fabris concinnanda tradantur. [10] Postremo, his rebus omnibus constitutis, nihil hanc arbitror distributionem profuturam, nisi, ut iam dixi, vilicus saepius et aliquando tamen dominus aut matrona consideraverit animadverteritque, ut ordinatio instituta conservetur. Quod etiam in bene moratis civitatibus semper est observatum, quarum primoribus atque optimatibus non satis visum est bonas leges habere, nisi custodes earum diligentissimos cives <creassent>, quos Graeci nomophylakas appellant. [11] Horum erat officium eos, qui legibus parerent, laudibus prosequi nec minus honoribus, eos autem, qui non parerent, poena multare, quod nunc scilicet faciunt magistratus adsidua iurisdictione vim legum custodientes. Sed haec in universum administranda tradidisse abunde sit.

IV.
Nunc de ceteris rebus, quae omissae erant prioribus libris, quoniam vilicae reservabantur officiis, praecipiemus, et, ut aliquis ordo custodiatur, incipiemus a verno tempore, quoniam fere maturis atque trimenstribus consummatis sationibus vacua tempora iam contingunt ad ea exsequenda, quae deinceps docebimus. [2] Parvarum rerum curam non defuisse Poenis Graecisque auctoribus atque etiam Romanis memoria tradidit: nam et Mago Carthaginiensis et Hamilcar, quos secuti videntur Graecae gentis non obscuri scriptores Mnaseas atque P[h]axamus, tum demum nostri generis, postquam a bellis vacuum fuit, quasi quoddam tributum victui humano conferre non dedignati sunt, ut Marcus Ambivius et Maenas Licinius, tum etiam Gaius Matius, quibus studium fuit pistoris et coqui nec minus cellarii diligentiam suis praeceptis instruere. [3] His autem omnibus placuit eum, qui rerum harum officium susceperit, castum esse continentemque oportere, quoniam totum in eo sit, ne contrectentur pocula vel cibi nisi aut inpubi aut certe abstinentissimo rebus veneriis; quibus si fuerit operatus vel vir vel femina, debere eos flumine aut perenni aqua, priusquam penora contingant, ablui; propter quod his necessarium esse pueri vel virginis ministerium, per quos promantur, quae usus postulaverit. [4] Post hoc praeceptum locum et vasa idonea salgamis praeparari iubent: locum esse debere aversum a sole, quam frigidissimum et siccissimum, ne situ penora mucorem contrahant; vasa autem fictilia vel vitrea, plura potius quam ampla, et eorum alia recte picata, nonnulla tamen pura, prout condicio conditurae exegerit; [5] haec vasa dedita opera fieri oportere patenti ore et usque ad imum aequalia nec in modum doliorum formata, ut, exemptis ad usum salgamis, quidquid superest aequali pondere usque ad fundum deprimatur, quoniam ea res innoxia penora conservet, ubi non innatent sed semper sint iure summersa; quod in utero dolii fieri vix posse propter inaequalitatem figurae; maxime autem ad haec necessarium esse aceti et durae muriae usum; quae utraque sic confieri.

V. VINUM VAPIDUM FIERI ACRIUS.
In sextarios quadraginta octo fermenti libram, fici aridi pondo quadrantem, salis sextarium; haec subterito et subtrita cum quartario mellis aceto diluito atque ita in praedictam mensuram adicito. Quidam hordei tosti

sextarios quattuor et nuces ardentes iuglandes quadraginta et mentae viridis pondo selibram in eandem mensuram adiciunt. [2] Quidam ferri massas exurunt, ita ut ignis speciem habeant, easque in eandem mensuram demittunt, tum etiam exemptis nucleis ipsas nuces pineas vacuas numero V vel sex incendunt et ardentis eodem demittunt, alii nucibus sappineis ardentibus idem faciunt.

VI. DE MURIA DURA.

Muriam duram sic facito: dolium quam patentissimi oris locato in ea parte villae, quae plurimum solis accipit; id dolium aqua caelesti repleto - est ea enim huic aptissima - vel, si non fuerit pluviatilis, certe fontana dulcissimi saporis; tum indito sportam iunceam vel sparteam, quae replenda est sale candido, quo candidior muria fiat; eum salem per aliquot dies videbis liquescere, et ex eo intellegis nondum esse muriam maturam. [2] Itaque subinde alium salem tamdiu ingeres, donec in sporta permaneat integer nec minuatur; quod cum animadverteris, scies habere muriam maturitatem suam; et, si facere aliam volueris, hanc in vasa bene picata diffundes et opertam in sole[m] habebis: omnem enim mucorem vis solis aufert et odorem bonum praebet. Et est aliud muriae maturae experimentum: nam ubi dulcem caseum demiseris in eam, si pessum ibit, scies esse adhuc crudam, si innatabit, maturam.

VII. QUAS HERBAS LEGI OPORTET.

His praeparatis circa vernum aequinoctium herbas in usum colligi et reponi oportebit: cymam, caulem, capparim, apii coliculos, rutam, holeris atri cum suo caule florem, antequam de folliculo exeat, item ferulae cum coliculo silentem quam tenerrimum florem, pastinacae agrestis vel sativae cum coliculo silentem florem, vitis albae et asparagi et rusci et thamni et digitelli et pulei et nepetae et lapsanae et battis et eius coliculum, qui milvinus pes appellatur, quin etiam tenerum coliculum faeniculi. [2] Haec omnia una conditura commode servantur, id est, aceti duas partes et tertiam durae muriae si miscueris; sed vitis alba et ruscum et thamnum et asparagus et lapsana et pastinaca et nepeta et battis generatim in alveos conponuntur et sale consparsa biduo sub umbra, dum consudent, reponuntur; deinde, si tantum remiserunt umoris, ut suo sibi iure ablui possint; [3] si minus, superfusa dura muria, lavantur et pondere inposito exprimuntur; tum suo quidque vase conditur et ius, ut supra dixi, quod est mixtum duabus partibus aceti et una muriae, infunditur, faeniculique aridi, quod est per vindemiam proximo anno lectum, spissamentum inponitur, ita ut herbas deprimat et ius usque in summum labrum fideliae perveniat. [4] Holus atrum et ferulam et faeniculum cum legeris, sub tecto reponito, dum flaccescat; deinde folia et corticem omnem folliculorum detrahito. Caules si fuerint pollice crassiores, harundine secato et in duas partes dividito. Ipsos quoque flores, ne sint inmodici, diduci et partiri oportebit atque ita in vasa condi, deinde ius, quod supra scriptum est, infundi et paucas radiculas laseris, quod Graeci silphion vocant, adici, tum ita spissamento faeniculi aridi contegi, ut ius superveniat. [5] Cymam, caule<m>, capparim, pedem milvi, puleium, digitellum compluribus diebus sub tecto siccari, dum flaccescat, et tum eodem modo condiri convenit quo ferulam.

RUTA[M], SATUREIA[M], CUNELA[M].

Sunt qui rutam muria tantum dura sine aceto condiant, deinde, cum usus exigit, aqua vel etiam vino abluant et superfuso oleo utantur; hac conditura possit commode satureia viridis et aeque viridis cunela servari.

VIII. OXYGALAE COMPOSITIO.
Oxygalam sic facito: ollam novam sumito eamque iuxta fundum terebrato; deinde cavum, quem feceris, surculo obturato et lacte ovillo quam recentissimo vas repleto eoque adicito viridium condimentorum fasciculos origani, mentae, cepae, coriandri. Has herbas ita in lacte demittito, ut ligamina earum exstent. [2] Post diem quintum surculum, quo cavum opturaveras, eximito et serum emittito; cum deinde lac coeperit manare, eodem surculo cavum obturato, intermissoque triduo, ita ut supra dictum est, serum emittito et fasciculos condimentorum exemptos abicito, deinde exiguum aridi thymi et cunelae aridae super lac destringito concisique sectivi porri quantum videbitur adicito et permisceto; mox intermisso biduo rursus emittito serum cavumque obturato et salis triti quantum satis erit adicito et misceto. Operculo deinde inposito oblinito. Non antea aperueris ollam, quam usus exegerit.

ALIO MODO.

[3] Sunt qui, sativi vel etiam silvestris lepidii herbam cum collegerunt, in umbra siccent, deinde folia eius, abiecto caule, die et nocte muria macerata expressaque lacti misceant sine condimentis, et salis quantum satis arbitrantur adiciant, tum cetera, quae supra praecepimus, faciant.

ALITER.

Nonnulli recentia folia lepidii cum dulci lacte in olla miscent et post diem tertium, quemadmodum praecepimus, serum emittunt, deinde compertam satureiam viridem, tum etiam arida semina coriandri atque anethi et thymi et apii in unum bene trita adiciunt, salemque bene coctum cribratum permiscent. Cetera eadem, quae supra, faciunt.

IX. LACTUCAE CONDITURA.

Caules lactucae ab imo depurgatos eatenus, qua tenera folia videbuntur, in alveo sallire oportet diemque unum et noctem sinere, dum muriam remittant, deinde in muria eluere et expressos in cratibus pandere, dum adsiccescant; tum substernere anethum aridum et faeniculum rutaeque aliquid et porri concidere atque ita miscere; tum siccatos coliculos ita componere, ut phaseoli virides integri interponantur, quos ipsos ante dura muria die et nocte macerari oportebit; [2] similiterque adsiccatos cum fasciculis lactucarum condi et superfundi ius, quod sit aceti duarum partium atque unius muriae; deinde arido spissamento faeniculi sic comprimi, ut ius supernatet; quod ut fiat, is, qui huic officio praeerit, saepe suffundere ius debebit neque pati sitire salgama sed extrinsecus munda spongea vasa pertergere et aqua fontana quam recentissima refrigerare.

INTIBI.

[3] Simili ratione intibum et cacumina rubi, qua lactuca<m>, condire oportet nec minus thymi et satureiae et origani, tum etiam armoraciorum cymam. Haec autem, quae supra scripta sunt, verno tempore conponuntur.

X.

Nunc, quae per aestatem circa messem vel etiam exactis iam messibus colligi et reponi debeant, praecipiemus.

CEPAE CONDITURA.

Pompeianam vel Ascaloniam cepam vel etiam Marsicam simplicem, quam vocant unionem rustici, eligito; ea est autem, quae non fruticavit nec habuit suboles adhaerentis. [2] Hanc prius in sole siccato, deinde sub umbra refrigeratam, substrato thymo vel cunela, componito in fidelia et infuso iure, quod sit aceti trium partium et unius muriae, fasciculum cunelae superponito, ita ut cepa deprimatur; quae cum ius combiberit, simili mixtura vas suppleatur. Eodem tempore corna et pruna onychina et pruna silvestria nec minus genera pirorum et malorum conduntur.

CORNA ET PRUNA CONDIRE.

[3] Corna, quibus pro olivis utamur, item pruna silvestria et pruna onychina adhuc solida nec maturrima legenda sunt, nec tamen nimium cruda; deinde uno die umbra siccanda; tum aequis partibus acetum et sapam vel defrutum misceatur et infundatur. Oportebit autem aliquid salis adicere, ne vermiculus aliudve animal innasci possit. Verum commodius servantur, si duae partes sapae cum aceti una parte misceantur.

PIRORUM ET MALORUM CETERORUMQVE POMORUM COMPOSITIO.

[4] Pira Dolabelliana, crustumina, regia, Veneria, volema, Naeviana, Lateritiana, Decimiana, laurea, myrapia, [pruna] purpurea cum inmatura, non tamen percruda legeris, diligenter inspicito, ut sint integra sine vitio aut vermiculo; tum in fictili picata fidelia conponito et aut passo aut defruto completo, ita ut omne pomum summersum sit. Operculum deinde impositum gypsato. [5] Illud in totum praecipiendum existimavi nullum esse genus pomi, quod non possit melle servari; itaque, cum sit haec res interdum aegrotantibus salutaris, censeo vel pauca poma in melle custodire sed separata generatim; nam si commisceas, alterum ab altero genere corrumpitur.

DE ALVIS CASTRANDIS.

[6] Et quoniam o
portune mellis fecimus mentionem, hoc eodem tempore alvi castrandae ac mel conficiendum, cera facienda est, de quibus nono libro iam diximus. Nec nunc aliam curam exigimus a vilica, quam ut administrantibus intersit fructumque custodiat.

XI. DE MELLA ET MULSA FACIENDA.

Ceterum cum eodem tempore mella nec minus aqua mulsa in vetustatem reponi debeat, meminisse oportebit, ut, cum secundarium mel de favis fuerit exemptum, cerae statim minute resolvantur et aqua fontana vel caelesti macerentur. Expressa deinde aqua coletur et in vas plumbeum defusa decoquatur, omnisque spurcitia cum spumis eximatur. Quae decocta cum tam crassa fuerit, quam defrutum, refrigeretur et bene picatis lagonis condatur. [2] Ha[e]c quidam mella pro aqua mulsa utuntur, nonnulli etiam pro defruto in condituras olivarum, quibus quidem magis idoneam censeo, quia cibarium saporem habet. Nec potest languentibus pro aqua mulsa remedio esse, cum, si bibatur, inflationem stomachi et praecordiorum faciat.

XII. DE AQUA MULSA FACIENDA.

Itaque seposita e<a> et ad condituras destinata, per se facienda erit optimo melle aqua mulsa. Haec autem non uno modo conponitur; nam quidam multos ante annos caelestem aquam vasis includunt et sub dio in sole habent, deinde, cum saepius eam in alia vasa transfuderunt et eliquaverunt; nam quotiensque etiam per longum tempus diffunditur, aliquod crassamentum in imo simile faeci reperitur - , veteris aquae sextarium cum libra mellis miscent. [2] Nonnulli tamen, qui austeriorem volunt efficere gustum, sextarium aquae cum dodrante pondo mellis diluunt et ea portione repletam lagonam gypsatamque patiuntur per Caniculae ortum in sole quadraginta diebus esse; tum demum in tabulatum, quod fumum accipit, reponunt.

ALITER.

[3] Nonnulli, quibus non fuit curae caelestem inveterare aquam, recentem sumunt eamque usque in quartam partem decoquunt; deinde, cum refrixerit, sive dulciorem mulseam facere volunt, duobus aquae sextariis sextarium mellis permiscent, sive austeriorem, sextario aquae dodrantem mellis adiciunt; et his portionibus factam in lagonam diffundunt eamque, sicut supra dixi, quadraginta diebus insolatam postea in tabulatum, quod suffumigatur, reponunt.

XIII. DE CASEO IN USUS DOMESTICOS SERVANDO.

Caseo usibus domesticis praeparando hoc maxime idoneum tempus est, quod et caseus seri minimum remittit et ultimo tempore, cum iam exiguum lactis est, non tam expedit operas morari ad forum fructibus deferendis; et sane saepe deportati propter aestum acore vitiantur. Itaque praestat eos hoc ipso tempore in usum conficere. Id autem ut quam optime fiat, opilionis officium est, cui septimo libro praecepta dedimus, quae sequi debeat.

PORTULACA ET BATTIS QUEMADMODUM SERVENTUR.

[2] Sunt etiam quaedam herbae, quas adpropinquante vindemia condire possis, ut portulacam et holus cordum, quod quidam sativam battim vocant.

Hae herbae diligenter purgantur et sub umbra expanduntur, deinde, quarto die, sal in fundis fideliarum substernitur et separatim unaquaeque earum componitur acetoque infuso iterum sal superponitur; nam his herbis muria non convenit.

XIV. DE MALIS ET PIRIS IN SOLE SICCANDIS.

Hoc eodem tempore, vel etiam primo mense Augusto, mala et pira dulcissimi saporis, mediocriter matura eliguntur et in duas aut tres partes harundine vel osseo cultello divisa in sole ponuntur, donec arescant. Eorum si est multitudo, non minimam partem cibariorum per hiemem rusticis vindicant; nam pro pulmentario cedit sicuti ficus, quae cum arida seposita est, hiemis temporibus rusticorum cibaria adiuvat.

XV. DE FICIS SICCANDIS.

Ea porro neque nimium vieta neque inmatura legi debet et in eo loco expandi, qui toto die solem accipit. Pali autem quattuor pedibus inter se distantes figuntur et perticis iugantur; factae deinde in hunc usum cannae iugis superponuntur, ita ut duobus pedibus absint a terra, ne umorem, quem fere noctibus remittit humus, trahere possint. Tunc ficus inicitur, et crates pastorales, culmo aut carice vel filice textae, ex utroque latere super terram plane disponuntur, ut, cum sol in occasu fuerit, erigantur et inter se adclines testudineato tecto more tuguriorum viescentem ficum ab rore et interdum a pluvia defendant; nam utraque res praedictum fructum corrumpit. [2] Cum deinde aruerit, in orcas bene picatas meridiano tempore calentem ficum condere et calcare diligenter oportebit, subiecto tamen arido faeniculo et iterum, repletis vasis, superposito. Quae vasa confestim operculare et oblinire convenit et in horreum siccissimum reponi, quo melius ficus perennet.

ALITER.

[3] Quidam lectis ficis pediculos adimunt et in sole eas expandunt; cum deinde paulum siccatae sunt, antequam indurescant, in labra fictilia vel lapidea congerunt eas, tum pedibus lotis in modum farinae proculcant et admiscent torrefactam sesamam cum aneso Aegyptio et semine faeniculi et cymini. [4] Haec cum bene proculcaverunt et totam massam comminutae fici permiscuerunt, modicas offas foliis ficulneis involvunt ac religatas iunco vel qualibet herba offas reponunt in crates et patiuntur siccari; deinde cum peraruerunt, picatis vasis eas condunt. Nonnulli hanc ipsam farinam fici

orcis sine pice includunt et oblita vasa clibano vel furno torrefaciunt, quo celerius omnis umor excoquatur; sic siccatam in tabulatum reponunt et, cum exigit usus, testam comminuunt; nam duratam massam fici aliter eximere non possunt. [5] Alii pinguissimam quamque viridem ficorum eligunt et harundine vel digitis divisam dilatant atque ita in sole viescere patiuntur; quas deinde bene siccatas meridianis temporibus, cum calore solis emollitae sunt, colligunt et, ut est mos Afris atque Hispanis, inter se compositas comprimunt, in figuram stellarum flosculorumque vel in formam panis redigentes; tum rursus in sole adsiccant et ita vasis recondunt.

XVI. DE UVIS PASSIS.

Similem curam uvae desiderant, quas dulcissimi saporis, albas, maximis acinis nec spissis luna decrescente sereno et sicco caelo post horam quintam legi oportet et in tabulas paulisper porrigi, ne inter se pondere suo pressae conlidantur. Deinde aeno vel in olla nova fictili ampla praeparatam lixivam cineris sarmenticii calefieri convenit, quae cum fervebit, exiguum olei quam optimi adici et ita permisceri, deinde uvas pro magnitudine binas vel ternas inter se conligatas in aenum fervens demitti et exiguum pati, dum decolorentur, nec rursus committere, ut excoquantur; nam quadam moderatione temperamentoque opus est. [2] Cum deinde exemeris, in crate disponito rarius, quam ut altera alteram contingat. Post tres deinde horas unamquamque uvam convertito nec in eodem vestigio reponito, ne in umore, qui defluxerit, corrumpatur. Noctibus autem contegi debent quemadmodum fici, ut a rore vel pluvia tutae sint; cum deinde modice aruerint, in vasa nova sine pice operculata et gypsata sicco loco reponito.

ALITER.

[3] Quidam uvam passam foliis ficulneis involvunt et adsiccant, alii foliis vitigineis, nonnulli platanicis semivietas uvas contegunt et ita in amphoras recondunt. Sunt qui culmos fabae exurant et ex eo, quod cremaverint, cineream lixivam faciant, deinde in lixivae sextarios decem salis tres cyathos et olei cyathum adiciant, tum adhibito igne calefaciant et cetera eodem modo administrent. Quod si videbitur in aeno parum inesse olei, subinde, quantum satis erit, adiciatur, quo sit pinguior et nitidior uva passa.

DE SORBIS.

[4] Eodem tempore sorba manu lecta curiose in urceolos picatos adicito, et opercula picata inponito et gypso linito; tum, scrobibus bipedaneis sicco loco intra tectum factis, urceolos ita collocato, ut oblita ora eorum deorsum

spectent; deinde terram congerito et modice supercalcato. Melius est autem pluribus scrobibus pauciora vasa distantia inter se disponere: nam in exemptione eorum, dum unum tollis, si reliqua commoveris, celeriter sorba vitiantur. [5] Quidam hoc idem pomum in passo, quidam etiam in defruto commode servant, adiecto spissamento spissi faeniculi, quo deprima<n>tur ita sorba, ut semper ius supernatet; ac nihilominus picata opercula diligenter gypso linunt, ne possit spiritus introire.

XVII. DE ACETO FICULNEO FACIENDO.

Sunt quaedam regiones, in quibus vini ideoque etiam aceti penuria est. Itaque hoc eodem tempore est ficus viridis quam maturissima legenda utique, si iam pluviae incesserint et propter imbres in terram decidit; quae cum sublecta est, in doleum vel in amphoras conditur et ibi sinitur fermentari. Deinde cum exacuit et remisit liquorem, quicquid est aceti diligenter colatur et in vasa picata bene olida diffunditur. Hoc primae notae acerrimi aceti usum praebet nec umquam situm aut mucorem contrahit, si non umido loco positum est. [2] Sunt qui multitudini studentes <a>quam ficis permisceant et subinde maturissimas ficos recentis adiciant et patiantur in eo iure tabescere, donec satis acris aceti sapor fiat; postea in iunceis fiscellis vel sparteis saccis percolant liquatumque acetum infervefaciunt, dum spumam et omnem spurcitiam eximant; tum torridi salis aliquid adiciunt, quae res prohibet vermiculos aliave innasci animalia.

XVIII. QUAE VINDEMIAE PRAEPARANDA SUNT.

Quamvis priore libro, qui <in>scribitur vilicus, iam diximus, quae ad vindemiam praeparanda sint, non tamen alienum est etiam vilicae de isdem rebus praecipere, ut intellegat suae curae esse debere, quaecumque sub tecto administrantur circa vindemiam. [2] Si ager amplus aut vineta aut arbusta grandia sunt, perenne fabricandae decemmodiae et trimodiae, fiscellae texendae et picandae, nec minus fa<l>culae et ungues ferrei quam plurimi parandi et exacuendi sunt, ne vindemitor manu destringat uvas et non minima fructus portio dispersis acinis in terram dilabatur. [3] Funiculi quoque fiscellis aptandi sunt et lora trimodiis. Tum lacus vinarii et torculariii et fora omniaque vasa, si vicinum est mare, aqua marina, si minus, dulci eluenda sunt et commundanda et diligenter adsiccanda, ne umorem habea<n>t. Cella quoque vinaria omni stercore liberanda et bonis odoribus suffi[ci]enda, ne quem redoleat foetorem acoremve. [4] Tum sacrificia Libero Liberaeque et vasis pressoris quam sanctissime castissimeque facienda, nec per vindemiam ab torculari aut vinaria cella recedendum est, ut et omnia, qui mustum conficiunt, pure mundeque faciant ne<c> furi locus detur partem fructum intercipiendi. [5] Dolia quoque et seriae ceteraque vasa ante quadragesimum vindemiae diem picanda sunt atque aliter ea, quae demersa sunt humi, aliter, quae stant supra terram: nam ea, quae demersa sunt, ferreis lampadibus ardentibus calefiunt, et cum pix in fundum destillavit, sublata lampade rutabulo ligneo et ferrea curvata radula educitur, quod destillavit aut quod in lateribus haesit; dein penicillo detergitur et, ferventissima pice infusa, novo alio rutabulo et scopula picatur. [6] At quae supra terram consistunt, <ant>e compluris dies, quam curentur, in solem producuntur, deinde, cum satis insolata sunt, in labra convertuntur et, subiectis parvis tribus lapidibus, suspenduntur; atque ita igni subicitur et tam diu incenditur, donec ad fundum calor tam vehemens perveniat, ut adposita manus patiens eius non sit; tum, dolio in terram demisso et in latus deposito, pix ferventissima infunditur volutaturque, ut omnes doli partes linantur. [7] Sed haec die quieto a ventis fieri debent, ne admoto igne, cum adflaverit ventus, vasa rumpantur. Satis autem sesquicullearibus doleis picis durae pondo vicena quina; nec dubium quin, si[c] quinta pars picis Brut<t>iae in universam cocturam adiciatur, utilissimum sit omni vindemiae.

XIX. DE CONDITURIS VINI.

Cura quoque adhibenda est, ut expressum mustum perenne sit aut certe usque ad venditionem durabile, quod quemadmodum fieri debeat et quibus condituris adiuvari, deinceps subiciemus.

QUEMADMODUM COQUATUR SAPA.

Quidam partem quartam eius musti, quod in vasa plumbea coniecerunt, nonnulli tertiam decoquunt; nec dubium quin, ad dimidiam si quis excoxerit, meliorem sapam facturus sit eoque usibus utiliorem, adeo quidem, ut etiam vice defruti sapa mustum, quod est ex veteribus vineis, condire possit.

DE FRUTI COCTURA.

[2] Quaecumque vini nota sine condimento valet perennare, optimam esse eam censemus, nec omnino quidquam permiscendum, quo naturalis sapor eius infuscetur. Id enim praestantissimum est, quod suapte natura placere potuerit. Ceterum cum aut regionis vitio aut novellarum vinearum mustum laboravit, eligenda erit pars vineae, si est facultas, Amineae, si minus, quam bellissimi vini, quaeque erit et vetustissima et minime

uliginosa. [3] Tum observabimus decrescentem lunam, cum est sub terra, et sereno siccoque die uvas quam maturissimas legimus, quibus proculcatis mustum, quod defluxerit, antequam prelo pes eximatur, satis de lacu in vasa defrutaria conferemus, lenique primum igne et tenuibus admodum lignis, quae gremia rustici appellant, fornacem incendemus, ut ex commodo mustum ferveat. [4] Isque, qui praeerit huic decoquendo, cola iuncea vel spartea ex crudo, id est non malleato, sparto praeparata habeat, itemque fasciculos faeniculi fustibus inligatos, quos possit utique ad fundum vasorum demittere, ut quicquid faecis subsederit exagitet et in summum reducat, tum colis omnem spurcitiam, quae redundarit, expurget, nec absistat id facere, donec videbitur eliquatum omni faece mustum carere; tum sive mala cydonea, quae percocta sublaturus sit, seu quoscumque voluerit convenientis odores adiciat, et nihilominus subinde faeniculo peragitet, ne quid subsederit, quod possit plumbeum perforare. [5] Cum deinde iam acriorem potuerit ignem vas sustinere, id est, cum aliqua parte iam mustum excoctum in se fervebit, tum codices et vastiora ligna subiciantur sed ita, ne fundum contingant; quod nisi vitatum fuerit, saepe vas ipsum [quod aliquando contingit] pertundetur; vel, si id factum non erit, utique aduretur mustum et, amaritudine concepta, condituris fiet inutile. [6] Oportebit autem, antequam mustum in vasa defrutaria coiciatur, oleo bono plumbea intrinsecus inbui, bene fricari atque ita mustum adici. Ea res non patitur defrutum aduri.

XX.
Quin etiam diligenter factum defrutum, sicut vinum, solet acescere; quod cum ita sit, meminerimus anniculo defruto, cuius iam bonitas explorata est, vinum condire; nam vitioso medicamento tunc fructus, qui perceptus est, vitiat<ur>. Ipsa autem vasa, quibus sapa aut defrutum coquitur, plumbea potius quam aenea esse debent. [2] Nam in coctura aeruginem remittunt aenea et medicaminis saporem vitiant. Odores autem vino fere apti sunt, qui cum defruto coquuntur: iris, faenum Graecum, schoenum. Harum rerum singulae librae in defrutarium, quod ceperit musti amphoras nonaginta, cum iam deferbuerit et expurgatum erit, tum adici debent; deinde, si natura tenue mustum erit, cum ad tertiam partem fuerit decoctum, ignis subtrahendus est et fornax protinus aqua refrigeranda; quod etiam si fecerimus, nihilominus defrutum infra tertiam partem vasi considit. [3] Sed id quamvis aliquid detrimenti habeat, prodest tamen: nam quanto plus decoquitur, si modo non est adustum, melius et spissius fit. Ex hoc autem defruto, quod sic erit coctum, satis est singulos sextarios singulis amphoris inmisceri.

ALIA COMPOSITIO AD VINUM CONDIENDUM, QUAM QUIDAM NEAPOLITANAM VOCANT.

Cum amphoras musti nonaginta in defrutario decoxeris, ita ut iam exiguum supersit de coctura, [quod significat decoctum ad tertias], tum demum medicamina adicito, quae sunt aut liquida <a>ut resinosa, id est picis liquidae Nemeturicae, cum eam diligenter ante aqua marina decocta perlueris, decem sextarios, item resinae terebinthinae sesquilibram. [4] Haec cum adicies, plumbeum peragitabis, ne adurantur. Cum deinde ad tertias subsederit coctura, subtrahe ignem, et plumbeum subinde agitabis, ut defrutum et medicamenta coeant. Deinde cum videbitur mediocriter calere defrutum, reliqua aromata contusa et cribrata paulatim insparges et iubebis rutabulo ligneo agitari, quod decoxeris, eo usque, dum defrigescat; quod si non ita, ut praecepimus, permiscueris, subsident aromata et adurentur. [5] Ad praedictum autem modum musti adici debent hi odores: nardi folium, iris Illyrica, nardum Gallicum, costum, palma, Cyperum, schoenum, quorum singulorum selibrae satisfacient, item murram, pondo quincunx, calami pondo libram, casiae selibram, amomi pondo quadrans, croci quincunx, erispae pampinaceae libram. [6] Haec, ut dixi, arida, contusa et cribrata debent adici et his commisceri rasis, quod est genus crudae picis; eaque, quanto est vetustior, tanto melior habetur: nam longo tempore durior facta, cum est contusa, in pulvere<m> redigitur et his medicaminibus admiscetur; satis est autem praedictis ponderibus sex libras eius misceri. Ex hac compositione quantum in sextarios musti quadragenos octonos adiciendum sit, incertum est, quoniam pro natura vini aestimari oportet, quid satis sit, cavendumque est, ne conditus sapor intellegatur; nam ea res emptorem fugat. [7] Ego tamen, si umida fuerit vindemia, trientem, si sicca, quadrantem medicaminis in binas amphoras miscere solitus sum [ita ut quattuor urnarum esset musti modus - urna autem quattuor et viginti sextariorum -] ; nonnullos agricolas singulis amphoris quadrantem medicaminis indidisse scio sed hoc coactos fecisse propter nimiam infirmitatem vini eiusmodi, quod vix triginta diebus integrum permanebat. [8] Hoc tamen mustum, si sit lignorum copia, satius est inservefacere et omnem spumam cum faecibus expurgare, quo facto decima pars decidet sed reliqua perennis est. At si lignorum penuria est, marmoris vel gypsi quod flos appellatur, uncias singulas, item ad tertias decocti defruti sextarios binos singulis amphoris miscere oportebit. Ea res etiam si non in totum perennem, at certe usque in alteram vindemiam plerumque vini saporem servat.

XXI. ALITER, QUEMADMODUM MUSTUM INFIRMI GENERIS

AD VETUSTATEM POSSIT PERDUCI.

Mustum quam dulcissimi saporis decoquetur ad tertias et decoctum, sicut supra dixi, defrutum vocatur; quod cum defrixit, transfertur in vasa et reponitur, ut post annum sit in usu. Potest tamen et post dies novem, quam refrixerit, adici in vinum, et melius est, si anno requieverit. Eius defruti sextarius in duas urnas musti adicitur, si mustum ex vineis collinis est, sed, si ex campestribus, tres heminae adiciuntur. [2] Patimur autem, cum de lacu mustum sublatum est, biduo defervescere et purgari; tertio die defrutum adicimus. Deinde interposito biduo, cum id mustum pariter cum defruto deferbuerit, purgatur et ita eo adicitur in binas urnas ligula cumulata vel mensura semunciae bene plenae salis cocti et triti. Sal autem quam candidissimus coicitur in urceo fictili sine pice; qui urceus cum recipit salem, diligenter totus oblinitur luto paleato et ita igni admovetur ac tamdiu torretur, quamdiu strepitum edit; cum silere coepit, finem habet cocturae. [3] Praeterea faenum Graecum maceratur in vino vetere per triduum, deinde eximitur et in furno siccatur vel in sole; idque cum est aridum factum, molitur. Ex eo molito post sallituram musti cochlear cumulatum vel simile genus poculi huius, quod est quarta pars cyathi, adicitur in binas urnas. Deinde, cum iam perfecte mustum deferbuit et constitit, tantundem gypsi floris miscemus, quantum salis adieceramus, atque ita postero die purgamus dolium et nutritum vinum operimus atque oblinimus. [4] Hac conditura Columella patruus meus, inlustris agricola, uti solitus est in his fundis, in quibus palustres vineas habebat. Sed idem, cum collina vina condiebat, aquam salsam decoctam ad tertias pro sale adiciebat. Ea porro facit sine dubio maiorem mensuram et odoris melioris, sed periculum habet, ne vitietur vinum, si male cocta sit aqua; sumitur autem haec, ut iam dixeram, quam longissime ab litore; nam liquidior et purior est, quantum altiore mari hausta est. [5] Eam si quis, ut Columella faciebat, reponat et post triennium in alia vasa eliquatam transfundat, deinde post alterum triennium decoquat usque ad partem tertiam, longe meliorem habebit conditurum vini, nec ullum periculum erit, ne vina vitientur. Satis est autem sextarios singulos adicere salsae aquae in binas musti urnas, quamvis multi etiam binos inmisceant, nonnulli etiam ternos sextarios, idque [ego] facere non recusem, si genus vini tantum valeat, ut aquae salsae non intellegatur sapor. [6] Itaque diligens pater familiae, cum paraverit fundum, statim prima vindemia tres aut quattuor notas conditurae totidem amphoris musti experietur, ut exploratum habeat, quantum plurimum salsae vinum, quod fecerit, sine offensa gustus pati possit.

XXII. ALTERUM MEDICAMEN, QUO[D] MUSTUM CONDIAS.

Picis liquidae Nemeturicae metretam adde in labrum aut in alveum, et in eodem infundito cineri lixivae congios duos, deinde permisceto spatha lignea; cum requieverit, eliquato lixivam. Deinde iterum tantundem lixivae addito, eodem pacto permisceto et eliquato; tertio quoque idem facito. Cinis autem odorem picis aufert et eluit spurcitiam. [2] Post eodem addito picis Bruttiae, si minus, alterius notae quam purissimae et quam optimae X pondo et resinae durae quam purissimae quinque libras; haec minute concidito et admisceto pici Nemeturicae. Tum aquae marinae quam vetustissimae, si erit, si minus, ad tertiam partem recentis aquae marinae decoctae congios duos inicito, apertum labrum sinito in sole[m] per Caniculae ortum et spatha lignea permisceto quam saepissime usque eo, dum ea, quae addideris, in pice conliquescant et unitas fiat; noctibus autem labrum operire conveniet, ne inroretur. [3] Deinde, cum aqua marina, quam addideris, sole consumpta videbitur, sub tectum vas totum ferre curabis; huius medicaminis quidam pondo quadrantem in sextarios quadraginta octo miscere soliti sunt et hac conditura contenti esse, alii cyathos tres eius medicamenti adiciunt in totidem sextarios, quot supra diximus.

XXIII. CONDITURA VINI PICATI.

Pix corticata appellatur, qua utuntur ad condituras Allobroges. Ea sic conficitur, ut dura sit, et quanto facta est vetustior, eo melior in usu est: nam omni lentore misso facilius in pulverem resolvitur atque cribratur. Hanc ergo conteri et cribrari oportet; deinde, cum bis mustum deferbuerit, quod plerumque est intra quartum diem, quam de lacu sublatum est, diligenter manibus expurgatur et tum demum praedictae picis sextans et semuncia in sextarios quinque et quinquaginta adicitur, et rutabulo ligneo permiscetur, nec postea tangitur, dum confervescat. [2] Quod tamen non amplius diebus quattuordecim a conditura patiendum est: nam oportebit post hunc numerum dierum confestim vinum emundare et, si quid faecis aut labris vasorum aut lateribus inhaesit, eradi ac suffricari et protinus operculis inpositis oblini. At si ex eadem pice totam vindemiam condire volueris, ita ne gustus picati vini possit intellegi, sat erit eiusdem picis sex scripula in sextarios quinque et quadraginta tum demum miscere, cum mustum deferbuerit et faeces expurgatae fuerint. [3] Oportebit autem salis decocti contritique semunciam in eundem modum musti adicere; nec solum huic notae vini sal adhibendus est, verum, si fieri possit, in omnibus regionibus omne genus vindemiae hoc ipso pondere salliendum est; nam ea res mucorem vino inesse non patitur.

XXIV. ALITER VINUM CONDIRE.

Pix Nemeturica in Liguria conficitur. Ea deinde ut fiat condituris idonea, aqua marina quam longissime a litore de pelago sumenda est atque in dimidiam partem decoquenda, quae cum in tantum refrixerit, quantum ne contacta corpus urat, partem aliquam eius, quae satis videbitur, praedictae pici inmiscebimus et diligenter lignea spatha vel etiam manu peragitabimus, ut, si quid inest vitii, eluatur. [2] Dein patiemur picem considere, et cum consederit, aquam eliquabimus. Postea bis aut ter ex reliqua parte aquae decoctae tamdiu lavabimus et subigemus eam, donec rutila fiat. Tum eliquatam in sole XIIII diebus patiemur esse, ut quisquis ex aqua umor remansit adsiccetur; noctibus autem vas tegendum erit, ne inroretur. Cum hoc modo picem praeparaverimus et vina, cum iam bis deferbuerint, condire voluerimus, in musti sextarios octo et quadraginta cyathos duos picis praedictae sic adiciemus. [3] Ex ea mensura, quam condituri sumus, sextarios duos musti sumere oportebit, deinde ex his sextariis in picis sextantem paulatim mustum infundere et manu tamquam mulsum subigere, quo facilius coeat; sed ubi toti duo sextarii cum pice coierint et quasi unitatem fecerint, tum eosdem in d vas, unde sumpseramus, perfundere et, ut permisceatur medicamen, rutabulo ligneo peragitare conveniet.

XXV. AQUAM DULCEM AD CONDITURAM VINI SALSAM FACERE.

Quoniam quidam, immo enim fere omnes, Graeci aqua salsa vel marina mustum condiunt, eam quoque partem curae non omittendam putavi. In mediterraneo, quo non est facilis aquae marinae invectio, sic erit ad condituras conficienda muria. [2] Huic rei maxime est idonea caelestis aqua, si minus, ex fonte liquidissimo profluens. Harum ergo alterutram curabis quam plurimam et quam optimis vasis conditam ante quinquennium in sole ponere, deinde, cum conputruerit, tamdiu pati, donec ad pristinum modum perveniat. Quod cum factum fuerit, alia vasa habeto et in ea sensim aquam eliquato, donec ad faecem pervenias; semper enim in requieta aqua crassamen aliquod in imo reperitur. [3] Sic curata cum fuerit, in modum defruti ad tertias decoquenda est. Adiciuntur autem in aquae dulcis sextarios quinquaginta salis candidi[s] sextarii sex et mellis optimi unus sextarius. Haec pariter decoqui et omnem spurcitiam expurgari oportet, deinde, cum refrixerit, tum quantumcumque umoris est, tantum in amphoram musti portionem adici.

DE AQUA MARINA DECOQUENDA.

[4] Quod si ager maritimus est, silentibus ventis de alto quam quietissimo mari sumenda est aqua et in tertiam partem decoquenda,

adiectis, si videbitur, aliquibus aromatis ex is, quae supra rettuli, ut sit odoratior vini curatio. Mustum autem antequam de lacu tollas, vasa rore marino vel lauro vel myrto subfumigato et large repleto, ut in effervescendo vinum se bene purget; postea vasa nucibus pineis suffricato. [5] Quod vinum volueris dulcius esse, postero die, quod austerius, quinto die, quam sustuleris, condire oportebit et ita supplere et oblinire vasa. Nonnulli etiam suffumigatis seriis prius condituram addunt et ita mustum infundunt.

XXVI. NE VINUM ACESCAT.

In quo agro vinum acescere solet, curandum est, ut, cum uvam legeris et calcaveris, priusquam vinacea torculis exprimantur, mustum in cor<ti>nam defundas et aquae dulcis puteanae ex eodem agro partem decimam adicias et coquas, donec ea aqua, quam adieceris, decocta sit. Postea cum refrixerit, in vasa defundas et operias et oblinas; ita diutius durabit et detrimenti nihil fiet. [2] Melius est, si veterem servatam compluribus annis aquam addideris, longeque melius, si aquae nihil addideris et decimam musti decoxeris frigidumque in vasa transtuleris, et si in sextarios L musti heminam gypsi miscueris, posteaquam decoctum refrixerit. Reliquum mustum, quod e vinaceis fuerit expressum, primo quoque tempore absumito aut aere commutato.

XXVII. DE VINO DULCI FACIENDO.

Vinum dulce sic facere oportet: uvas legito, in sole per triduum expandito, quarto die meridiano tempore calidas uvas proculcato; mustum lixivum, hoc est, antequam prelo pressum sit, quod in lacum musti fluxerit, tollito; cum deferbuerit, in sextarios quinquaginta irim bene pinsitam ne plus unciae pondere addito; vinum a faecibus eliquatum diffundito. Hoc vinum erit suave, firmum, corpori salubre.

XXVIII. ALITER VINUM DULCE CONDIRE.

Alia medicaminum genera vini condituris et firmitati aptissima sic facito. Irim quam candidissimam pinsito; faenum Graecum vetere vino macerato, deinde in sole exponito aut in furno, ut siccescat; tum commolito minutissime. Item odoramenta trita, id est irim cribratam, quae sit instar pondo quincun<cem> et trientem, faeni Graeci pondo quincuncem et trientem, schoeni pondo quincuncem in unum permisceto; tum in serias singulas, quae sint amphorum septenum, addito medicaminis pondo unciam scripula octo. [2] Gypsi, cum ex locis palustribus mustum erit, in serias singulas ternas heminas, cum de novellis vineis erit, sextarium, cum de veteribus et locis siccis, heminas singulas adicito. Tertio die, quam calcaveris, condituram infundito; sed antequam condias, musti aliquantum in seriam de seria transferto, ne in condiendo, cum medicamento effervescat, effluat. [3] Sic autem curato: gypsum et medicamentum in labello permisceto, quantum seriis singulis fuerit necessarium, idque medicamentum musto diluito et ipsa ad serias addito et permisceto. cum deferbuerit, statim repleto et oblinito. Omne vinum cum condieris, nolito statim diffundere sed sinito in dolis liquescere; postea, cum de doliis aut de seriis diffundere voles, per ver florente rosa defaecatum quam liquidissimum in vasa bene picata et pura transferto. [4] Si in vetustatem servare voles, in cado duarum urnarum quam optimi vini sextarium aut faecis generosae recentis sextarios tres addito; aut si vasa recentia, ex quibus vinum exemptum sit, habebis, in ea confundito; si horum quid feceris, multo melius et firmius erit vinum. Etiam, si bonos odores addideris, omnem malum odorem et saporem prohibueris; nam nulla res alienum odorem celerius ad se ducit quam vinum.

XXIX. MUSTUM DULCE SERVARE, NE MUTET SAPOREM.

Mustum ut semper dulce tamquam recens permaneat, sic facito: antequam prelo vinacea subiciantur, de lacu quam recentissimum addito mustum in amphoram novam, eamque oblinito et inpicato diligenter, ne quicquam aquae introire possit. Tunc in piscinam frigidae et dulcis aquae totam amphoram mergito ita, ne qua pars exstet. Deinde post dies quadraginta eximito. Sic usque in annum dulce permanebit.

XXX. VINI CURATIO.

Ab eo tempore, quo primum dolia operculaveris, usque ad aequinoctium vernum semel in diebus XXXVI vinum curare satis est, post aequinoctium vernum bis; aut si vinum florere incipiet, saepius curare oportebit, ne flos eius pessum eat et saporem vitiet. Quanto maior aestus erit, eo saepius convenit vinum nutriri refrigerarique et ventilari; nam quamdiu bene frigidum erit, tamdiu recte manebit. [2] Labra vel fauces doliorum semper suffricari nucibus pineis oportebit, quotiens vinum curabitur.

REMEDIUM LANGUENTIS VINI.

Si qua vina erunt duriora aut minus bona, quod agri vitio aut tempestate sit factum, sumito faecem vini boni et panes facito et in sole arefacito et coquito in igne. Postea terito et pondo quadrantem amphoris singulis infricato et oblinito. Bonum fiet.

XXXI. SI QUOD ANIMAL IN MUSTUM CECIDERIT ET INTERIERIT.
<Si> serpens aut mus sorexve in mustum ceciderit, ne mali odoris vinum faciat, ita, ut repertum corpus fuerit, id igne adoleatur cinisque eius in vas, quo deciderat, frigidus infundatur atque rutabulo ligneo permisceatur. Ea res erit remedio.

XXXII. VINUM EX MARRUVIO.
Vinum marruvii multi utile putant ad omnia intestina vitia et maxime ad tussim. Cum vindemiam facies, marruvii caules teneros maxime de locis incultis et macris legito eosque in sole siccato, deinde fasciculos facito et tomice palmea aut iuncea ligato et in seriam mittito, ita ut vinculum exstet. In musti dulcis sextarios CC marruvii libras octo adicito, ut simul cum musto defervescat; postea eximito marruvium et purgatum vinum diligenter oblinito.

XXXIII. <VINUM SCILLITEN>.
Vinum scilliten <ad con>coquendum et ad corpus reficiendum itemque ad veterem tussim et ad stomachum hoc modo condire oportet: primum ante dies quadraginta, quam voles vinum vindemiare, scillam legito eamque secato quam tenuissime, sicut raphani radicem, taleolasque sectas suspendere in umbra, ut adsiccentur; deinde, cum aridae erunt, in musti Aminei sextarios quadraginta octo scillae aridae adde pondo libram, eamque inesse patere diebus XXX; postea eximito et defaecatum vinum in amphoras bonas adicito. [2] Alii scribunt in musti sextarios XLVIII scillae aridae pondo libram et quadrantem adici oportere, quod et ipsum non <im>probo.

XXXIV. ACETUM SCILLITEN.
Hoc ipsum scillae pondus, quod supra, in aceti duas urnas adiciunt et per quadraginta dies inesse patiuntur, qui scilliticum acetum facere volunt.

DE EMBAMMATE.

In tres amphoras musti mittis aceti acris congium aut duplum, si non est acre; et in olla[m], quae fert amphoras tres, decoquis ad palmum, id est ad quartas aut, si non est dulce mustum, ad tertias; despumatur. Sed mustum desub massa et limpidum sit.

XXXV. VINUM ABSENTHITEN ET RELIQUAS NOTAS FACERE.

Vinum absinthiten et hyssopiten et abrotoniten et thymiten et marathriten et glechoniten sic condire oportet: Pontici absinthii pondo libram cum musti sextariis quattuor decoque usque ad quartam; reliquum quod erit, id frigidum adde in musti Aminei urnam. Idem ex reliquis rebus, quae supra scripta sunt, facito. Possint etiam pulei aridi tres librae cum congio musti ad tertias decoqui et, cum refrixerit liquor, exempto puleio in urnam musti adici. Idque mox tussientibus per hiemem recte datur vocaturque vini nota glechonites.

XXXVI. AD TORMINA[M] ET OMNEM ALVI PROLUVIEM VINUM RORATUM SIC FACIES.

Mustum tortivum est, quod post primam pressuram vinaceorum circumciso pede exprimitur. Idque mustum coicies in amphoram novam et inplebis ad summum. Tum adicies ramulos roris marini aridi lino colligatos; sed patieris una defervescere per dies septem. Deinde eximes ramulorum fasciculum, et purgatum diligenter vinum gypsabis. Sat erit autem roris marini sesquilibram in duas urnas musti adicere. Hoc vino post duos menses possis pro remedio uti.

XXXVII. VINUM GRAECO SIMILE FACERE AD ALVUM MOLLIENDUM.

Vvas praecoques quam maturissimas legito easque per triduum in sole siccato; quarto die calcato, et mustum, quod nihil habeat ex tortivo, coicito in seriam diligenterque curato, ut, cum deferbuerit, faeces expurgentur. Deinde quinto die, cum purgaveris mustum, salis cocti et cribrati duos sextarios vel, quod est minimum, adicito unum sextarium in sextarios musti XLVIII. Quidam etiam defruti sextarium miscent, nonnulli etiam duos adiciunt, si existimant vini notam parum esse firmam.

XXXVIII. VINUM MYRTITEM.

Vinum myrtitem ad tormina et ad alvi proluviem et ad inbecillum stomachum sic facito: duo genera sunt myrti, quorum alterum est nigrum, alterum album. Nigri generis bacae, cum sunt maturae, leguntur, et semina earum eximuntur, atque ipsae sine seminibus in sole siccantur, et in fictili fidelia sicco loco reponuntur. [2] Deinde per vindemiam ex vetere arbusto vel, si id non est, ex vetustissimis vineis Amineae bene maturae uvae sole calido leguntur, et ex is mustum adicitur in seriam et statim primo die, antequam id ferveat, bacae myrti, quae fuerant repositae, diligenter conteruntur et totidem earum librae contusarum appenduntur, quot amphorae condiri debent; tum exiguum musti sumitur ex ea seria, quam medicaturi sumus, et tamquam farina conspargitur, quicquid contusum et appensum est. Post hoc complures ex ea massulae fiunt et ita per latera seriae in mustum demittuntur, ne altera offa super alteram perveniat. [3] Cum deinde bis mustum deferbuerit et bis curatum est, rursus eodem modo et tantundem ponderis bacae, sicut supra, contunditur, nec iam, ut prius, massulae fiunt, sed in labello mustum de eadem seria sumitur, praedicto ponderi permiscetur, sicut sit instar iuris crassi; quod cum est permixtum, in eandem seriam confunditur et rutabulo ligneo peragitatur. [4] Deinde post nonum diem, quam id factum est, vinum purgatur et scopulis aridae myrti seria suffricatur operculumque superponitur, ne quid eo decidat. Hoc facto, post septimum diem rursus vinum purgatur et in amphoras bene picatas et bene olidas diffunditur; sed curandum est, ut, cum diffundis, liquidum et sine faece diffundas. [5] Vinum aliud myrtiten sic temperato. Mel Atticum ter infervere facito et totiens despumato. Vel si Atticum non habueris, quam optimum mel eligito et quater vel quinquies despumato, quoniam, quanto est deterius, tanto plus habet spurcitiae. Cum deinde mel refrixerit, bacas albi generis myrti quam maturissimas legito et perfricato, ita ne interiora semina conteras. [6] Mox fiscello ligneo inclusas exprimito, sucumque earum, qui sit sextariorum sex, cum mellis decocti sextario misceto et in lagunculam diffusum oblinito. Sed hoc mense Decembri fieri debebit, quo fere tempore matura sunt myrti semina, custodiendumque erit, ut, antequam bacae legantur, si fieri potest, VII diebus, sin autem, ne minus triduum serenum fuerit aut certe non pluerit; et, ne rorulentae legantur, cavendum.

ALITER.

[7] Multi nigram vel albam myrti bacam, cum iam maturuit, destringunt

et, duabus horis eam cum paululum in umbra expositam siccaverunt, proterunt, ita ut, quantum fieri potest, interiora semina integra permaneant; tum per lineum fiscum, quod protriverant, exprimunt et per colum iunceum liquatum sucum lagunculis bene picatis condunt neque melle neque alia re ulla inmixta. Hic liquor non tam est durabilis, sed quamdiu sine nox[i]a manet, utilior est ad valitudinem quam alterius myrtitis notae compositio.

ALITER.

[8] Sunt qui hunc ipsum expressum sucum, si sit eius copiosior facultas, in tertiam partem decoquant et refrigeratum picatis lagunculis condant; sic confectum diutius permanet. Sed et, quod non decoxeris, possit innoxium durare biennio, si modo munde et diligenter id feceris.

XXXIX. PASSUM QUEMADMODUM FIAT.

Passum optimum sic fieri Mago praecipit, ut et ipse feci: uvam praecoquem bene maturam legere; acina mucida aut vitiosa reicere; furcas vel palos, qui cannas sustineant, inter quaternos pedes figere et perticis iugare; tum insuper cannas ponere et in sole pandere uvas et noctibus tegere, ne inrorentur; cum deinde exaruerint, acina decerpere et in dolium aut in seriam coicere; eodem mustum quam optimum, sicut grana summersa sint, adicere; ubi conbiberit uva[s] seque impleverit, sexto die in fiscellam conferre et prelo premere passumque tollere; [2] postea vinaceos calcare, adiecto recentissimo musto, quod ex aliis uvis factum fuerit, quas per triduum insolaveris; tum permiscere, et subactam brisam prelo subicere; passumque secundarium statim vasis oblitis includere, ne fiat austerius; deinde post XX dies, cum deferbuerit, in alia vasa deliquare, et confestim opercula gypsare et pelliculare. [3] Passum, si ex uva Apiana facere volueris, uvam Apianam integram legito; acina corrupta purgato et secernito; postea in perticis suspendito; perticae uti semper in sole sint, facito; ubi satis conrugata erunt acina, demito et sine scopionibus in dolium coicito pedibusque bene calcato; ubi unum tabulatum feceris, vinum vetus inspargito; postea alterum supercalcato; item vinum conspargito; eodem modo tertium calcato et infuso vino, ita <ut> supernatet, sinito dies V; postea pedibus proculcato et in fiscina nova uvas premito.

ALIO MODO.

[4] Quidam aquam caelestem veterem ad hunc usum praeparant et ad tertias decoquunt; deinde, cum uvas, sicut supra scriptum est, passas fecerunt, decoctam aquam pro vino adiciunt et cetera similiter administrant.

Hoc, ubi lignorum copia est, u[t]ilissime constat et est in usu vel dulcius quam superiores notae passi.

XL. LORA OPTIMA SIC FIERI OPORTET.

Quantum vini uno die feceris, eius partem decimam, quot metretas efficiat, considerato, et totidem metretas aquae dulcis in vinaceos, ex quibus unius diei vinum expressum erit, addito. Eodem spumas defruti sive sapae et faecem ex lacu confundito et permisceto, eamque intritam macerari una nocte sinito; postero die pedibus proculcato et sic permixtam prelo subicito; quod deinde fluxerit, aut dolis aut amphoris condito et, cum deferbuerit, opturato; commodius autem servatur in amphoris. [2] Hanc ipsam loram Marcus Columella ex aqua vetere faciebat et nonnumquam plus biennio innoxiam servabat.

XLI. MULSUM OPTIMUM SIC FACIES.

Mustum lixivum de lacu statim tollito. Hoc autem erit, quod destillaverit, antequam nimium calcetur uva; sed de arbustivo genere, quod sicco die legeris, id facito. Conicies in urnam musti mellis optimi pondo X et diligenter permixtum recondes in lagonam eamque protinus gypsabis iubebisque in tabulatum poni. Si plus volueris facere, pro portione, qua supra, mel adicies; post vicensimum et alterum diem lagonam aperire oportebit et in aliud vas mustum eliquatum oblinire atque in fumum reponere.

XLII. COMPOSITIO MEDICAMENTI AD TORMINA, QUOD VOCATUR DIA OPORAS.

In caccabo fictili novo vel in stagneo coquitur musti arbustivi Aminei urna et mala cydonea grandia expurgata XX et integra mala dulcia granata, quae Punica vocantur, et sorba non permitia divisa exemptis seminibus, quae sit instar sextariorum trium. [2] Haec ita coquuntur, ut omnia poma deliquescant cum musto; et sit puer, qui spatha lignea vel harundine permisceat poma, ne possint aduri. Deinde, cum fuerint decocta, ut non multum iuris supersit, refrigerantur et percolantur, eaque, quae in colo subsederunt, diligenter contrita levigantur, et iterum in suo sibi iure lento igni, ne adurantur, carbonibus decoquuntur, donec crassamen in modum faecis existat. [3] Prius tamen, quam de igne medicamentum tollatur, III heminae roris Syriaci contriti et cribrati super omnia adiciuntur et spatha permiscentur, ut coeant cum ceteris; tum refrigeratum medicamentum adicitur in vas fictile novum picatum, idque gypsatum alte[r] suspenditur, ne pallorem trahat.

XLIII. CASEUM SIC CONDIEMUS.

Caesi aridi ovil<l>i proximi anni frusta ampla facito et picato vase componito. Tum optimi generis mustum adimpleto, ita ut superveniat; et sit ius aliquanto copiosius, quoniam caseus combibit et fit vitiosus, nisi mustum semper supernatet eum. Vas autem, cum impleveris, statim gypsabis. Deinde post dies XX licet aperias et utaris qua voles adhibita conditura; est [autem] etiam per se non iniucundus.

XLIV. UVAS, UT SINT VIRIDES USQUE AD ANNUM, SIC CUSTODIES.

uvas bumastos vel duracinas vel purpureas cum desecueris a vite, continuo pediculos earum inpicato dura pice; deinde labellum fictile novum inpleto paleis quam siccissimis cribratis, ut sine pulvere sint, et ita uvas superponito; tum labello altero adoperito et circumlinito luto paleato atque ita in tabulato siccissimo composita labra paleis siccis obruito. [2] Omnis autem uva sine noxa servari potest, si luna decrescente et sereno caelo post horam quartam, cum iam insolata est nec roris quicquam habet, viti detrahatur; sed ignis in proximo decumano fiat, ut pix ferveat, in qua pediculi uvarum statim demittantur.

ALITER.

In dolium bene picatum defruti amphoram coicito, deinde transversos fustes spisse artato, ita ut defrutum non contingant; tum superponito fictiles novas patinas et his sic uvam disponito, ut altera alteram non contingat; tum opercula patinis inponito et linito. Deinde alterum tabulatum et tertium, et quamdiu magnitudo patitur dolii, similiter super instruito et eadem ratione uvas componito; deinde picatum operculum dolii defruto large linito et ita inpositum [in] cinere opturato. [3] Nonnulli adiecto defruto contenti sunt transversas perticas artare et ex his uvas ita suspendere, ne defrutum contingant, deinde operculum inpositum oblinire.

ALITER.

Quidam uvas cum ita, ut supra dixi, legerunt, doliola nova sine pice in sole siccant; deinde, cum ea in umbra refrigeraverunt, furfures hordeaceos adiciunt et uvas ita superponunt, ut altera alteram non comprimat. Tum generis eiusdem furfures infundunt et alterum tabulatum uvarum eodem modo collocant, idque faciunt usque, dum dolium alternis furfuribus et uvis compleant; mox opercula inposita linunt, et uvas siccissimo frigidissimoque tabulato reponunt.

ALITER.

[4] Quidam eadem ratione arida populnea vel abiegnea scobe et virides uvas custodiunt; nonnulli sicco flore gypsi obruunt uvas, quas non nimium maturas vitibus detraxerunt. Alii cum legerunt uvam, si qua sunt in ea vitiosa grana, forficibus amputant atque ita in horreo suspendunt, in quo triticum positum est, sed haec ratio rugosa facit acina et paene tam dulcia, quam est uva passa.

ALIO MODO.

[5] Marcus Columella patruus meus ex ea creta, qua fiunt amphorae, lata vasa in modum patinarum fieri iubebat eaque intrinsecus et exterius crasse picari; quae cum praeparaverat, tum demum purpureas et bumastos et Numisianas et duracinas uvas legi praecipiebat pediculosque earum sine mora in ferventem picem demitti et in praedictis patinis separatim sui cuiusque generis ita componi, ne uvae inter se contingerent; [6] post hoc opercula superponi et oblini crasso gypso, tum demum pice dura, quae igni liquata esset, sic picari, ne quis umor transire possit; tota deinde vasa in aqua fontana vel cisternina ponderibus inpositis mergi nec ullam partem eorum pati extare. Sic optime servatur uva, sed, cum est exempta, nisi eo die consumitur, acescit.

ALITER.

[7] Nihil est tamen certius quam vasa fictilia facere, quae singulas uvas laxe recipiant. Ea debent quattuor ansas habere, quibus inligata viti dependea<n>t, itemque opercula eorum sic formari, ut media divisa sint, ut, cum suspensa vasa singulas uvas receperint, ex utroque latere adpositae operculi duae partes coeant et contegant uvas. Et haec vasa et opercula extrinsecus et intra diligenter picata esse debebunt, deinde, cum contexerunt uvas, luto paleato multo adoperiri. Sed uvae dependentes a matre sic in pultarios condi debebunt, ne qua parte vasa contingant. [8] Tempus autem, quo includi debent, id fere est, quo[d] adhuc siccitatibus et sereno caelo grossa variaque sunt acina. Illud in totum maxime praecipimus, ne in eodem loco mala et uvae conponantur neve in vicino[s], unde odor malorum possit

ad eas pervenire; nam huiusmodi halitus celeriter acina corrumpunt. Eae tamen custodiendorum pomorum rationes, quas rettulimus, non omnes omnibus regionibus aptae sunt, sed pro conditione locorum et natura uvarum aliae aliis conveniunt.

XLV. DE OLLARIBUS UVIS.

Antiqui plerumque scirpiculas et ven<n>uculas et maiores Amineas et Gallicas, quaeque maiores et duri et rari acini erant, vasis condebant; nunc autem circa urbem maxime ad hunc usum Numisianae probantur. Hae[c] sereno caelo, cum iam sol rorem sustulit, IIII vel V hora[s], si modo luna decrescit et sub terris est, modice maturae rectissime leguntur; statim pediculi earum picantur, deinde in cratibus ita ponuntur, ne alter<a> alteram collidat. [2] Tum demum sub tectum referuntur et <m>ucida vel vitiosa grana forpicibus amputantur et, cum paululum sub umbra refrixerint, ternae aut etiam quaternae, pro capacitate vasorum, in ollas demittuntur et opercula diligenter pice opturantur, ne umorem transmittant; tum vinaceorum pes bene prelo expressus proruitur et modice separatis scopionibus resoluta intrita folliculorum in dolio substernitur et deorsum versus spectantes ollae componuntur, ita distantes, ut intercalcari possint vinacea. [3] Quae cum diligenter conspissata primum tabulatum fecerunt, aliae ollae eodem modo componuntur exple[n]turque secundum tabulatum; deinde similiter doliis exstruuntur ollae et spisse incalcantur. Mox usque ad summum labrum vinacea[e] condensantur et statim operculo superposito cinere in modum gypsi temperato dolium linitur. Monendus autem erit, qui vasa empturus est, ne bibulas aut male coctas ollas emat: nam utraque res, transmisso umore, vitiat uvam. Quin etiam oportebit, cum ad usum promuntur ollae, tota singula tabulata detrahi: nam conspissata vinacea, si semel mota sunt, celeriter acescunt et uvas corrumpunt.

XLVI. CONDITURA MENSE OCTOBRI ET NOVEMBRI.

Sequuntur vindemiam rerum autumnalium compositiones, quae et ipsae curam vilicae distendunt; nec ignoro plurima <in> hunc librum non esse conlata, quae Gaius Matius diligentissime persecutus. Illi enim propositum fuit urbanas mensas et lauta convivia instruere; libros tres edidit, quos inscripsit nominibus <pistoris>, coci et salgamari. Nobis tamen abunde sunt ea, quae ex facili rusticae simplicitati non magna inpensa possunt contingere, uti sunt in primis omnium generum mala.

MALA GRANATA PUNICA SERVARE VIRIDIA.

[2] Quidam, ut a granatis incipiam, pediculos Punicorum, sicuti sunt in arbore, intorquent, ne pluviis mala rumpantur et hiantia dispereant, eaque ad maiores ramos religant, ut inmota permaneant. Deinde sparteis re[s]tibus arborem cludunt, ne aut corvis aut cornicibus aliisve avibus pomum laceretur. Nonnulli vascula fictilia dependentibus mali aptant et inlita luto paleato arboribus haerere patiuntur; alii faeno vel culmo singula involvunt et insuper luto paleato crasse linunt, atque ita maioribus ramis inligant, ne, ut dixi, vento commoveantur. [3] Sed haec omnia, ut dixi, sereno caelo administrari sine rore debent; quae tamen aut facienda non sunt, quia laeduntur arbusculae, aut certe non continuis annis usurpanda, praesertim cum liceat etiam detracta arboribus eadem innoxia[e] custodire: nam et sub tecto fossulae tripedaneae siccissimo loco fiunt, eoque cum aliquantulum terrae minutae repositum est, infiguntur sabuci ramuli; deinde sereno caelo granata leguntur cum suis pediculis <et ramulis> inseruntur, [quoniam sabucus tam apertam et laxam medullam habet, ut facile malorum pediculos recipiat]. [4] Sed cavere oportebit, ne minus quattuor digitis a terra absint et ne inter se poma contingant; tum factae scrobi operculum inponitur et paleato luto circumlinitur, eaque humus, quae fuerat egesta, superaggeratur. Hoc idem etiam in dolio fieri potest, sive quis volet resolutam terram usque ad dimidium vas adicere seu, quod quidam malunt, fluviatilem harenam, ceteraque eadem ratione peragere.

ALITER.

[5] Poenus quidem Mago praecipit aquam marinam vehementer calefieri et in ea mala granata, lino vel sparto ligata, paululum demitti, dum decolorentur, et exempta per triduum in sole siccari, postea loco frigido suspendi, et, cum res exegerit, una nocte et postero die usque in eam horam, qua fuerit utendum, aqua frigida dulci macerari. Sed et idem auctor est creta figulari bene subacta recentia mala crasse inlinire et, cum argilla exaruit, frigido loco suspendere, mox, cum exegerit usus, in aqua demittere et cretam resolvere. Haec ratio tamquam recentissimum pomum custodit. [6] Idem iubet Mago in urceo novo fictili substernere scobem populneam vel ilignea<m> et ita disponere, ut scobis inter se calcari possit, deinde facto primo tabulato rursus scobem substernere et similiter mala disponere, itaque sic facere, donec urceus inpleatur; qui cum fuerit repletus, operculum inponere et crasso luto diligenter oblinire. [7] Omne autem pomum, quod in vetustatem reponitur, cum pediculis suis legendum est, sed, si sine arboris noxa fieri possit, etiam cum ramulis; nam ea res plurimum ad perennitatem confert.

MALA CYDONEA QUEMADMODUM SERVENTUR.

Multi cum ramulis suis arbori detrahunt et, creta figulari cum diligenter mala obruerunt, in sole siccant, deinde, si qua rimam creta fecit, luto linunt et adsiccata frigido loco suspendunt.

XLVII. ALITER.
Multi eadem ratione, qua granata, in scrobibus vel dolis servant cydonea, nonnulli foliis ficulneis inligant, deinde cretam figularem cum amurca subigunt et ea linunt mala, quae, cum siccata sunt, in tabulato frigido loco et sicco reponunt. Nonnulli haec eadem in patinas novas sicco gypso ita obruunt, ut altera alteram non contingat.

ALITER.

[2] Nihil tamen certius aut melius experti sumus, quam ut cydonea maturissima integra sine macula et sereno caelo decrescente luna legantur et in lagona nova, quae sit patentissimi oris, detersa lanugine, quae malis inest, conponantur leviter et laxe, ne collidi possint; deinde, cum ad fauces usque fuerint composita, vimineis surculis sic transversi artentur, ut modice mala comprimant nec patiantur ea, cum acceperunt liquorem, sublevari; tum quam optimo et liquidissimo melle vas usque ad summum ita repleatur, ut pomum summersum sit. [3] Haec ratio non solum ipsa mala custodit sed etiam liquorem mulsi saporis praebet, qui sine noxa possit inter cib[i]um dari febricitantibus; isque vocatur melomeli. Sed cavendum est, ne, quae in melle custodire volueris, inmatura mala condantur, quoniam grossa si lecta sunt, ita indurescunt, ut usui non sint. [4] Illud vero, quod multi faciunt, ut ea dividant osseo cultro et semina eximant, quod putent ex eis pomum vitiari, supervacuum esse nun<c> docui, adeo quidem, ut, etiam si vermiculus inest, non amplius tamen corrumpantur mala, cum praedictum liquorem acceperint; nam ea mellis est natura, ut coerceat vitia nec serpere ea patiatur, qua ex causa etiam exanimum corpus hominis per annos plurimos innoxium conservat. De malis Ces<t>ianis, orbiculatis, melimelis, Matianis. [5] Itaque possunt etiam alia genera malorum, sicuti orbiculata, Ces<t>iana, melimela, Matiana[s], hoc liquore custodiri; sed quia videntur in melle dulciora fieri sic condita nec proprium saporem conservare, arculae fagineae vel etiam tiliagineae, quales sunt, in quibus vestimenta forensia conduntur, huic rei paulo ampliores praeparari debent, <e>aeque tabulato frigidissimo et siccissimo, quo neque fumus neque taeter perveniat odor, conlocantur, deinde carta substrata praedicta poma sic conponi, ut flosculi susum, pediculi deorsum spectent, quemadmodum etiam in arbore nata sunt, et ne inter se, alterum ab altero, contingantur. [6] Item observandum

est, ut unumquodque genus separatim propriis arculis repona[n]tur; nam cum una clausa sunt diversa genera, inter se discordant et celerius vitiantur. Propter quod etiam conseminalium vinearum non tam[en] est firmum vinum quam si per se sincerum Amineum vel Apianum aut etiam faecinum condideris. Verum, sicut supra dixi, cum diligenter mala fuerint composita, operculis arcularum contegantur, et luto paleato linantur opercula, ne introire spiritus possit.

ALITER.

Atque ea ipsa nonnulli, sicut in aliis generibus supra iam diximus, populnea, quidam etiam abiegnea scobe interposita, mala custodiunt; haec tamen poma non matura sed acerbissima legi debent.

XLVIII. INULAE CURATIO.
Cum eius radicem mense Octobri, quo[d] maxime matura est, e terra erueris, aspero linteolo, vel etiam cilicio, detergeto, quidquid harenae inhaerebit; deinde acutissimo cultello summatim eradito et, quae plenior radicula fuerit, pro modo crassitudinis in duas vel plures <partes> digiti longitudine diffindito; deinde ex aceto modice in caccabulo aeneo coquito ita, ne taleolae semicrudae sint. Post hoc in umbra triduo siccentur et ita in fideliam picatam recondantur, adiecto passo vel defruto, quod supernatet, spissamentoque cunelae inposito contectum vas pelliculetur.

ALITER CRUDAM INULAM CONDIRE.

[2] Cum radices eius eraseris, taleolas, ut supra, facito et in umbra triduo vel etiam quatriduo siccato, deinde siccatas in vasis sine pice, interiecta cunela, coicito; ius infundito, quod eam compositionem habeat, ut sex partibus aceti una pars sapae misceatur cum hemina salis cocti; eo iure macerentur taleolae, donec quam minimum amaritudinis resipiant. [3] Postea exempta<e> iterum siccentur per dies quinque in umbra; tum crassamen vini faeculenti, nec minus, <si> sit, mulsi et utriusque eorum quartam partem boni defruti confundito in ollam, quae cum inferbuerit, taleolas inulae adicito et statim ab igne removeto ac rudicula lignea peragitato, donec perfecte refrigescant; postea transfundito in fideliam picatam, operculo tegito tumque pelliculato.

ALITER INULAM CONDIRE.

[4] Cum radiculas diligenter eraseris, minute concisas in muria dura

macerato, donec amaritudinem dimittant; deinde effusa muria sorba quam optima et maturissima, semine detracto, contere et cum inula misce; tum sive passum seu quam optimum defrutum adicito et vas opturato.

ALITER.

[5] Quidam cum condiverunt inulam muriaque maceraverunt, exsiccant et malis cydoneis tritis, quae in defruto vel melle decoxerant, miscent atque ita superfundunt passum vel defrutum et vas operculatum pelliculant.

XLIX. OLIVARVM CONDITURAE.

Acerbam pauseam mense Septembri vel Octobri, dum adhuc vindemia est, contundere; et aqua calida paululum maceratam exprime faeniculique seminibus et lentisci cum cocto sale modice permixta<m> reconde in fideliam et mustum quam recentissimum infunde; tum fasciculum viridis faeniculi superpositum merge, ut olivae premantur et ius superemineat. Sic curata oliva tertio die possis uti.

ALITER.

[2] Albam pauseam vel orchitem vel radiolum vel regiam dum contundes, primam quamque, ne decoloretur, in frigidam muriam demerge. Cuius cum tantum paratae habueris, quantum satis fuerit implendae amphorae, faeniculi aridi fasciculum substerne in imo; deinde viridis faeniculi semina et lentisci destricta et purgata in urceolo habeto; tum exempta<m> de muria olivam exprimito et permixta<m> praedictis seminibus in vas adicito; deinde, cum ad fauces pervenerit eius, faeniculi aridi fasciculos superponito et ita recentis musti duas partes et unam durae muriae permixtas adicito. Hac conditura compositis olivis toto anno commode uteris.

ALITER.

[3] Quidam olivam non contundunt sed acuta harundine insecant; idque operosius quidem, sed melius est, quia haec candidior est oliva quam ea, quae ex contusione livorem contrahit.

ALITER.

Alii sive contuderunt sive inliserunt olivas, modico sale cocto et praedictis seminibus inmiscent, deinde sapam vel passum vel, si est facultas, mella<m> infundunt. Mella autem quomodo fiat, paulo ante hoc ipso libro praecepimus. Cetera omnia similiter administrant.

OLIVA ALBA EX MURIA.

[4] Posias olivas vel regias sine macula quam candidissimas manu tringito et eligito; deinde, substrato faeniculo, in amphoram coicito, intermixti seminibus lentisci nec minus faeniculi, et, cum ad fauces [u]vas repleveris, adicito muriam duram; tum, spissamento facto de harundinum foliis, olivam premito, ut infra ius mersa sit, et iterum infundito muriam duram, dum ad summum amphorae labrum perveniat. [5] At haec oliva per se parum iucunda est, sed ad eas condituras, quae lautioribus mensis adhibentur, idonea maxime est: nam cum res exegit, de amphora promitur et contusa recipit quamcumque volueris condituram. Plerumque tamen sectivum porrum et rutam cum apio tenero et mentam minute concidunt et contusis olivis miscent[ur], deinde exiguum aceti piperati et plusculum mellis aut mulsi adiciunt oleumque viride inrorant[ur]. Atque ita fasciculo apii viridis contegitur.

ALITER EX DULCI.

[6] Quidam si<c> lectae olivae in modios singulos ternas heminas salis permiscent et, adiectis seminibus lentisci faeniculoque substrato, amphoram usque ad fauces replent olivis; deinde aceto non acerrimo infundunt et, cum iam paene amphoram inpleverunt, faeniculi spissamento deprimunt bacam et rursus acetum usque ad summum labrum adiciunt; postea quadragesimo die omne ius defundunt et sapae vel defruti tres partes cum aceti una permiscent et amphoram replent.

DE OLIVIS EX DULCI CONDIENDIS.

[7] Est et illa probata compositio, ut, cum in muria dura pausea alba uti<que> conmaturuerit, omne ius defundatur, et mixtis duabus partibus defruti cum aceti una repleatur amphora. Eadem conditura possit etiam regia conponi vel orchita.

ALITER ALBAE COLYMBADES SINE DULCI.

[8] Quidam unam partem muriae et duas aceti miscent eoque iure olivas poseas colymbadas faciunt, quibus si per se quis uti velit, satis iucundas experietur, quamvis et hae, cu<m exeun>t de muria, condituram qualemcumque recipere possi<n>t.

DE OLIVIS FUSCIS.

Olivae poseae, cum iam decolorantur, antequam mitescant, <cum> petiolis leguntur et in oleo quam optimo servantur; haec maxime nota etiam post annum repraesentat viridem saporem olivarum. Nonnulli etiam, cum de oleo exemerunt, eas trito sale aspersas pro novis adponunt.

DE EPITYRIS FACIENDIS.

[9] Est et illud conditurae genus, quod in civitatibus Graecis plerumque usurpatur, idque vocant epityrum: oliva pausea vel orchi<t>a, cum primum ex albo decolora[n]tur fitque luteola, sereno caelo manu destringitur et in cannis uno die sub umbra expanditur et, si qui adhaerent pediculi foliaque aut surculi, leguntur; postero die cribratur et novo fisco inclusa prelo supponitur vehementerque premitur, ut exsudet, quantulumcumque habet amurcae. [10] Patimur autem nonnumquam tota nocte et postero die pondere pressam bacam velut exsaniari; tum, resolutis corticulis, eximimus eam, et in singulos modios olivae triti salis cocti singulos sextarios infundimus, itemque lentisci semen rutaeque et faeniculi folia sub umbra siccata, quanta satis videntur, concisa minute admiscemus; patimurque horis tribus, dum aliquatenus baca salem conbibat; tum superfundimus boni saporis oleum, ita ut obruat olivam, et faeniculi aridi fasciculum deprimimus, ut ius supernatet. [11] Huic autem conditurae vasa nova fictilia sine pice praeparantur; quae ne[c] possi<n>t oleum sorbere, tamquam olivariae metretae imbuuntur liquida gum<mi> et adsicca<n>tur.

L. NIGRARUM OLIVARUM CONDITURA.

Sequitur autem frigus hiemis, per quod olivitas, sicut vindemia, curam vilicae repetit. Prius itaque, quia iam inchoavimus, de condituris olivarum praecipiemus, ac statim conficiendi olei rationem subiciemus.

NIGRARUM OLIVARUM COMPOSITIO.

Paus<e>ae bacae vel orchitae, nonnullis regionibus etiam Naeviae, conviviorum epulis praeparantur; has igitur, cum iam nigruerint nec adhuc tamen permaturae fuerint, sereno caelo destringere manu convenit lectasque cribrare et secernere, quaecumque maculosae, vitiosae minorisve incrementi videbuntur. [2] Deinde in singulos modios olivae salis integri ternas heminas adiccre et in vimineos qualos confundere et, superposito copioso sale, ita uti olivam contegat, XL dies pati consudescere atque omnem amurcam exstillare; postea in alveum diffundere mundaque spongea salem, ne perveniat, detergere; tum in vas adicere e<t> sapa vel defruto amphoram replere, superposito spissamento aridi faeniculi, quod olivam deprimat. [3] Plerique tamen tres partes defruti aut mellis et unam miscent aceti, aliqui duas partes et unam aceti, et eo [que] condiunt iure.

ALITER.

Quidam cum olivam nigram legerunt, eadem portione[m], qua supra, salliunt et sic collocant in qualis, ut, inmixtis seminibus lentisci, alterna tabulata olivarum et similiter deinde salis, tum iterum olivarum et similiter supra salis usque in summum componant. Deinde post XL dies, cum oliva quicquid habuit amurca<e> exsudavit, in alveum defundunt et iam cribratam separant ab seminibus lentisci, spongia[m]que detergent, ne quid adhaereat salis, tum in amphoram confundunt, adiecto defruto vel sapa vel etiam mella, si est copiosa, ceteraque similiter faciunt.

OLIVA NIGRA SINE DULCI.

[4] In singulos modios olivae singulos sextarios maturi seminis lentisci et ternos cyathos seminis faeniculi, si id non est, ipsum faeniculum concisum, quantum satis videbitur, adici oportet; deinde in singulis modis olivarum salis cocti sed non moliti ternas heminas admisceri et ita in amphoris condi; easque fasciculis faeniculi obturari et cottidie per terram volutari, deinde tertio quoque aut quarto die, quidquid amurcae inest, emitti; [5] post XL dies in alveum diffundi et a sale tantummodo separari, sicut non spongea deterga<n>tur olivae sed ita, ut erunt exempta<e>, maximi salis micis in amphoram condantur et, spissamentis inpositis, ad usus in cellam reponantur.

OLIVAM CILICIENSEM SIC CONDITO.

Maturam olivam in muria[m] factam colymbadem de muria tollito, spongea tergeto; dein canna viridi scindito duobus vel tribus locis et triduo in aceto habeto, quarto die spongia extergeto, in vas, id est in urceum aut caccabum novum, mittito, substrato apio et modica ruta. Concis deinde pleno vase olivis inmitte defrutum usque ad os; lauri turiones in hoc vas mittito, ut olivas deprimant; post dies XX utere.

LI. SAMSA QUEMADMODUM FIA[N]T.

Oliva nigra maturissima sereno caelo legitur eaque sub umbra uno die in cannis porrigitur, et quaecumque est vitiosa baca separatur. item si qui adhaeserunt pediculi, adimuntur foliaque <et> surculi quicumque sunt intermixti, eliguntur. Postero die diligenter cribratur, ut, si quid inest stercoris, separetur. Deinde int<eg>ra oliva novo fisco includitur et prelo subicitur, ut tota nocte exprimatur. [2] Postero die inicitur quam mundissimis molis suspensis, ne nucleus frangatur, et, cum est in samsam redacta, tunc sal coctus tritusque manu permiscetur cum ceteris aridis condimentis; haec sunt autem careum, cyminum, semen faeniculi, anesum Aegyptium. Sat erit autem totidem heminas salis adicere, quot sunt modi olivarum, et oleum superfundere, ne exarescat; idque fieri debebit, quotiensque videbitur adsiccari. [3] Nec dubium est, quin optimi saporis sit, quae ex oliva posia facta est. Ceterum supra duos menses sapor eius non permanet integer. Videntur autem alia genera huic rei magis esse idonea, sicut Liciniae et Culminiae, verumtamen habetur praecipua in hos usus olea Calabrica, quam quidam propter similitudinem oleastellum vocant.

LII. DE OLEO CONFICIENDO.

Media est olivitas plerumque initium mensis Decembris: nam et ante hoc tempus acerbum oleum conficitur, quod vocatur aestivum, et circa hunc mensem viride[m] premitur, deinde postea maturum; sed acerbum oleum facere patris familiae rationibus non conducit, quoniam exiguum fluit, nisi si baca tempestatibus in terram decidit et necesse est eam sublegere, ne a domesticis pecudibus ferisve consumatur. [2] Viridis autem notae conficere vel maxime expedit, quoniam et satis fluit et pretio paene duplicat domini reditum. Sed si vasta sunt oliveta, necesse est aliqua pars eorum maturo fructui reservetur. Locus autem, in quo confici oleum debet, etiam descriptus est priore volumine; pauca tamen ad rem pertinentia commemoranda sunt, quae prius omiseram. [3] Tabulatum, quo inferatur olea, necessarium est, quamvis praeceptum habeamus uniuscuiusque diei fructus molis et prelo statim subiciatur. Verumtamen, quia interdum multitudo bacae torculariorum vincit laborem, sit [laborem] oportet pensile horreum, quo inportentur fructus, idque tabulatum simile esse debet granario et habere lacusculos tam multos, quam postulabit modus olivae, ut separetur et seorsum reponatur uniuscuiusque die coactura. [4] Horum lacusculorum solum lapide vel tegulis oportet consterni et ita declive fieri, ut celeriter omnis umor per canales aut fistulas defluat; nam est inimicissima oleo amurca; quae si remansit in baca, saporem olei corrumpit. Itaque, cum lacus, quemadmodum diximus, exstruxeris, asserculos inter se distantes semipedalibus spatiis supra solum ponito et cannas diligenter spisse textas inicito, ita ut ne bacam transmittere queant et olivae pondus possint sustinere. [5] Iuxta omnis autem lacusculos ea parte, qua defluet amurca, sub ipsis fistulis in modum fossularum concavum pavimentum vel canalem lapideum esse oportebit, in quo consista[n]t et unde exhauriri possit quidquid defluxerit; praeterea lacus vel dolia praeparata sub tecto haberi oportebit, quae seorsum recipiant sui cuiusque generis amurcam, sive quae sincera fluxerit, sive etiam quae salem receperit; nam utraque usibus plurimis idonea est. [6] Oleo autem conficiendo molae utiliores sunt quam trapetum, trapetum quam canalis et solea. Molae quam facillimam patiuntur administrationem, cum pro magnitudine bacarum vel summitti vel etiam elevari possint, ne nucleus, qui saporem olei vitiat, confringatur. Rursus trapetum plus operis faciliusque quam solea et canalis efficit. [7] Est et organum erectae tribulae simile, quod tudicula vocatur, idque non incommode opus efficit, nisi quod frequenter vitiatur et, si bacae plusculum ingesseris, inpeditur. Pro conditione tamen et regionum consuetudine praedictae machinae exercentur, sed est optima molarum, tum etiam trapeti. Haec, antequam de oleo conficiendo dissererem, praefari necesse habui. [8] Nunc ad ipsam rem veniendum est, quamquam multa omissa sint, quae sicut ante vindemiam, sic et ante olivitatem praeparanda sunt, tamquam lignorum copia, quae multo ante apportanda est, ne, cum res desideraverit, opere avocentur, tum scalae, corbulae decemmodiae, trimodiae, satoriae, quibus destricta baca suscipitur, fisci, funes cannabini vel spartei[s], conchae ferreae, quibus depletur oleum, opercula, quibus vasa olearia conteguntur, spongeae maiores et minores, urcei, quibus oleum progeritur, cannae tegetes, quibus oliva excipitur, et si qua sunt alia, quae nunc memoriam meam fugiunt. [9] Haec omnia multo plura esse debent, quoniam in usu depereunt et pauciora fiunt; quorum si quid suo tempore defueri[n]t, opus intermittetur. Sed iam, quod pollicitus sum, exsequar.

DE OLEO VIRIDI CONFICIENDO.

Cum primum bacae variare coeperint et iam quaedam nigrae fuerint, plures tamen albae, sereno caelo manibus destringi olivam oportebit et, substratis tegetibus aut cannis, cribrari et purgari; [10] tum diligenter emundatam protinus in torcular deferri et integram in fiscis novis includi prelisque subici, ut, quantum possit, paulisper exprimatur. Postea, resolutis torculis, emoli debebunt, adiectis binis sextariis integri salis <in> singulos modios, et aut regulis, si consuetudo erit regionis, aut certe novis fiscis samsae exprimi. Quod deinde primum defluxerit in rotundum labrum - nam id melius est quam plumbeum quadratum vel structile gemellar - protinus capulator depleat et in fictilia labra, huic usui praeparata, defundat. [11] Sin<t> autem in cella olearia tres laborum ordines, ut unus primae notae, id est primae pressurae, oleum recipiat, alter secundae, tertius tertiae; nam plurimum refert non miscere iterationem, multoque minus tertiationem, cum prima pressura, quoniam longe melioris saporis est, quod minore vi preli, quasi lixivum, defluxerit. Cum deinde paulum in labris primis constiterit oleum, eliquare id capulator in secunda labra debebit et deinde in sequentia usque ad ultima[m]. Nam quanto saepius translatione ipsa ventilatur et quasi exercetur, tanto fit liquidius et amurca liberatur. [12] Sat erit autem in singulis ordinibus tricena componi labra, nisi si vasta fuerint oliveta et maiorem numerum desideraverint. Quod si frigoribus oleum cum amurca congelabitur, plusculo sale cocto utique utendum erit; ea res resolvit oleum et separat ab omni vitio. Neque <ve>rendum est, ne salsum fiat; nam quantumcumque adieceris salis, nihilominus saporem non recipit oleum. Solet autem ne si<c> quidem resolvi, cum maiora frigora incesserunt; itaque nitrum torretur et contritum inspargitur et conmiscetur; ea res eliquat amurcam. [13] Quidam quamvis diligentes olearii bacam integram prelo non subiciunt, quod existimant aliquid olei deperire; nam cum preli pondus accepit, non sola exprimitur amurca, sed et aliquid secum pinguedinis attrahit. Illud autem in totum praecipiendum habeo, ut neque fumus neque fuligo, quamdiu viride oleum conficitur, in torcular admittatur aut in cellam oleariam: nam est utraque res inimica huic rei. Peritissimique olearii vix patiuntur ad unam lucernam opus fieri, quapropter ad eum statum caeli et torcular et cella olearia constituenda est, qui maxime a frigidis ventis aversus est, ut quam minime vapor ignis desideretur. [14] Dolia autem et seriae, in quibus oleum reponitur, non tantum eo tempore curanda sunt, cum fructus necessitas cogit, sed ubi fuerint a mercatore vacuata, confestim vilica debet adhibere curam, ut, si quae faeces aut amurcae in fundis vasorum subsederint, statim emundentur et non calidissima lixiva, ne vasa ceram remittant, semel atque iterum eluantur, deinde aqua tepida leviter manibus defricentur et saepius eluantur, atque ita spongia omnis umor adsiccetur. [15] Sunt qui cretam figularem in modum liquidae faecis aqua resolvant et, cum vasa laverint, hoc quasi iure intrinsecus oblinant et patiantur arescere; postea, cum res exigat, ali pura aqua, nonnulli prius amurca, deinde aqua vasa perluunt et adsiccant; tum considerant, numquid ceram novam dolia desiderent: nam fere sexta quaque olivitate cerari oportere antiqui dixerunt. [16] Quod fieri posse non intellego: nam quemadmodum nova vasa, si calefiant, liquidam ceram facile recipiant, sic vetera non crediderim propter olei sucum ceraturam pati. Quam tamen et ipsam ceraturam nostrorum temporum agricolae repudiaverunt existimaveruntque satius esse nova dolia liquida gummi perluere siccataque subfumigare alba cera, ne pallorem aut malum odorem capiant. Eamque suffitionem semper faciendam iudicant, quotiensque vel nova vel vetera vasa curantur <et> oleo novo praeparantur. [17] Multi cum semel nova dolia vel serias crasse gummi liverunt, una in perpetuum gummitione contenti sunt; et sane, quae semel oleum testa conbibit, am alteram gummitionem non recipit: respuit enim olei pinguitudo talem materiam, qualis est gummis.

OLEUM MATURUM QUEMADMODUM BONI FIAT SAPORIS.

Post mensem Decembrem circa Kalendas Ianuarias eadem ratione, qua superius, destringenda erit olea et statim exprimenda; nam si reposita in tabulatum fuerit, celeriter concalescet, quoniam hiemalibus pluviis amurcae plus concipit, quae est contraria huic rei. [18] Cavendum est itaque, ne fiat oleum cibarium, quod uno modo vitari poterit, si protinus inlata de agro baca conmolita et expressa ce<te>raque sic administrata fueri<n>t, ut supra diximus. Plerique agricolarum crediderunt, si sub tecto baca deponatur, oleum in tabulato crescere, quod tam falsum est quam in area frumenta grandescere. Idque mendacium vetus ille Porcius Cato sic refellit. [19] Ait enim in tabulato conrugari olivam minoremque fieri; propter quo<d>, cum facti unius mensuram rusticus sub tecto reposuerit et post multos dies eam molere voluerit, oblitus prioris mensurae, quam intulerat, ex alio acervo, similiter seposito, quantum[cum>que mensurae defuit, supplet; eoque facto vide<n>tur plus semivietae quam recentes bacae reddere, cum longe plures modios acceperit. [20] Attamen, ut maxime id verum esse<t>, nihil<o>minus ex pretio viridis olei plus quam multitudine mali[i] nummorum contrahitur. Sed et Cato dicit: <n>ec sic quidem quidquam ponderis aut mensurae oleo accedit, si portionem velis in factum adiectae bacae conputare [non proventum, sed detrimentum sentiens]. Quapropter dubitare non debemus lectam olivam primo quoque tempore conmolere preloque subicere. De cibario oleo conficiendo. [21] Nec ignoro etiam cibarium oleum esse faciendum; nam ubi vel exesa vermiculis oliva decidit, vel tempestatibus et pluviis in lutum defluxit, ad praesidium aquae calidae decurritur; aenumque calefieri debet, ut inmundae bacae eluantur; sed id non ferventissima fieri oportet verum modice calida, quo commodior gustus olei fiat: nam si excoctus est, etiam vermiculorum ceterarumque immunditiarum saporem trahit. Sed cum fuerit oliva elota, reliqua, sicut supra praecepimus, fieri debebunt. [22] Fiscis autem non isdem probum et cibarium oleum premi oportebit: nam veteres ad caducam olivam, novi autem ordinario aptari oleo, semperque, cum expresserint facta, statim ferventissima debent aqua bis aut ter elui, deinde, si sit profluens, inpositis lapidibus, ut pondere pressi detineantur, inmergi, vel, si nec flumen est, in lacu aut in piscina quam purissimae aquae macerari et postea virgis verberari, ut sordes faecesque dedicant, et iterum elui siccarique.

LIII. OLEI GLEUCINI COMPOSITIO.

Quamvis non erat huius temporis olei gleucini compositio, tamen huic parti voluminis reservata est, ne parum opportune vini conditionibus interponeretur. Hac autem ratione confici debet: vas oleare quam maximum et aut novum aut certe bene solidum praeparari oportet, deinde per vindemiam musti quam optimi generis et quam recentissimi sextarios LX cum olei pondo LXXX in id confundi, tum aromata non cribrata, sed ne minute quidem contusa, verum leviter confracta in reticulum iunceum aut linteum adici et ita [cum saxi pondusculo] in olei atque musti prae<dictum modum> demitti. [2] Sin<t> autem his portionibus pensata ea[t], quae infra subicimus: calami, schoeni, cardamomi, xylobalsami, corticis de palma, faeni Graeci vetere vino macerati et postea siccati atque etiam torrefacti, iunci radicis, tum etiam iridis Graecae nec minus anesi Aegyptii; pari pondere, id est uniuscuiusque libram et quadrantem, ut supra diximus, reticulo inclusa demittito et metretam linito; post septimum diem aut nonum apertae metretae, si quid faecis aut spurcitiae faucibus inhaerebit, manu eximito et detergito, deinde oleum eliquato novisque vasis recondito. [3] Mox reticulum eximito et aromata in pila quam mundissime contundito tritaque in eandem metretam reponito et tantundem olei, quantum prius, infundito et opturato, in sole ponito, post septimum diem oleum depleto et, quod est reliquum musti, picato cado recondito; nam id si non exacuerit, medicamentum dabitur potandum inbecillis bubus et cetero[rum] pecori. Oleum autem secundarium non insuavis odoris cotidianam unctionem praebere poterit dolore nervorum laborantibus.

LIV.
Oleum ad unguenta sic facito. Antequam oliva nigrescat, cum primum decolorari coep<er>it nec tamen adhuc varia fuerit, maxime Liciniam, si erit, si minus, Sergiam, si nec haec fuerit, tunc Culminiam bacam manu stringito et statim purgatam prelo integram subicito et amurcam exprimito. [2] Deinde suspensa mola olivam frangito eamque vel in regulas vel in novo fisco adicito, subiectamque prelo sic premito, ne vasa intorqueas sed tantum ipsius preli pondere quantulumcumque exprimi patiaris. Deinde, cum sic fluxerit, protinus capulator amurca separet et diligenter seorsum in nova labra transferat atque eliquet. Reliquum olei, quod postea fuerit expressum, poterit ad escam, vel cum alia nota mixtum vel per se, adprobari.

LV.
Hactenus de oleo dixisse abunde est. Nunc ad minora redeamus.

DE SUCIDIA ET SALSURA FACIENDA.

Omne pecus et praecipue suem pridie, quam occidatur, potione prohiberi oportet, quo sit caro siccior. Nam si biberit, plus umoris salsura habebit. Ergo sitientem cum occideris, bene exossato: nam ea res minus cariosam et magis durabilem salsuram facit. [2] Deinde cum exossaveris, cocto sale nec nimium minuto sed suspensa mola infracto diligenter sallito et maxime in eas partes, quibus ossa relicta sunt, largum salem infarcito. Conpositisque supra tabulatum tergoribus aut frustis vasta pondera inponito, ut exsanietur; tertio die pondera removeto et manibus diligenter salsuram fricato, eamque cum voles reponere, minuto et trito sale aspergito atque ita reponito nec desieris cottidie salsuram fricare, donec matura sit. [3] Quod si serenitas fuerit his diebus, quibus perfricatur caro, patieris eam sale consparsam esse VIIII diebus; a[u]t si nubilum aut pluviae, XI vel duodecima die ad lacum salsuram deferri oportebit et salem prius excuti, deinde aqua dulci diligenter elui, necubi sal inhaereat, et paulum adsiccatam in carnario suspendi, quo modicus fumus perveniat, qui, si quid umoris adhuc continetur, siccare eum possit. Haec salsura luna decrescente maxime per brumam sed etiam mense Februario ante Idus commode fiet.

ALITER.

[4] Est et alia salsura, quae etiam locis calidis omni tempore anni potest usurpari [quae talis est]. Cum ab aqua pridie sues prohibitae sunt, postero die mactantur et vel[ut] aqua candente vel ex tenuibus lignis flammula facta glabra<n>tu<r>; nam utroque modo pili detrahuntur. Caro in libraria frusta conciditur. Deinde in seria substernitur sal coctus et modice, ut supra diximus, infractus; deinde offulae carnis spisse conponuntur et alternus sal ingeritur. Sed cum ad fauces seriae perventum est, sale reliqua pars repletur et inpositis ponderibus [u]vas contegitur. Eaque caro semper consumatur; tamquam salsamentum in muria sua permanet.

LVI. RAPORUM CONDITURA.

Rapa quam rotundissima sumito, eaque, si sunt lutosa, detergito, et summam cutem novacula decerpito; deinde, sicut consueverunt salgamarii, decusatim ferramento lunato incidito, sed caveto, ne usque ad imum [per]praecidas rapa. Tum sale<m> inter incisuras raporum non nimium minutum adspergito et rapa in alveo aut seria conponito, et, sale plusculo inspersa, triduo sinito, dum exsudent. [2] Post tertium diem mediam fibram rapi gust<at>o, si receperit salem; deinde, cum videbitur satis recepisse, [et] exemptis omnibus singula suo sibi iure eluito; vel, si non multum liquoris fuerit, muriam duram adicito et ita eluito et postea in quadratam cistam vimineam, quae neque [non] spisse, solide tamen et crassis viminibus contexta sit, rapa conponito. Deinde sic aptatam tabula<m> superponito, ut usque ad fundum, si res exigat, intra cistam deprimi possit. [3] Cum eam tabula[tu]m sic aptaveris, gravia pondera superponito et sinito nocte tota et uno die siccari; tum in dolio picato fictili vel in vitreo conponito et sic infundito sinapi, ut a iure contegantur.

NAPORUM CONDITURA.

[4] Napi quoque, sed integri[s], si minuti sunt, maiores autem insecti, eodem iure, quo rapa, condiri possunt; sed curandum est, ut haec utraque, antequam caulem agant et cymam faciant, dum sunt tenera, conponantur.

ALITER.

[5] Napos minutos integros, aut rursus amplos in tres aut quattuor partes divisos, in vas coicito et aceto infundito. Salis quoque cocti unum sextarium in congium aceti adicito; post tricensimum diem uti poteris.

LVII. QUEMADMODUM SINAPEM FACIAS.

Semen sinapis diligenter purgato et cribrato; deinde aqua frigida eluito et, cum fuerit bene lotum, duabus horis in aqua sinito; postea tollito, et manibus expressum in mortarium novum aut bene emundatum adicito et pistillis conterito. Cum contritum fuerit, totam intritam ad medium mortarium contrahito et comprimito manu plana; deinde cum compresseris, scarifato, et, inpositis paucis carbonibus vivis, aquam nitratam suffundito, ut omnem amaritudinem eius et pallorem exsaniet. Deinde statim mortarium erigito, ut omnis umor eliquetur. Post hoc album acre acetum adicito et pistillo permisceto colatoque. Hoc ius ad rapa condienda optime facit. [2] Ceterum, si velis ad usum conviviorum praeparare, cum exsaniaveris sinape, nucleos pineos quam recentissimos et amylum adicito diligenterque conterito, infuso aceto. Cetera, ut supra dixi, facito. Hoc sinapi ad embamma non solum idoneo sed etiam specioso uteris; nam est candoris eximii, si sit curiose factum.

LVIII. HOLERIS ATRI RADICEM QUEMADMODUM CONPONAS IANUARIO VEL FEBRUARIO MENSE.

Priusquam holus atrum coliculum agat, radicem eius eruito mense Ianuario vel etiam Februario, et diligenter defrictam, ne quid terreni habeat, in aceto et sale conponito; deinde post diem XXX eximito et corticem eius delibratum abicito; ceterum medullam eius concisam in fideliam vitream vel novam fictilem coicito, et adicito ius, quod, sicut infra scriptum est, fieri debebit: [2] sumito mentam et uvam passam et exiguam cepam aridam eamque cum torrido farre, exiguo melle subterito; quae cum fuerit bene trita, sapae vel defruti duas partes et aceti unam permisceto atque ita in eandem fideliam confundito, eamque, operculo contectam, pelliclato. Cum deinde uti voles, cum suo iure concisas radiculas promito et oleum adicito.

SISERIS RADICEM QUEMADMODUM COMPONAS.

[3] Hoc ipso tempore siseris radicem poteris eadem ratione, qua supra, condire; sed cum exegerit usus, eximes de fidelia et oxymeli cum exiguo oleo superfunde.

LIX. QUEMADMODUM MORETUM FACIAS.

Addito in mortarium satureiam, mentam, rutam, coriandrum, apium, porrum sectivum aut, si id non erit, viridem cepam, folia lactucae, folia erucae, thymum viride, [vel] nepetam, tum etiam viride puleium et caseum recent et salsum. Ea omnia pariter conterito acetique piperati exiguum permisceto; hanc mixturam cum in catillo composueris, oleum superfundito.

ALITER.

[2] Cum viridia, quae supra dicta sunt, contriveris, nuces <iu>glandes purgatas, quantum satis videbitur, interito acetique piperati exiguum permisceto et oleum infundito.

ALITER.

Sesamum leviter torrefactam cum his viridibus, quae supra dicta sunt, conterito; item aceti piperati exiguum permisceto, tum supra oleum superfundito.

ALITER.

[3] Caseum Gallicum vel cuiuscumque notae volueris minutatim concidito et conterito nucleosque pineos, si eorum copia fuerit, si minus, nuces avellanas torrefactas, adempta cute, vel amygdalas e<a>que, <quae> supra, condimenta pariter misceto acetique piperati exiguum adicito et permisceto compositumque oleo superfundito.

ALITER.

[4] Si condimenta viridia non erunt, puleium aridum vel thymum vel origanum vel aridam satureiam cum caseo conterito acetumque piperatum et oleum adicito. Possunt tamen haec arida, si reliquorum non sit potestas, etiam singula caseo misceri.

OXYPORI COMPOSITIO.

Piperis albi, si sit, si minus, nigri unciae tres, apii seminis unciae duae, laseris radicis, quod silphion Graeci vocant, sescunciam, casei sextantem; haec contusa et cribrata melli permisceto et in olla nova servato; deinde, cum exegerit usus, quantulumcumque ex eo videbitur, aceto et garo diluito.

ALITER.

[5] Ligustici unciam, passae uvae, detractis vinaceis, sextantem, mentae aridae sextantem, piperis albi vel nigri quadrantem; haec, si maiorem inpensam vitabis, possunt melli admisceri et ita servari. At si pretiosius oxyporum facere voles, haec eadem cum superiore compositione miscebis et ita in usum repones; quod si etiam Syriacum lasar habueris, pro silphio melius adicies pondo semunciam. Clausulam peracti operis mei, Publi Silvine, non alienum puto indicem lecturis, si modo fuerint qui dignentur ista cognoscere, nihil dubitasse me paene infinita esse, quae potuerint huic inseri materiae, verum ea, quae maxime videbantur necessaria, memoriae tradenda censuisse. Nec tamen ca<pit homi>nis natura[m] cunctarum rerum prudentiam: nam etiam quicumque sunt habiti mortalium sapientissimi, multa scisse dicuntur, non omnia.

Made in United States
Orlando, FL
04 August 2023